Leben im Prozess

Dieses Buch ist dem Schöpfer
von Allem-was-ist gewidmet.

Es ist einem Planeten gewidmet,
der auf uns wartet, bis wir uns mit ihm
wiederverbinden und teilnehmen
an seinem Prozess.

Es ist all jenen Wesen gewidmet,
die ganz werden wollen und
all denen, die es sind. Mögen wir
voneinander lernen.

Anne Wilson Schaef

Leben im Prozess

Wahrheiten
den Weg der Seele
zu leben

VOLLENWEIDER VERLAG

Aus dem Amerikanischen
übersetzt von Ilserose Vollenweider
und der europäischen Leben-im-
Prozess-Gemeinschaft

Inhalt

Vorwort

Dieses Buch ist vielleicht etwas schwerer zu verstehen als meine vorherigen Bücher, da es einen spirituellen Lebens- und Heilungsweg aufzeigt, der nicht zum Allgemeingut unserer gegenwärtigen Kultur gehört. Machen Sie sich beim Lesen immer bewusst, dass es in diesem Buch darum geht, wie man in einem Paradigma lebt, das sich grundlegend von dem unterscheidet, in dem wir täglich zu leben gewohnt sind. Wenn wir etwas vollkommen Neuem gegenüberstehen, versuchen wir oft, es dem anzupassen, was wir bereits kennen und mit dem wir uns wohl fühlen.

Ich hoffe, Sie werden das mit diesem Buch nicht so machen. Lesen Sie es mit einem offenen Geist. Ich schlage vor, es einmal durchzulesen, um einen Überblick zu gewinnen. Dann lesen Sie es ein zweites Mal, und zwar mehr auf der Gefühlsebene. Danach möchten Sie vielleicht bestimmte Teile noch einmal lesen, die mehr Zeit zum Verarbeiten brauchen. Das Buch erschließt sich durch die *Erfahrung* des Lesens.

Dies ist kein Selbsthilfebuch und auch kein Ratgeber. Sie werden nach dem Lesen nicht von dem, was ich die Technokratische, Materialistische, Mechanistische Persönlichkeit nenne, geheilt sein. Sie werden nicht einmal wissen, wie Sie Ihre Tiefenprozessarbeit machen können oder im Prozess leben. All dies erfordert Zeit und Arbeit und geschieht nur im Kontext.

Nehmen wir einmal an, Sie wollen tibetanische Meditation lernen. Sie können alle Bücher zu diesem Thema lesen. Wenn Sie jedoch tibetanische Meditation und das mit diesem Weg verbundene reiche Gedankengut wirklich kennen lernen wollen, werden Sie einen oder mehrere Lehrer suchen und Jahre damit verbringen müssen, sich darin zu entfalten. So ist das auch mit dieser Arbeit.

Oder stellen Sie sich vor, dass Sie Sigmund Freuds erste Veröffentlichung über Psychoanalyse in den Händen halten. Glauben Sie, dass Sie das Buch lesen, sich dann auf eine Couch legen und Ihre eigene Analyse machen können? Ich bezweifle es. Man muss einen Weg gehen und Erfahrungen mit jemandem machen, der ihn praktiziert, um diesen Weg wirklich zu kennen. So ist es auch mit Leben im Prozess. Heilen von der Technokratischen, Materialistischen, Mechanistischen Persönlichkeit ist ein Prozess, kein Ereignis. Tiefenprozesse kann man nur verstehen, wenn man sie selbst erfährt. Zu lernen im Prozess zu leben ist ein lebenslanges Bemühen.

Viele Menschen kommen zu dieser Arbeit mit der Überzeugung, sie würden Tiefenprozesse bereits aufgrund ihrer eigenen Erfahrungen mit der einen oder anderen psychologischen oder spirituellen Arbeit kennen. Doch bislang haben wir die Erfahrung gemacht, dass niemand sie wirklich gekannt hat. Diese Arbeit ist kein Rebirthing, keine Atemtherapie, keine Heller-Arbeit, keine Wut-Verminderungs-Methode, keine Core-Energies oder Quantum-Release-Arbeit und auch kein Osho Tantra. Ja, auch wir benutzen Matratzen – und hier endet die Gemeinsamkeit.

Es ist in Ordnung, wenn wir etwas nicht verstehen. So lernen wir. Doch Verstehen ist nicht gleich Wissen, und diese Arbeit erfordert Wissen durch Erfahrung.

Leben im Prozess ist keine Psychotherapie und entspringt auch nicht diesem mechanistischen, wissenschaftlichen Modell. Es ist keine Religion. Es ist spirituell und reicht wegen seiner Spiritualität weit zurück über das Religiöse hinaus. Es hat definitiv nichts zu tun mit einem der Fächer, die ich studiert habe – und ich habe sowohl Psychologie als auch Theologie studiert.

Ich habe versucht, Informationen über Tiefenprozesse zu geben. Ich habe sie vorgestellt, diskutiert, Beispiele angeführt und versucht, ihre Tragweite auszuloten. Doch was Leben im Prozess wirklich ist, wird vermutlich im Nebel des Unbekannten verborgen bleiben, bis Sie selbst jahrelang mit Ihrem eigenen Tiefenprozess gearbeitet haben. Selbst dann habe ich, wenn ich meine Arbeit tue, manchmal das Gefühl, immer weniger darüber zu wissen, anstatt immer mehr. Doch sind unsere Tiefenprozesse machtvolle Werkzeuge für unsere Heilung und verbinden uns mit dem Unendlichen.

SPRACHE

Wir sind durch unseren Gebrauch von Sprache eingeschränkt. Ich musste die Sprache benutzen, die ich kenne und die wir alle kennen – und sie ist oft weniger als angemessen. Zum Beispiel kann der Begriff „Tiefenprozess" vertraut und bekannt scheinen. In diesem Zusammenhang ist er es nicht.

Wenn wir versuchen etwas Neues mitzuteilen, werden wir kritisiert, wenn wir neue Begriffe prägen und versuchen, passende Wörter zu erfinden, und auf der anderen Seite werden wir kritisiert, wenn wir alten Begriffen neue Bedeutungen geben. Angesichts dessen mache ich es so, wie es mir gefällt und so gut ich es kann.

Bevor Sie dieses Buch lesen, muss ich einiges über meinen Sprachgebrauch sagen.

Ich verwende selten das Wort „aber". Ich ersetze es durch „und". Ich tue das aus zwei Gründen. Der erste und einfachste Grund ist, dass oft alles, was vor dem Wort „aber" steht, entweder abgewertet wird oder eine Lüge ist, wie in dem Beispiel: „Ich mag Dich wirklich, aber..." Der zweite, wichtigere Grund ist der, dass „aber" einen Entweder-Oder-Dualismus aufstellt. Da ich uns zu ermutigen versuche, über solche Dualismen hinauszuwachsen, gebrauche ich stattdessen „und". Der Gebrauch von „und" in einem solchen Satz katapultiert uns in eine völlig andere Denkweise und lässt in unseren Körpern ganz andere Erfahrungen entstehen. Versuchen Sie es – es könnte Ihnen gefallen!

In einem anderen Zusammenhang benutze ich das Wort „und" oft zur Betonung. Es steht unterstrichen am Satzanfang. Beachten Sie solche Sätze. Beide dieser Praktiken weiten unsere Welten.

Ein anderer, von mir häufig gebrauchter Ausdruck ist „abwarten“ oder „warten“. Meine Lektorin fragte immer wieder: Warten auf was? Dieses „Auf was“ gibt es nicht. Das ist das alte Paradigma, die alte Lebensweise.

„Abwarten“ bezeichnet ein aktives Warten, ein aufmerksames Warten ohne Erwartungen bezüglich dessen, was kommen wird, nicht mehr und nicht weniger. „Abwarten“ ist eine Fähigkeit, die man langsam lernt und sehr wertvoll ist.

Der dritte Ausdruck, auf den ich hinweisen möchte, ist „statisch machen/halten“. Die TMM-Kultur versucht, die Prozesse des Universums statisch zu halten. Es gibt keine bessere Art, dies auszudrücken.

So, das war's. Ich lade Sie ein, Ihre Vorurteile, Ihre bequemen Annahmen und alles, was Sie glauben zu kennen, beiseite zu schieben, und sich mit mir auf das Abenteuer einzulassen, über Leben im Prozess zu lernen.

Danksagungen

Vieles und viele haben zur Entstehung dieses Buches beigetragen.

Besonderer Dank geht an meinen „Boss“, dessen Arbeit ich fehlerhaft und nach bestem Wissen und Gewissen tue. Ich weiß um die Hilfe in meinem Leben, die ich aus Bereichen jenseits meines Wissens erhalte, und sage Dank dafür.

Ich danke unserer Mutter, der Erde, die alles Leben und auch mein Leben täglich erhält. Ich danke Großvater Himmel und der Sonne für die Kraft, die unser aller Leben erhält. Ich danke dem Großen Mysterium, dass es mehr ist als ich begreifen kann, sodass ich mich weiter zu ihm hin entwickeln kann.

Ich danke für mein Leben und die Möglichkeit, es zu leben.

Besonderen Dank möchte ich meiner Familie aussprechen, die sich in immer größer werdenden Kreisen über die ganze Welt ausbreitet. Roddy, mein Sohn, ist stets für mich da. Chuck, mein Ehemann, ist immer zur Stelle, um mich zu unterstützen, und Pete hat das Buch getippt und wieder getippt, um es in eine Form zu bringen. Jo Potter und viele Menschen aus dem internationalen Leben-im-Prozess-Netzwerk haben Korrektur gelesen, redigiert und mich in jeder Phase unterstützt. Besonders danken möchte ich den Trainingsteilnehmern aus Australien und Boulder Hot Springs für ihre Hilfe. Bobby hielt das Büro am Laufen und alle Leute in Butte haben mich unterstützt. Ich danke auch dem Karuna Sanctuary, einem inspirierenden Retreat-Zentrum, wo ich umsorgt wurde, als ich dieses Buch beendete.

Cheryl Woodruff hatte als meine amerikanische Editorin und Freundin mit diesem Buch wirklich eine Menge Arbeit. Die erste Fassung war „mit der rechten Gehirnhälfte“ geschrieben – sie war poetisch und entfaltete sich organisch aus sich selbst heraus. Cheryl half mir, das Buch linear zu machen, damit auch Menschen, die mit dieser Arbeit nicht vertraut sind, einen Zugang dazu finden können.

Unterstützung ist immer mehrdimensional und findet auf vielen Ebenen statt, und so möchte ich zum Ausdruck bringen, dass mein Bewusstsein und meine Dankbarkeit sich in all diesen Richtungen und auf all diesen Ebenen erstrecken.

Schließlich möchte ich meine tiefste Dankbarkeit gegenüber jenen Menschen ausdrücken, die bereit waren, das Manuskript auf mögliche Ergänzungen hin zu lesen. Ich danke Euch sehr für Eure Zeit und Kraft.

Zur deutschen Ausgabe

Viele Menschen haben jahrelang auf die deutschsprachige Ausgabe von Anne Wilson Schaefs Buch *Living in Process. Basic Truths for Living the Path of the Soul* gewartet. Schließlich fielen die Entscheidungen wie von selbst:

Mitglieder der europäischen Leben-im-Prozess-Gemeinschaft hatten die Vision, dieses Buch ins Deutsche zu übertragen und gründeten einen Verlag. Die Autorin Anne Wilson Schaef stellte uns die deutschen Buchrechte zur Verfügung. Und jetzt hat das Buch den Weg zu Ihnen gefunden.

Gestatten Sie uns einen Hinweis zur Sprache der deutschen Ausgabe: Ein neues Paradigma – eine neue und gleichzeitig alte Lebensweise und Weltsicht – ins Deutsche zu übertragen, ist eine Herausforderung. Wir haben deshalb unsere deutsche Sprache an verschiedenen Stellen großzügig geweitet und uns manchmal in Anlehnung an das Original für ungewöhnliche Formulierungen entschieden.

Möge das Buch Sie dazu inspirieren, den Weg der Seele zu gehen!

Der Verlag und die europäische Leben-im-Prozess-Gemeinschaft

Im September 2004

Kapitel 1

Wie Leben im Prozess entstanden ist

Leben im Prozess ist ein Buch über Leben – über spirituelles Leben und leben auf spirituelle Weise. Wir alle haben die Möglichkeit, ein volles, uneingeschränktes Leben in Fülle, Freude und Gelassenheit zu leben, in dem sich unsere Spiritualität in jeder Facette unseres Lebens ändert. Dieses Versprechen schwingt tief in unserem Inneren, doch haben wir vielleicht den Zugang dazu verloren. Dieses Buch lädt Sie ein, in jene tiefe, sich ständig bewegende und allumfassende Spiritualität zu reisen, die es in jedem von uns gibt und von der wir fühlen, dass sie im Einklang steht mit der Lebenskraft, die in uns und gleichzeitig jenseits von uns allen ist – wie immer wir sie nennen mögen oder wie immer wir uns ihr nähern wollen. Jeder von uns hat die Möglichkeit, mit seiner spirituellen Weisheit in Kontakt zu kommen und sich mit der Einheit von allem zu verbinden. Wir brauchen uns nur zu erinnern und uns wieder mit dem zu verbinden, was wir vergessen und verlassen haben.

In vielen Kulturen der Welt gibt es kein Wort für Spiritualität. In diesen Kulturen ist Leben Spiritualität. Sie ist so sehr in das Leben integriert, dass es keiner gesonderten Bezeichnung bedarf. Doch haben viele von uns diese ursprüngliche Einheit verloren, als wir versuchten, mit unserem Leben zurechtzukommen. Leben im Prozess ist das Wiedereinbinden des Spirituellen in alles, was wir tun und alles, was wir sind. Indem wir uns und unser Leben in verschiedene Bereiche aufspalten, beschränken wir das Spirituelle auf einen ganz kleinen Bereich unseres Lebens. Bei Leben im Prozess geht es darum, wieder zu lernen, unsere Ganzheit zu leben.

Nachdem ich über vier Jahrzehnte mit Menschen aus der ganzen Welt gearbeitet habe, ist mir klar geworden, dass alle menschlichen Probleme im Grunde spiritueller Natur sind. Sie wurzeln darin, dass wir unsere Spiritualität abspalten und aufteilen oder sie gar nicht erst wahrnehmen. Da wir spirituelle Wesen sind, müssen die Lösungen unserer Probleme aus unserer spirituellen Ganzheit kommen. Alles Heilen wurzelt in unserer spirituellen Ganzheit. Das Geheimnis ein vollständiges Leben zu leben, besteht darin, uns anzunehmen und ganz die zu sein, die wir sind: durch und durch spirituelle Wesen.

Am Ende des zwanzigsten Jahrhunderts finden wir uns jedoch entfremdet von uns selbst und von unserer Einheit mit Gott. Wir können den Reichtum der Spiritualität nicht in uns aufnehmen, wenn wir nicht die Tatsache annehmen, dass das Leben ein Prozess ist und wenn wir nicht an dem Prozess unseres Lebens teilnehmen. Wir können nicht Beobachter unseres eigenen Lebens sein und dabei erwarten, unser volles spirituelles Selbst ganz kennen zu lernen und zu erfahren. Zuerst müssen wir unsere Rolle in dem Prozess anerkennen, der unsere jetzige Wirklichkeit geformt hat, und unsere Rolle als aktive Mitgestalter am gesamten Prozess des Lebens akzeptieren, ehe wir uns auf Heilung zubewegen können. Wir müssen erkennen, wie unsere gegenwärtige Weltsicht dazu beigetragen hat, wo wir heute in unserem Leben als menschliche Spezies stehen, um so bereit zu sein für neue Wege des Seins und Lebens.

Ich werde immer wieder gebeten, Leben im Prozess auf einen kurzen Nenner zu bringen. Es gibt keine einfache Definition. Man kann einen Prozess nicht einfrieren – auch nicht in Worten. Können Sie das Blühen von Blumen oder das Untergehen der Sonne definieren oder einen Regenbogen in der Hand halten? Wenn wir versuchen, uns auf eine Definition festzulegen, machen wir diese Erfahrungen statisch und trennen sie ab von den dynamischen Qualitäten des Wachsens und der Veränderung, die ihr Wesen ausmachen. Die Definition liegt in der Erfahrung, nicht in einem abstrakten Begriff.

Was können wir wirklich definieren? Selbst etwas, das nicht so vielschichtig zu sein scheint wie ein Prozess, zum Beispiel ein Schmetterling, widersetzt sich jener Art des Definierens, auf die sich viele Kulturen traditionellerweise stützen. Selbst eine Insektenkundlerin würde sehr wahrscheinlich nicht definieren können, was ein Schmetterling wirklich ist. Sie könnte ihn auf ein Brett aufspießen, serielle Querschnitte von ihm machen, und vielleicht sogar erläutern, wie seine Hauptsysteme arbeiten –

und doch, würden wir aus all dem wirklich wissen, was ein Schmetterling ist? Ich bezweifle es.
Ich hoffe, dass Sie durch das Lesen dieses Buches nicht nur darüber informiert werden, was Leben im Prozess ist. Meine kühnste Hoffnung ist, dass sich Ihnen durch das Lesen dieses Buches selbst eine Tür öffnet zu der Erfahrung von Leben im Prozess. Information allein ist nutzlos, wenn sie nicht auf Erfahrung fußt. Das Leben ist keine Abstraktion. Leben muss auf Erfahrung gegründet sein.

Das heißt nicht, dass ich grundsätzlich gegen Definitionen bin – obwohl ich den zerstörerischen, künstlichen Grenzen, die wir für uns konstruieren, misstraue. Gelegentlich können Definitionen nützlich sein. Was mir Sorge bereitet ist, dass jene Art von verstandesorientierter, reduktionistischer und systemorientierter Analyse, auf die wir uns heutzutage so weitgehend verlassen, uns auch zergliedert, unsere Erfahrungen von unseren Gefühlen trennt, unseren Kopf von unserem Herzen und unsere Seele von unserem Wesen. Viele von uns sind so gefühllos geworden, dass wir uns an diese zersplitterte, postmoderne, losgelöste Art des Denkens und Seins gewöhnt haben und sie akzeptieren. Leben war nicht immer so und muss auch nicht so sein.

Als Beispiel, wie man lernt im Prozess zu leben, möchte ich von meiner eigenen Reise erzählen und wie ich dazu gekommen bin, im Prozess zu leben.

Schon in der fünften Klasse wusste ich, dass ich später einmal heilende Arbeit tun würde. Zu jener Zeit hatte ich noch keinen Namen dafür. Wir lebten in den Ozark-Bergen und waren sehr arm. Meine einzige Begegnung mit Heilern waren sehr seltene Arztbesuche in dringenden Notfällen und das „alltägliche" heilende Wirken meiner Urgroßmutter, die eine indianische Medizinfrau war. Ihr Heilen war so sehr Teil unseres Lebens, dass ich es für selbstverständlich hielt, und erst im vergangenen Jahr habe ich erfahren, dass sie tatsächlich eine indianische Medizinfrau war.

Ich wusste nicht genau, was es bedeutete, eine Heilerin zu sein, oder ob ich so wie meine Urgroßmutter „heilen" würde. Ich brauchte auch nicht zu wissen, welche Form diese Arbeit haben würde, bis ich es wissen musste. Ich nahm weiter an meinem Leben teil so intensiv wie ich konnte, in allen Lebensbereichen: im wissenschaftlichen Bereich, an gesellschaftlichen Aktivitäten, am Sport, an den kreativen Künsten, in der Kirche und in der Familie – und vertraute darauf, dass ich wissen würde, wie ich den Weg gehen sollte, der mich dorthin führen würde, wo ich sein sollte.

Kurz bevor ich auf die Highschool kam, stieß ich zufällig auf das Wort *Psychiater.* Ich war mir bewusst, dass die Arbeit, die ich tun würde, nicht nur körperlicher Art wäre – doch wusste ich intuitiv, dass das Körperliche darin enthalten sein würde. So belegte ich auf der Highschool die Fächer, die mich auf das medizinische Grundstudium an einem College vorbereiteten.

Ich wurde auf der Universität meiner Wahl angenommen, erhielt ein Vollstipendium und absolvierte das medizinische Grundstudium, wobei ich jeden Sommer in unserem örtlichen Krankenhaus arbeitete. Das Leben am College glich in vielem dem an der Highschool. Es war intensiv und voller Abenteuer. Wie zuvor ging ich gerne aus, liebte es zu singen, genoss das Leben in der Studentenschaft und im Studentenwohnheim, trieb gerne Sport und engagierte mich im YWCA (Christlicher Verein Junger Frauen) und der „Vereinigten Christlichen Studentenschaft". Durch diese Tätigkeiten kam ich in Ämter auf Landesebene und nahm als Studentenvertreterin an internationalen Veranstaltungen teil. In diesen Jahren weiteten sich meine Grenzen und explodierten förmlich in dem Maß, wie sich meine Welt erweiterte. Ich hatte oft Gelegenheit, Ideen und Anliegen mit führenden Theologen und Politikern aus aller Welt zu diskutieren. Ich vertraute darauf, dass ich das tat, was das Große Mysterium von mir wollte. Nicht gegen die Grenzen meines Wissens anzurennen war mir immer wichtig. Ich akzeptierte, dass Wissen ein Prozess ist und dass ich nichts wissen würde, bevor ich es wusste. Ein Prozess entwickelt sich immer so, wie er es soll, wenn ich ihn nur lasse. In der Zwischenzeit bestand meine Verantwortung darin, einen Schritt nach dem anderen zu tun, ganz an meinem Leben teil zu nehmen und als Mensch so gut wie möglich zu sein.

Ich möchte hier nicht den Eindruck erwecken, mein Leben sei immer rosig gewesen. Das war es keineswegs. Ich hatte meine Schwierigkeiten mit Freunden und intimen Beziehungen. Ich stellte alles, was ich in meiner methodistischen Erziehung gelernt hatte, in Frage, einschließlich der Existenz Gottes. Ich wurde übergangen bei Ehrungen und Anerkennungen, die ich eindeutig verdient hatte, weil ich mich in der Welt der Ämter nicht diplomatisch geschickt verhielt. Schmerz war mir wohlbekannt. Doch ich war nicht gut im Leiden und hatte den unerschütterlichen Glauben, mit Gott eins zu sein, auch wenn ich Schwierigkeiten mit den Definitionen von Gott hatte.

Als es Zeit war, sich für medizinische Hochschulen zu bewerben, konnte ich es nicht! Ich hatte dafür einige rationale Entschuldigungen – ich wollte nicht so werden wie die meisten Ärzte, die mir begegneten, ich wollte nicht das Hauptaugenmerk auf körperliche Krankheiten und körperliche Schmerzen richten – und letztendlich wusste ich, dass mein Prozess anders sein würde.

Als die Anmeldefrist gerade abgelaufen war, bestellte mich die Direktorin zu sich und sagte, sie würde mich für ein Danforth Stipendium, das den Spitznamen Danny Grads hatte, empfehlen, und ich wusste instinktiv, dies war die Antwort für mich. Die Tatsache, dass es ein sehr begehrtes Stipendium war, um das sich viele bewarben und das nur wenige erhielten, beachtete ich nicht. Ich wusste, das war genau das, was ich tun sollte – und so war es auch! Ich setzte ein Jahr mit dem Studium aus und wurde in einen anderen Teil des Landes geschickt, „um meine Persönlichkeit zu entwickeln, spirituell zu wachsen und für die Studentenschaft einen Dienst zu tun“. Dieses Jahr war genau das, was ich brauchte um zu erkennen, dass das Medizinstudium mir nicht das geben würde, was ich für meine Lebens-

aufgabe brauchte. Ich bewarb mich für ein Doktorandenstudium in Psychologie und wurde angenommen.
Ich begann das Doktorandenstudium mit der gleichen Haltung, wie ich sie gegenüber der Grundschule, der Oberschule und dem College gehabt hatte – voller Vertrauen, dass ich bekommen würde, was ich brauchte –, und ich hatte dabei, wie immer, meinen Spaß. Ich liebte die Veranstaltungen an der Uni und in meiner Naivität beschloss ich – eine Woche bevor ich herausfand, dass jener „kleine Test", den der Professor beim Aufnahmegespräch erwähnt hatte, die Hauptabschlussprüfung war –, nach New York ins Theater zu gehen und mich zu vergnügen, da es zum Pauken auf irgendeine Prüfung sowieso viel zu spät war. Da die Abschlussprüfungen auf unseren Kursen aufbauten und ich gut in ihnen war, bestand ich mit Bravour.

Am Ende des ersten Jahres meines Doktorandenstudiums entschloss ich mich, ein Jahr auszusetzen und in ein Theologieseminar nach New York zu gehen. Mein Argument war, dass jeder gebildete Mensch wissen sollte, was er/sie in theologischer Hinsicht dächte. Mein Inneres sagte mir: „Du brauchst das und du musst nicht wissen warum." Ich liebte das Seminar und verknüpfte meinen Aufenthalt in New York mit einer Reise nach Europa während des zweiten Semesters. Mein Horizont dehnte sich immer weiter aus. Ich studierte bei theologischen Größen am Union Theologieseminar und den damaligen Psychologie-Koryphäen an der Columbia Universität und am Lehrerseminar der Columbia Universität. Es war ein wunderbares Jahr. An dieser Stelle möchte ich darauf hinweisen, dass ich all dies anscheinend ohne Geld tat. Alles fügte sich so wie ich darauf vertraute, dass es sich fügen würde, <u>und</u> ich habe immer hart für meinen Lebensunterhalt während meiner ganzen Ausbildung und in meinem ganzen Leben gearbeitet.

Am Ende jenes Jahres heiratete ich, nahm die Doktorarbeit wieder auf und bekam mein erstes Kind. Ich hatte immer noch das Gefühl, meinem Lebensprozess zu folgen, <u>und</u> ich war mir nicht sicher, wie er aussehen würde.

Im darauffolgenden Jahr absolvierte ich mein medizinisches Praktikum am Bellevue Krankenhaus in New York, zog mein Kind auf und unterstützte meinen Mann finanziell, der sein Theologiestudium fortführte.

Ich hatte weiter das Gefühl, auf dem richtigen Weg zu sein und meinen Prozess zu leben. Dann machte ich – aus heutiger Sicht – vermutlich einen dreijährigen Umweg. Ich nahm eine Arbeit als Schulpsychologin an, um meine Familie finanziell zu unterstützen, während mein Mann sein Theologiestudium beendete und seine Vikariatszeit ablegte. Ich genoss die Arbeit, liebte es, mit meiner Tochter zusammen zu sein, und war mit meinem Leben bis zu einem gewissen Grad zufrieden – und hatte das Gefühl, irgendwie vom Weg abgekommen zu sein. Es gab Kleinigkeiten, die einfach nicht in Ordnung waren. Ich kam nie auf die Idee innezuhalten, zu beten, in mich zu gehen und mich mit dem Grund meines Wesens zu verbinden. Ich ging jeden Sonntag in die Kirche, sang als Solistin im Chor, und ich lebte nicht im Einklang mit meiner Spiritualität. Ich war nicht in Verbindung mit meinem Lebensprozess und lebte meinen Prozess nicht. Dadurch schadete ich mir selbst und anderen. Heute ist mir das bewusst.

Schließlich kehrten meine Familie und ich nach St. Louis zurück, wo ich die restlichen Scheine und Prüfungen für meinen Doktor in Psychologie machte. Mein Mann studierte jetzt Philosophie und meine Tochter wuchs heran. Ich erkenne jetzt, dass ich immer leide, wenn ich meine Entscheidungen von Geld oder von wirtschaftlichen Erwägungen abhängig mache. Das heißt nicht, dass ich Geld außer acht lasse. Das tue ich nicht. Ich gehe sehr verantwortungsbewusst mit Geld um, und es kann nicht die Grundlage meiner Entscheidungen sein. Beispielsweise habe ich gelernt zu entscheiden, was für mich und meine Kinder wichtig ist, und erst dann einen Weg dafür zu suchen. Viele Menschen fragen sich, was sie sich mit ihrem Geld leisten können und fragen sich nie, was wichtig ist; dadurch schränken sie ihr Leben und ihren Prozess künstlich ein. Mein Lebensprozess fordert mich auf, das Wichtige an erste Stelle zu stellen.

Das Praktische sollte immer im Dienste des Wichtigen stehen.

Gegen Ende meiner Doktorarbeit konnte ich mich einfach nicht dazu durchringen, den letzten Schritt zu tun, um Psychologin zu werden. Während der sechziger Jahre war ein Doktortitel in Psychologie nicht so wichtig. Es gab viele Psychologen, die keine Dissertation geschrieben hatten und trotzdem gute Arbeitsstellen hatten. Doch bei mir kam noch etwas anderes dazu. Wieder einmal sagte mir meine Intuition, dass etwas in diesem Fachbereich nicht stimmte, und ich wusste nicht was. Ich sollte über sechzehn Jahre auf diesem Gebiet arbeiten, bevor mir klar wurde, was für mich in der Psychologie falsch lief. Ich liebte Psychologie und habe viel zu lange daran festgehalten, wodurch ich mir wahrscheinlich sehr viel mehr Schmerzen zugefügt hatte als ich beim Loslassen zu spüren brauchte. Und doch lernte ich die ganze Zeit etwas über meinen wahren Weg.

Während meiner Laufbahn als Psychotherapeutin unterstützte ich Menschen, die von alten Mustern heilen wollten, die sie in dysfunktionalen Familien und Gesellschaften entwickelt hatten; Menschen, die von ihrer eigenen Verwirrung und Selbstentfremdung genesen wollten. Oft stellte ich fest, dass viele nur eine Linderung ihrer Schmerzen suchten. Sie wollten nur existieren, mehr nicht. Die meisten entdeckten jedoch, dass das Aufhören der Schmerzen ihre Probleme nicht löste, obwohl sie verschiedene Möglichkeiten ausprobiert hatten, ihr Leiden zu beenden: mit Medikamenten, Drogen, Alkohol und hektischem Arbeiten; indem sie Kinder bekamen oder versuchten, ihr Leben dadurch zu kontrollieren, dass sie immer das vermeintlich Richtige taten; durch endlose Psychotherapie und die Flucht in verschiedene Formen von Religion und New-Age-Spiritualität. Nur wenige lebten im Einklang mit ihrer Ganzheit oder hatten auch nur die Entdeckung gemacht, dass es eine solche gab. Doch trotz all derer, die nur eine Befreiung von ihren Leiden suchten, gab es auch andere, die mehr wollten – viel mehr. Dies waren die Menschen, mit denen die Zusammenarbeit stimmte und die mich herausforderten, meine Suche fortzusetzen und mich nicht mit dem zufrieden zu geben, was Psychologie und Psychotherapie zu bieten hatten – mit dem inneren Wissen, dass es nicht genug war.

In den sechziger und siebziger Jahren erforschte ich, was alle großen Lehrer und Lehrerinnen auf dem Gebiet der Psychologie zu bieten hatten. Ich machte Workshops, nahm an Seminaren und Kursen teil. Ich engagierte mich in feministischer Therapie und erhob Einwände gegen die Vorstellung, Therapeuten müssten stärker als ihre Klienten sein und Antworten für sie wissen. Ich entwarf Gruppen und Workshops in Form von Peer-Gruppen, bei denen ich mich als Mensch zeigte, und lehnte die „Ich-stehe-darüber"-Haltung der Psychotherapeuten ab, die in den späten siebziger Jahren populär wurde, während ich meine eigene Arbeit in den Gruppen und Workshops tat, die ich anbot. Ich war umstritten, wurde kritisiert, verurteilt und als verrückt und unmoralisch verschrien. Doch fühlte ich mich meiner Suche nach etwas, was sich stimmig und ganz anfühlte, tief verpflichtet.

Obwohl ich als Psychotherapeutin erfolgreich war, wurde ich mir der Grenzen der Psychotherapie zunehmend schmerzlich bewusst. Meiner Meinung nach gab sie sich im Grunde mit der Anpassung an eine dysfunktionale Gesellschaft zufrieden und mit einem Planeten, der immer dysfunktionaler wurde. Ich wusste, dass da mehr sein musste. Virginia Satir war eine der ersten, die den Einzelnen nicht als isoliertes Wesen sah. Sie erkannte, dass der Einzelne in ein Familiensystem eingebettet ist, das selbst auch gestört war und diese Störung auf das Individuum übertrug. Ich begrüßte diese erweiterte Sichtweise. Als Feministin wusste ich, dass es notwendig ist, die Macht immer größerer Systeme über uns zu akzeptieren, wenn wir uns selbst verstehen wollen. Wir leben im Kontext.

Ende 1979 konnte ich das Ausmaß an Stress in meinem Leben nicht mehr ertragen. Ich war inzwischen alleinerziehende Mutter, lebte in einer dysfunktionalen Beziehung und trug als Psychotherapeutin eine schwere Last, während ich gleichzeitig versuchte, den Weg zu verfolgen, ein neues

System für Heilung zu entwickeln. Mein Herzschlag setzte aus und ich hatte eine Nah-Tod-Erfahrung, bei der ich außerhalb meines Körpers war. Keine Erfahrung ist ohne Bedeutung, und nach dieser Erfahrung wusste ich in der Tiefe meines Seins um zwei wesentliche Dinge. Erstens, dass ich in allem absolut ehrlich sein musste. Zwar war ich schon für meine Ehrlichkeit bekannt. Doch meine bisherigen Bemühungen um Ehrlichkeit verblassten gegenüber dem Grad an Ehrlichkeit, den ich jetzt erlangen musste. Zweitens wusste ich, dass ich mein Leben in Ordnung bringen und mit dem vorankommen musste, worum es wirklich ging – was immer das bedeutete. Ich musste in der Lage sein, die Türen, die sich vor mir auftaten, zu erkennen und frei zu sein, durch sie hindurch zu gehen. Es ist deshalb nicht überraschend, dass sich sehr schnell weitere Änderungen in meinem Leben ergaben.

In einer Zeit inneren Fragens und Suchens, etwa im Jahr 1979, begegnete ich einem weltberühmten Hellseher. Ich wusste wenig über parapsychische Phänomene und hatte Artikel über außersinnliche Wahrnehmung während meiner Ausbildung immer nur kurz überflogen, und deshalb war ich neugierig. Da sein Besuch in meiner Region einmalig war, eröffnete ich meinen Klienten die Möglichkeit, ihn zu konsultieren. Die meisten nahmen diese an.

Bevor er wieder ging, sagte er zu mir: „Als Arzt habe ich die Möglichkeit, mit Psychiatern und Ärzten aus dem ganzen Land zu sprechen und ihre Arbeit zu verfolgen und zu beobachten. Durch das Gespräch mit Ihren Klienten habe ich außerdem einen Einblick in Ihre Arbeitsweise bekommen. Ihre Arbeit ist einmalig. Die meisten Ärzte und Therapeuten setzen bei der Persönlichkeit an und arbeiten von außen nach innen. Sie hingegen beginnen mit der Arbeit an der Seele und arbeiten von innen nach außen. Ihre Arbeit ist ein Heilen auf seelischer Ebene." Seine Worte klangen wahr. Mein Weg zeigte sich, und ich war mir bewusst, dass ich bald meinen Beruf verlassen würde.

Anfang 1980 zeigte sich ein weiterer Teil meines Puzzles. Ich lebte damals in einer Wohngemeinschaft zusammen mit anderen Frauen und unseren Kindern, was uns die Möglichkeit gab, uns gegenseitig finanziell, emotional und bei der Kindererziehung zu unterstützen. Wir hatten gute und schlechte Zeiten, und wir schienen nie so ganz das Gefühl los zu werden, dass unter der Oberfläche Chaos brodelte. Fast zufällig – da viele von uns in den Heilberufen arbeiteten – entdeckten wir, dass eines unserer „Familienmitglieder" eine Alkoholikerin war. Also begaben wir uns alle – einschließlich früherer Ehegatten, Sekretärinnen, Freundinnen und Freunde – in Familienbehandlung. Wir waren insgesamt dreizehn Personen. Ich war entsetzt, wie wenig ich über Sucht und Co-Abhängigkeit wusste. Ich fühlte Groll, dass meine Berufsausbildung mich auf diesem Gebiet vollkommen im Stich gelassen hatte. So stürzte ich mich mit meinem ganzen Sein – was typisch für mich ist – in dieses neue Lerngebiet. Ich befragte meine Klienten nach ihren Süchten und stellte zu meiner großen Überraschung fest, dass viele sich mit den verschiedensten Abhängigkeiten herumschlugen, die sie nie erwähnt hatten und die ich nie gesehen hatte. Es sollte noch einige Zeit dauern, bis ich erkannte, dass Süchte durch eine Therapie nicht behandelbar sind. Ich begann einigen meiner Klienten nahe zu legen zu Gruppen zu gehen, die auf den Zwölf Schritten der Anonymen Alkoholiker basierten. Ich bemerkte, dass diejenigen, die dorthin gingen, schnellere Fortschritte machten als die anderen.

Ich wurde immer neugieriger auf diese Zwölf-Schritte-Gruppen und fing an, als Beobachterin dorthin zu gehen. Ich konnte jedoch nicht herausfinden – d.h. nicht beobachten –, wie und warum AA funktionierte. Diese Unfähigkeit nicht zu verstehen, warum es funktionierte, ließ mich auf eine der wichtigsten Entdeckungen meines ganzen Lebens stoßen, die sicherlich eine der Hauptgrundlagen für Leben im Prozess geworden ist.

Ziemlich schnell entdeckte ich nämlich, dass ich durch Beobachten nicht verstehen konnte. Anfangs fühlte ich mich verwirrt und orientierungslos. Schließlich war ich im Beobachten geschult und verdiente meinen Lebensunterhalt durch Beobachten. Die meisten meiner beruflichen Erfolge kamen durch die Genauigkeit meiner Beobachtungen. Und: Wie gut ich auch immer im Beobachten war oder bin, welch gute „Wissenschaftlerin“ und wie objektiv ich auch war, all diese Fähigkeiten halfen mir nicht, das Zwölf-Schritte-Programm von AA zu verstehen. Mein Verstand, meine Ausbildung und mein Können ließen mich im Stich. Der Versuch, an der Sicherheit von dem, was ich wusste oder gewusst hatte, festzuhalten, stürzte mich in einen Abgrund von Verzweiflung. Schließlich machte ich einen Quantensprung. Ich erkannte, dass der einzige Weg, wie ich – wenn überhaupt – jemals verstehen konnte, warum das AA-Programm wirkte, der war, es selbst zu arbeiten. Ich musste teilnehmen. Ich konnte nicht beobachten.

Heute erkenne ich, dass diese Veränderung in meinem Universum eine der wichtigsten – wenn nicht sogar *die* wichtigste – Wende in meinem Leben war. Vom Beobachten war ich zum Tun und Sein gekommen. Statt das Leben zu beobachten, lebte ich es jetzt. In seinem Buch *Die Wiederverzauberung der Welt* spricht Morris Berman über die Notwendigkeit, von einer nicht-teilnehmenden zu einer teilnehmenden Wissenschaft zu gelangen, um dadurch den Paradigmenwechsel zu vollziehen, der zum jetzigen Zeitpunkt der Geschichte notwendig ist. Mein Versuch, das Zwölf-Schritte-Programm der AA zu verstehen, zwang mich zum Teilnehmen. Als ich offen für eine mehr teilnehmende wissenschaftliche Weltsicht wurde, eröffneten sich mir ungeahnte Türen und Erfahrungen. Ich lebte in einer anderen Welt: Ich verband mich wieder auf tiefe und grundlegende Weise mit meiner Seele und dem Mysterium des Einsseins. Der Schlüssel dazu war Teilnehmen. Quantensprünge von Veränderungen ergaben sich jeden Tag.

Zu der Zeit hatte ich bereits das Buch *Weibliche Wirklichkeit* geschrieben, und durch den großen Erfolg dieser Veröffentlichung (im Jahre 1981) machte ich mir einen Namen als Autorin für Frauenfragen und für eine weibliche Sichtweise. Mit meinen neuen Erkenntnissen über Süchte und die systemischen Auswirkungen von Abhängigkeiten kam ich jedoch schnell zu neuen Erkenntnissen und Entdeckungen.

Gewöhnlich spiegelten meine Bücher meine eigene persönliche Reise, meine Kämpfe, meine Entwicklung und meine Erkenntnisse wider. Da ich mich selbst als ausgebildete Co-Abhängige erkannte, schrieb ich *Co-Abhängigkeit, nicht erkannt und falsch behandelt* (1986). Es war eines der ersten Bücher über Co-Abhängigkeit und enthält einen Blick auf die größeren beruflichen und sozialen Auswirkungen von Co-Abhängigkeit ebenso wie deren Wirkungen auf den Einzelnen. Bis dahin hatte ich ein gutes Verständnis für das entwickelt, was ich den Suchtprozess nannte. Ich konnte erkennen, dass die Merkmale, die kennzeichnend für die Sucht beim Einzelnen sind – Unehrlichkeit, Selbstbezogenheit, die Illusion von Kontrolle, verrücktes Denken, Besessenheit, Zwanghaftigkeit, dualistisches Denken und Verlust von Spiritualität – in unserer Gesellschaft grassieren und sogar charakteristisch für sie sind. Das Buch *Im Zeitalter der Sucht* wurde 1987 veröffentlicht.

Im Jahre 1984, als ich an den beiden vorherigen Büchern arbeitete, verließ ich die Psychotherapie und entwickelte weiter, was ich die Leben-im-Prozess-Arbeit nannte. Ich war zu der Erkenntnis gekommen, dass die Heilungsarbeit, die ich mit Einzelpersonen und Familien entwickelte, nur ein kleiner Teil der Arbeit war, um derentwillen ich hier bin. Jede und jeder von uns hat eine wahre Arbeit, eine Berufung für das, was in diesem Leben für uns richtig ist. Diese Arbeit ist für mich das Lehren und Praktizieren von Leben im Prozess – mein „Auftrag“, meine Seelenarbeit. Für mich persönlich ist es die Aufforderung, ein ganzheitliches, volles Leben zu leben. Für mich beruflich bedeutet es, dass ich hier bin, um zu teilen.

Da ich in der Kirche der Southern Methodists aufgewachsen bin, hat eine „Berufung“ für mich eine besondere Bedeutung. Berufen zu sein heißt zu hören, was Gott von mir will, und es zu tun. Es gibt viele Formen von Berufungen und sie kommen aus vielerlei Quellen, oft von Orten und Menschen, von denen wir es am wenigsten erwarten, und manchmal bedarf es mehrerer Rufe, bevor wir sie hören. Berufensein bedeutet nicht, dass wir wichtig oder etwas Besonderes sind, oft das Gegenteil. Eine Berufung ist eine Verpflichtung, eine Verantwortung und eine Aufgabe – nicht mehr, nicht weniger.

Glücklicherweise habe ich immer gewusst, dass es im Innern von uns allen – wenn wir empfänglich dafür sind – eine Weisheit gibt, die mit der Weisheit von Allem-was-ist verbunden ist. Mein Leben ist immer von dieser Weisheit geleitet worden und ein Großteil der Schmerzen, die ich in meinem Leben erfuhr, kam aus meiner fehlenden Bereitschaft, auf diese Führung zu hören oder aus meinem Beharren auf meinen Eigenwillen.

Es ist meine Berufung, die Leben-im-Prozess-Arbeit in die Welt zu bringen. Doch habe ich nie auch nur einen Augenblick geglaubt, Leben im Prozess sei *meine* Arbeit. Es ist *unsere* Arbeit – eine Arbeit, die zum jetzigen Zeitpunkt auf der Erde gebraucht wird. Ich bin nur eine der vielen Boten und Botinnen, die versuchen, Wege der Heilung und Spiritualität für uns und den Planeten Erde zu eröffnen, die dringend benötigt werden. Ich konnte erkennen, dass jetzt die Zeit für Lösungen angebrochen ist. Leben im Prozess handelt von globalen Lösungen. Viel zu lange haben wir uns auf die Probleme konzentriert.

So wie mein Schreiben immer umfassendere Bereiche behandelte, so geschah dies auch mit meiner Arbeit. Meine Arbeit an meinem Buch *Im Zeitalter der Sucht* und die Mitautorenschaft am Buch *Suchtsystem Arbeitsplatz* (1988) zwangen mich dazu, systemische Probleme anzuschauen. Ich begann, die Lösungen in immer größeren Zusammenhängen zu suchen. Ich konnte Sucht als ein systemisches Problem unserer Gesellschaft erkennen, als Überlebensstrategie, die in unserer Kultur erlernt wird und der – wenn überhaupt – nur wenige entkommen.

Während der Jahre, in denen ich mich mit Sucht auseinandersetzte, schrieb ich *Die Flucht vor der Nähe* (1989) – aus rein persönlichem Interesse und auch auf Nachfrage anderer, ich solle doch über meine Beobachtungen und mein Lernen auf den Gebieten der Romantik-, Beziehungs-

und Sexsucht schreiben, die ich auch allesamt als Produkte unserer Kultur ansah. Außerdem schrieb ich ein kleines Meditationsbuch, *Laugh! I thought I'd Die (If I Didn't)* (1990), als eine Art Scherz-Training, aus Achtung vor dem Humor, den ich in 12-Schritte-Meetings und von Menschen in Genesung gehört hatte. Bis zu diesem Zeitpunkt waren im Grunde alle meine Bücher aus der Perspektive einer Teilnehmerin und Beobachterin geschrieben. Zweifellos bearbeitete ich bei der Arbeit mit anderen auch meine eigenen Themen – doch im Grunde konzentrierte ich mich noch immer darauf, was „da draußen", bei anderen, in Organisationen, in der Gesellschaft vor sich ging. Ich war dabei, ein partizipatorisches System zu erlernen und steckte immer noch in meinem alten Paradigma, die Probleme von außen zu analysieren.

Die Veröffentlichung des Buches *Nimm Dir Zeit für Dich selbst* (1990; Untertitel: *Meditationen für Frauen, die zuviel arbeiten*) war für mich ein großer Bruch mit meiner Vergangenheit, persönlich und beruflich. In diesem Buch beschrieb ich die neue Art zu leben, die ich entwickelte und praktizierte, indem ich die von mir bis dahin gesammelten grundlegenden Wahrheiten veröffentlichte. Dies war das erste Mal, dass ich aus der Perspektive der Leben-im-Prozess-Arbeit schrieb, die ich bis dahin praktiziert und entwickelt hatte. Mit diesem Buch begann ich, meine eigene Lebensphilosophie darzulegen. Das Buch traf einen Nerv. Ich war in meinem Schreiben von Frauenfragen zur Suchtproblematik übergewechselt, von Sucht zu soziopolitischen Problemen, und jetzt nahm ich ein Buch für Frauen als Vehikel, um die Lebensphilosophie auszudrücken, die ich lebte und mit der ich arbeitete, und es gab buchstäblich Millionen von Menschen, die von überall her auf der ganzen Welt darauf antworteten.

Hätte es einer Bestätigung meines Weges bedurft – dieses Buch war sie.

Damals hatte ich bereits einige der grundlegenden Wahrheiten über Leben im Prozess entdeckt. Ich hatte erkannt, wie wichtig es ist, meine Gefühle, meine Intuition, mein Unbehagen und meine Wahrnehmungen zu beachten; wie notwendig es ist, in meinem Körper zu sein und den

Informationen zu vertrauen, die ich von ihm erhielt; und wie notwendig mein absolutes Bedürfnis nach Alleinsein war, um meinen Prozess zu „hören“. Mir war bewusst geworden, dass ich letztendlich die Verantwortung für mich selbst, mein Leben und meine Entscheidungen übernehmen musste. Zwar wusste ich schon immer, dass ich Verantwortung übernehmen musste, wie beim Eigentum – und ich konnte jetzt den „Tanz“ zwischen der Eigenverantwortung für mein Leben und meine Entscheidungen einerseits und dem Vertrauen auf eine Höhere Macht andererseits aus einem neuen Blickwinkel sehen. Ich begann, die Tatsache des Dualismus und seine zerstörerische Rolle in meinem Leben und dem anderer Menschen anzuerkennen und zu erkennen, dass wir tatsächlich über ihn hinauswachsen können. Durch persönliche Erfahrungen und indem ich anderen zuhörte, hatte ich gelernt, wie zerstörerisch die Illusion von Kontrolle ist und wie viel besser mein Leben verläuft, wenn ich diese Illusion durch Vertrauen ersetze. Und, was am wichtigsten war: Ich war zu der Überzeugung gekommen, dass ich alles in meiner Macht Stehende versuchen und akzeptieren würde für meine körperliche, geistige und spirituelle Heilung sowie für die Entwicklung einer globalen Gesellschaft, die gesund ist und respektvoll mit der gesamten Schöpfung umgeht.

Diese Wahrheiten hatte ich durch die Leben-im-Prozess-Gruppen gelernt, die zum Mittelpunkt meines Arbeitslebens geworden waren. In diesen Gruppen machte ich meine eigene Tiefenprozess-Arbeit (siehe Kapitel 6 über Heilung). Hier fuhr ich fort, über den Suchtprozess zu lernen, von ihm zu genesen und Leben im Prozess zu praktizieren.

Im Jahre 1992 veröffentlichte ich das Buch *Mein Weg zur Heilung* (englischer Titel: *Beyond Therapy, Beyond Science).* Von der Psychotherapie ausgehend, erforschte und hinterfragte ich die Rolle der mechanistischen Wissenschaft bei den Heilberufen und in der Gesellschaft. Ich legte dar, dass die mechanistische Wissenschaft zur Heilung oder Ganzheit im Widerspruch stand und dazu benutzt worden war, eine Gesellschaft hervorzubringen, die – von der persönlichen bis hin zur planetarischen Ebene –

destruktiv und gewalttätig war und eine ungezügelte Konsumgesellschaft sowie Materialismus erzeugte. Von hier aus war es dann leicht, den Sprung von den Süchten des Einzelnen zu einer technokratischen Gesellschaft zu machen und zu erkennen, dass das, was ich früher als Suchteigenschaften bezeichnet hatte, Nebenprodukte einer postmodernen, technokratischen Welt waren, die zu der – wie ich sie heute nenne – Technokratischen, Materialistischen, Mechanistischen Persönlichkeitsstruktur (TMMP) geführt hatte. Sucht kann als Reaktion des Menschen auf eine technologische Welt verstanden werden. Im Jahre 1992 merkten wir zunehmend, welche Rolle und welchen Einfluss die mechanistische Wissenschaft spielte bei der Zerstörung von allem, was wir kannten, vom Einzelnen bis hin zum Planeten Erde. In meinem Buch *Mein Weg zur Heilung* benannte und beschrieb ich, wie sich diese Zerstörung und Gewalttätigkeit in meiner kleinen Ecke der Welt darstellte – in den „heilenden" Berufen.

Beim Schreiben des Buches *Mein Weg zur Heilung* musste ich wohl oder übel eingestehen, dass Psychotherapie nicht nur nicht hilfreich und nicht heilend, sondern schädlich war. Indem sie den Menschen einen psychologischen „Kick" verabreichte und das entkörperlichte Denken förderte, hielt sie sie davon ab, ihre Tiefenprozessarbeit zu tun und verhinderte dadurch, dass sie zu einer Heilung auf seelischer Ebene kamen – d.h. genau da, wo es für die meisten Menschen notwendig gewesen wäre.

In *Mein Weg zur Heilung* erläuterte ich außerdem den heilenden Aspekt der Leben-im-Prozess-Arbeit. Gleichzeitig wusste ich, dass diese Komponente nur ein Aspekt der heilenden Weltsicht war, die ich jetzt lehrte. Ich hatte das Gebiet der Psychotherapie verlassen und Spiritualität und Ganzheit beschäftigten mich mehr und mehr. Ich wurde zu einer Lehrerin und konnte das weitergeben, was ich selbst über Leben im Prozess und unsere größeren Zusammenhänge gelernt hatte.

Als ich das Buch *Mein Weg zur Heilung* beendet hatte und es vor der Veröffentlichung stand, brauchte ich ganz dringend eine Erholung von der Intensität meiner eigenen persönlichen Arbeit und dem Schreiben. Intuitiv wusste ich, dass ich Zeit mit Stammesältesten von Naturvölkern und Heilern aus der ganzen Welt verbringen musste. Es heißt ja, dass die Lehrer erscheinen, wenn der Schüler bereit ist – und sie erschienen tatsächlich! Wunderbarerweise öffneten sich mir Türen, damit ich mit Stammesältesten und Heilern zusammen sein konnte, wo immer ich hinging. Ich ging nur dorthin, wo ich eingeladen wurde, und Einladungen kamen von allen Seiten.

Anfänglich glaubte ich, dass ich diese Gelegenheiten nur zu meiner eigenen Heilung erhielt. Diese vollzog sich auf eine Art und Weise, die ich nur schwer beschreiben kann. Dann dämmerte es mir, dass mir diese Naturvölker genau das beibrachten, was ich über Leben im Prozess so mühsam zu formulieren versuchte. Bei meinem ersten Zusammentreffen mit australischen Stammesältesten saß ich da und konnte nicht aufhören zu weinen, als sie sprachen. Ich erkannte, dass sie schon wussten, was ich zu lehren versuchte. Sie wussten weitaus mehr als ich über Leben im Prozess und über das Teilnehmen an der Ganzheit unserer eigenen Spiritualität und unseres Lebens. Die Erleichterung, die ich fühlte, als ich da saß, war ungeheuer. Meine Tränen waren Tränen der Erschöpfung, der Erleichterung und des Gefühls heim zu kommen. Ich hatte mich so allein gefühlt.

Menschen aus Naturvölkern auf der ganzen Welt begannen mir zu erzählen, dass ihre Mythen und Legenden ihnen gesagt hätten, es würde eine Zeit kommen, in der sie ihre Weisheit und ihre Geheimnisse mitteilen müssten, um den Planeten zu retten – und diese Zeit sei jetzt gekommen. Ich fühlte mich von ihnen gesegnet, da ich ihr Wissen mit zurücknehmen durfte. Ihre Liebe und Unterstützung waren von unschätzbarem Wert für mein eigenes Wachsen und Heilen sowie für die Herausbildung des Auftrags, die Leben-im-Prozess-Arbeit zu entwickeln, um Einzelpersonen, Beziehungen, Familien, Gemeinschaften, Organisationen, Gesellschaften und den Planeten zu heilen. Ich hatte nicht beabsichtigt, ein Buch über diese Erfahrungen zu schreiben. Ich hatte an ihnen teilgenommen, weil sie notwendig für mich waren, und das war genug. Mit dem Einverständnis und dem Segen von Stammesältesten und Heilern wurde mir jedoch die Ehre zuteil, im Jahre 1995 das Buch *Botschaften der Urvölker* in die Welt zu bringen. Ich schrieb es in Form eines Meditationsbuches und benutze es täglich.

Im Jahre 1996 wurde *Denk Dich Frei* veröffentlicht (englischer Titel: *Meditations For People Who May Worry Too Much*), ein Folgeband von *Nimm Dir Zeit für Dich Selbst (Meditationen für Frauen, die zu viel arbeiten).* Wir glaubten, dass zwei Verhaltensweisen Hand in Hand gehen: zu viel zu arbeiten und sich zu viele Sorgen zu machen.

Jetzt ist die Zeit gekommen, um Leben im Prozess als Philosophie, als heilende Kraft und als Lebensweise in aller Offenheit darzustellen. Diese Lebensweise wurde in *Nimm Dir Zeit für Dich Selbst* angedeutet. Der heilende Aspekt wurde in *Mein Weg zur Heilung* beschrieben und die Gesamtheit dieser Weltsicht wird in *Leben im Prozess* dargelegt.

Der Schöpfer hat mir das letzte noch fehlende Puzzleteilchen und die Perspektive geschenkt, die ich brauchte, um Leben im Prozess zu schreiben. Indem ich den Urvölkern zuhörte, gelangte ich zu einem neuen Bewusstsein über den Planeten, das Universum und das Große Mysterium, wodurch sich alles, was ich bis dahin gemacht hatte, zusammenfügte und ich alles klar sehen konnte. Ich habe Jahre damit verbracht, das Problem zu definieren. Mit dem Schreiben dieses Buches gebe ich die Lösungen weiter, die so gut für mich und die anderen, die diese Arbeit kennen, funktioniert haben – die Arbeit, wie sie sich weltweit im Laufe der vergangenen 20 Jahre entwickelt hat. Ich bin sicher, dass wir mehr wissen werden – und ich habe jetzt alles, was ich brauche, um die einzelnen Bereiche von Leben im Prozess zu erkennen und um die Möglichkeiten für unser Leben und Heilwerden zu beschreiben, die für alle von uns in jedem Augenblick unseres Lebens zugänglich sind.

Der Ansatz von Leben im Prozess zeigt eine Lösung auf, die zugleich theoretisch und praktisch ist. Er basiert auf der Art und Weise, wie ich lebe, und auf der Heilungsarbeit, die ich bisher getan habe und weiterhin für mich selbst tue. Die theoretische Seite wurde von mir und anderen erst dann entwickelt, nachdem wir sie in der Praxis selbst persönlich gelebt hatten. Man kann Leben im Prozess nicht lehren, ohne es selbst aktiv zu leben. Es geht ums Teilnehmen, um nichts anderes. Ich praktiziere nicht nur, was ich predige, ich lebe es! Die inneren Kämpfe, das Auf und Ab und das Herauskommen auf der anderen Seite kenne ich aus eigener Erfahrung. Ich lebe und liebe diese Arbeit, und mein Leben wurde dadurch gelassen und voller Freude. Mein Leben ist nicht immer so gewesen, doch nun habe ich eine beständige, anhaltende und aktive Beziehung zu dem Großen Mysterium, und meistens spüre ich die Einheit von Allem-was-ist.

Leben im Prozess ist dynamisch und ständig im Wandel. Es entwickelt sich ständig weiter durch all die Menschen, die daran teilnehmen. Anzunehmen, der Leben-im-Prozess-Ansatz sei der gleiche wie noch vor fünf oder auch nur zwei Jahren, wäre ein schwerwiegender Fehler. Eine solche Annahme macht etwas statisch, was im Grunde und seinem Wesen nach ein dynamischer Prozess ist. Die Leben-im-Prozess-Arbeit ist nicht „fertig". Ich bin nicht fertig. Niemand, der daran teilnimmt, ist „fertig". Wir befinden uns alle „im Prozess".

Leben im Prozess öffnet uns Wege zu einem uneingeschränkten Leben. Diese Arbeit ist nicht für jeden – <u>und</u> sie ist da für jene, die sie wollen und brauchen. Sie ist kein schnelles Allheilmittel. Leben im Prozess erfordert Zeit, Kraft und Durchhaltevermögen.

Leben im Prozess bedeutet, eine tiefe und dauerhafte spirituelle Verpflichtung sich selbst und dem Leben gegenüber einzugehen. Unser spiritueller Prozess nimmt uns weder aus unserem Leben heraus, noch fordert er von uns, uns darüber zu erheben. Leben im Prozess lässt uns vielmehr tiefer ins volle Leben eintauchen und verlangt aktive Teilnahme von uns in dem Bewusstsein, dass unsere wichtigste Beziehung immer unsere Verbindung zu dem allumfassenden Prozess ist und sein wird, den wir Gott, den Schöpfer, das Große Mysterium nennen.

Anfangs sieht es vielleicht so aus, als sei Leben im Prozess das Schwierigste, was Ihnen jemals zugemutet wurde. Und doch ist Leben im Prozess sehr einfach. Es ist nicht immer leicht. Es ist deshalb nicht leicht, weil wir uns so sehr von dem entfernt haben, was für uns bestimmt war. Sehr oft sind wir es, die unser Leben so schwer machen, und gemeinsam haben wir Gesellschaften errichtet, die das Leben auf diesem Planeten erschweren. Und ebenso haben wir die Lösungen für ein besseres Leben selbst in der Hand.

Wir haben das Wesentliche im Unwesentlichen vergraben.

Leben im Prozess bedeutet, dass wir zu uns selbst zurückkehren und uns mit dem ganzen Leben wieder verbinden. Von außen gesehen mag es scheinen, als würde zu viel von uns verlangt werden. Doch wenn wir beginnen, unser Leben im Prozess zu leben, fragen wir uns, warum wir so lange gebraucht haben, um die schmerzhaften, todbringenden Muster aufzugeben, die wir Realität nennen, und wir begeben uns in die Fülle des Lebens.

Um zu lernen im Prozess zu leben, braucht man nicht aktiv in einem 12-Schritte-Programm zu sein. Und diese Programme sind ausgezeichnet, wenn wir uns mit den Charakteristika unserer Technokratischen, Materialistischen und Mechanistischen Persönlichkeit und den Verhaltensweisen, die wir von unserer Gesellschaft gelernt haben, auseinandersetzen und davon genesen wollen. Erst wenn wir begonnen haben, uns von dieser Dysfunktion zu lösen, werden wir bereit, die Türen zu einem Leben im Prozess zu öffnen und sie zu durchschreiten.

Manch einer fragt vielleicht: „Muss ich an eine Höhere Macht glauben, um die Leben-im-Prozess-Arbeit zu tun?“

Nein. Leben im Prozess ist ein Weg, der es jedem von uns erlaubt, zu seinem eigenen intuitiven Wissen zu gelangen, zu unserer Verbindung mit Allem-was-ist. Dazu bedarf es keiner besonderen Form von Spiritualität. Und an einem gewissen Punkt unserer Entwicklung müssen wir alle anerkennen, dass wir spirituelle Wesen sind. Jede Spiritualität führt uns zur Ganzheit. In diesem Zusammenhang möchte ich eine Warnung aussprechen. Unsere Gesellschaft lehrt uns, Wissen außerhalb unserer selbst zu suchen. Traurigerweise vertrauen einige von uns nicht mehr darauf, dass uns unser innerer Kompass genaue Informationen geben wird. Was noch schlimmer ist: Viele von uns wissen nicht mehr, wie sie einen Zugang zu dieser wertvollen Führung finden und wie sie sie verstehen sollen. Doch hat sie uns nie verlassen. Wir müssen die Notwendigkeit, alles mit unserem inneren Wissen zu prüfen, wieder erlernen.

Am besten beginnt man damit, sich zu fragen, ob das, was wir lesen oder hören, sich richtig für uns anfühlt. Wir müssen lernen, zwischen Gefühlen und Emotionen zu unterscheiden. Emotionen sind Gefühle plus verwirrtes Denken plus Adrenalin. Emotionen sind Gefühle, die Amok laufen. Wir müssen lernen, wie wir zur Reinheit unserer wirklichen Gefühle zurückfinden. Wir müssen lernen zu warten. Wir müssen Frieden schließen mit unserer Verwirrung und unserem Mangel an Klarheit und auf nichts aufspringen, was unserem Denken entspringt. Die Zeit ist gekommen, dass wir unsere Fähigkeiten zu unterscheiden, zu fühlen und intuitiv wahrzunehmen wieder erlernen. Wenn wir geduldig mit unserer Wahrnehmung warten, geben wir uns die nötige Zeit, um unsere innere Arbeit zu tun: Zu prüfen, was für uns stimmt und diesem dann aus vollem Herzen nachzugehen.

Wenn wir unklar sind, neigen unsere Wahrnehmungen dazu, getrübt zu sein. Wenn wir lernen, prozesshaft zu leben, werden unsere Wahrnehmungen verlässlicher. Wenn wir die Verantwortung für unsere Wahrnehmungen übernehmen, können wir wachsen, uns ändern und klar werden. Unserer eigenen Wahrnehmung zu vertrauen und Verantwortung für sie zu übernehmen führt zu spiritueller Reife.

Ich ermutige Sie, dieses Buch mit Ihrem Bewusstsein, Ihrer Urteilskraft und Intuition zu lesen. Nehmen Sie, was Sie brauchen, und lassen Sie das andere beiseite. Wenn meine Worte für Sie wahr klingen, vertrauen Sie diesem Wissen und teilen Sie es mit anderen. Wenn das, was ich sage, nicht für Sie passt, so vertrauen Sie auch hier und gehen Sie weiter. Es gibt viele unterschiedliche Wege.

Wenn Sie für sich den Entschluss fassen, dass es jetzt und hier an der Zeit ist, sich über bloße Anpassung und kurzfristige Lösungen hinauszubewegen, kann dieses Buch Sie führen. Es bietet Ihnen Unterstützung und jahrelange Erfahrung von vielen Menschen wie Sie selbst, die ständig lernen und aktiv an ihrem Leben beteiligt sind.

Dieses Buch ist eine Einladung. Es ist eine Einladung für all jene, die bereit sind, über bloße Anpassung und kurzfristige Lösungen hinaus zu springen (oder zu kriechen). Es ist eine Einladung an jene, die bereit sind, zur Fülle ihrer Ganzheit zu gelangen. Es ist eine Einladung, neue Türen zu öffnen und die Möglichkeiten, im Prozess zu leben, auszuprobieren.

Kapitel 2

Was bedeutet Prozess?

Bevor wir uns eingehend mit dem Gedanken befassen, wie man das Leben auf prozesshafte Art lebt, müssen wir innehalten, um sicher zu gehen, dass wir ein gemeinsames Verständnis davon haben, was „Prozess" bedeutet.

Wir leben in einer Welt, die großen Wert legt auf das Statische und sofort Machbare und daran glaubt. Man bringt uns bei, uns selbst, unsere Autos und unsere Häuser als statische „Dinge" zu betrachten. Da wir an Stasis glauben, reagieren wir verärgert und fühlen uns persönlich angegriffen, wenn unsere Häuser, unsere Autos – oder unser Körper – zusammenbrechen. Wenn nicht alles und jedes „ideal und absolut perfekt" ist, haben wir das Gefühl, irgendwie versagt zu haben.

Die meisten von uns verbringen ihr Leben in geschlossenen, klimatisierten Räumen. Das bedeutet, dass die Prozesse der Natur und der Wechsel der Jahreszeiten für viele von uns reine Abstraktionen geworden sind. Manche von uns laufen selten – wenn überhaupt – barfuß auf der Erde oder fühlen den Matsch zwischen ihren Zehen und Fingern hervorquellen. Genauso wie Asphalt und Beton zwischen unseren Körpern und der Erde stehen, stehen Begriffe und Abstraktionen zwischen unserem Sein und unserem Geist.

Es ist notwendig, dass wir wieder zurück zu einem Bewusstsein für den Prozess unseres Lebens gelangen und daran teilnehmen, um die Fülle der Dimensionen von Wirklichkeit zu kennen und zu erfahren.

Es ist keine leichte Aufgabe zu unserem intuitiven Wissen darum, was ein Prozess ist, zurückzukehren. Doch dieses Buch handelt vom Leben und vom Wissen um eine lebendige Spiritualität. Um zu leben und das Leben zu erfahren, müssen wir wissen, was Prozess bedeutet. In meinem persönlichen und beruflichen Leben habe ich gelernt, dass ich durch meinen Prozess zu einem vollen Leben gelange und so möchte ich mit Ihnen genau erkunden, was ein Prozess ist und welchen Platz und welche Bedeutung er in unserem Alltagsleben einnimmt.

> Wir glauben, im „Informationszeitalter“ zu leben und meinen, es gäbe eine „Informationsexplosion“, eine „Informationsrevolution“. Zwar stimmt dies in gewissem Sinne, doch in vielen wichtigen Aspekten trifft genau das Gegenteil zu. Wir leben auch in einer Zeit großen Unwissens, in der lebenswichtiges Wissen, das wir Menschen seit jeher darüber gehabt haben, wer wir sind und wo wir leben, außerhalb unserer Reichweite zu liegen scheint: *Wir leben in einem Zeitalter mangelnder Information.* (Hervorhebung durch die Autorin)
>
> Bill McKibben
> „The New Yorker"
> 9. März 1992

Der fehlende Teil, von dem McKibben spricht, ist unser fehlendes Wissen um Prozess.

Als ich zu verstehen begann, dass in unserer heutigen Gesellschaft ausreichende Kenntnisse über und eine Beziehung zu der Idee und zu der Erfahrung von Prozess kein Allgemeingut sind und nicht vorausgesetzt werden können, fühlte ich mich verloren, verwirrt, bestürzt und konnte dies nicht glauben. Nachdem ich mit vielen Menschen darüber gesprochen hatte, begann ich zu erkennen, dass meine Generation vielleicht die letzte Generation in der heutigen technologischen Zivilisation ist, die mit einem lebendigen Verständnis für Prozess aufgewachsen ist.

Eine statische, materialistische, auf Information gegründete Kultur hat das Bewusstsein für Prozess und die Beziehung dazu systematisch herausgefiltert. Dieses Phänomen des Herausfilterns hat lebenswichtige Erfahrungen und grundlegendes inneres Wissen beseitigt, was weitreichende und machtvolle Auswirkungen hat. Dieser Verlust des Verständnisses und der Erfahrung mit Prozessen mag einer der Hauptgründe für das fehlende Verständnis zwischen den Generationen, für die ökologische Krise, den Mangel an Intimität und die Zunahme von Konflikten und Dysfunktionen sein. Und was noch wichtiger ist: Dieser gravierende Verlust hat uns von der Weisheit unserer Ältesten, der Natur und letztlich von uns selbst entfremdet.

Wir können die Bedeutung des Seins
nicht kennen und keine Spiritualität erfahren
ohne ein Wissen um Prozess.

Wenn wir uns darauf einlassen, das Konzept von Prozess kennen zu lernen und Prozess zu erfahren, müssen wir auch die Auswirkungen einer Welt erforschen, die nichts von Prozess weiß. Dann gewinnt das Lernen über Leben im Prozess vielleicht mehr an Bedeutung und sogar mehr an Dringlichkeit. An dieser Stelle möchte ich einige Zeit darauf verwenden, Ihnen zu helfen, Ihr Wissen darum, was Prozess wirklich ist, wiederzufinden.

Aufwachsen in einer prozesshaften Welt

Die vielleicht beste Art und Weise, Sie an Ihr Wissen um Prozesse zu erinnern, ist, Ihnen von meinem eigenen Prozess über das Lernen von Prozess zu erzählen.

Als kleines Mädchen war ich von Natur umgeben, und ich verbrachte viel Zeit mit meinen Hunden in der Welt der Natur. Ich erinnere mich, dass ich den Spinnen beim Spinnen ihrer Netze zusah und staunte, wie viel Zeit und Geduld es kostete, sie zu spinnen. Ich sah, wie sie ihre Spinnennetze immer wieder von Neuem woben, wenn diese beschädigt oder zerstört worden waren. Meine Familie hatte keine Angst vor Käfern und Spinnen, und man wurde ermutigt, sie zu beobachten und von ihnen zu lernen. Spinnen schienen immer zu wissen, was sie taten, und waren nie hektisch dabei. Die Geduld, die zum Spinnen eines Netzes erforderlich war, hat mich immer fasziniert. Ich schaute auch zu, wenn sie sich vorbereiteten ihre Eier zu legen und sie dann legten. Manchmal kam es mir wie eine Ewigkeit vor, bis die Spinnen schlüpften und doch war es ein Lernen über „alles zu seiner Zeit ... alles zu seiner Zeit". Spinnen vermittelten mir eine Erfahrung von Prozess.

Ich kann mich erinnern, dass ich mir manchmal wünschte, erwachsen zu sein. Meine Urgroßmutter pflegte dann zu sagen: „Dafür wirst du massenhaft Zeit haben. Jetzt bist du gerade ein Kind. Das ist eine besondere Zeit. Genieße sie." Von ihr wurde ich immer ermutigt, zu sein wer ich bin, was ich bin und da zu sein, wo ich in meinem Leben stand. Sie gab mir damit zu verstehen, dass mein Leben ein Prozess sei, an dem ich teilnehmen könne, und dass ich mich nicht mit einem Wettrennen auf das Ende zu befassen bräuchte. Sie lehrte mich zu sehen, dass jeder Augenblick mit den vorhergehenden in Beziehung steht und auf ihnen aufbaut, und dass sie nicht voneinander abgetrennt und zusammenhanglos sind. Sie und meine Mutter gaben mir das Vertrauen, das zu erfahren, wo ich gerade mit meinem Leben stand und den Glauben daran, dass mehr kommen würde. Dadurch schenkten sie mir das innere Wissen, dass ich an einem Leben teilnahm, das selbst ein Prozess war, sich entfaltete und Teil von etwas viel Größerem als nur ich selbst war.

Ich hatte das Glück, an einem Ort zu leben, wo es Jahreszeiten gab, und unser Leben wurde von den Jahreszeiten bestimmt. Wir lebten nicht in einer klimatisierten Umgebung, was bedeutete, dass es im Winter mehr Arbeit gab und dass wir es kälter hatten. Winter – das hieß sich einbunkern und lange Spielabende am Feuer. Winter bedeutete, spät am Abend noch einen kleinen Kuchen für meine Freunde zusammenzurühren, während draußen der Schneesturm tobte. Wir warteten alle, widerstanden den Düften und überlebten den unendlich langen Prozess des Backens. Dann besiegte der Heißhunger die Vorsicht, wenn wir den Kuchen so heiß, wie er aus dem Ofen kam, aßen und die Kuchenstücke mal in die eine, mal in die andere Hand nahmen, um uns nicht die Finger zu verbrennen.

Der Frühling brachte neues Leben. Die Hügel und Wiesen barsten vom Prozess des Frühlings und explodierten in Farben. Die Feuerkolben erblühten an den gleichen Stellen wie im Vorjahr – und lehrten mich den Prozess der Pflanzen und Jahreszeiten. Alraunen füllten den Wald und es gab überall Blumen. Als ich heranwuchs, begann ich ein Gefühl von Sicherheit zu entwickeln, weil ich wusste, wo jede Blume wuchs – sie waren wie alte Freunde, die immer wieder in meinem Leben auftauchten. Das Land und ich kannten einander.

Meine Urgroßmutter wusste, dass auch unser Körper ein Prozess war und Zyklen durchlief. Beim ersten Anzeichen des Frühlings – der meist eher zu fühlen oder zu spüren ist – waren wir mit Körben, Schaufeln und Hacken draußen und gruben Sassafraswurzeln für Tee zur „Blutverdünnung" aus. Sie hielt Sassafras-Tee für ein unentbehrliches Frühlingstonikum, um die Winterträgheit aus dem Körper zu vertreiben. Unser Körper nahm am Prozess der Jahreszeiten teil. Unser Körper war ein Teil des Prozesses der Natur. Unser Körper *war* Natur. Ich wuchs heran in dem Bewusstsein um die Zyklen und Abläufe der Natur und wusste, dass es viel besser für mich war, wenn meine Zyklen im Einklang mit den größeren Zyklen um mich herum standen.

Ich lebte den Prozess der Natur. Ich sah ihre Stürme, als ich mit meiner Mutter auf der großen alten Veranda saß und zuschaute, wie heftige Gewitter über das Tal fegten. Ich zitterte dabei vor Erregung, als der Donner rollte und der Blitz zuckte. Die Natur wurde respektiert, nicht gefürchtet. Sie war mächtig und unkontrollierbar, doch eins mit uns. Ich sah die Prozesse, aus denen das Leben bestand. Nichts in meinem Leben war statisch. Ich sah Überflutungen und den langen Prozess der Aufräumarbeiten, die folgten. Ich sah die Wege, die die Tornados hinterließen, die über dem Land gewütet hatten. Ich sah die Zerstörungen, das Trauern, das Aufräumen und die unvermeidliche Rückkehr zum vollen Leben. Ich war ein Teil jenes ganzen Prozesses.

Ich lebte auf einer Farm und kannte das Pflügen, das Pflanzen, das Wachsen und Ernten. Ich sah, wie die Zyklen sich zu allen Zeiten wiederholten. Ich sah Geburt und Tod und akzeptierte sie als unser aller Prozess. Ich lernte, das Leben als Prozess zu sehen. Das Leben war nicht statisch oder etwas, das sich von außen steuern ließ. Es war ein Prozess, der von innen zu leben war. Der Prozess allen Lebens war für mich nichts Äußerliches. Er *war* ich. Nichts war statisch. Alles war in Bewegung.

Inhalte und Prozesse von Gruppen

Für unsere genauere Betrachtung der Bedeutung von Prozess halte ich es für eines der hilfreichsten Werkzeuge, zwischen Inhalt und Prozess zu unterscheiden. Ich lernte auf diesem Gebiet indem ich mir ansah, was in Gruppen geschieht, und zwar während meiner Jahre im College bei meiner Tätigkeit beim YMCA-YWCA (CVJM). Das Personal machte in Bethel, Maine, eine Fortbildung über Gruppenprozesse und Gruppendynamik bei den National Training Laboratories. Nach ihrer Rückkehr teilten sie ihr Wissen über Gruppenprozesse mit den Studenten. Während meiner beiden ersten Collegejahre nahm ich an einem Ausbildungsprogramm für Campusleiter in Gruppendynamik teil. In meinen letzten Collegejahren leitete ich dieses Programm.

Ich lernte, dass es in jeder Gruppe – wie im Leben auch – zwei Hauptaspekte gibt: den Inhalt und den Prozess. Der Inhalt – Fakten und Informationen – ist am leichtesten zu verstehen. Jedoch ist der Prozess der wahrscheinlich wichtigere Teil der beiden.

Ich konnte leicht erkennen, dass diese Weise, das Gruppengeschehen zu betrachten, ein ausgezeichnetes Modell dafür bot, größere und komplexere Aspekte im Leben zu verstehen, ebenso unsere individuellen Prozesse. Oft ist das *Was* im Leben nicht so wichtig wie das *Wie* oder die *Art und Weise*, wie wir etwas tun.

Der Inhalt ist das *Was* – über was redet die Gruppe, was ist die Aufgabenstellung, was versucht die Gruppe zu erreichen, welche Entscheidungen müssen getroffen werden, wie ist die Tagesordnung? Viele der Gruppen, an denen wir teilnehmen, haben eine bestimmte Aufgabe, die sie zu erfüllen versuchen. Da es notwendig ist, sie zu erfüllen, versucht der Gruppenleiter oft, das Hauptaugenmerk der Gruppe auf die anstehende Aufgabe zu halten und schenkt dem Gruppenprozess wenig oder keine Beachtung. Diese Ausrichtung auf Inhalt oder Ziel geschieht häufig leider auf Kosten der Gruppe und ihrer verschiedenen Ebenen an Kreativität, Wohlbefinden, Teilnahme und Verpflichtung. Die Fokussierung auf die Aufgabe kann tatsächlich zu einer Tunnelsicht führen, und oft wird die Tagesordnung ohne viel Rücksicht auf Gefühle, das Gruppengeschehen oder eine echte Verpflichtung gegenüber den getroffenen Entscheidungen durchgezogen.

Ein guter Gruppenbegleiter wird die Gruppe öfter unterbrechen und die Aufgabe beiseite stellen, um mit dem umzugehen, was in der Gruppe abläuft – d.h. mit dem Prozess der Gruppe – oder mit der *Art und Weise,* wie die Aufgabe angegangen wird. Diese Vorgehensweise führt oft zu einer Gruppe, die besser funktioniert und sich gegenüber den getroffenen Entscheidungen mehr verpflichtet fühlt. Der Prozess oder die Dynamik einer jeden Gruppe ist viel subtiler als der Inhalt und unendlich bedeutsamer, denn bei unklaren oder destruktiven Prozessen werden die Gruppenentscheidungen nicht ohne Sabotage durchgeführt werden, unabhängig davon, wie gut oder wichtig sie sind.

Der Gruppenprozess ist das, was sich tatsächlich unter den Teilnehmern und in der Gruppe selbst abspielt. Bilden sich Untergruppen oder Grüppchen? Finden Machtkämpfe statt? Wie ist der Ton, das Gefühl innerhalb der Gruppe? Gibt es Leute in der Gruppe, die unterstützende Aufgaben erfüllen – wie z.B. sich zurückzuhalten und anderen die Möglichkeit zum Sprechen zu geben, das Bedürfnis nach einer Pause zu respektieren, geduldig zu warten, während jemand seine Gefühle äußert, zu merken und darauf hinzuweisen, wenn sich die Stimmung oder der Ton innerhalb der Gruppe ändert? Was läuft tatsächlich in der Gruppe ab? Haben die Leute Spaß? Fühlen sie sich wohl, unwohl, sind sie gelangweilt oder nehmen sie teil? Isolieren sich manche? Die Antworten auf all diese Fragen und Beobachtungen bilden eine Ebene des Gruppenprozesses.

Gleichzeitig läuft auf einer anderen Ebene die Dynamik des Gruppenprozesses ab. Ist die Gruppe träge? Springt sie von einem Thema zum anderen? Wachsen Vertrauen und Zuversicht innerhalb der Gruppe? Wenn die Gruppe mit der ersten Prozess-Ebene angemessen umgegangen ist, besteht die Hoffnung, dass sich auch diese Ebene gut entwickeln wird. Scheint die Gruppe voran zu kommen, zu wachsen, stärker zu werden? Hat die Gruppe ein Eigenleben angenommen und haben die Gruppenteilnehmer das erkannt? Ist die Gruppe im Begriff, mehr zu werden als die Summe der Beteiligten? Ist sie zu einer Einheit zusammengewachsen? Ist sie als Einheit gut, schlecht oder eher gleichgültig?

Interessanterweise gibt es gleichzeitig eine weitere Ebene, auf der ein Prozess abläuft. Vielleicht können wir dies die Meta-Ebene des Prozesses nennen: Wird die Gruppe selbst zum Medium für einen Prozess, der die Verbindung mit einem höheren Selbst herstellt und Türen öffnet für Erkenntnisse, die größer als der Einzelne oder die Gruppe sind?

Es gibt vermutlich unendlich viele Prozesse und Prozessebenen in jedem einzelnen Aspekt unseres Lebens. Dies sind nur einige wenige Beispiele für Prozessebenen, die in jeder Gruppe gleichzeitig ablaufen. Das ist der Grund, warum für mich Gruppenprozess-Konzepte ein ausgezeichnetes Beispiel sind, um die Existenz von Prozess in unserem täglichen Leben und ihre subtile Komplexität und ihre Nuancen darzustellen. Der Inhalt mag das Brot sein – und es ist bedeutungslos, wenn wir nicht erkennen, dass wir es kauen, schlucken, verdauen, zerlegen, aufnehmen und ausscheiden müssen, was den *Prozess* des Brotessens darstellt.

Ein exzellenter Gruppenbegleiter bewegt sich leicht zwischen Inhalt und Prozess oder den gruppendynamischen Themen in der Gruppe hin und her, um die Teilnehmer zu einem hohen Grad an Kreativität und Teilnahme zu ermutigen. Beide Aspekte der Gruppe sind wichtig. Für mich ist ein guter Gruppenbegleiter oder eine Person, die ihr Leben gut lebt, wie ein kreativer Orchesterdirigent. Jede/r Einzelne kann die Noten (den Inhalt) spielen – <u>und</u> es ist die Art und Weise, wie der Dirigent sie zusammenbringt (der Prozess), wodurch sie zu Musik werden.

Ohne Inhalt und Prozess kann eine Gruppe nicht existieren. Letztendlich ist der Inhalt vielleicht nur das Vehikel, das den Prozess in Gang setzt. *Wenn wir jedoch in einer Welt leben, die nur Inhalt kennt und nur an Inhalt glaubt – an die materielle Welt, an statische Informationen –, dann haben wir uns, was das Leben dieses Lebens betrifft, in eine sehr ungünstige, schlimme Situation hineinmanövriert.* Der Gruppenbegleiter versucht vielleicht stur, sich an die Tagesordnung zu halten, während der Gruppenprozess völlig gestört ist. Viele von uns sind wie ein solcher Gruppenleiter, der nur um Inhalt weiß (Technik, Mechanismen, Materialismus, Informationen), während uns die Prozesse unseres Lebens und die unzähligen anderen Prozesse auf unendlich vielen Ebenen um uns herum durchrütteln, ohne dass wir uns dessen bewusst sind.

Ein weiteres gutes Beispiel, um zwischen Prozess und Inhalt zu unterscheiden, ist ein Besuch bei unserem Arzt.

Ich kenne einen Arzt, der sich auf Allergien spezialisiert hat. Er hat alle möglichen Allergien in seiner Nachbarschaft dokumentiert und die üblichen Arzneimittel zur Behandlung in seinem Computer aufgelistet. Er sagt, die Symptome, die Diagnose und die Behandlung seien ziemlich eingekreist und ausgereift. Seine Arzthelferin händigt der Patientin und dem Patienten einen ausführlichen Fragebogen aus, wenn sie/er hereinkommt, und die Daten werden sofort in den Computer eingegeben. Nach seiner Aussage braucht er dann nur noch drei bis vier Minuten mit jedem Patienten zu verbringen, bis dieser sein Rezept bekommen kann und wieder geht. Diese Verabreichung des Rezepts ist (wenn überhaupt) ein sehr kurzer, unpersönlicher Prozess und im wesentlichen eine fast ausschließlich inhaltsorientierte Art und Weise, mit einem Problem umzugehen.

Der *Prozess* ein Arzt zu sein, ist ganz anders. Die Leute neigen dazu, Ärzte zu mögen, die respektvoll mit ihnen umgehen und sie nicht wie Maschinen behandeln.

Es mag sein, dass Sie einfach nur den Inhalt brauchen, den der Arzt Ihnen anbietet. Und es ist der *Prozess,* wie der Arzt vorgeht, der Vertrauen weckt und vielleicht sogar Heilung bewirkt.

Lernen und Lehren als Prozesse

Das Leben ist ein fortwährender Prozess des Lehrens und Lernens.

Ich empfand meine Zeit im College als wunderbar. Ich liebte das Lernen, ich liebte die Aktivitäten, ich liebte die Beziehungen – und manchmal wurden wir mit Informationen überladen. In jeder Unterrichtsstunde war man sozusagen darauf aus, unsere kleinen Gehirne zu öffnen und mit Fakten und Informationen voll zu stopfen, die wir dann auf Befehl wieder von uns zu geben hatten. Wir lernten selten, *wie* man etwas macht und entdeckten selten, wie das, was wir lernten, zustande gekommen war. Wir lernten Tatsachen.

Dann durchlief ich einen Kursus, der völlig anders war und von einem großartigen deutschen Gelehrten namens Viktor Hamburger gehalten wurde. Der Kurs ging über vergleichende Anatomie und Embryologie. Um Embryologie zu lernen, die dann zur Anatomie führte, mussten wir verfolgen, wie sich die Keimschichten (die verschiedenen Arten des embryonalen Gewebes) entwickelten.

So gehören zum Beispiel die Augen zur gleichen primordialen Keimschicht wie das Gehirn und das Rückenmark. Ihre Entwicklung beginnt am gleichen Ort. Die Augen wachsen aus dem Gehirn heraus und das Rückenmark faltet sich nach innen und trennt sich dann ab, um das Rückenmark zu bilden. Es ist von anderen Keimschichten umgeben, die Knochen und Muskeln und Haut bilden.

Im Embryologie-Unterricht sahen wir, *wie sich dieser Prozess vollzog!* Zugegeben, wir studierten an tiefgefrorenen (statischen) Querschnitten, und wir untersuchten diese Querschnitte in verschiedenen Entwicklungsstadien. Auf den Objektträgern der Querschnitte konnten wir erkennen, wann die Keimschicht, die später zum Rückenmark wurde, sich einzustülpen begann. Wir konnten sehen, wann dies abgeschlossen war. Wir konnten sehen, wann sie sich abtrennte. *Wir waren Zeugen eines Prozesses.* Und nicht nur das (!) – wir konnten bei diesem Unterricht das Wunder von Prozess erkennen.

Auf wundersame Art schienen die verschiedenen Keimschichten in bestimmten Entwicklungsstadien andere Keimschichten in einem *Prozess* zu „beeinflussen", den wir noch nicht vollständig verstanden haben. Nehmen wir zum Beispiel eine äußere Stelle, wo, sagen wir einmal, ein Arm sein wird. Obwohl es keinen sichtbaren oder messbaren Unterschied in dem Gewebe gibt, kann diese Keimschicht zu einem bestimmten Zeitpunkt entnommen und an anderer Stelle des Embryos eingepflanzt werden, wo es sich zu dem entwickelt, das an diese Stelle gehört. Wird diese Keimschicht jedoch einige Stunden später wieder entfernt, so wird sie zu dem Arm, so wie sie an ihrem ursprünglichen Ort als Arm vorgesehen war. Als Prozess besteht das Wachstum des Embryos aus Phasen, in denen die Keimschichten untereinander austauschbar sind, doch gibt es in jenem *Prozess* Zeitpunkte, an denen das, was aus der Keimschicht entsteht, nicht mehr umkehrbar ist. In diesem Kurs konnten wir den Prozess, den wir studierten, tatsächlich fast sehen, fühlen und berühren.

Leider erhalten wir den überwiegenden Teil unserer Informationen in Form statischer Informationen. Doch können die wichtigsten und schwierigsten Botschaften, die wir – wenn überhaupt – über das Leben erhalten, nur durch Erfahrungen angemessen übermittelt werden, indem wir am Prozess des Lebens teilnehmen. Lernen ist ein Gebiet, bei dem sich Inhalt und Prozess leicht unterscheiden lassen. Die Fakten und Informationen können auf einfache Weise weitergegeben und nachgeprüft werden. Prozesshaftes Lernen ist schwieriger und tiefgreifender. In meinem Kurs über vergleichende Anatomie und Embryologie konnte ich den Prozess sehen und miterleben, um so die Fakten zu lernen. Noch mehr als fünfundvierzig Jahre später ist dieser Kurs einer der umfassendsten und unvergesslichsten meines Lebens.

Neulich sprach ich mit einer Lehrerin einer sechsten Klasse über ihr Unterrichten. Sie war besorgt darüber, dass die Schule für jeden Schüler einen Computer in den Schulräumen aufstellen wollte, und so der Fokus des Lernens auf der ganzen Flut von Informationen läge, die man über den Computer bekommen kann.

„Ich bin dafür, dass die Computer als Zusatzunterricht außerhalb des Stundenplans aufgenommen werden“, sagte sie. „Aber ich glaube, dass das, was im Klassenzimmer und zwischen den Schülern bzw. den Schülern und dem Lehrer abläuft, genauso wichtig ist wie alles, was sie mittels Computer lernen können.“

Weiterhin äußerte sie die Sorge, dass sich die Schüler immer mehr isolieren und in sich zurückziehen könnten und dann nicht nur keine sozialen Fähigkeiten mehr besäßen, sondern auch ohne die anderen (prozesshaften!) Fähigkeiten seien, die sie fürs Leben bräuchten.

Natürlich ist ihre Ansicht nicht sehr populär. Doch schätzt man diese Lehrerin mit ihren gerade einunddreißig Jahren als eine hervorragende Lehrkraft. Die Fragen, die sie stellt, sind wichtig. Die Sorgen, die sie hat, müssen vorgebracht werden. Beim Lernen kann der Prozess nicht durch den Inhalt ersetzt werden. Oft macht gerade der Lernprozess den Zauber aus, der den Inhalt lebendig werden lässt.

Lernen ist ein Prozess. Es ist kein Ereignis.

Vor einigen Jahren bot ich Mr. Reuben Kelly, einem alten australischen Koori-Gentleman (einem australischen Ureinwohner) meine Hilfe beim Schreiben seines Buches an. Er ist der Letzte des Thainghetti-Volkes, der die Thainghetti-Sprache spricht, der letzte eingeweihte Mann und der letzte Priester seines Stammes. Er wurde von den Priestern, die ihn eingeweiht hatten, beauftragt, ein Buch zu schreiben und ihre Weisheit darin mitzuteilen. Ich habe viele Stunden bei ihm verbracht und seine Erzählungen über sein Leben und das Leben seines Volkes auf Band aufgenommen. Bevor ich begann, Zeit mit diesem Mann zu verbringen, riet mir ein australischer Freund westeuropäischer Abstammung: „Erwarte nicht zu viel von diesem alten Mann. Sie geben ihre Geheimnisse nicht gerne preis.“ Ich war schockiert! Ich antwortete, es ginge mir nicht um seine Geheimnisse. Ich wolle einfach hören, was er mir auch immer mitteilen wolle. Die Erfahrung, Mr. Kelly zuzuhören, war es, was heilsam für mich war.

Im Laufe der Jahre habe ich viele Stunden mit Mr. Kelly verbracht. Ich habe zugehört, wenn er mir erzählte, was er mir erzählen wollte, und habe das Zusammensein mit ihm immer genossen. Nach einer Weile bemerkte ich, dass er einige Geschichten wieder und wieder erzählte (Inhalt). Da ich sie bereits *gehört* hatte, schaltete ich manchmal ab, weil ich dachte, ich wisse ja bereits, was er sagte (Arroganz auf der Inhaltsebene). Häufig wurde mir dann jäh bewusst, dass er ja *etwas Neues* in seine Erzählung einflocht – eine neue Wendung, eine neue Fassette, einen neuen Schwerpunkt, eine etwas andere Perspektive. Seine Art mich zu lehren, war ein Prozess! Er teilte mir nicht nur den Inhalt mit – die *Art und Weise,* wie er das tat, war ebenso wichtig wie das Was.

In dieser Phase begann sich die Struktur seines Buches herauszuschälen. Es würde aus zwei Teilen bestehen: Wir würden an einem Buch arbeiten, das linear und inhaltsschwer war für Leute mit einem auf moderne Art geschulten Verstand – auch für Ureinwohner seines eigenen Landes, die eine westliche Erziehung erhalten hatten. Und dann würden wir ein zweites Buch mit teilweise den gleichen Informationen schreiben, und wir würden es in der alten Art des Unterweisens präsentieren, die spiralförmig verläuft und für den Schüler erst dann, wenn er bereit ist, neue Informationen und Tiefen hinzufügt. Auf die letztere Weise war er von Geburt an von den alten Frauen gelehrt worden. Er sagte, die Menschen seines Volkes hätten im Alter von vier Jahren die Entsprechung einer Universitätsausbildung gehabt – aufgrund der Art und Weise, wie sie unterrichtet worden seien.

Außer ihm gibt es keine anderen initiierten Männer seines Stammes mehr. Um initiiert zu werden, müssen die Männer die *Prozesse* des Lernens durchlaufen, die sich spiralförmig nach oben und unten bis zu dem Punkt ausbreiten, an dem sie spirituell für die nächsten Stufen bereit sind. Diese *Prozesse* erfordern Zeit und man kann erst zur nächsten Stufe gehen, wenn die vorherigen integriert worden sind. Das ist die Stärke und Kraft der Weisheit, die er besitzt. Wären die vorherigen Phasen nicht integriert, wäre der Endpunkt des Prozesses zu machtvoll, um aufgenommen werden zu können. Es ist nicht so, dass die Koori nicht gewillt sind, ihre Geheimnisse mitzuteilen. Es gibt nicht einen unter seinem Volk oder den weißen Australiern oder irgend jemand anderes, der schon bereit ist, die machtvollen Informationen der Geheimnisse aufnehmen zu können, weil er/sie die Prozesse durchlaufen hat. Leider beabsichtigt Mr. Kelly, seine Weisheit mit ins Grab zu nehmen.

Das zunehmende Herausfiltern des Prozesses beim Lernen und Unterrichten gefährdet die Existenz der menschlichen Wesen vielleicht ebenso wie der Verlust der gefährdeten Pflanzen- und Tierarten das Überleben des Planeten Erde bedroht.

Wie viel Weisheit riskieren wir
in einer Welt zu verlieren, die nichts von Prozess weiß
und keine Erfahrung mit Prozess hat?

Beziehungen

Als junge Psychologin arbeitete ich viel mit Kindern, Heranwachsenden und ihren Eltern. Wie die meisten Psychologen lernte ich alle diagnostischen Kategorien und wie die entsprechenden Etiketten wem, wann und wo zuzuordnen sind. Ich lernte die Kennzeichen verschiedener „Krankheiten" kennen und wie sie, aneinander gefügt, zu bestimmten Diagnosen führten, die dann, entsprechend dem medizinischen Modell, eine bestimmte Art von „Behandlung" vorgeben sollten. Ich konnte mich nie damit anfreunden, welchen Wert manche Leute diesen Testergebnissen beimaßen. Aus meiner Sicht waren die Informationen, die wir in jenen wenigen Stunden der Beobachtung zusammentrugen, nur winzige Stichproben vom Prozess eines sich entfaltenden Lebens. Ein Kind war ein sich entwickelndes, wachsendes, lebendiges Wesen, und dann stoppten unsere Tests diese Dynamik. Wir zwängten das Kind so in eine Diagnose statischer und starrer Symptome, anstatt weiter den dynamischen Prozess zu beobachten, der sein eigenes Leben war. Oft war das Thema nicht die „Krankheit", sondern es ging darum, das Kind dahin zu bringen, dass es wieder aktiv am sich entfaltenden Prozess seines Lebens teilnahm.

Symptome treten auf, wenn der Mensch
nicht mehr aktiv an seinem Prozess teilnimmt.

Was wir als Symptome ansehen, sind nicht statische Elemente der Persönlichkeit, sondern das, was ausbricht, wenn sich ein Mensch dem Prozess seines Lebens entzieht, sich isoliert und versucht, den Lebensprozess zu beherrschen. Wenn zum Beispiel Kinder ein Trauma erleben, ziehen sie sich vielleicht in sich zurück, um so zu versuchen, die emotionalen Auswirkungen zu verarbeiten. In dem Versuch, ihren Lebensprozess zu kontrollieren und anzuhalten, wechseln sie in einen anderen

Bewusstseinszustand über. Was wir dann beobachten können, ist das Symptom, das auftritt, wenn Wachstum zum Stillstand kommt. Sogar die Symptome selbst sind nicht statisch und verändern sich, wenn auch langsam, denn sie sind statischer als die normale, gesunde Lebensweise eines Kindes in seinem Prozess.

Das Kind versucht zu lernen und an seinem Leben teilzunehmen, selbst dann, wenn dieser Prozess durch seine Umgebung oder das Leben selbst nicht unterstützt wird. Es gibt Zeiten im Leben des jungen Kindes, in denen Nichtteilnehmen und Sich-Zurückziehen als die einzigen Lösungen erscheinen. Dann hört das Lernen auf. Wir dürfen dieses Sich-Zurückziehen nicht als das Eigentliche einer Person ansehen, denn wir müssen den Kindern helfen, wieder aktiv am Leben teilzunehmen.

Anfangs hatte ich Schwierigkeiten mir vorzustellen, dass so viele Menschen in der westlichen Kultur mit meiner Aussage „Beziehungen sind ein Prozess“ nichts anfangen können, weil es in ihrem Leben kein funktionierendes Vorbild für eine Beziehung gab, das ihnen half, diese Aussage zu verstehen.

Ich begann das Thema „Beziehungen als Prozess“ mit einigen Bekannten von mir, die der jüngeren Generation angehören, zu untersuchen. Ich sprach darüber mit Charlie, einem Freund, den ich seit einiger Zeit kenne und für ziemlich aufgeklärt halte. Ich war von seiner Antwort schockiert.

„Ich weiß nichts über den Prozess von Beziehungen“, sagte er. „Wenn ich eine Frau sehe, sehe ich die Verpackung. Ist die Verpackung attraktiv, springe ich in meinen Gedanken sofort zum Sex über und zu dem, was für eine Beziehung gehalten wird. Ich habe keine Ahnung, wie man dahin gelangt.“

Er erzählte außerdem, dass fast alle Informationen, die er über Beziehungen habe, vom Fernsehen oder aus Filmen stammten. Seine Eltern hätten wenig oder keine Beziehung miteinander. Er wolle gerne eine Beziehung aufbauen <u>und</u> hätte einfach überhaupt keine Erfahrung mit dem Prozess von Beziehungen. Sofortige Befriedigung sei alles, was er kenne.

Beziehungen fänden statt oder auch nicht. Charlies Welt ist sehr isoliert und einsam. Er hat jedoch einen sehr lebhaften Verstand und eine sehr lebhafte private Welt, in der es – wenn überhaupt – wenig Nuancen gibt. Ohne Prozess besteht keine Möglichkeit, den Unterschied zu erfahren zwischen einem schnellen Orgasmus und sich zu lieben.

Elternschaft

Wenn Inhalt und Prozess im Konflikt liegen, gewinnt immer der Prozess.

Ich habe immer wieder miterlebt, wie viel stärker der Prozess als der Inhalt ist, und dass bei einem Konflikt zwischen beiden immer der Prozess die Oberhand behält. Sagt zum Beispiel ein Elternteil mit einer lauten, energiegeladenen Stimme *„Ich bin nicht wütend!“*, weiß das Kind, dass der Elternteil wütend ist. Das Kind glaubt dem Inhalt dieser Aussage nicht. Der *Prozess* der Aussage – die Art und Weise, wie sie zum Ausdruck kommt und die Energie, die mitschwingt – sind viel wichtiger als das Gesagte – der Inhalt, die Information. Die moderne Wissenschaft lehrt uns, wir könnten objektiv sein und glaubt irrigerweise, wir könnten alles Prozesshafte von der Information abspalten, und diese „Freiheit“ von Prozess sei eine überlegene Art des Lebens und Lernens. Was all diese „Objektivität“ jedoch bewirkt, ist, die Informationen leblos zu machen. Sie gibt uns nicht die wichtigen Informationen, die wir zum Leben brauchen.

Selbst wenn das Kind eine zweideutige Botschaft von einem Elternteil erhält, hat es mit einem lebendigen, atmenden Wesen zu tun, das ihm eine *Erfahrung* über die Realität anbietet. Der Prozess des Kindes wird klären müssen, was real ist, was wichtig ist, und was wahr und für seine Entwicklung brauchbar ist. Dieser Prozess des Erfahrens und Durcharbeitens ist das, worum es im ganzen Leben geht. Es gibt zum Beispiel unzählige Möglichkeiten, wie das Kind auf die zuvor erwähnte Botschaft „Ich bin nicht wütend“ reagieren kann. Es kann sich sagen

„Ich muss verrückt sein“ oder „Du musst verrückt sein“ oder „Offensichtlich bist du nicht klar und nicht in Verbindung mit dir“ oder „Das ist verwirrend und damit möchte ich nichts zu tun haben“. Wenn sich das Kind nur auf den Inhalt bezieht, kann es mit dieser Bemerkung nichts anfangen. Reagiert es auf den Inhalt und den Prozess, sind die Lebendigkeit und die Lernmöglichkeiten grenzenlos. Die wichtigste Lehre, die das Kind aus dieser Interaktion ziehen kann, besteht darin zu merken, wie wichtig es ist, in Übereinstimmung mit sich selbst zu sein.

Seitdem ich mich aus der Psychologie und Psychotherapie zurückgezogen habe, ist mir zutiefst bewusst geworden, wie machtvoll das Fernsehen und der Film mit ihren inhaltsschweren, psychologischen Interpretationen sind, die als magischer, schnell wirkender Kick wie eine subtile Gehirnwäsche wirken, mit der die Zuschauer festgehalten werden in der Nichtrealität einer auf den Inhalt konzentrierten Welt.

Im Kapitel 10 werde ich das Thema Elternschaft ausführlicher behandeln. Ich habe es an dieser Stelle als Beispiel gewählt, weil ich glaube, dass die meisten von uns den Unterschied zwischen Inhalt und Prozess wieder erkennen können, wenn wir uns die Art und Weise, wie wir aufgezogen wurden, ansehen. Wir haben vielleicht als Kinder widersprüchliche Botschaften erhalten. Viele Menschen entdecken, dass ein Großteil ihrer Lebensarbeit darin besteht, von der Art und Weise, wie sie erzogen wurden, zu genesen. Wenn wir aufgrund der Erfahrungen, die wir als Kinder machten, unterscheiden können zwischen dem, was uns gesagt wurde, und dem Prozess, wie wir aufgezogen wurden, sind wir bereits auf dem besten Weg, unser erinnertes Wissen oder unseren Prozess wieder bedeutungsvoll für uns werden zu lassen.

Realitätswechsel

Wir Menschen sind ein interessanter Haufen. Aus irgendeinem unbekannten Grund erhaschen wir einen kleinen Bruchteil der Realität und versuchen, diesen zu konservieren oder statisch zu machen und an ihm das liebe Leben lang festzuhalten. Wir geben nicht gerne zu, dass die Wirklichkeit weiter auf ihrem eigenen Plan (Prozess) und ihrer eigenen Wahrheit besteht, ob wir sie erkennen können oder nicht. Unser Wunsch nach Kontrolle ist so stark, dass wir das Was, Wo und Wann wissen wollen, und wir möchten nicht, dass sich irgend etwas ändert, ohne zuvor schriftlich darüber informiert zu werden. Doch das ist alles Illusion. Das Leben ist nicht eine Folge kleiner Veränderungen und ruckartiger Wechsel. Die Wirklichkeit besteht nur aus Prozessen, Bewegungen und Veränderungen.

Krankheit und Unfälle

Der Durchbruch zu einer neuen Bewusstseinsebene oder einem umfassenderen Verständnis unserer prozesshaften Wirklichkeit geschieht oft dann, wenn wir eine Krise durchmachen. Viele von uns erleben ihren ersten grundlegenden Wirklichkeitswechsel hin zu einem Gewahrwerden über Prozess erst durch Unfälle oder Krankheiten bei uns selbst oder jenen um uns herum. Krisen zwingen uns oft zurück in die *Erfahrung* von Prozess, selbst wenn unser Verstand verzweifelt versucht, an der Illusion einer statischen Welt festzuhalten.

Nach der Krise einer schweren Krankheit oder eines schlimmen Unfalls sagen die Leute oft so etwas wie: „Das, was ich durchgemacht habe, wünsche ich niemandem, aber es war die wichtigste Erfahrung meines Lebens. Sie hat meine Sicht des Lebens vollkommen verändert." Derartige Erfahrungen ändern unsere Wirklichkeitswahrnehmung. Sie konfrontieren uns mit der Realität, dass wir spirituelle Wesen in einem spirituellen Universum sind. Das Leben und die Realität von Menschen, die den *Prozess* dieser Erfahrungen annehmen, ändern sich für immer.

Ich habe eine Erfahrung mit einer Machete gemacht, die zeigt, wie lehrreich Unfälle sein können und welche Realitätswechsel sie hervorrufen können. Mein Ehemann und ich hatten beschlossen, uns zur Erholung für einige Zeit an einen entlegenen Ort zurückzuziehen. Die erste Woche verbrachten wir damit, sauber zu machen, alles in Ordnung zu bringen und uns einzurichten.

Der Sonntag war ein wunderschöner, klarer, strahlender, sonniger Tag – eines dieser ganz besonderen Geschenke –, und wir beschlossen spazieren zu gehen. Mein Mann Chuck liebt Baumhäuser und hatte einen wunderbaren Platz entdeckt, um eines zu bauen und wollte nachsehen, ob dieser auf unserem Land lag. Außerdem hatte der Sturm viele Bäume umgerissen, und auch hierbei wollten wir klären, ob diese auf unserem Land waren. Erst wollte ich meine Gummistiefel anziehen (nicht gut, um darin zu laufen), dann die Cowboystiefel (sie würden schmutzig werden), dann meine Laufschuhe (wie bitte?) und schließlich zog ich meine guten alten Sandalen an, da wir versuchen wollten, auf Straßen und Pfaden zu bleiben. Mir war nicht bewusst, wie überwuchert die Wege waren, seitdem ich das letzte Mal hier gewesen war und es zwei starke Stürme gegeben hatte. Also zogen wir los. Chuck schärfte die Machete und seine Handaxt, falls wir sie brauchen sollten.

Ich war so glücklich. Es gibt nichts, was ich lieber täte, als über dieses Land zu wandern. Als wir etwa eine Meile gelaufen waren, kamen wir zu einem wirklich undurchdringbaren Dickicht. Ich war nicht ganz sicher, wo wir uns befanden, wegen der umgefallenen Bäume und da alles überwachsen war. Der Pfad war durch gestürzte Stämme versperrt. Wir besprachen die Lage und beschlossen, uns einen Weg durch das Unterholz zu schlagen, um herumzugehen. Chuck ging mit der Machete voran. Ich war zu dicht hinter ihm und gerade, als ich meinen Fuß ausstreckte, um ein paar Brennnesseln beiseite zu schieben, holte er mit der Machete aus und schnitt tief in den Knöchel meines linken Fußes.

Ich habe immer wieder die klaffende Wunde vor Augen, und wie der offene Fuß und der Knöchel aussahen. Chuck ergriff schnell meinen Fuß mit beiden Händen und sagte: „Oh Anne. Oh, mein Gott“ und betete dabei. Ich dachte ruhig: „Tja, das ist nun passiert. Jetzt müssen wir uns darum kümmern.“ Ich zog mein Lieblingsjeanshemd aus und machte damit eine Aderpresse unter meinem Knie. Dann setzte ich mich hin (ich muss zugeben, dass ich mich zu diesem Zeitpunkt ein bisschen schwach fühlte). Ich lagerte meinen Fuß hoch auf einen umgestürzten Baumstamm und Chuck wickelte den Rest der Bluse fest um den Fuß, um das Bluten zu stillen. Dann beschlossen wir, dass er Hilfe holen sollte. Wir konnten Geräusche von einer Baustelle hören, und nicht allzu weit von da, wo wir uns vermutlich befanden, hatten wir Nachbarn. Ich sagte ihm, ich würde nirgends hingehen und falls ich etwa vom Schock oder aus Blutverlust ohnmächtig würde, wisse er ja, wo ich sei. Er könne mir nicht helfen, wenn er bei mir bliebe.

Ich fühlte überhaupt keinen Schmerz. Ich betete, atmete und übergab meinen Willen und mein Leben dem Schöpfer, während ich ruhig auf meine Retter wartete. Als ich so dasaß, fragte ich mich, was ich aus dieser Erfahrung lernen würde. Als Chuck und ich später darüber sprachen, entdeckten wir, dass keiner von uns so egozentrisch gewesen war, sich Vorwürfe zu machen. Es war ein Unfall. Unfälle geschehen einfach, wie das Leben auch. Und doch, da es ja eigentlich keine Unfälle gibt, müssen wir daraus einige wirklich wichtige Lehren ziehen, die wir auf eine leichtere und sanftere Art vermutlich nicht angenommen hätten.

Kurze Zeit später stoppten die Baugeräusche, und ich hörte Rufe wie „Was ist der kürzeste Weg? Fahr das Auto dort herum, wir gehen hier entlang“ und „Anne, kannst du mich hören? Jemand muss den Notarzt anrufen und den Krankenwagen holen.“ Ich fühlte immer noch keinen Schmerz, auch keine Schwäche mehr, und die Blutung schien nicht stark zu sein, obwohl es schwierig war, das genau zu sagen. Chuck kam sehr schnell. Ich konnte sehen, wie besorgt er war. Er war sehr blass, und ich fühlte mich geborgen in seiner offensichtlichen Liebe und Fürsorge. Er fragte: „Ist alles in Ordnung mit dir?“ und ich bejahte und war so besorgt um ihn und wie schlecht er sich fühlen musste. Sofort kam ein anderer Mann und begann seinem Sohn zuzurufen, um ihn dorthin zu dirigieren, wo wir waren. Ich fragte ihn, ob die Shaners (meine alten Nachbarn) noch da seien und er sagte, er sei Shaner. Ich hatte ihn eine Zeit lang nicht gesehen. Der Shanerjunge hackte einen Pfad zum Wagen frei, während Todd (der Vater) und Chuck versuchten, mich durch den Wald zu tragen. Chuck fiel einmal über einen versteckten Baumstamm. Es war hart! Ich fürchtete, beide bekämen einen Herzschlag, so schlug ich vor, mit beiden Armen um ihre Schultern zu hüpfen. Chuck ist sehr groß und Todd sehr klein. Ich konnte den Wagen sehen und das einzige Haupthindernis war ein umgefallener Baum. Ich kroch unten durch. Daraus, wie mein Fuß herunterhing, vermutete ich, dass einige Sehnen durchschnitten waren.

Sie hievten mich ins Auto und Todds Sohn fuhr. Er war jetzt ein Collegestudent – das letzte Mal, als ich ihn gesehen hatte, war er noch ein kleiner Junge. Todd rannte davon, um nochmals mit dem Notruf Kontakt aufzunehmen und sagte, er würde mit dem anderen Wagen folgen. In der zweiten Kurve begegneten wir dem Krankenwagen und den Rot-Kreuz-Freiwilligen. Zu diesem Zeitpunkt schien es, als wisse jeder auf meinem Teil der Insel, dass ich verletzt war. Immer noch kein Schmerz! Es war, wie man später sagte, eine „Orcas-Parade“, die da in die Stadt hineinfuhr: der Krankenwagen, Todds Sohn in dem einen, Todd in dem anderen Wagen, der Sheriff, mein Nachbar Jeff und Chuck in unserem Auto und eine oder zwei andere Personen, die darauf achteten, dass ich auch gut zum Arzt kam.

Der diensthabende Doktor war nicht der Arzt auf der Insel, dem man am meisten vertraute, und so blieben die vier Krankenhelfer – besonders mein Nachbar Jeff – immer an meiner Seite, um sicher zu sein, dass ich die beste Pflege erhielt. Als der Arzt die Wunde reinigte, war sie schlimmer, als er gedacht hatte und wir beschlossen, dass ich per Hubschrauber zum nächsten Krankenhaus geflogen werden sollte, wo es einen ausgezeichneten orthopädischen Chirurgen gab.

Chuck war die ganze Zeit dabei, präsent und liebevoll. Er hielt meine Hand, als die Wunde ausgewaschen wurde, damit man die Verletzung genau sehen konnte. Es hatte sich bereits ein Blutgerinnsel gebildet, und beim Reinigen wurde es klar, dass wir eine Blutung hatten. Eine Arterie und auch einige Sehnen waren durchschnitten. Ich brauchte einen Spezialisten. Immer noch kein Schmerz!

Zu diesem Zeitpunkt hatte ich mehr Bammel wegen des Hubschrauberflugs (ganze 12 Minuten!) als wegen der Wunde. Ich betete die ganze Zeit, das war nicht schwierig. Chuck musste die Fähre nehmen. Er brauchte dafür fünf Stunden. Ich war schon aus dem Operationsraum heraus und dabei, den Ruheraum zu verlassen, als er ankam.

Was für eine fantastische Erfahrung das alles in allem war! Ich hatte mich noch nie so gut von einem medizinischen Team umsorgt gefühlt und selten hatte ich eine so gute Erfahrung gemacht. Nicht einer fragte, wie ich das bezahlen wollte. Alle konzentrierten sich auf das, was ich brauchte, auf meine Wunde und die Heilung. Sie schienen zu wissen, worauf es ankam. Von der sanften Hand auf meiner Schulter während des Flugs bis zum Anästhesisten, der mir zuhörte und meinen Wunsch nach einer Lokalbetäubung ernst nahm und mit mir verhandelte, was wir tun würden, und mich dann während der eineinhalbstündigen Operation ständig informierte und auf jedes Feedback meinerseits einging, bis hin zu der dänischen Krankenschwester, die die ganze Zeit über bei mir saß und den Vorschlag machte, ich solle doch das spezielle Fußkissen mit nach Hause nehmen und es ihr nächste Woche wieder bringen, wenn ich meinen neuen Gips bekäme – alle waren super! Und immer noch kein Schmerz (so wie es bei den Anonymen Alkoholikern heißt: Wir werden mit Situationen auf neue Weise umgehen können). Und Chuck war immer da. Später erkannte ich, dass ich das nicht von ihm erwartet hatte.

Ich begann über die Verbindung zwischen körperlichem Schmerz und Angst nachzudenken. Immer wenn ich in der Gegenwart blieb, ging es mir gut. Wenn ich an die Vergangenheit zurückdachte (was wir hätten tun müssen) oder wenn ich vorausdachte (wird mein Fuß wieder normal funktionieren?) konnte ich spüren, wie dies zu Angst führen würde, aber ich hatte dazu keinerlei Veranlassung. Ich wusste, dass gleich unter der Angst der Schmerz saß. Ich konnte das fühlen. Die Gegenwart war genug.

Chuck hatte die gute Idee, um spirituelle und emotionale Hilfe anzurufen, während er auf die Fähre wartete, und wir beteten beide. Ich betete für ihn und er für mich, und ich schickte liebevolle Gedanken in meinen Fuß und versicherte ihm, dass er heilen würde.

Wir entschlossen uns, nicht zur letzten Fähre zu hetzen und blieben in dieser Nacht in einem Motel auf dem Festland. Dann begann das neue Lernen. Mein ganzer Körper schmerzte von dem Schock und dem Betäubungsmittel. Jedoch spürte ich noch immer fast keinen Schmerz in meinem Fuß. Der Chirurg hatte einen weiteren Einschnitt machen müssen, um die durchgeschnittene Hauptsehne zu finden, die sich schon nach oben gezogen hatte. Deshalb hatte dieses Bein ein großes Trauma an diesem Tag erlebt.

Ich versicherte dem Krankenhauspersonal, ich könne mit Krücken umgehen – und hatte vergessen, dass es schon fast vierzig Jahre her war, als ich mir dasselbe Bein gebrochen hatte! Ich fühlte mich mit dieser offenen Wunde verletzlicher als mit dem Bruch damals und ich war nicht mehr zwanzig. Es war ein langer Weg von der Wagentür zum Motelbett. Die Idee, zum Essen ins Restaurant zu gehen, gab ich schnell auf. Ich ließ durch Chuck Essen bestellen und bringen. Ich bemerkte auch, dass ich Hilfe brauchte, um zur Toilette zu gehen (oft), um die Arzneien auszuschwemmen, die ich durch den Tropf bekommen hatte. Ich brauchte sogar Hilfe, um das Bein im Bett umzudrehen und Eisbeutel darauf zu legen. Am nächsten Morgen war mir klar, dass ich mit fast allem Hilfe brauchte – selbst beim Anziehen.

Als ich schließlich geduscht (Blut abgewaschen etc.), mich angezogen, mein Haar gekämmt und mich zum Bistro geschleppt und mein Frühstück gegessen hatte, war ich erschöpft. Chuck war bei mir, aber irgendwie traute ich ihm das nicht zu. Nachdem ich mich vom Bistro zurück zum Wagen auf meinen Krücken geschleppt hatte, ließ ich meinen tiefen Gefühlen freien Lauf und schrie wie am Spieß. Ich sagte ihm, ich erwartete von ihm, er würde bestimmt weggehen, wenn ich seine Hilfe bräuchte und ich mich *so sehr* auf ihn verlassen müsse.

Mein erster Mann war die beiden Male, als ich operiert wurde und ihn brauchte, buchstäblich von der Bildfläche verschwunden. Beim ersten Mal musste ich einen Abstrich machen lassen, weil Verdacht auf Krebs bestand. Er ging, um einen Vesper-Gottesdienst im Seminar abzuhalten. Ich hatte ihn gebeten nicht zu gehen, sondern bei mir zu bleiben, da ich ihn brauchte. Er bestand darauf zu gehen und kam erst um 2:30 Uhr morgens heim, obwohl der Vespergottesdienst um 10 Uhr abends begann und nur 15 Minuten dauerte. Das zweite Mal hatte ich eine Mundoperation und der Chirurg sagte ihm, man dürfe mich nicht allein lassen wegen der Gefahr einer Blutung. Mein Mann ließ mich am Wochenende mit unserem zweijährigen Kind wegen eines Retreats für Pfarrer allein. Ich weiß, dass diese beiden Vorfälle der Anfang vom Ende meiner Ehe waren.

Jetzt, beim Schreiben, weiß ich sehr genau, dass das, was mein erster Mann tat, nicht wichtig ist. Es langweilt mich sogar, darüber zu schreiben. Wichtig ist, was ich seit jener Erfahrung mit mir herumschleppte und jetzt auf Chuck projizierte. Mit meinem zweiten Ehemann gab es andere Themen. Immer wenn ich krank wurde, hatte er fürchterliche Angst, stand vor mir und schrie mich an, bis ich schließlich aus dem Bett aufstand. Nach seinen Erzählungen hatte seine Mutter Krankheit benutzt, um die Familie unter Kontrolle zu halten und er konnte Krankheit nicht ausstehen. Dies ereignete sich natürlich, bevor ich lernte Tiefenprozessarbeit zu machen. Heute würde ich ihm vorschlagen, auf die Matte zu gehen, denn dies hatte nichts mit mir zu tun.

All diese belastenden Erfahrungen kamen in meiner Hilflosigkeit zutage. Ich musste meinen Fuß hochlegen und durfte ihn nicht bewegen. Ich musste Chuck nachts aufwecken, damit er mich umdrehte, denn die Muskeln, die ich zum Umdrehen brauchte, waren genau die, die ich nicht benutzen konnte. Ich brauchte Hilfe zum Aufstehen, Hinsetzen, um in die Dusche und wieder heraus zu kommen. Chuck musste kochen, putzen, den ganzen Haushalt machen, mir beim Laufen helfen, meine Eisbeutel wechseln und einfach da sein. Und er war da! Ich wusste, dass ich Familienmitglieder und Freunde um Hilfe bitten konnte, und gewöhnlich tue ich das auch, aber angesichts meiner früheren Erfahrungen, von dem Mann in meinem Leben abhängig zu sein, war das hier absolut entsetzlich.

Schließlich musste ich ihm das alles natürlich erzählen und mich damit zeigen. Seine Antwort lautete etwa: „Ja, unglaublich!“

Und das war alles. Kein romantisches Drama, keine Krise, keine großen Auseinandersetzungen – das, was getan werden musste, wurde getan. An diesem Punkt erkannte ich, dass ich erst fast vollständig unbeweglich werden musste, ehe ich diese Lektion lernte. Eine kleine Grippe hätte mich nie überzeugt.

Chuck sorgte auch für sich selbst. Wir stellten Sally, die zehn Jahre alt war, als Babysitter für mich für einige Stunden am Tag an, sodass er eine sorgenfreie Zeit für sich haben konnte. Und können Sie es glauben? Wir fühlten uns noch enger miteinander verbunden und hatten eine wunderbare Zeit. Wir haben beide viel gelernt. Immer noch kein Schmerz. Ich war sogar glücklich und sicher, dass der Fuß vollständig heilen würde.

Ich konnte erkennen, dass ich unbewusst einen Teil von mir zurückgehalten hatte und immer in Bereitschaft war wegzurennen, falls ich das brauchen sollte. Ich sah, dass ich, obwohl ich sehr bereit zur Intimität mit Chuck war, mich ein kleines bisschen zurückgehalten hatte – einfach, um sicher zu sein. Meine „Wirklichkeit“ über mich selbst in unserer Beziehung hatte sich verändert. Meine Wirklichkeit über meine Beziehung zu einem Mann hatte sich verändert. Der Prozess dieser anderen Erfahrung mit meinem Ehemann und der Prozess der Heilung erforderten von mir, meine Vorstellung von Wirklichkeit zu verändern.

Das bringt mich zum zweiten großen Lernbereich. Zwei Tage nach dem Unfall war ein wunderschöner Tag, und ich entschloss mich, draußen in der Sonne zu sitzen und das Draußensein zu genießen. Dort wurde ich zur „diplomierten Wiesen-Beobachterin“. Chuck hatte sich hingelegt (warum wohl?), und ich hatte mich mit allem, was ich vielleicht brauchen würde – einschließlich zu erledigender Arbeiten – umgeben, als ich einen ganz hohen Pfeifton hörte. Ich schaute nach oben und sah zwei Weißkopfseeadler, die über der Wiese kreisten. Ich kann nicht schildern, wie atemberaubend es war, die Sonne durch ihre weißen Schwanzfedern scheinen zu sehen. Da ich mich in der Zwischenzeit daran gewöhnt hatte, Chuck zu wecken, rief ich nach ihm, er solle kommen und schauen. Er kam und setzte sich zu mir und beobachtete die Adler. Einmal zählten wir sieben Adler, die ihre Kreise zogen. Selbst der Versuch, Ihnen zu erzählen, was dies für mich bedeutete, würde Seiten füllen. Wir waren gerade von der „Versammlung der Adler", einem großen Treffen indianischer Amerikaner, zurückgekommen, und nach dieser Erfahrung schienen die Adler eine ganz besondere Bedeutung für uns zu haben.

Chuck war wieder ins Haus gegangen, um sich auszuruhen, als ein paar Minuten später einer der Adler in einem Baum am Rand der Wiese landete, nicht mehr als zehn bis zwölf Meter von meinem Platz entfernt. Ich weckte Chuck wieder auf, und er kam heraus, und wir beobachteten den Weißkopfseeadler, wie er uns beobachtete. Er saß lange Zeit da. Wir saßen einfach da und beobachteten ihn. Dann, nach einer Weile, flog er ganz tief über die Wiese und setzte sich auf einen anderen Baum, so dass er noch klarer zu sehen war, und saß dort lange. Wir saßen einfach ruhig da und teilten die Wiese mit diesem Adler. Nach einer Zeit, die uns lang vorkam, kreiste der Adler wiederum zweimal tief über unseren Köpfen und flog davon.

Da saß ich mit meinem eingegipsten Fuß auf einem Liegestuhl und fühlte mich voll Freude und Zufriedenheit. Etwas, was man nach einem solchen Unfall kaum erwarten würde. Chuck ging wieder ins Haus um sich auszuruhen, und ich begann eine Zeitschrift der Ureinwohner Amerikas zu lesen, die mir ein Freund geschickt hatte. In einem Artikel über einen Schöpfungsmythos der Irokesen las ich folgendes: „Fragesteller: Was repräsentiert der Westwind? Sadie (eine Stammesälteste der Irokesen): Wenn der Westwind der Tochter Leben einhaucht, gibt er ihr spirituelles

Leben, ein Geschenk aus der Welt der Natur.“ Gerade als ich dies las, an einem ansonsten windstillen und klaren Tag, erhob sich plötzlich ein Wind von Westen und ließ dann nach. Ich bekam eine Gänsehaut.

Als Chuck herauskam, erzählte ich es ihm, und gleich danach kam der Adler zurück und landete auf dem Baum. Er blieb dort über eine Stunde und vierzig Minuten sitzen, und in dieser Zeit musste Chuck wegfahren, um Besorgungen zu machen. Der Adler und ich saßen weiter miteinander da. Ich tat nichts anderes, als bei dem Adler zu sein. Nach einer Weile flog er fort. Er blieb fünf Minuten weg und in dieser Zeit holte ich wieder mein Papier hervor und schrieb die ersten beiden Zeilen dieser Geschichte. Dann kam der Adler zurück und blieb noch eine Weile bei mir, nachdem Chuck zurückgekommen war. Als Chuck die Besorgungen machte, war ich das erste Mal seit dem Unfall allein gewesen. Ich fühlte mich beschützt. Für mich gab es keinen Zweifel, dass der Adler über mich wachte.

Es war mir zutiefst bewusst, dass mir der größte Teil meiner Erfahrungen mit dem Adler vielleicht entgangen wäre, wenn ich nicht an den Stuhl gefesselt gewesen wäre und die „Wiese beobachtet“ hätte. Mein Unfall hatte mich gezwungen, mein Tempo zu verlangsamen und für eine wertvolle spirituelle Erfahrung offen zu sein.

Während der letzten zwanzig Minuten, die ich mit dem Weißkopfseeadler verbrachte, bereitete Chuck das Essen zu. Ich verbringe viel Zeit in der Natur und erfahre in ihr viel Heilung. Vielleicht musste ich an jenem Tag völlig ruhig in der Natur sein und für sie offen sein. Dies war einer der außergewöhnlichsten Tage, die ich je gehabt hatte, und ich war tatsächlich dankbar über meine Verletzung. Durch sie hatte ich bis dahin bereits Geschenke erhalten, die jenseits meiner Vorstellungskraft lagen, und ich war sicher, dass im Laufe der Tage weitere Geschenke folgen würden.

Weder Chuck noch ich machten dem anderen Vorwürfe wegen dieser Erfahrung. Jeder von uns übernahm die Verantwortung für seinen Teil und fuhr fort, sein Leben zu leben.

Solange es mir gelang, in der jeweiligen Situation präsent zu sein, fühlte ich keine Schmerzen. Als ich mich auf den größeren Prozess einließ, war ich voll Friede und Ruhe.

Der *Prozess* des Unfalls und wie wir damit umgingen, waren wichtige Lehren. Ich hätte eine solche Erfahrung nicht planen können, um mir bewusst zu werden, wie viel Belastendes ich von meinen früheren Ehemännern noch mit mir herumschleppte, und wie ich diese Last dazu benutzte, Nähe zu vermeiden. Dies lernte ich von dem Unfall. Ebenso hätte ich nie erfahren, dass die Adler für mich da waren, wenn ich nicht für sie da gewesen wäre.

Wir haben viele Wahlmöglichkeiten im Leben. Wenn wir unsere Wahl in Richtung Prozess treffen, bewegen wir uns hin zu unserer spirituellen Realität.

Wenn wir einen Wechsel in unserer Wirklichkeitswahrnehmung vollziehen, ist das oft ein *Wechsel hin zu einem Bewusstwerden über Prozess und einer Erfahrung von Prozess.* Die Heilung von einer schweren Krankheit oder einem Unfall vollzieht sich nicht im Handumdrehen. Die Genesung selbst ist ein langer, mühsamer Prozess, ebenso wie das Wiedererlernen und die Anpassungen, die gemacht werden müssen, damit wir überleben, leben und weiterleben können. Man kann den Heilungs- und Anpassungsprozess nicht forcieren. Es gibt verschiedene Werkzeuge, die helfen können – <u>und</u> grundsätzlich ist es so, dass wir durch Krankheit und Unfälle in eine Prozess-Wirklichkeit geworfen werden, an der wir teilnehmen können, denn solche Situationen können wir letztlich weder leugnen noch kontrollieren.

Michael, ein gesunder Bauunternehmer mit einem gut eingeführten Betrieb, erlebte solch einen grundlegenden Wirklichkeitswandel:

Eines Tages wurde Michael bei der Arbeit von einem verärgerten Angestellten angeschossen. Seitdem ist er doppelseitig gelähmt und an den Rollstuhl gefesselt. Ganz offensichtlich hat sich sein Leben drastisch verändert. Doch die größte Veränderung fand in Michael selbst statt. Plötzlich erkannte er, wie zerbrechlich und kostbar das Leben ist. Früher sah er sich als uneingeschränkter Herrscher, heute fühlt er sich als ein verwundbares menschliches Wesen. Statt Herr über sein Reich war er nun jemand, der um sein Leben kämpfte.

Mit der Zeit entwickelte sich Michael zu einem sehr viel bescheideneren Mann, der eine klarere Vorstellung von seinem Platz im Plan der Dinge hatte und ein Bewusstsein darüber, was letzten Endes wichtig ist. Er wandelte sich von einem „Nehmer" zu einem „Geber" und setzt sich heute für umweltfreundliches und sicheres Bauen ein. Während zuvor die materielle Welt im Mittelpunkt seines Universums gestanden hatte, fand er jetzt zu einer ganzheitlichen Sicht, die seine Spiritualität mit einbezieht. Durch den *Prozess* seines Unfalls erfuhr er von der Heiligkeit allen Lebens. Er wurde sich des Prozesses des Planeten bewusst, wurde empfänglich dafür und fand heraus, wie er, anstatt die Erde auszubeuten, seinen Beitrag zu ihrer Heilung leisten konnte.

Warum sehen Menschen solche unglücklichen Erfahrungen so positiv? Weil sie oft genau das sind, was wir brauchen, um den Wechsel von einer statischen, todbringenden Wirklichkeitswahrnehmung zu einer lebendigen, prozesshaften *Erfahrung* von Wirklichkeit vollziehen zu können. Krankheiten und Unfälle sind kein Spaß. Doch können sie uns zu einem inneren Paradigmenwechsel zwingen, den wir sonst nicht vollziehen würden. Solche Erfahrungen bringen uns zurück zu dem Wissen, *dass alles Prozess ist*, und geben uns eine machtvolle Ahnung von der wahren spirituellen Grundlage unseres Lebens.

Was wie eine Tragödie aussah, wird für viele zur Erlösung. Erlösung durch eine Krise zeigt sich oft in vielerlei religiöser und spiritueller Gestalt. Der Hauptaspekt dabei ist, dass sie uns zwingt, wieder am Prozess unserer Existenz teilzunehmen.

Wir sind oft erstaunt über die Folgen und über die Reaktionen von Menschen, die solche schweren Erfahrungen machen, und unser Verstand kann die Veränderungen, die wir bei ihnen spüren, kaum fassen. Manchmal müssen wir etwas so Drastisches erleben, damit wir zu unserer wahren Realität und unserem Geburtsrecht zurückfinden. So oft müssen wir in eine Tragödie oder in Schmerz hineinkatapultiert werden, um Prozess zu erfahren.

Leider nutzt nicht jeder eine Krise für einen Wechsel seiner Wirklichkeit. Bedauerlicherweise benutzen einige Menschen sie, um sich noch stärker auf ihre Illusion von Kontrolle zurückzuziehen und entfernen sich dadurch immer weiter von ihrer Spiritualität.

Wenn wir versuchen, mit solchen Erfahrungen auf die gleiche alte, lineare und statische Weise umzugehen, ändert sich traurigerweise gar nichts.

> Ich kannte eine Frau, bei der Brustkrebs diagnostiziert wurde. Sie entschied sich, diese Krankheit nicht als Chance für einen Wechsel ihrer Wirklichkeit hin zu einer tieferen Spiritualität und einem Verständnis von Prozess zu nutzen. Als sie von ihrer Krebserkrankung erfuhr, verstärkte sie ihre Kontrollversuche noch mehr. „Schneiden Sie das Scheißding raus", sagte sie. „Ich kann das kontrollieren. Ich kann diese Krankheit besiegen."

Anstatt sich auf eine tiefere Wertschätzung ihrer Spiritualität einzulassen und an ihrer Krebserkrankung teilzunehmen, um zu lernen, was sie sowohl zu lernen als auch zu heilen hatte, war sie der Ansicht, ihre Krankheit, ihr Leben und ihre Welt kontrollieren zu können. Als der Prozess fortschritt, wurde sie immer verbitterter und zorniger. Sie sah den Krebs nicht als Chance für einen inneren Wirklichkeitswechsel. Wenn wir auf Krisen mit Kontrolle reagieren, ist es uns nicht möglich, unseren lebendigen Prozess anzuzapfen. Angst erzeugt oft die Illusion von Kontrolle. Wenn wir jedoch durch unsere Angst hindurchgehen, kann jede Krise, und sei sie noch so beängstigend, Wachstum und Heilung auf vielen Ebenen hervorbringen.

Auswirkungen

Wir gehen durch eine gesellschaftliche Krise
was die Wahrnehmung von Wirklichkeit anbelangt.

Prozess ist die eigentliche Essenz des Lebens. Es hat tatsächlich weitreichende Auswirkungen, wenn eine oder mehrere Generationen von Menschen keine Vorstellung von Prozess haben oder keine funktionierende Beziehung zu Prozess. Wir bewegen uns in eine zweidimensionale Welt hinein, die mehr und mehr einer virtuellen Realität ohne Tiefe und Bedeutung gleicht.

Wenn wir die Wahrnehmung für Prozesse, für das sich entfaltende Weiterentwickeln von allem verlieren, verlieren wir unsere Identität, unsere Orientierung, unser Bewusstsein und unsere Bedeutung. Wir verlieren unseren Platz in einem sich entwickelnden Universum. Die existentielle Leere und Isolation, die wir fühlen, steht in direktem Zusammenhang zu der Leere in uns, die wir durch das fehlende Bewusstsein für Prozess geschaffen haben. Durch unsere Entfremdung von der Natur sehen wir die Natur als Gegenstand, als von uns abgetrennt. In unserer Anbetung des Materiellen fühlen wir uns deshalb frei, die natürlichen Ressourcen auszubeuten und aufzubrauchen. Dieser Glaube an das Materielle als einzige Realität erforderte, dass wir uns von uns selbst entfremden, und machte das Selbst zu einem Objekt, das beobachtet werden muss. Wir sehen das Selbst als statisch oder unveränderlich, als etwas, was analysiert, studiert und verstanden werden kann als etwas von uns Abgetrenntes. Wir nehmen nicht mehr teil an der aktiven Entfaltung des Selbst.

Was wir uns selbst angetan haben, haben wir in noch höherem Maße anderen und der Welt um uns angetan. Die westliche Psychologie, die sich auf eine mechanistische Wissenschaft stützt, hat keine wirkliche Vorstellung davon, dass der Mensch ein Prozess ist, und glaubt im Grunde nicht daran, dass sich Menschen verändern. In einem so statischen Weltbild gibt es keinen Platz für das ständige Fortschreiten des Prozesses von Existenz und Sein.

Wenn wir außerdem glauben, im „Informationszeitalter" zu leben, das an dem Glauben festhält, alle wichtigen Informationen könnten als „Tatsachen" vermittelt werden, ist leicht ersichtlich, dass wir eine zweidimensionale Welt geschaffen haben, in der es keine Möglichkeit gibt, sich mit dieser wichtigsten menschlichen Erfahrung zu verbinden, mit dem Prozess unseres Lebens und dem Prozess der Welt um uns.

Trotz all der Zeit und all des Geldes, das viele von uns für Psychotherapie ausgegeben haben, werden wir das Ausmaß unserer Situation nicht erkennen, wenn wir nicht wirklich *fühlen*, welche Auswirkungen eine Realität ohne Prozess in unserem tagtäglichen Leben hat und welche Auswirkungen die Entscheidungen haben, die wir tagtäglich treffen. Anhand eines gängigen Gemeinschaftsthemas möchte ich die Unkenntnis über Prozess und die weitreichenden Auswirkungen einer solchen Unkenntnis darstellen.

Einen Teil des Jahres verbringe ich auf Hawaii. Seit vielen Jahren haben wir dort einen großen Konflikt über das sogenannte Bootsproblem. Das Thema wurde zum Symbol für viele komplexe Probleme, mit denen die Insel konfrontiert ist, und spiegelt für mich im Kleinen die Belange um unseren Planeten wider.

Es gibt auf unserer Insel eine wunderbare Gegend, die Na Pali (Klippen) genannt wird. Es gibt dort herrliche Hügel, Täler, Wasserfälle, unberührte Strände und reine Natur. Na Pali ist bei allen, die es erblicken, als heiliger Ort bekannt. Man erreicht diese Gegend nur zu Fuß (mühsam und nur mit Erlaubnis), per Hubschrauber oder per Boot. Meistens werden die Hubschrauber und Boote benutzt, um die Küste zu „besichtigen“, nicht um Leute hinzubringen.

Als ich zum ersten Mal auf diese Insel kam, gab es nur wenig Ausflugsboote, die an der Na Pali Küste entlang fuhren. Wenn wir einen Ausflug dorthin machten, konnten wir beobachten, wie die Wale und Delphine hin- und herschwammen, und häufig schwammen die Spinner-Delphine meilenweit neben dem Boot her! Wir konnten eine Verbindung zu diesem wunderbaren, unberührten Land sehen und spüren. Dann setzte die Gier ein.

Immer mehr Bootsunternehmen traten auf den Plan. Bootsbesitzer, die ein gutes Einkommen hatten, wollten plötzlich reich werden. Sie vergrößerten ihre Flotte durch immer mehr Boote. Bald gab es täglich Hunderte von Bootsausflügen. Die meisten Boote legten von der Mündung eines Flusses ab, der für diesen Zweck ideal war. Ein „Parkplatzproblem“ trat auf wegen der Autos all der Touristen, die einen Bootsausflug machten. Dann begann das Problem mit den Liegeplätzen für die Boote. Etwas anfänglich Gutes wurde schlecht. Nur wenige Leute lehnten die Schifffahrten völlig ab. Doch die Situation brachte Zwist und Streit und wurde destruktiv.

Auf diesem Teil der Insel leben überwiegend indigene Hawaiianer. Neben der unberührten, atemberaubenden Schönheit der Natur ist es ihre Gegenwart und ihr Geist von Aloha, der diesen Teil der Insel so besonders macht. Die Hawaiianer akzeptieren die westliche Kultur und sind im Austausch mit ihr, doch haben viele nicht die finanziellen Mittel, über die einige ihrer „reichen“ Nachbarn verfügen, die sich ein „Stück vom Paradies gekauft haben“. Obwohl sie auf dem ererbtem Grund und Boden ihrer Ahnen leben, bringen die steigenden hohen Grundstückssteuern einige hawaiianische Familien an den Rand des Bankrotts und zwingen sie zur Überlegung, ob sie nicht Land (ihr *'aina)* verkaufen müssen, das seit Generationen im Besitz ihrer Familie ist. Für viele sind Jagen und Fischen eine reine Notwendigkeit, um Essen auf den Tisch zu bringen und ihre Familien zu ernähren. Für alle einheimischen Hawaiianer sind Fischen und Jagen Ausdruck ihrer Beziehung zu dem Prozess der Natur, dem Land, dem Wasser und der Heiligkeit einer Lebensweise, die an der Natur Anteil nimmt und die ihnen für ihre Identität und ihr Sein wesentlich erscheint. Sie brauchen die Nahrung zum Essen. Und sie müssen für das Land und das Wasser Sorge tragen und eine Beziehung dazu haben, um zu *sein.*

An dieser Stelle halte ich es für wichtig daran zu erinnern, dass die indigene Bevölkerung dieser Inseln Eindringlinge bisher immer mit „Aloha" willkommen geheißen hat, obwohl ihre Monarchie gesetzeswidrig von den Vereinigten Staaten von Amerika gestürzt worden war. Diese Tatsache ist vom amerikanischen Präsidenten und dem Kongress der Vereinigten Staaten zugegeben worden. Hawaiianer sagen sogar, der Grund für ihr Erdendasein sei es, Aloha – den liebenden Atem Gottes – auf diesen Planeten zu bringen. Wie viele indigene Völker auf der ganzen Welt sehen sie in jedem und jeder „den Bruder oder die Schwester" als ein Teil des gesamten *Prozesses* von Gott und der Schöpfung, und deshalb wird jeder Mensch als zugehörig willkommen geheißen. Die meisten indigenen Völker verstehen, dass alle Dinge im *Prozess* des Universums miteinander verbunden sind. Im *Prozess* einer Begegnung gehen sie deshalb zunächst von Ähnlichkeiten aus. Es hat lange gedauert, bis diese einheimischen, liebevollen Menschen an den Punkt gebracht wurden, an dem sie für sich „aufstehen und sich Gehör verschaffen". Einer ihrer vermutlich größten Fehler, den sie gemacht haben, war zu glauben, *westliche Menschen seien wie sie und wüssten um Prozess.* Als ich mit einigen von ihnen darüber sprach, dass manche Menschen Prozess einfach nicht begreifen, konnten sie es nicht glauben. Sie reagierten ähnlich wie damals, als ich ihnen erzählte, in der westlichen Kultur fehle das Wissen darüber, wie man Älteste behandelt. An dieser Stelle möchte ich einen Moment abschweifen und die folgende Geschichte dazu benutzen, die tiefe Kluft zwischen einer prozessorientierten und einer inhaltsorientierten Kultur zu zeigen.

Alle drei Jahre trifft sich das internationale Netzwerk von Leben im Prozess in unserem Zentrum in Peace Valley Hot Springs in Boulder, Montana, USA. Beim Treffen im Jahre 1995 hatten wir das Glück, einheimische Stammesälteste aus der ganzen Welt als Gäste bei uns zu haben. Ich war entsetzt, als ich sah, wie diese Ältesten von einer in meinen Augen ziemlich aufgeklärten Gruppe behandelt wurden. Die Leute schienen sich dieser Ältesten im Speisesaal, in den Gängen, im Versammlungsraum einfach nicht „bewusst zu sein“. Sie drängelten sich beim Anstehen für das Essen vor, sie waren nicht aufmerksam für die Bedürfnisse der Ältesten (z.B. ihnen zu helfen Dinge zu tragen) oder sie schnappten sich die besten Plätze im Versammlungsraum und hielten sich nicht zurück, bis die Ältesten ihre Sitze ausgewählt hatten. Ich traute meinen Augen nicht.

Als wir uns in der Gruppe trafen, stürzte ich wutschnaubend in den Raum und wollte ihnen ihr Verhalten heimzahlen – mein irisches und indianisches Blut ergeben eine interessante Mischung! Dann sah ich auf und bemerkte plötzlich, dass viele in der Gruppe weinten. Ich hielt verblüfft inne. „Was ist los?“, fragte ich, vollkommen überrascht von ihrer Reaktion.

„Wir wissen nicht, wie man Älteste behandelt“, sagten sie. „Würdest du uns das bitte beibringen?“

Ich war total schockiert. Wir begannen einen Trainingsteil darüber, wie man Älteste behandelt. Diese gut ausgebildeten, erfolgreichen, kompetenten Bürger der Vereinigten Staaten von Amerika, Kanadas und Europas wussten nicht, wie man sich gegenüber Ältesten verhält!

> Als ich meinen hawaiianischen Freunden erzählte, wie die Gruppe die Ältesten behandelt hatte, äußerten sie Entsetzen, Wut und Unglauben. Als ich dann erzählte, die Gruppe habe geweint und gesagt, sie wüssten nicht, wie man sich verhält und ob ich ihnen das bitte beibringen würde, waren meine hawaiianischen Freunde vollkommen ungläubig. Sie konnten es nicht fassen. Dann begannen *sie* zu weinen.
>
> „Wir haben immer geglaubt, die Weißen wüssten, wie man sich benimmt und wollten es nur nicht", sagten sie. „Es kam uns nie in den Sinn, dass sie es nicht wüssten! *Wir müssen für sie beten!"*, sagten sie, während ihnen die Tränen über die Wangen liefen.

Die Überraschung, dass Weiße nichts von Prozess wissen, hat bei den Hawaiianern eine ähnliche Reaktion ausgelöst.

Beim Streit um die Bootsausflüge begannen die Hawaiianer zu protestieren, als es immer weniger Fische gab, das Wasser verschmutzt wurde und die heiligen Orte entweiht wurden.

Die Flussmündung, an der die Schiffe anlegten und die Ausflügler ein- und ausstiegen, war voller Ölschlick, Lärm und Chaos. Der Fluss mündete ins Meer und viele Fische zogen den Fluss hinauf, um zu laichen und ihre Eier abzulegen. Die Fische sind verschwunden.

Die Bootseigner verlangten lautstark „wissenschaftliche Beweise". Selbst die Fische vor der Küste waren am Verschwinden. Ein alter Fischer sagte: „Wir machen mit den vielen Booten zuviel Lärm, wenn wir über ihre Lebensräume fahren. Sie sind fort." Die Bootsbesitzer wollten immer noch wissenschaftliche Beweise und erhöhten weiter die Zahl der Boote und Fahrten. Die Bootsbesitzer und die Geschäftsleute der Insel scheinen zu glauben, Tourismus und Geld seien die *einzigen* legitimen Angelegenheiten (eine materialistische Anschauung). Sie können das hawaiianische „Problem" nicht verstehen und fragen: „Kapieren denn die Hawaiianer nicht, dass *jeder* von einer Ausweitung des

Geschäfts profitiert? Sie sind einfach nicht ‚realistisch'." Ihr kurzsichtiger Maßstab waren Arbeitsplätze und Geschäfte.

Die Hawaiianer akzeptieren, dass Geschäfte notwendig sind. Sie leben in der westlichen Kultur und müssen sie verstehen. Und sie haben eine andere Perspektive von „Realität". Sie haben eine Prozess-Realität. Sie kennen beide Realitäten, und erkennen dadurch, dass es mehr als eine Wahrnehmung von Realität gibt. Ihre Wahrnehmung basiert auf einem Bewusstsein von *Prozess* und sie schätzen ihre Wahrnehmung.

Sie erkennen, dass die Touristen wegen der Schönheit der hawaiianischen Menschen, ihrer Kultur und der Schönheit des *'aina* – des Landes – auf diese Inseln kommen. Sie erkennen ebenso, dass die Menschen und das Land nicht voneinander getrennt werden können. Der Begriff des *'aina* umfasst mehr als ein Stück Land, das man besitzen und kontrollieren kann. Das *'aina* ist ein lebendiger, sich wandelnder und entwickelnder Prozess, bei dem Mensch und Land sich gegenseitig beeinflussen. Beide Prozesse bedürfen einander. Der eine kann ohne den anderen nicht in seiner Ganzheit leben. Obwohl viele verstehen, dass das Land ohne den Menschen vollständiger ist als die Menschen ohne das Land, ist es weitaus wichtiger, dass sie beide zusammen ganz sind, indem ihre Prozesse auf liebevolle, positive Weise miteinander im Austausch sind. Die Hawaiianer können nicht verstehen, warum ein Volk das zerstören möchte, was ihnen Ganzheit gibt.

Da sie aus einer prozessorientierten Kultur kommen, ist für die Hawaiianer die Gier nach Geld und Profit ein zerstörerischer Prozess, der das, was die eigentliche Quelle des Geldes ist, zerstört. Wenn die Flüsse vergiftet sind, verschwinden die Fische, sterben die Korallenriffe und werden Höhlen und Küsten zerstört, und dann wird das, was für die Touristen ein Anreiz war hierher zu kommen, verschwinden – ebenso eine Lebensweise und ein lebendiges Land. Wenn man eine *Prozess*-Perspektive hat, das Leben und alle Dinge als Prozess betrachtet und zukünftige Generationen als Teil des eigenen Prozesses sieht, ist es leicht, die Verwirrung in jenen Menschen zu sehen, die nichts von Prozessen wissen und Prozess nicht sehen oder verstehen können. Die Realität und unleugbare Tatsache, dass *alles Prozess ist*, ist so augenfällig und real, dass die Hawaiianer selbst die Möglichkeit nie in Betracht gezogen haben, es könne Menschen geben, die nicht um Prozess wüssten und Prozess nicht respektierten. Ihr Schock und ihr Erstaunen über dieses fehlende Wissen und den fehlenden Respekt ist sogar noch größer als ihre Bestürzung und ihr Unglaube darüber, dass es ein Volk geben könne, das nicht wisse, wie man Älteste behandelt!

Eine Kultur, die an Stasis glaubt und auf dem Materiellen basiert, hat ihr Hauptaugenmerk auf dem Unmittelbaren und dem schnellen Kick. Das Materielle ist das einzige, was zählt. Geld und Wirtschaft sind der absolute Maßstab.

So ist es kein Wunder, dass diese beiden Kulturen anscheinend einander nicht zuhören und nicht respektieren können. Die eine ist gewillt, für Geld all das zu zerstören, was für die andere kostbar ist, und besitzt keinen Anhaltspunkt für die Kraft von Prozess. Die andere kann sich keine Kultur vorstellen, die nicht auf Prozess basiert. Ist es da ein Wunder, dass die Kommunikation zusammengebrochen ist? Ist es da ein Wunder, dass sich Wut aufstaut und Gewalt unter der Oberfläche brodelt?

Wir sind nicht statisch. Unser Planet ist nicht statisch. Das Leben ist nicht statisch. Das Leben entfaltet sich. Obgleich wir uns auch gerne einbilden, wir könnten den Lauf des Lebens sogar vorhersagen, mussten wir doch immer wieder einsehen, dass wir das nicht können. Wir können teilnehmen. Das ist alles. Wir können nicht vorhersagen oder kontrollieren.

Wir wissen nie, wozu unser Verhalten führt. Indem wir am Prozess teilnehmen, verändert sich der Prozess. Indem wir am Leben teilnehmen, ändert sich das Leben, oft auf vollkommen unvorhersagbare und viel kreativere Weise, als wir uns je vorstellen könnten. Wir können teilnehmen, wir können nicht kontrollieren. Der Schlüssel dazu, das Leben zu leben, liegt darin, dass wir lernen, an seinem Prozess teilzunehmen.

Die Auswirkungen des Unwissens über Prozess und dessen Missachtung sind verheerend, und wir sehen diese Verheerungen überall auf unserem Planeten. Der hawaiianische „Bootsstreit" ist ein globales Problem. Es ist ein Thema, das auf die eine oder andere Weise überall auf der Erde auftritt. Der Inhalt mag unterschiedlich sein, die Mitspieler verschieden – und die Themen gleichen sich: Es handelt sich um ein Nichtwissen über Prozess. Letztlich ist der verheerendste Aspekt dieser Beziehungslosigkeit zu Prozess ein Verlust unserer spirituellen Verbindung mit der Wirklichkeit. Spiritualität ist in ihrer letzten Essenz ein Prozess. Fakten werden die Wirklichkeit von Spiritualität niemals vermitteln. Wenn wir versuchen, uns nur aus der Perspektive des Inhalts auf Spiritualität zu beziehen, ist die daraus entstehende Pseudospiritualität eine starre, leblose, kontrollierende und arrogante Schale. Ohne ein funktionierendes Verhältnis und eine funktionierende Beziehung zu Prozess kann volle Spiritualität nicht existieren. Wir können die Macht Gottes oder die Kraft des Universums nicht unterschätzen, und wir machen es jenen Kräften sicherlich schwer, sich mit uns zu verbinden, wenn wir glauben, in einem statischen Universum zu leben.

Indem wir auf einer statischen, materialistischen Welt beharren, bringen wir uns auf Kollisionskurs mit dem Leben.

Wenn wir nichts von Prozess wissen und keinen Bezug zu Prozess haben, leben wir in einer sehr kleinen, dunklen Ecke der Möglichkeiten des Lebens. Mit unserem Wunsch nach Kontrolle bauen wir nur unsere eigenen Kerker. Jeder Aspekt von uns und der Welt um uns ist im Prozess. Doch wenn wir teilnehmen, werden wir ein Teil des Alles-was-ist. Weisheit ist ein Bewusstsein für Prozess und ein Wissen um Prozess. Wir können Informationen über Tatsachen und Dinge auf elektronischem Wege bekommen – und wir müssen teilnehmen, um Weisheit zu erlangen.

Die Auswirkungen des Nichtwissens um Prozess sind in der Tat weitreichend. Wir sehen die Versklavung der Seele und Isolation des Geistes in einer Welt, die nur aus der statischen, materiellen Perspektive gesehen wird. So viele – auch gut gemeinte – Bemühungen, größere Veränderungen in der Welt herbeizuführen, scheitern. Diejenigen, die sich um die Zerstörung der Umwelt sorgen, werden ihre Botschaft niemals an Menschen vermitteln können, die keine funktionierende Beziehung zu Prozessen haben. Oft haben jene, die solche Veränderungen herbeizuführen versuchen, selbst kein Bewusstsein über Prozess oder sind sich nicht bewusst, dass jenen, die sie zu verändern hoffen, ein Verständnis für Prozess fehlt. Ehe dieses Problem der Unwissenheit um Prozess, das die westliche, mechanistische Kultur hervorgebracht hat, nicht geheilt ist, kann sich wenig ändern.

Ich hoffe, dass diese Ausführung darüber, was Prozess ist, Ihnen den Weg öffnet, über Leben im Prozess zu lernen. Es ist ein Weg, der Sie einlädt, zur Teilnahme an Ihrem Leben und Ihrer Realität zurückzukehren.

Kapitel 3

Rückkehr zur spirituellen Ganzheit

Die Maori sind davon überzeugt, dass Tane, der Schöpfer des Lebens, allen Menschen und allen Dingen das Leben geschenkt hat, und dass aufgrund dieses Geschenkes alle Handlungen der Menschen spirituellen Einflüssen unterliegen.

HIWI TAUROA, MAORI–SCHRIFTSTELLER

Wir sind spirituelle Wesen, die versuchen menschlich zu sein, und nicht menschliche Wesen, die versuchen spirituell zu sein.

Spiritualität ist jener Impuls in uns, der uns aufruft, über uns hinauszuwachsen. Es ist unsere Ganzheit, die uns mit Allem-was-ist verbindet.

Spiritualität ist nicht von unserem Leben abgetrennt oder ein separater Bereich im Leben. Sie ist Leben. Alles Leben ist spirituell.

Spiritualität ist so sehr der Schlüssel zur menschlichen Existenz, dass ich gleich zu Anfang darauf eingehen will. Damit möchte ich jedoch keineswegs zum Ausdruck bringen, Spiritualität könne von irgendeinem anderen Aspekt des Lebens abgetrennt werden. Das geht nicht. Da Spiritualität jedoch aus unserem Alltagsleben so sehr ausgegliedert worden ist, möchte ich dieses Thema aufgreifen und hoffe, dass ich es in allem, was folgt, mit einbeziehe.

Vor einiger Zeit wurde mir bewusst, wie viele Menschen hektisch umherirren und versuchen, Spiritualität zu finden. In dem Maße wie das Gefühl der Sinnlosigkeit in westlichen Menschen wuchs – da die etablierten westlichen Religionen nicht mehr ihre Bedürfnisse zu erfüllen schienen –, wandten die Menschen sich scharenweise östlichen Religionen zu, wie beispielsweise dem Buddhismus, Hinduismus und Taoismus. Einige pilgerten zu Gurus in Indien und anderen Teilen der Welt, lernten im Lotussitz stundenlang zu meditieren in der Hoffnung, etwas zu finden, was einfach außerhalb ihrer Reichweite zu liegen schien. Viele suchten indigene Schamanen auf und folgten dem Weg der Urvölker. Sie hofften, einen Weg zu finden, um sich wieder zu verbinden.

Leider sind wir durch die wissenschaftlichen Methoden so tiefgreifend indoktriniert, dass wir uns diesen verschiedenen spirituellen Wahrheiten auf eine kontrollierende und mechanistische Weise nähern. Vielleicht erfahren wir eine gewisse Erleichterung, doch nur selten finden wir die Erleuchtung, nach der wir suchen. Allzu oft übernahmen die Suchenden einfach die Rituale und Zeremonien und hofften, die Rituale an sich würden sie über sie selbst hinaustragen. Es gibt viele kraftvolle Rituale und Zeremonien – und sie sind dann am wirkungsvollsten, wenn sie in das kulturelle Leben, aus dem sie sich entwickelt haben, eingebettet sind. Wenn jedoch tagelanges Singen, Pfeifenzeremonien, Schwitzhütten oder Feuerrituale ohne jenes reiche kulturelle Erbe und außerhalb der spirituellen Tradition, in denen diese Zeremonien entstanden, praktiziert werden, ist das so, wie wenn man eine 50-Gramm-Tablette Vitamin C schluckt, um damit AIDS zu kurieren. Es mag hilfreich sein, aber wenn die Heilung nicht in einen glaubwürdigen Kontext eingebunden ist, geht oft die Essenz dessen, was für eine Heilung am wirkungsvollsten ist, verloren. *Wir können ein prozesshaftes Problem, das außer Kontrolle geraten ist, nicht mit einem mechanistischen Heilmittel heilen.* Dazu gehört mehr, viel mehr.

Ich schlage vor, dass wir die gegenwärtige Verwirrung als Geschenk sehen, das uns zu einer neuen Ebene spirituellen Lebens bringen kann. Wir brauchen eine Spiritualität, die unserem Land, das der Schmelztiegel der Welt geworden ist, entstammt. Wir amerikanischen Indianer besitzen eine tiefe Spiritualität, die eins ist mit diesem Land. Ihre Wurzeln reichen tief hinab in den Körper der Erde, unserer Mutter, und ist genährt worden mit allem, was es hier gibt, und ist eins mit ihr. Alle Menschen, die in dieses Land gekommen sind, von den ersten Einwanderern bis hin zu jenen, die später kamen, haben dieses Land genährt mit sich selbst und ihren Vorfahren. Alle haben diesem Land gegeben, was sie geben konnten, und haben von ihm genommen. Jetzt ist die Zeit angebrochen, dass wir uns auf die spirituelle Weisheit besinnen, die aus diesem Zusammenkommen entspringt, und dass wir unsere Wurzeln vereinen, um neues Wachstum hervorzubringen.

Ein Freund erzählte mir, eine amerikanische Indianer-Älteste sei einmal gefragt worden, warum die Weißen gekommen seien und warum die Indianer sie hereingelassen hätten – da die Indianer ja anfangs bei weitem in der Überzahl gewesen seien und sie die frühen Siedler tatsächlich willkommen geheißen hätten. Die amerikanischen Indianer sind nicht „erobert" worden. Die alte Frau antwortete: „Weil sie uns brauchten!" Vielleicht sind die Menschen dieses Landes bereit zu lernen, warum das, was sie sagte, wahr ist.

Vielleicht sind wir als Menschen dieses Planeten jetzt bereit, holographischer und eins mit der gesamten Schöpfung zu werden, und vielleicht entwickelt dieser Schmelztiegel von Nationen einen Weg hin zu dem Unendlichen, der uns zu den Wahrheiten führt, die wir kennen, und weiter zu neuen Ebenen von Spiritualität.

Ich erinnere mich an eine Geschichte, die mir Don Coyhis, ein lieber Freund und mohikanischer Schriftsteller und Arzt erzählte. Er freut sich, dass ich sie hier weitergebe:

> Vor langer, langer Zeit – es kann sich kein Mensch mehr daran erinnern – lebten die Menschen in vollständiger Harmonie mit sich, miteinander, mit allen Tieren, Vögeln, Fischen, Kriechtieren, dem gesamten Planeten und dem Großen Geheimnis des Alles-was-ist. Es war ein leichtes, gesegnetes Zeitalter und das Leben war glücklich und heiter.
>
> Im Laufe der Zeit begannen die Menschen zu vergessen, was sie wussten. Sie wurden allmählich eigennützig und selbstbezogen und begannen zu glauben, sie wären über die übrige Schöpfung erhaben und besser als ihre Mitgeschöpfe. Sie entzogen sich der

Einheit, errichteten eine Rangordnung und sonderten sich nicht nur ab, sondern erhoben sich über alles andere.

Zu jener Zeit gab es Stammesälteste, denen die Verantwortung für die Bewahrung und den Schutz der Weisheit des Stammes aufgetragen worden war. Da sie so weise und so alt waren, konnten sie sehen, was es einmal gegeben hatte und was jetzt vor sich ging. Dies erfüllte sie mit tiefer Sorge. Sie beriefen ein Treffen aller Ältesten ein, die für die Weisheit des Stammes verantwortlich waren, und berieten viele Tage und Nächte, was sie tun sollten.

„Die Menschen werden wie Kinder", sagte der eine. „Sie sind eigennützig und selbstzentriert. Sie denken nur an sich und missbrauchen, was der Schöpfer ihnen gegeben hat."

„Sie missbrauchen unsere Mutter, die Erde, und erkennen nicht, dass alles, was wir haben – unsere Nahrung, unsere Kleidung, unsere Wohnungen – von ihr kommen", fügte ein anderer hinzu.

„Sie haben vergessen, dass sie spirituelle Wesen sind und dass alles spirituell ist", vertraute der nächste ihnen an. So sprachen sie viele Tage und Nächte hindurch.

Schließlich kamen die Ältesten zu dem Schluss, dass die Menschen so verloren und ihre Gedanken und Herzen so verwirrt seien, dass ihnen die spirituelle Weisheit, die das Volk so lange getragen hatte, nicht länger anvertraut werden dürfe. Als Hüter der Weisheit waren die Ältesten entschlossen, dass diese nicht länger missbraucht werden dürfe und schworen, sie zu schützen, koste es, was es wolle. So fassten sie den Entschluss, alle Weisheit zu sammeln, sie in einem Bündel zusammenzuschnüren und zu verstecken.

„Wo sollen wir die Weisheit denn verstecken, sodass sie erst gefunden wird, wenn die Menschen dafür bereit sind?", fragte eine alte Frau. „Wir müssen beten und darüber nachdenken." Alle stimmten zu. Wieder verbrachten sie viele Tage und Nächte, fasteten und beteten um die nächsten Schritte.

Als sie wieder zusammenkamen, fragte ein alter Ältester: „Haben wir eine Lösung gefunden?" „Ich weiß", sagte einer. „Weit von hier im Wald gibt es einen hohen Berg, und darin ist eine tiefe, verborgene Höhle, die niemand kennt. Lasst uns am hintersten Ende der Höhle eine Grube graben und das Bündel mit der Weisheit tief unter der Erde vergraben. Da werden sie es nie finden."

Wieder saßen die Ältesten eine Weile zusammen und erwogen diese Möglichkeit.

„Sie sind trickreich, diese Menschen. Sie schnüffeln immer und überall herum. Früher oder später werden sie sicher die Höhle finden, zu graben anfangen und die Weisheit entdecken."

Die Ältesten saßen damit und ließen diese Aussage langsam auf sich wirken. Dann stimmten sie alle traurig zu: „Du hast recht! Sie sind wirklich überall und stecken ihre Nase in alles hinein."

Traurig saßen sie wieder eine Weile zusammen.

„Ich hab's ", sagte ein anderer. „Ich kenne einen sehr, sehr tiefen See. Wir kennen nicht einmal seinen Grund. Lasst uns das Bündel sorgfältig verpacken und es tief unten auf dem Grund des Sees versenken. Dort werden die Menschen es niemals finden."

Zunächst waren die Ältesten froh über diesen Vorschlag, denn sie waren müde und wollten wissen, was sie tun sollten. Doch wussten sie auch, dass dies eine ernste Angelegenheit war und sie eine schwere Verantwortung hatten. Langsam kam jeder von ihnen zu der Erkenntnis, dass auch der See nicht die Lösung war.

„Nein, die Menschen gehen gerne fischen. Früher oder später würde einer das Bündel mit seinem Angelhaken hochziehen. Das können wir nicht machen", sagte einer.

Wieder saßen die Ältesten bewegungslos zusammen – wie es schien für eine Ewigkeit.

Dann, sehr langsam, ergriff eine alte Älteste, die älteste unter ihnen, das Wort. „Ich weiß was wir tun müssen", sagte sie bedächtig

> und sprach mit Weisheit und Autorität. „Wir werden die Weisheit im Menschen selbst verstecken. Dort werden sie nie suchen.“ Und alle wussten, dass sie die Antwort gefunden hatten.
>
> Don Coyhis

Und so ist es. Vielleicht sind wir in diesem Schmelztiegel unseres Landes zusammengekommen, um die uralten Wahrheiten wiederzufinden, die uns helfen, über das hinauszuwachsen, was wir in unserem voneinander Getrenntsein kennen gelernt haben, und die den Weg freimachen für ein Heilen auf planetarischer Ebene, was alles Vorhergehende mit einschließt. Aus unserer Zerrissenheit und aus unserer dysfunktionalen Gesellschaft tauchen Wahrheiten auf, die sich auf alle Wahrheit gründen und uns heilen können. Diese Weisheit entsteht neu und zur rechten Zeit, und sie webt die Fäden jener uralten Weisheiten zusammen, die aus der ganzen Welt kommen und hier zusammenlaufen. Sie liegt ganz in uns verborgen und wartet darauf, wieder entdeckt zu werden.

Seit Jahren sage ich, dass die Leben-im-Prozess-Arbeit zeitlich weit vor die Zeit der Rituale und Zeremonien zurückreicht. Ganz offensichtlich haben die Menschen Rituale und Zeremonien geschaffen, als sie begannen, sich vom Großen Mysterium abgetrennt zu fühlen, als sie die Einheit verließen, sich isolierten, Hierarchien schufen und ihre Verbindung zum Schöpfer – dem Großen Mysterium – dem Holomovement – Gott – aufgaben. Rituale und Zeremonien sind Versuche, all das wiederzufinden, was wir fühlten und in unserem archaischen Gedächtnis kannten. Ab und zu funktionieren diese Methoden – oft genug, um unsere Illusion zu nähren, sie würden uns *bestimmt* helfen, und damit wir uns weiter auf Lösungen konzentrieren (auf Techniken, Praktiken, Rituale), die außerhalb von uns selbst liegen. Vielleicht sind auch sie nur ein schneller Kick, der uns davon abhält, in unsere Tiefen einzutauchen. Auf diese Weise halten wir uns fern von jener stets zugänglichen Quelle des Reichtums, die wir in uns tragen – dem Wissen, das unser Geburtsrecht ist. Die Wahrheit ist in uns und kommt über unser innerstes Wesen zu uns. Wir müssen nur dorthin gehen.

Spiritualität ist Teilnehmen.

Spiritualität bedeutet, sich mit dem eigenen Leben zu befassen.

Wir brauchen visionäre Führer,
die aus ihrer Spiritualität heraus leben und wirken.

Die Wissenschaft und Leben im Prozess

Um unser Abgetrenntsein von unserer Spiritualität zu verstehen, müssen wir erkennen, dass die mechanistische Wissenschaft und Technologie die grundlegendsten Bedürfnisse der Schöpfung, der wir angehören, nicht erfüllen können. Selbst wenn die postmoderne Philosophie den Inhalt der Wissenschaft geändert haben mag, so sind doch ihre Prozesse immer noch fest im alten mechanistischen Paradigma verwurzelt. So mögen zum Beispiel einige „aufgeklärtere" Ärzte Kräuter, Visualisierung oder Akupunktur verwenden, doch wenden sie diese immer noch auf eine mechanistische Art und Weise an.

Es wäre unklug, den starken und machtvollen Einfluss des mechanistischen Paradigmas auf unser tägliches Leben zu unterschätzen. Wir sind zu der Überzeugung gelangt, Geld und materielle Dinge seien die einzige wahre Realität, so wie unsere Sinne sie „objektiv" erfassen und messen. Wir haben eine Welt errichtet, die eine innere Realität oder Realitäten, die nicht gesehen und gemessen werden können, nicht anerkennt.

Nachstehend eine kurze Beschreibung der Rolle, die die westliche Wissenschaft in unserer Wahrnehmung von Realität spielt. Ich hoffe, dadurch wird uns klarer, welche Macht das wissenschaftliche Modell in unserem tagtäglichen Leben hat, und wie wichtig es für uns ist, dass wir uns anderen Modellen öffnen.

Wenn wir uns damit befassen, wie die Dinge sind, ist es wichtig sich daran zu erinnern, dass jede und jeder von uns ihre bzw. seine eigene Auffassung von Realität hat. Dinge widerfahren uns und wir bewerten und interpretieren sie auf unsere eigene Weise. Das ist dann unsere persönliche Wirklichkeit. Sie braucht nicht durch nachvollziehbare „Tatsachen" bewiesen zu werden. Sie kann für uns wahr sein und muss gleichzeitig für andere Menschen keine wahre, nachprüfbare Tatsache sein.

So zum Beispiel bringen sich Psychologen und Juristen in Schwierigkeiten, wenn sie glauben, dass alles, was ein „Opfer" sagt, wahr ist. Ziel wird dann die Bestrafung des vermeintlichen Täters. Dies lenkt unsere Aufmerksamkeit völlig ab von dem Einzelnen und davon, was die betreffende Person *braucht/tun muss,* um von dieser Erfahrung zu heilen. Um zu heilen, geht es nicht darum, sich auf den vermeintlichen Täter zu konzentrieren. In Wirklichkeit geht es darum, sich der gemachten Erfahrung zuzuwenden, sodass jede Person die Erfahrung als Teil ihres Lebensprozesses annehmen und ihre Heilungsarbeit tun kann. Beide Seiten müssen die Verantwortung für ihr Tun übernehmen. Wenn Heilung und das Wiedererlangen eines Gleichgewichts im Mittelpunkt stehen, löst sich der Opfer-Täter-Dualismus auf.

Wie wir eine Erfahrung auslegen, wird von den zur Verfügung stehenden Informationen gefärbt. Wir mögen diese Informationen aus unserer Vergangenheit erhalten, aus dem Alles-was-ist, aus dem, was in unserer DNA vorhanden ist (aus möglichen früheren Leben, aus Erfahrungen, die zwischen Generationen gemacht wurden, aus unserem genetischen Erbe oder aus allen möglichen Quellen, aus denen wir gerade schöpfen). Zu glauben, dass unsere Wahrnehmungen ausschließlich auf dem basieren, was beobachtet, gemessen und bewiesen werden kann, ist unglaublich naiv. Wenn wir uns nur auf Phänomene begrenzen, die leicht beobachtbar sind und nur diese als „Tatsachen" sehen, versuchen wir, unsere Welt auf ein ganz schmales Band des Verstehens zu vereinfachen und zu reduzieren. Wenn wir auf diese Weise vereinfachen, müssen wir

Tricks und Verdrehungen anwenden, um zu „beweisen“ was „richtig und falsch“ ist. Es ist jedoch möglich, die Realität des Einzelnen zu unterstützen und gelten zu lassen, ohne seine Wirklichkeit zu einer objektiven und nachvollziehbaren Realität zu machen, die weitere Handlungen bestimmt.

Die mechanistische Wissenschaft basiert auf der Errichtung einer objektiven, empirisch definierten, nachprüfbaren Realität. Die mechanistische Wissenschaft fordert eine alleinige, wahre Realität – eine eindeutige Realität, der alle zustimmen können und die für alle wahr ist. In dieser wissenschaftlichen Weltsicht gibt es keinen Platz für unterschiedliche Realitäten, widersprüchliche Wirklichkeiten, parallele oder nicht miteinander verbundene Realitäten.

Wenn wir uns für die Möglichkeit öffnen, dass andere Kräfte und andere Einflüsse von verschiedenen Ebenen und verschiedenen Aspekten des Holomovements in unser Leben treten können, erkennen wir, dass diese Einflüsse auftreten und dass sie vielleicht gar nichts zu tun haben mit dem, was beobachtbar und nachweisbar „real“ ist.

Wenn wir unseren Fokus nach außen richten, so bedeutet das, dass wir allem und jedem außerhalb von uns selbst mehr Gewicht beimessen, als es sonst hat. In der Tat bringt uns diese Weltsicht dazu, die Verantwortung für alles, was wir fühlen, denken und erleben, auf alles und jedes außerhalb unseres Selbst abzuwälzen. Wenn wir das tun, geben wir unsere Macht ab.

Wir haben inzwischen erkannt, dass eines der Hauptmerkmale für Dysfunktionen ist, andere Menschen für das verantwortlich zu machen, was in unserem Leben passiert. Wenn wir spirituell nicht gesund sind, möchten wir nicht die Verantwortung für unser Leben übernehmen. Wir suchen uns jemanden, irgendjemanden, dem wir die Schuld für unsere Gefühle zuschieben können oder für unsere Unfähigkeit, die Verantwortung für unser Leben zu übernehmen oder es überhaupt zu leben. Solange wir unseren Fokus nach außen richten können, müssen wir uns nicht mit uns selbst, unseren Gefühlen und unserem Leben auseinandersetzen. Solange wir außenorientiert sind, geben wir unsere persönliche Stärke und unsere Fähigkeit zu heilen auf. Spirituelle Gesundheit bedeutet Verantwortung für sich zu übernehmen.

Ich denke, es ist wichtig zu erkennen, wie diese beiden Themen ineinander greifen und sich gegenseitig „nähren". Wenn wir nach einer äußeren, nachprüfbaren Realität suchen und nur an sie glauben und wenn wir uns auf andere konzentrieren und versuchen, sie für unser Leben verantwortlich zu machen, so führt uns das ständig von uns weg. Wir verlieren durch diese Herangehensweise immer mehr das Gefühl für unsere Realität und weigern uns, ihr zu vertrauen. Wenn wir den Kontakt zu unserer eigenen Realität verlieren, so brauchen wir eine Realität, auf die wir uns beziehen und der wir vertrauen können und so beginnen wir, außerhalb von uns selbst zu suchen. Dann ist es ein Leichtes, unsere persönliche Macht aufzugeben, andere für unser Leben verantwortlich zu machen und ihnen dann für alles, was „falsch läuft", die Schuld zuzuschieben. Je mehr wir das tun, desto mehr geben wir unsere eigene Realität auf. Wir entfernen uns mehr und mehr von ihr, von uns selbst und von unserer Spiritualität. Dieser Kreislauf speist sich aus sich selbst und wird wiederum von den psychologischen und wissenschaftlichen Überzeugungen unserer Zeit gefördert.

In der modernen Psychologie, die sich auf die mechanistische Wissenschaft stützt, *gibt* es im Grunde keine innere Realität. Jede innere Realität, die sich zeigt, erregt Misstrauen und wird nicht geglaubt. Und da die meisten Psychologen an keine innere Realität glauben, die nicht nachweisbar ist, tendieren sie dazu, die innere Realität der Menschen zu einer äußeren und damit objektiv beweisbaren Realität zu machen – wie in dem zuvor erwähnten Beispiel, wo man sich auf Täter und Opfer als reale Gegebenheiten konzentriert und an sie glaubt. Dies führt dazu, dass einige Psychotherapeuten leichtgläubig sind und glauben, was ihre Klienten erzählen. Da sie den Unterschied zwischen inneren und äußeren Realitäten nicht kennen, versuchen sie, die inneren Realitäten zu objektivieren. Innere Realitäten müssen nicht notwendigerweise objektiv sein – und sie können durchaus real sein.

Ein Rechtsanwalt erzählte mir neulich, seiner Meinung nach werde das Thema „Realitäten" zum Untergang der Psychologie führen, denn die Psychotherapeuten würden immer öfter angeklagt, da sie glaubten, die innere Realität eines Menschen entspreche der inneren Realität eines anderen. Sagt z. B. eine Frau, sie sei als Kind von ihrem Vater belästigt worden, so ist das ihre innere Realität. Es muss jedoch nicht unbedingt die objektive Realität sein, und wenn deshalb der Therapeut vor Gericht schwört, diese Person sei von ihrem Vater missbraucht worden, so riskiert er, vom Vater verklagt zu werden. Die äußeren und inneren Realitäten stehen dann im Widerspruch zueinander. Es gibt viele innere Realitäten und doch tun wir so, als gäbe es sie nicht. Kein Wunder, dass wir verwirrt sind und nicht wissen, was real ist und was nicht.

Bringen wir dieses Thema außerdem noch in Verbindung mit einer Kultur, die uns lehrt, dass es keine innere Realität gibt und dass alles in unserem Leben von außen zu betrachten ist, so ist es nicht verwunderlich, dass wir Opfer werden, dass wir anderen die Schuld für unser Leben bzw. unser Nichtleben zuschieben und dass wir so sehr die Verbindung zu unseren eigenen Realitäten verlieren, dass wir den Materialismus als einzige Realität und deshalb als unsere Erlösung betrachten.

Wenn wir ein Glaubenssystem akzeptieren – und die Wissenschaft ist ein Glaubenssystem –, das uns weismacht, es gäbe nur eine einzige, wirkliche Realität, sind wir eingeschränkt und behindert in unseren Bemühungen, uns in einer Schöpfung zurechtzufinden, die viele unterschiedliche und miteinander verbundene Realitäten kennt, die gleichzeitig ablaufen. Die mechanistische Wissenschaft ist per Definition reduktionistisch. In ihrem Versuch die Dinge über die Sinne zu „verstehen", musste sie versuchen, die Komplexität grob zu vereinfachen und Prozesse statisch machen. Dies schafft eine illusionäre Welt oder eine virtuelle Realität, die wenig oder gar nichts zu tun hat mit dem komplexen Prozess der Realität der Schöpfung wie wir sie kennen, erleben und an ihr teil haben.

Wie sehr wir uns und unsere Fähigkeit zum Erkennen der Realität beschnitten haben, wird noch deutlicher, wenn wir das Thema Heilung und Ganzheit untersuchen.

Wenn wir nach Heilung und spiritueller Ganzheit suchen, kann uns die mechanistische Wissenschaft nicht dazu verhelfen. Wir können „zusammengeflickt“ werden, wir können kurzfristig eine gewisse Erleichterung erfahren, und wir können uns einer Welt anpassen, die eine hohe Akzeptanz für Verrücktheit hat – jedoch nur kurzfristig. Doch wir werden keine Heilung und keine spirituelle Ganzheit finden, wenn wir uns selbst und die gesamte Realität als Maschine verstehen.

Leben im Prozess entspricht vielen „neuen“ Entdeckungen der modernen Physik. Und wir entdecken, dass alle diese „neuen“ Entdeckungen Teil der uralten Lehren der Urvölker und tief in unserem eigenen Prozess verankert sind.

> Wie viel wir entbehren, wenn wir nicht um die Gegenwart des Unsichtbaren wissen. NANI, KAPUNA AUS HAWAII

Oder, wie meine Mutter mir sagte, als ich noch ein ganz kleines Mädchen war:

> Vergiss nicht, Elizabeth Anne, dass nicht nur das Sichtbare wichtig ist. Manchmal ist es das Unsichtbare, dass das Sichtbare lebenswert macht. MANILLA MAUDE LONGAN

Was sie mir als Kind sagte, wird immer bedeutungsvoller für mich. Wie Ken Wilber in seinem Buch *Das holografische Weltbild* sagte: „Im Bereich der implizierten Frequenz sind alle Dinge und Geschehnisse unabhängig von Raum und Zeit ihrem Wesen nach eins und gleichzeitig unterschiedlich.“

Die Realität, von der Wilber spricht, ist leicht durch die Erfahrung zu begreifen, wenn wir unsere Tiefenprozess-Arbeit tun und uns gleichzeitig in einer oder mehreren Realitäten vollständig präsent fühlen. Wir können dieses Bewusstsein auch erfahren, wenn wir wahrhaftig im Prozess leben. Wenn wir im Jetzt völlig präsent sind und in unserem Prozess leben, können jede Zeit und jeder Raum in uns eindringen. Wenn wir versuchen, in der virtuellen, von der mechanistischen Wissenschaft geschaffenen Realität zu leben, werden wir nur zerstückelt und zu dem Versuch ermutigt, alle Prozesse statisch zu machen.

> Vor vielen Jahrhunderten habt ihr Weißen euch entschieden, den Weg der Wissenschaft und der Technologie zu gehen. Diese werden den Planeten zerstören. Wir hoffen, dass ihr dies erkennt, bevor es zu spät ist. AUSTRALISCHER ABORIGINAL-ÄLTESTER

Leben im Prozess ist eine Lebensweise und ein spiritueller Weg. Es unterstützt und ebnet den spirituellen Weg eines Menschen, unabhängig davon, wie dieser Weg oder diese Praxis aussehen mag. Leben im Prozess erkennt an, dass jeder Mensch einen lebendigen Prozess hat und ein lebendiger Prozess *ist*. Wenn wir unserem Lebensprozess folgen, werden uns die uralten Weisheiten zufallen, ungetrübt durch religiöse Glaubensrichtungen, die – obwohl oft göttlich inspiriert – letztlich doch die Erfindungen und Deutungen von Menschen sind. Leben im Prozess bringt uns zurück zu dem Wissen, das wir besaßen, als wir noch völlig an der Einheit der Schöpfung teilgenommen haben.

Durch diese Arbeit gelangen wir auf immer tiefere Ebenen, auf denen wir mit dem Grund unseres Seins verbunden sind. Menschen, die Leben im Prozess praktizieren, stellen fest, dass es ein praktischer und leichter Weg ist, ähnlich wie tiefe Meditation, der uns über das hinausführt, was wir für möglich hielten. Wenn wir den sich vertiefenden Ebenen unseres Bewusstseins vertrauen, erfahren wir Wissen und Heilung auf Ebenen unseres Seins, zu denen wir bis dahin oft nicht vorgedrungen waren.

Leben im Prozess handelt vom spirituellen Erinnern. Leben im Prozess handelt vom Abstreifen alter, zerstörerischer Muster, Überzeugungen und Gewohnheiten. Wenn wir spirituell, körperlich, gefühlsmäßig und geistig völlig in Harmonie mit uns, mit anderen und dem Planeten leben, so leben wir im Prozess.

Leben im Prozess ist eine tiefe spirituelle Verpflichtung, mit seinem Leben eins zu sein. Diese Spiritualität nimmt uns weder aus unserem Alltagsleben heraus, noch müssen wir uns darüber erheben. Wir tauchen vielmehr tiefer ins volle Leben ein und nehmen daran teil, während wir erleben, dass unsere wichtigste und ursprünglichste Beziehung immer und jederzeit unsere Verbindung mit dem gesamten Prozess ist.

Vergiss nicht: Gott ist ein Prozess. Mein Prozess ist Gott.
Gott ist mehr als mein Prozess.

Um prozesshaft zu leben, müssen wir alles, was ist, annehmen. Kritisieren, Engstirnigkeit und Rigidität entfernen uns von der Ganzheit allen Lebens und schaden deshalb unserer Spiritualität. Wenn wir eins sind mit der Natur, so hilft uns das, mit der illusionären, virtuellen Realität unserer technologischen Welt umzugehen und unseren Prozess zu erfahren.

Wenn wir unseren Prozess leben, gibt es kein Wir-Sie, kein Ich-Du. Wir haben dann nicht das Bedürfnis zu urteilen, uns abzusondern, heiliger-als-du zu sein oder „die alleinige Wahrheit" zu wissen. Wer sagt denn, dass ein Grashalm weniger spirituell ist als wir? Wenn wir die Heiligkeit des Landes oder von irgend etwas anderem abstreiten, so streiten wir sie in uns ab.

Viele westliche Menschen fühlen sich unwohl mit den Meditationstechniken des Ostens. Vielleicht gibt es dafür einen Grund. Viele von uns scheinen der passiven Meditation eine aktive vorzuziehen. Wir meditieren beim Autowaschen, beim Herdputzen oder beim Waldspaziergang. Es gibt nicht nur eine Methode der Meditation. Das Wesentliche jeder Meditation besteht darin, dass wir uns erlauben, uns über uns selbst hinaus zu bewegen. Wenn wir unseren Prozess leben, ist alles im Leben eine aktive Meditation.

Unsere mechanistische, gegen Prozesse eingestellte westliche Wissenschaft will – und fordert sogar – einen festen, statischen und unveränderlichen Gott. Wenn wir im Prozess leben, stellen wir uns vielleicht Fragen wie: Was ist, wenn Gott die Leere ist? Können wir den Prozess der Leere akzeptieren? Vielleicht sind wir bereits so außenorientiert, dass wir die Fähigkeit verlieren, Gott zu erfahren – wie auch immer unsere Definition von Gott sein mag. Wir sind an einem Punkt angelangt, an dem wir uns nur auf etwas oder auf jemanden beziehen können, das oder den wir anfassen, begreifen können. In unseren Prozess zu gehen heißt oft, die Leere zu betreten.

Leben im Prozess ist ein heiliges Vertrauen. Es lehrt uns, dass alles in Ordnung ist, was sich in uns abspielt. Wenn wir ehrlich zugeben, wo wir stehen oder was in uns vorgeht, können wir uns weiterentwickeln. Glück und Freiheit sind nicht nur möglich, sie sind unser Geburtsrecht. Wir sind in der Hand unseres Schöpfers, und diese Hand erhält unser Leben.

> Unsere unterbrochenen und blockierten Prozesse sind die eigentlichen Feinde des Friedens. Ich habe das Gefühl, dass mein Platz in der Friedensbewegung sich immer mehr darauf konzentriert, anderen Menschen zu helfen, ihren inneren Kern lebendiger Weisheit zu finden.
>
> DIANE

Die Weisheit der Welt steht uns zur Verfügung und wir tragen sie in uns. Wir müssen uns an unser edles Potential erinnern. Wir haben die Wahl und sind verantwortlich für die Entscheidungen, die wir treffen. Das Leben bietet uns die Möglichkeit, auf edlere Stufen des Seins und der

Spiritualität zu gelangen. Wir müssen uns auf das konzentrieren, was wir tief in unserem Inneren wissen und was möglich ist.

Leben im Prozess handelt davon, unsere normale, alltägliche Spiritualität zu leben, unabhängig davon, wo wir sind oder was wir tun.

Die Kluft zwischen unserem Körper, Verstand und göttlichem Geist überbrücken

Um spirituelle Reife zu erlangen und unser spirituelles Wachstum zu entwickeln und zu unterstützen, müssen wir die Kluft zwischen Körper und Verstand überbrücken, die in unserer Gesellschaft so tief verankert ist. Wir haben den Körper vom Verstand und vom göttlichen Geist abgetrennt und zunehmend gelernt, die Weisheit unseres Körpers zu missachten. Wir haben uns abgeschnitten von jenem großen Schatz an Informationen in unserem Körper und das Gleichgewicht unseres ganzen Seins verloren.

Unser Verstand ist außergewöhnlich und kann an wunderbaren Prozessen teilnehmen, und wenn er nicht mit unserem Körper und göttlichen Geist im Gleichgewicht ist, kann er zu einem verrückten Tyrannen werden, der von seinen eigenen Denkprozessen gespeist wird.

Aus irgendeinem Grund kommt Charles auf die Idee, seine Frau sei ärgerlich auf ihn. Schließlich fängt er an nach etwas zu suchen, was er wohl getan haben könnte um sie zu verärgern – und im Laufe des Tages wird seine Liste immer länger. Abends ist er ärgerlich auf sie, dass sie „ärgerlich" auf ihn ist! Sein Verstand hat sich verselbständigt und sich von seinem Körper und seinem göttlichen Geist abgetrennt. Er lässt sich die Liebe zu seiner Frau nicht mehr körperlich *spüren*. Er hat sein spirituelles Wissen verlassen. Er kann nicht kontrollieren, was in seiner Frau vorgeht, und wenn er in seine Mitte zurückfinden kann, kommt alles wieder in Ordnung. Er rennt sozusagen mit einem von seinem Körper abgetrennten Verstand herum, der Amok läuft. Viele der Schwierigkeiten, die wir uns selbst bereiten, können auf unser „entkörperlichtes" Denken zurückgeführt werden.

Wenn wir unseren Verstand, unseren Körper und unseren göttlichen Geist voneinander trennen, schaffen wir das, was Morris Berman, Autor des Buches *Die Wiederverzauberung der Welt*, eine „entzauberte Welt" nennt. Wir verlieren den Zauber und das „Lebendigsein" der Welt. Wir nehmen nicht mehr teil an der Welt um uns herum.

Unser Körper hält so viele Informationen für uns bereit. Er bewahrt gegenwärtige und uralte Erinnerungen für uns auf. Unser Körper hilft uns, dass wir uns an mehr erinnern als daran, woran wir meinen uns erinnern zu können. Unser Körper warnt uns vor Gefahr. Er sagt uns, wenn uns jemand anlügt oder wenn etwas nicht ganz stimmt. Unsere Intuition sitzt in unserem Körper, und reines Körperwissen ist etwas ganz anderes als „Kopfwissen". Um im Prozess zu leben, müssen unser Körper, unser Verstand und unser göttlicher Geist offen miteinander kommunizieren.

Neulich sprach ich mit einem neuen Freund aus Indonesien, der etwas über die Leben-im-Prozess-Arbeit wissen wollte. Er fragte mich: „Wie macht man sie?" Ich finde es schwierig, in ein paar Sätzen beim Abendessen eine Antwort auf diese Frage zu geben.

Ich weiß, dass dieser Mann ein sehr spiritueller und sehr intelligenter Mensch ist. Ich wagte deshalb die Vermutung, dass er, was den Kontakt mit seinem Körper und sein Wissen um seine Gefühle anbetraf, vielleicht nicht ganz so stark war wie auf anderen Gebieten.

Ich erzählte ihm, eine der wichtigsten Fähigkeiten für die Leben-im-Prozess-Arbeit sei „Wahrnehmen".

„Was meinst du damit?", fragte er.

„Wahrnehmen was du fühlst und es ehren. Dabei bleiben", antwortete ich.

„Was bedeutet das?" sagte er.

Ich konnte sehen, dass ich einen Schritt zurückgehen musste. Viele Menschen sind sich ihrer Gefühle einfach nicht bewusst. Sie sind so durch und durch von ihrem Körper abgeschnitten, dass sie buchstäblich nicht wissen, dass sie Gefühle *haben*. In der modernen Gesellschaft werden wir dazu ermutigt, in unserem Kopf und nicht in unserem Körper zu sein.

Wenn Menschen ihre Gefühle nicht kennen oder nicht zugeben, dass sie Gefühle haben, müssen wir auf der untersten Stufe beginnen – lernen, was Gefühle sind.

„Ich weiß, dass du deine Frau liebst", sagte ich. „Du sagst es und ich glaube es dir."

„Das stimmt", antwortete er.

„Wenn du jetzt sagst, dass du deine Frau liebst, spür dem nach, was du fühlst", sagte ich.

„Ich fühle nichts", sagte er.

„Dann versuche dich an die Zeit zu erinnern, als dich bei ihrem Anblick ein Gefühl der Liebe durchströmte", schlug ich vor. Ein Lächeln glitt über sein Gesicht, als sein Körper sich an das Gefühl der Liebe zu seiner Frau erinnerte. „Genau, das ist Fühlen", sagte ich. „Unsere Gefühle sind unsere Freunde. Liebe, Ärger, Traurigkeit oder Angst – alle Gefühle können Türen zu deinem lebendigen Prozess sein. Ohne sie sind wir möglicherweise gar nicht fähig, an unsere innere Spiritualität heranzukommen", sagte ich.

Er verstand.

Wenn wir Körper und Verstand trennen oder wenn wir Körper, Verstand und den göttlichen Geist voneinander trennen, geraten wir als Menschen aus dem Gleichgewicht.

Leben im Prozess ist also eine aktive Spiritualität, die sich aus unserem Wesen heraus entwickelt hat und eine Spiritualität zum Ausdruck bringt, die alles durchdringt. Leben im Prozess hat sich aus den gegenwärtigen Bedürfnissen des Menschen, heil zu werden und den Anforderungen des modernen Lebens zu begegnen, entwickelt. Es reicht zugleich unendlich weit zurück zu einem tiefen, tiefen Wissen um das Spirituelle, das in der DNA unserer Ahnen angelegt wurde. Leben im Prozess ist spirituelles Leben, das nur durch eine volle Teilnahme am Leben möglich ist. Alles ist Prozess. Prozess ist alles. Spiritualität kann nicht von dem Prozess des Ganzen abgetrennt werden.

Wir können alle möglichen Substanzen oder Prozesse benutzen, um unsere Gefühle auszuschalten, und dadurch blockieren wir unseren direktesten Zugang zu unserem spirituellen Wissen. Wenn wir unsere Ganzheit aufspalten, spalten wir unsere Spiritualität.

Kapitel 4

Grundwahrheiten für ein Leben im Prozess

Der Prozess meines Lebens ist das, was wichtig ist.
Der Inhalt ist interessant. Und es ist der Prozess,
den wir ehren müssen.

Wir sind keine Sache. Wir sind keine Persönlichkeit. Wir mögen eine Persönlichkeit haben und wir sind nicht unsere Persönlichkeit. Wenn wir uns selbst als Persönlichkeit sehen, stellen wir uns vor, wir seien eine statische, unbewegliche, nicht veränderbare Gegebenheit. Wir projizieren dann diese Einstellung auf andere und auf unsere Umwelt, um das Leben zu kontrollieren und statisch zu machen. An einem bestimmten Punkt unserer Evolution als menschliche Wesen entwickelten wir die Vorstellung, wir würden uns sicherer fühlen, wenn es uns gelänge, uns selbst und alles um uns herum unveränderlich zu halten. Unglücklicherweise bewirkt der Versuch, uns selbst und unsere Welt statisch zu halten, das genaue Gegenteil. Wir werden dabei immer ängstlicher und unlebendiger.

Es ist eine Beleidigung für den Schöpfer,
nicht der Mensch zu sein, der ich bin.

Nicht nur unsere Persönlichkeit und unsere Psyche entfalten sich gemeinsam mit unserer Spiritualität, auch unser Körper verändert sich ständig. Wir behandeln unseren Körper wie unsere Häuser und nehmen an, wir würden ihn eines Tages genau so haben, wie wir ihn haben wollen – und er würde dann ein für alle Mal so bleiben. Wenn wir akzeptieren, dass sich unser Körper ständig verändert, haben wir viel mehr Möglichkeiten, auf unseren Körper einzugehen und gesund zu bleiben. Wenn wir jedoch unsere Häuser und unseren Körper als statisch betrachten – oder wünschten sie wären es –, nehmen wir uns die Möglichkeit, am Prozess des Seins teilzunehmen. Wir fühlen uns entfremdet und isoliert.

Wir konzentrieren uns so sehr darauf, alles statisch zu halten, dass wir viel von unserer Energie für den Versuch verwenden, „sicher" zu sein. Zum Beispiel schließen wir Versicherungen ab, lassen uns impfen und machen unsere Umwelt dauerhaft, indem wir Bauvorschriften erlassen. Wir versuchen, allem ein festes Muster aufzudrücken und soviel wie möglich über eine neue Erfahrung herauszufinden, ehe wir sie machen, damit wir keine Überraschungen erleben. Wenn wir versuchen, unseren Prozess statisch zu halten, hassen wir Überraschungen! Und wenn das Leben nicht mit unseren Kontrollversuchen übereinstimmt, nennen wir es Chaos. Doch oft ist das, was wir als Chaos wahrnehmen, nur die natürliche Entfaltung eines Prozesses – oder eine unnatürliche Entfaltung jenes Prozesses, den wir durch unsere Entfremdung von unserem spirituellen Selbst in Gang gesetzt haben. Entfalten folgt nicht notwendigerweise einem vorgegebenen Muster. Entfalten ändert die Richtung, wenn sich eine neue Information auftut.

Wenn wir erkennen, dass wir ein Prozess sind, der sich entfaltet und zum Vorschein kommt, entsteht eine Freundlichkeit und Sanftheit im Umgang mit uns selbst. Wir verändern uns nicht automatisch, weil wir krank oder schlecht sind. Wir verändern uns, weil Veränderung zu unserer Natur gehört. Es mag uns besser oder schlechter gehen – und das Leben ist von Natur aus nicht statisch. Sowie wir beginnen uns als Prozess wahrzunehmen, sehen wir, was geschieht, wenn wir uns in uns selbst zurückziehen und uns verschließen. Wir sehen auch, wie wir aufblühen, wenn wir uns erlauben uns zu weiten und zu einem prozesshaften Wesen zu entwickeln, dessen Wahlmöglichkeiten und Potentiale sich nur beim Entfalten des Prozesses entfalten können. Wir sind ein Kaleidoskop von Möglichkeiten. Einige dieser Möglichkeiten mögen wir deutlich spüren. Andere mögen erst auftauchen, wenn wir den nächsten „richtigen" Schritt für uns vollziehen und uns für die Möglichkeiten öffnen, die sich auftun.

Wahlmöglichkeiten sind unser Reichtum.

Wir können nie all unsere Wahlmöglichkeiten kennen. Sie begegnen uns auf unserem Lebensweg. Doch werden wir immer Wahlmöglichkeiten haben. Ein Teil unserer Verantwortung im Leben liegt darin, dass wir wirklich Wahlmöglichkeiten haben. Niemals gibt es nur eine Wahl, auch wenn es manchmal so aussieht, und niemals nur zwei Möglichkeiten. Auch dies ist manchmal schwer zu sehen. Es ist unsere Verantwortung innezuhalten, zu schauen, zu beten und um den Weitblick zu bitten, unsere Optionen zu sehen. Wahlmöglichkeiten sind unser Reichtum und erleichtern es uns unseren Prozess zu leben.

Gott gebe mir die Bereitschaft,
mir zu erlauben, dass ich mich verändere.

Wir sind versucht, unsere Beziehungen wie unsere Häuser und unseren Körper zu betrachten: Als etwas, an dem wir „arbeiten können", das wir „aufmöbeln" und soweit in Ordnung bringen können, damit wir uns dann größeren und besseren Dingen zuwenden können. Oft behandeln wir uns selbst und unsere Beziehungen wie Maschinen: „Eine kleine Wartung ab und zu bringt alles wieder in Ordnung." Wir neigen dazu zu vergessen oder wollen vergessen oder müssen vergessen, dass alle Beziehungen selbst auch Prozesse sind, an denen wir teilnehmen müssen, wenn sie leben und wachsen sollen.

Es war ein Uhr nachts, als ich ein Klopfen an meiner Tür hörte und eine Stimme sagte, meine Freundin habe angerufen um mir zu sagen, sie habe Wehen. Ich hatte ganz tief geschlafen und war sofort auf den Beinen und sagte: „Sie kommt!" Ich hielt inne und wunderte mich, woher ich wusste, dass „sie" eine sie war. Dann zog ich mich schnell an und fuhr in den frühen Morgenstunden des Heiligen Abends nach Colorado Springs.

Als wir ankamen, war meine Freundin im Kreißsaal und wir alle – die werdende Mutter, eine langjährige Freundin von ihr, die Hebamme, die Ärztin, die Krankenschwester und ich – bereiteten uns auf den Prozess vor, der nun stattfinden würde. Alle anwesenden Frauen konzentrierten sich voll auf den Geburtsprozess. Ich war erstaunt, wie einfach aus uns allen ein gut funktionierendes Team wurde, mit dem Baby und der Mutter im Mittelpunkt. Die Hebamme und ich bildeten das Team, das die Anweisungen gab. Es war kein Ego im Raum, alles war ein lebendiger Prozess. Wir gingen nicht in Wettbewerb miteinander, wir handelten instinktiv und sorgten uns nicht. Wir hatten alle dasselbe Ziel: Mutter und Baby zu unterstützen und zu helfen.

Ich liebte die Art, wie wir alle ganz selbstverständlich zusammen arbeiteten und dabei ein Wissen nutzten, das aus unserem tiefsten Innern zu kommen schien. Da wir mit dem Tiefenprozess-Wissen in uns in Einklang blieben, wussten wir, was zu tun war. Die Stunden der Uhr verloren jede Bedeutung. Die Mutter war wundervoll! Sie blieb die ganze Zeit auf ihre Aufgabe konzentriert und akzeptierte die Hilfe und Unterstützung, die für sie da war. Diese ganze Erfahrung war eine Bestätigung dafür, unseren Prozess zu leben. Alles, was jede einzelne tun konnte war, sich voll auf den Prozess der Wehen und der Geburt einzulassen. Dieses Sicheinlassen erforderte volle Teilnahme.

An einem bestimmten Punkt gingen die Wehen meiner Freundin in die Entbindung über und die Ärztin sagte ihr, sie müsse pressen. Aus einem bestimmten Grund stimmten diese Anweisungen nicht mit dem Prozess überein. Meine Freundin hatte, wie es schien, die Wehen gemeistert und dies war nun etwas Neues. Sie erhielt vom Baby nicht den Hinweis, stark pressen zu müssen, obwohl die Ärztin dies gesagt hatte. Sie wurde verwirrt und begann sich dann zu fragen, ob sie es „richtig mache“. Sie verlor die Verbindung zu ihrem Prozess.

Für einen Moment war die Leichtigkeit des Prozesses zerschlagen. Die Hebamme und ich griffen schnell ein und erinnerten sie daran, ihrem Körper zu vertrauen und nur das zu tun, was ihr Körper wollte (wahrlich ein sehr tiefer Prozess) und sie tauchte direkt wieder in den Prozess der Wehen und des Gebärens ein. Obwohl dies ein kleines Problem gewesen war, schien es mir doch ein gutes Beispiel dafür zu sein, was geschieht, wenn wir unseren Prozess verlassen und in unseren Kopf gehen – wenn wir denken, anstatt an unserem Prozess teilzunehmen.

Um 6.58 Uhr morgens betrat ein wunderschönes neues weibliches Wesen die Welt. Sie verkündete schreiend ihre Ankunft und demonstrierte zappelnd ihr Neusein, als sie mit warmen Tüchern abgerubbelt wurde, während sie auf dem Bauch ihrer Mutter lag. Wir waren alle so aufgeregt. Sie saugte sofort, als sie an die Brust ihrer Mutter angelegt wurde und brüllte protestierend, als man sie wegnahm und schmollte ganz deutlich – alles innerhalb der ersten zwanzig Minuten ihres Erdendaseins. Ich konnte nicht anders, als mir dieser ganzen Person gewahr zu werden, die in diesem winzig kleinen Körper steckte. Wir hatten alle an einem Wunder teilgenommen, am Vorabend des Weihnachtswunders. Ich lernte so viel in jener Nacht.

Ich lernte, dass Gebären das Modell für prozesshaftes Leben ist. Einen Prozess wirklich zu leben erfordert unser ganzes Wesen, unsere volle Aufmerksamkeit und Teilnahme. „Uhr-Zeit" hat letztlich überhaupt keine Bedeutung. Tiefe Lebensprozesse sind sehr intensiv. Denken kann einen Prozess zum Stillstand bringen, und tut es auch. Ich fuhr nach Hause und wusste, dass der Prozess das Wunder ist und dass das Wunder der lebendige Prozess ist, an dem wir alle teilnehmen können.

Leben im Prozess bedeutet, dass jede Person
und jeder Augenblick in sich einzigartig sind und gleichzeitig
eingebettet in den gesamten Prozess des Großen Ganzen.

Alles um uns herum ist ein Prozess und ist im Prozess. Wir brauchen nur teilzunehmen um herauszufinden, was jeder Prozess ist. Unsere Arbeit, unsere Gemeinschaften, die Natur, der Planet Erde, das Universum – sie sind alle gemeinsam im Prozess. Menschliche Wesen stehen nicht über der Natur. Wir *sind* Natur. Als Teil der Natur haben wir die Chance, bewusst an ihr teilzunehmen. Wir werden unsere Gefühle von Einsamkeit, Entfremdung und Isolation nie durchbrechen, solange wir nicht erkennen, dass wir nicht getrennt sind von der Natur. Wir sind Natur.

Wir können die Bäume im Regenwald nie retten,
wenn wir nicht erkennen, dass wir die Bäume im Regenwald sind.

Wenn wir sagen: „Es ist gut, in der Natur zu sein“ mögen wir einen Schritt aus unserer Isolation heraus getan haben und wir betrachten uns immer noch als getrennt. Als menschliche Wesen sind wir Teil der natürlichen Welt. Wie ein alter indianischer Medizinmann aus Kanada sagt:

> Wir Menschen waren die letzten, die erschaffen wurden. Wir sind hier die Neuankömmlinge. Wir haben eine Menge zu lernen von den anderen Tieren. Sie waren zuerst da. Sie wissen mehr ... Aber die Steine – die Steine sind schon eine sehr lange Zeit hier. Wir müssen von den Steinen lernen.
>
> George Goodstriker, Kainai (Blackfoot) Ältester

Wenn wir erkennen, dass wir Natur sind, entsteht in uns ein ganz anderes Bild vom Planeten und der Umwelt. Wenn wir erkennen, dass alle Dinge der gleichen Quelle entspringen und zur gleichen Quelle zurückkehren, sehen wir, dass alle Prozesse miteinander verbunden sind. Wenn wir uns selbst als teilnehmend am gesamten Prozess verstehen und unseren gemeinsamen Ursprung anerkennen, verschwinden einige störende Aspekte unseres Lebens.

> Wir alle haben dieselbe Mutter und denselben Vater.
>
> PHIL LANE, SR., YANKTON LAKOTA ÄLTESTER

Wenn wir alle dieselbe Mutter und denselben Vater haben, dann sind wir alle Brüder und Schwestern. Wie können wir auf unsere Brüder und Schwestern herabsehen, uns ihnen überlegen fühlen oder sie sogar umbringen? Betrachten wir alle Rassen und alle Völker als gemeinsam teilnehmend am Prozess des Lebens auf diesem Planeten, dann erkennen wir die Möglichkeit, unser Wissen, unsere Weisheit und unser spirituelles Wachsen zu bereichern, wenn wir jenen, die anders sind als wir, zuhören und von ihnen lernen.

> Ihr seid jetzt ein Teil von uns. Ihr seid in dieses Land unserer Ahnen gekommen und wir haben euch willkommen geheißen. Wir wussten, dass ihr kommen würdet. Ihr habt versucht uns auszurotten, aber das könnt ihr nicht. Denn seht ihr, ihr seid jetzt ein Teil von uns. Seit 40.000 Jahren wurden unsere Ahnen in diesem Land beerdigt. Ihr Blut ist in den Flüssen. Ihre Körper nähren das Land. Ihr habt das Wasser dieses Landes getrunken. Das Blut unserer Vorfahren ist in euch. Ihr habt die Früchte, die Pflanzen und das Fleisch der Tiere gegessen, die sich von diesem Land genährt haben. All diese Nahrung ist aus den Körpern unserer Ahnen genährt. Wir sind Brüder und Schwestern. Wir heißen euch als Familienmitglieder willkommen.
>
> REUBEN KELLY, AUSTRALISCHER KOORI

Wir sind ein Prozess. Wir sind keine Sache. Alle Wesen sind Prozesse, die die Möglichkeit haben, teilzunehmen am Leben der anderen. Wenn wir wissen, dass wir Teil eines größeren Ganzen sind und dass das Leben nur so sein kann, dann werden Hierarchie, Herrschaft, Ausbeutung, Isolation und Entfremdung bedeutungslos.

Wir sind ein Prozess. Unsere Beziehungen sind ein Prozess. Unsere Kinder sind ein Prozess. Unsere Gemeinschaften sind ein Prozess. Unsere Arbeit ist ein Prozess. Unsere Organisationen sind ein Prozess. Unsere Gesellschaft ist ein Prozess. Unser Planet ist ein Prozess. Das Universum ist ein Prozess und alles ist ein Prozess.

Schon 1981 stellte ich im letzten Kapitel meines Buches *Weibliche Wirklichkeit* eine Frage zu der Essenz dessen, was einige von uns Gott nennen. Zu jener Zeit konnte ich sehen, dass wir Menschen und einige unserer Religionen versucht hatten, „Gott" statisch zu machen. Damals glaubte ich, dass das Bedürfnis, an etwas Konstantes im sich ständig wandelnden Universum zu glauben, ein Versuch des Menschen war, sich sicher zu fühlen. An diesem Punkt begann ich mich zu fragen: „Würde ein statischer Schöpfer ein Universum erschaffen, das im ständigen Wandel begriffen ist?" Das ist immer noch eine gute Frage.

Was wäre, wenn das, was wir Gott nennen,
ebenfalls keine Sache, sondern ein Prozess ist –
ein Prozess, an dem wir teilnehmen?
Sind wir bereit für diese Erfahrung?

Ich höre nie auf zu staunen über die Tiefe und Einfachheit meiner spirituellen Erfahrungen. Oft sind es diese Erfahrungen, bei denen ich um das Einssein weiß und auch ein tiefes Wissen um Prozess erlebe.

Ich bin die Böschung

Eine dieser Erfahrungen war sehr profan und doch sehr tiefgründig.

Vor einigen Jahren lebte ich in Boulder, Colorado. Da ich viel unterwegs war, fuhr ich oft auf der Schnellstraße zwischen Boulder und dem Flughafen Denver. Ich kannte diese Straße wirklich in- und auswendig. Außerhalb von Boulder in Richtung Denver steigt die Straße leicht an und von oben hat man, wenn man zurückblickt, einen atemberaubenden, weiten Blick auf Boulder, die Flatirons-Berge, die Vorberge und das Tal von Boulder.

Weiter in Richtung Denver gibt es auf der rechten Seite eine kleine Böschung. Ein Teil davon war zum Bau der Straße abgetragen worden, um die Steigung auszugleichen und die beiden Fahrbahnen auf gleicher Höhe nebeneinander verlaufen zu lassen. (Wir haben ja den Drang, wo immer möglich, die Natur aufzuräumen!) Ich war schon oft an dieser Böschung vorbeigefahren, hatte sie wahrscheinlich auch zur Kenntnis genommen, wenn ich mich der Hügelspitze näherte – doch war mir nie klar, dass ich eine Beziehung zu ihr hatte.

An diesem bestimmten Tag merkte ich, dass ich mir eingestehen musste, dass wir einen gemeinsamen Prozess hatten. Die Böschung hatte sich gelockert, war abgerutscht und bedeckte einen Großteil der Straße mit Erde. Der Verkehr staute sich und es sah so aus, als ob ich vielleicht mein Flugzeug verpassen würde. Mein Leben war durch den Prozess der Böschung beeinflusst worden. Als ich da saß, wurde mir klar, dass diese Böschung schon immer im Prozess gewesen war. Ich hatte es nicht einmal bemerkt. Weiß der Himmel, wie lange sich diese Böschung schon gelockert hatte. Sie hatte sich nicht plötzlich gelockert. Nein, täglich war hier eine kleine Wurzel ausgetrocknet, dort ein Stein verrutscht, ein Klumpen Erde zerbröselt, war eine Pflanze weggeweht worden, ein Regentropfen noch tiefer ins Erdreich eingesickert. Schon seit langem hatte sich diese Böschung dem Prozess genähert, auf die Straße zu rutschen.

Als ich in meinem Auto dort wartete, erkannte ich, dass wir gleich waren. Sowohl die Böschung als auch ich waren ein Prozess. Wir waren gleich und wir waren verschieden und wir waren definitiv miteinander verbunden. Wir mögen den Prozess der anderen nicht wahrgenommen haben, und wir waren beide ein Prozess und wir waren jetzt im Prozess der anderen involviert. Wer hätte geglaubt, dass ein rutschender Haufen Erde mir so viel über mich und über alles, was existiert, lehren würde?

Wenn du bereit bist, komm zu mir. Ich werde dich mit in die Natur nehmen. Die Natur kann dich alles lehren, was du lernen musst.

ROLLING THUNDER, INDIANISCHER SCHAMANE

Wenn wir beginnen, uns selbst und unser Universum als einen Prozess zu sehen, können wir das Einssein erfahren, das uns umgibt, das bei uns ist und dem wir angehören.

Ich bin mein Prozess. Und ich bin mehr als mein Prozess. Du und dein Prozess sind mehr als dein Prozess. Mein Prozess ist Gott und Gott ist mehr als mein Prozess. Gott ist dein Prozess und ihr Prozess und sein Prozess und der Prozess des Planeten. Und der Schöpfer, das Große Mysterium, ist mehr als alle unsere Prozesse.

Sich selbst als Prozess zu sehen, das Universum und das Große Mysterium als Prozess zu sehen, sind einfache, doch tiefgründige Erfahrungen. Der Gedanke, dass das Leben ein Prozess ist und wir selbst ein Prozess sind, dringt für viele von uns wie ein Echo die Gänge unseres Wesens hinunter und hinein in längst vergessene, selten aufgesuchte Räume ... und doch ... irgendwie, ganz tief, ein Erinnern. Damit wir jedoch nicht anfangen zu glauben, unseren Prozess zu leben habe nichts mit alltäglichem Leben zu tun, müssen wir uns daran erinnern, dass das Leben unseres Prozesses tatsächlich unser Alltagsleben ist. Lassen Sie mich an dieser Stelle den Brief eines Deutschen mit Ihnen teilen, der seit einiger Zeit diese Arbeit macht:

Was mein „Leben im Prozess" betrifft, so lerne ich mehr und mehr, dass ich die Dinge nicht geschehen machen muss, so wie ich mir früher einbildete, es zu tun. Damals meinte ich, ich müsse, wenn ich Gefühle wahrnehme, aktiv werden, um Veränderungen herbeizuführen, besonders wenn ich mich unwohl fühlte. Ich lerne jetzt, dass mich dieses alte Muster eine Menge Kraft kostet und dass Leben im Prozess viel leichter ist. Ich brauche nur meine Gefühle wahrzunehmen, meine Gefühle zu akzeptieren – ich brauche sie nicht verändern oder loshaben zu wollen. Dann kommen Veränderungen von ganz alleine.

Im letzten Herbst in Altenmarkt (früherer Ort des europäischen Trainings in Deutschland) hatte ich einen Prozess, bei dem ich daran erinnert wurde, dass ich manchmal das Gefühl habe, in zwei Welten zu leben: der Welt von Leben im Prozess und der Meetings (Zwölf-Schritte-Programm der Anonymen Alkoholiker) einerseits und allem übrigen auf der anderen Seite. Ich kenne dieses Gefühl besonders dann, wenn ich mich in der materialistischen Welt unwohl fühle. In solchen Momenten hatte ich das Gefühl, in vielen Welten zu leben. Jetzt bin ich zu dem Glauben gekommen, dass es gleichgültig ist, in welcher Welt ich bin. Für mich fühlt es sich gut an, mein Leben zu leben wo immer ich bin und auf meinem Weg zu sein. Und ich weiß, dass das Leben sich leicht anfühlt, wenn ich auf meinem Weg bin, und dass es sich schwer anfühlt, wenn ich in meinem Eigenwillen bin oder versuche, es zu kontrollieren.

CLAUS

Alles ist Prozess.

Prozess ist nicht persönlich und nicht unpersönlich.
Prozess ist einfach.

Grundwahrheiten für ein Leben im Prozess

Im Laufe der Jahre haben jene von uns, die ihr Leben prozesshaft zu leben versuchen, Grundwahrheiten entdeckt, die in ihnen aufgetaucht sind. Das Wissen um diese Grundwahrheiten macht es leichter, eine neue Lebensweise zu erlernen.

Ich teile diese Wahrheiten in der Hoffnung, dass sie uns allesamt auf neue Wege des Lebens und Wachsens führen werden.

Bitte beachten Sie, dass diese Wahrheiten nicht an einem Tag verstanden werden können und wir lernen auch nicht, sie immer leicht zu leben. Jede dieser Wahrheiten ist selbst auch ein sich entwickelnder Prozess. Indem wir wachsen, lernen und uns weiten, durchlaufen wir immer tiefere Ebenen von Gewahrsein und Wirken. Wenn wir diese Arbeit tun, entwickeln wir meiner Erfahrung nach weitere Tiefen des Wirkens, die wir uns zuvor nicht hätten vorstellen können. Sehr oft habe ich das Gefühl, ich hätte gerade erst begonnen.

Ehrlichkeit

Um im Prozess zu leben, müssen wir ehrlich mit uns selbst, mit anderen und mit unserem Gott werden.

Ehrlichkeit ist nicht so einfach wie es scheint. Wir leben in einer Gesellschaft, die sich so sehr an Unehrlichkeit gewöhnt hat, dass manche von uns verwirrt damit sind, was Ehrlichsein wirklich ist. Wir gehen davon aus, dass unsere Staatsmänner unehrlich sind und sind nicht erstaunt, wenn dies zutrifft. Doch wirkliche Ehrlichkeit scheint manchmal eine Illusion zu sein und außerhalb unserer Reichweite – fast schockierend. Viele von uns glauben vielleicht, ehrliche Menschen zu sein – und wenn wir beginnen uns anzuschauen, wie und wo wir unehrlich sind, entsetzt uns das vielleicht.

Ich zum Beispiel hielt mich immer für eine sehr ehrliche und direkte Person, und andere sahen mich sicherlich so. Als ich dann mit dieser Arbeit begann, entdeckte ich kleine, unehrliche Züge an mir. Wenn ich zum Beispiel nicht sagte, dass ich zu müde war, etwas zu tun. Oder wenn ich etwas einfach nicht tun wollte, was ich nicht tun konnte oder gewöhnlich nicht tat, wenn mich jemand darum bat. Manchmal willigte ich einfach ein, tat es und hegte Groll.

Paul war kürzlich mit einer Gruppe zusammen, die sich den ganzen Tag über Hawaii angeschaut hatte. Auf dem Heimweg sprachen sie darüber, ins Kino zu gehen. Paul war müde und wollte nicht ins Kino gehen, und er sagte nichts. Stattdessen wurde er noch müder und mürrisch. Da er versucht zu lernen, ehrlich zu sein, machte er schließlich den Mund auf und sagte, er wolle wirklich nicht ins Kino. Alle sagten, das sei in Ordnung und interessanterweise äußerten einige, dass auch sie keine Lust hätten, während andere Lust dazu hatten.

Paul sagte später, wie gut er sich fühlte, etwas gesagt zu haben. Nachdem er offen über seine Gefühle gesprochen hatte, veränderte sich tatsächlich seine Stimmung und für ihn war es in Ordnung, ins Kino zu gehen oder nicht zu gehen.

Wenn wir ehrlich sind, verändern sich oft unsere Gefühle.

Pauls Beispiel ist einfach und sieht auf den ersten Blick leicht aus – und ist es nicht. Paul ist es nicht gewohnt, in Verbindung mit seinen Gefühlen zu sein und so war es schwierig für ihn. Außerdem mochte er die Gruppe, wollte mit den Leuten zusammen sein und wollte von ihnen akzeptiert werden. Zu sagen was er wollte und was nicht, war ein Risiko für ihn. Doch fühlte er sich so viel besser, als er es tat. Manchmal scheint die Ehrlichkeit, die wir zum Ehrlichsein brauchen, eine solche Kleinigkeit zu sein, dass wir uns einreden, es sei nicht der Mühe wert. Diese kleinen Unehrlichkeiten mit uns selbst sind ziemlich kostspielig und summieren sich.

In den sechziger Jahren gingen wir durch eine „Ehrlichkeitsphase", die interessant und sicherlich ein Versuch in die richtige Richtung war, doch nicht allzu hilfreich. Viele der Versuche damals, ehrlich zu sein, liefen darauf hinaus, den anderen „ehrlich" zu sagen, was mit ihnen nicht stimmte. Nun haben wir gelernt, dass Ehrlichkeit bei uns selbst anfängt und aufhört. Wir müssen den Fokus auf die eigene Ehrlichkeit richten und die anderen für sich selbst sorgen lassen. Tatsächlich erweist es sich für die meisten von uns als mehr als genug, die eigenen Dinge in Ordnung zu bringen.

Damit ich ehrlich sein kann, muss ich in Kontakt mit mir und meinen Gefühlen sein. Ich muss wissen, was in mir vorgeht. Ich muss mit meinem inneren Informationssystem in Verbindung sein.

Wenn wir lernen ehrlich zu sein, müssen wir auch lernen, in allen unseren Angelegenheiten ehrlich zu sein. Wir können nicht bei der Steuererklärung betrügen und dies mit der Entschuldigung rechtfertigen, das würden schließlich alle tun. Wenn wir versehentlich zu viel Wechselgeld erhalten, müssen wir es zurückgeben. Wir müssen dazu stehen, wenn wir ein Auto auf dem Parkplatz gestreift haben. Wir müssen für unser Handeln einstehen. Gleichzeitig müssen wir auch mit uns selbst liebevoll sein und anerkennen, dass Ehrlichkeit ein wachsender, fortlaufender Prozess ist, der in dem Maß wächst und sich verändert, wie wir es tun.

Wenn wir beginnen, mit kleinen Dingen mehr und mehr ehrlich zu werden, entdecken wir subtilere und oft wichtigere Bereiche, in denen wir nicht ganz ehrlich gewesen sind. Und selbst wenn wir diese aufkeimende Ehrlichkeit zeitweise als schwierig empfinden, beginnen wir uns doch mit uns selbst immer besser zu fühlen. Wir machen uns selbst das Geschenk der Selbstachtung. Wir beginnen zu erkennen, dass es viel zu kostspielig ist, nicht ehrlich zu sein oder „ungestraft davonkommen" zu wollen. Wir stellen fest, dass wir bei den seltsamsten Dinge ehrlich sind – nicht um Problemen aus dem Weg zu gehen oder anderen zu gefallen, wir sind ehrlich, weil wir sonst unserer Seele schaden würden. Spirituelles Leben ist nicht möglich ohne rigorose Aufrichtigkeit. Wir kommen an einen Punkt, wo uns unsere Integrität mehr wert ist als alles andere und wir aus unserer Integrität heraus glücklich und heiter leben.

Wenn wir beginnen, diesen Weg der Ehrlichkeit zu gehen, wissen wir – wie bei allen Prozessen – nicht, wohin er uns führt, und wenn wir von diesem Weg nicht abweichen, werden wir nie enttäuscht sein. Wir entdecken auch, dass wir, wenn wir ehrlich bleiben, wenig oder keine Zeit dafür haben, uns mit der Ehrlichkeit anderer zu befassen. Sie müssen sich selbst darum kümmern. Allerdings lernen wir, die Unehrlichkeit anderer weniger zu unterstützen.

Wahrnehmen

Um im Prozess zu leben, müssen wir uns selbst und unsere Umwelt und uns in unserer Umwelt wahrnehmen.

Um im Prozess zu leben, ist es notwendig, aufmerksam und in Kontakt mit unserem Körper, unseren Gefühlen und unserem inneren Wissen zu sein und zu lernen, den eigenen Wahrnehmungen zu vertrauen.

Manche mögen dieses Wahrnehmen Gewahrsein nennen. Wahrnehmen ist aktiver als Gewahrsein. Wir müssen wahrnehmen, wie wir uns fühlen. Wir müssen wahrnehmen, womit wir uns wohl fühlen und womit nicht. Wir müssen wahrnehmen, wenn tiefe Gefühle in uns aufsteigen und müssen sie ehren. Wir müssen wahrnehmen, dass alles, was wir tun und alles, was mit uns geschieht, in einem größeren Zusammenhang stehen, dass wir von anderen Menschen umgeben sind, die auch einen Prozess haben, und von Pflanzen, Tieren und einem Planeten, die ebenfalls Prozesse haben.

Wahrnehmen ist die absolute Grundvoraussetzung für Leben im Prozess. Wir können nicht wachsen und uns verändern, wenn wir nicht fähig sind wahrzunehmen. Es gibt keine Möglichkeit der Veränderung, wenn wir nicht und bevor wir nicht zugeben, wo wir stehen. Wir brauchen nicht herauszufinden und zu verstehen, was mit uns passiert. Analysieren und Verstehen sind nicht Wahrnehmen. Sie entspringen dem Teil unseres Bewusstseins, der leicht von den Illusionen um uns herum manipuliert und kontrolliert wird und uns letztlich überhaupt nicht gut tut. Die über unseren Körper zugängliche heilende Ebene unseres inneren Wissens führt uns zu Bereichen unserer Intuition, die wir über unseren rationalen Verstand nie erreichen können. Wir brauchen oft nur abzuwarten, bis dieses tiefe Wissen in uns aufsteigt.

Möglichkeiten wahrzunehmen gibt es zuhauf. Wir können jene kleinen Zusammenhänge bemerken, die das Leben lebendig machen. Wahrnehmen ist manchmal alles, was wir tun müssen, um Fülle zu erleben.

Ein Garten voller Wahrnehmungen

Unsere täglichen Aktivitäten können uns so viel über Wahrnehmen lehren. Ich habe eine Lektion über Prozesse erhalten, als ich in meinem Garten auf Hawaii Ordnung schaffte.

Einen Garten auf Hawaii zu besitzen bedeutet im Wesentlichen, den Dschungel zurückzuschneiden. Die wunderbaren Philodendren, die wir auf dem amerikanischen Festland so liebevoll hegen und pflegen, können auf Hawaii Blätter von fast einem Meter Durchmesser entwickeln, an einem Baum emporklettern und ihn völlig ersticken.

Zwischen unseren Besuchen auf Hawaii wird der Garten oft zu einem wild wuchernden Urwald. Zudem fällt es mir sehr schwer, Pflanzen zu zerhacken, herauszuhauen, zu beschneiden, abzutöten, und es ist auf jeden Fall eine schwierige Situation.

Im Laufe der Jahre habe ich die unterschiedlichsten Bearbeitungsmethoden kennengelernt: mein übervorsichtiges Herangehen; die Methode eines Freundes, der früher Holzfäller war (zerhacken, zerstampfen, in Stücke hauen); die Zurückschneid-Methode eines anderen Freundes (einfach alles zurückschneiden), die hawaiische „Haarschneide-Methode“ (alles bis auf drei Zentimeter zurückschneiden, sodass es fast abstirbt) sowie die Methode des schweizerdeutschen Freundes meines Sohnes (alles entfernen, sodass der Boden *ordentlich* und *sauber* ist).

Während ich bei mir und bei dem blieb, was sich für mich gut anfühlte und was respektvoll gegenüber den Pflanzen – dem Unkraut und allem anderen – erschien, habe ich einige sehr wichtige Lektionen über Leben im Prozess gelernt.

Eine Art, in Hawaii „anzukommen“, besteht für mich darin, Haus und Hof in Ordnung zu bringen. Das Unkraut zwischen dem Haus und dem Fluss ist gewöhnlich so dicht geworden, dass wir den Fluss kaum hören können. Da es in diesem Gartenbereich kaum etwas anderes als Unkraut gibt, scheint die „Haarschneide-Methode“ oder die Hack- und Fällmethode angebracht. Diesen Teil lasse ich von einem der Hacker und Fäller verrichten. Auf der anderen Seite des Hauses ist der Garten eine ganz andere Geschichte. Er wurde mit rosa Ingwer, lachsfarbenem und rotem Ingwer, Spinnenlilien und mit verschiedenen Arten von Haleconia, Baumfarnen, Orchideen und allem, was man sich vorstellen kann, angepflanzt. Dies ist ganz klar kein Bereich fürs Hacken und Fällen. Wenn wir ankommen, sieht es zunächst immer aus, als sei die Haarschneide-Methode die einzige Möglichkeit, doch macht sie bei all diesen wunderbaren Pflanzen im Garten keinen Sinn. Orchideen beispielweise gedeihen nicht, wenn sie zurückgeschnitten werden.

Deshalb nahm ich mir eine kleine Ecke vor und stand einfach da, um zu sehen, was ich sehen konnte. Es ist erstaunlich, was man alles sehen kann, wenn man nur schaut und sich nicht gleich in die Arbeit stürzt. Als ich so da stand und wahrnahm, begann ich einige Unkräuter zu entdecken, die den Garten überwucherten. Nun habe ich eine spezielle Liebe für Unkraut – ich sehe mich selbst eher als ein Unkraut denn als Gewächshauspflanze – und deshalb wollte ich respektvoll vorgehen.

Nach sorgfältiger Erwägung begann ich einige der Pflanzen herauszuziehen, die ganz bestimmt Unkräuter waren. Ich habe festgestellt, dass es ein langsamer Prozess ist zu lernen, was auf Hawaii Unkräuter sind und was nicht – und gibt es überhaupt so etwas wie ein Unkraut?! Ich erkannte, wie wichtig es war, genau hinzuschauen, denn Freunde hatten, als ich gerade in die andere Richtung schaute, eine Orchidee und einen blühenden Baum vernichtet.

Als ich die großen, offensichtlichen, hoch gewachsenen Unkräuter herauszog, entdeckte ich, dass dieser Prozess Pflanzen zu Tage brachte, die zuvor nicht sichtbar gewesen waren. Das hieß, ich musste innehalten und wieder hinschauen. Ich entdeckte eine besondere Art von Haleconia, von der ich gar nicht gewusst hatte, dass sie in meinem Garten wuchs, und außerdem entdeckte ich kleinere Ableger der großen Unkräuter. Also ... nahm ich mir die nächste Ebene vor. Nach diesem Durchgang fühlte ich mich abermals sicherer, Unkräuter zu erkennen. Dann begann ich einige größere Bäume und Büsche zu sehen, die ich zuvor nicht „wahrgenommen" hatte. Um sie herum wuchsen so viele Unkräuter und Büsche, dass sie gar nicht auffielen. Also musste ich innehalten und wieder schauen. Ich war immer dagegen, Bäume zu fällen, aber nach den ersten beiden Durchgängen begann ich, diese Bäume anders zu sehen. Ich mag die afrikanischen Tulpenbäume, aber sie wuchsen überall. Sie verdrängten einige der dekorativen Pflanzen und ergriffen vom Garten Besitz.

Dann musste ich aufstehen und wieder schauen, welche Bäume gehen mussten und welche bleiben konnten. Beim Roden des Unterholzes konnte ich sehen, dass zwei große afrikanische Tulpenbäume das Wachstum eines majestätischen alten Flammenbaumes behinderten, der Platz und Unterstützung brauchte.

Als wir einen Baum zurückschnitten, der wie eine Kletterpflanze alles zu überwuchern drohte, entdeckte ich eine ganz seltene Hibiskuspflanze mit glockenförmigen, ganz zarten Blüten. Ich hatte sie nie zuvor gesehen!

Und so geht es. Weder die Hack- und Hau- noch die Nichts-Abschneide-Methode funktionieren wirklich für mich und für den Garten (ein Dualismus?). In diesem Prozess bin ich immer nur einen Schritt gegangen. Es ist nicht möglich, in diesem Teil des Gartens mit allem gleichzeitig präsent zu sein – zumindest nicht für mich mit meinem ungeübten Blick. Wenn ich also nur das tue, von dem ich weiß, dass ich es tun kann und dann abwarte, ergeben sich die nächsten Schritte, die ich dann tun kann. Und danach warte ich wieder und die nächsten Schritte zeigen sich.

Als ich auf diese Weise in dem Garten arbeitete, war mir bewusst, wie zentriert ich mich fühlte. Ich zerstörte nicht versehentlich eine kostbare Pflanze, die ich nicht verlieren wollte. Ich brachte nicht einfach die Arbeit hinter mich. Ich ließ mich nicht von dem Ausmaß dieser Arbeit so einschüchtern, dass ich erstarrte und nichts tat. Ich entfernte keine Pflanze, bis ich das Gefühl hatte, es sei richtig. Ich hatte keine fertige Vorstellung davon, wie der Garten aussehen oder der Prozess ablaufen sollte, und ich machte die ganze Zeit neue Entdeckungen und fühlte mich in dem Prozess sehr zentriert.

Als ich über diesen Arbeitsprozess im Garten nachdachte, erkannte ich, dass er eine wunderbare Metapher war für das Leben und das Im-Prozess-Sein. Und ... das Ganze tat meinem Körper ausgesprochen gut. Was wollte ich mehr? Ich spürte Dankbarkeit für mein Leben und meinen Prozess und den Prozess des Gartens und des Planeten und für die Möglichkeit, ein Teil von allem zu sein.

Um wahrzunehmen, müssen wir lernen in unserem Körper zu sein

Wir hören zur Zeit viel darüber, „im gegenwärtigen Augenblick“ zu sein. Eine Möglichkeit, im gegenwärtigen Augenblick sein zu können, ist die, unseren Körper wahrzunehmen und das, was wir erleben. Präsent zu sein hilft uns auch beim Wahrnehmen. Wie so viele Aspekte eines lebendigen Lebens bedingen sich Wahrnehmen und Präsentsein.

Um wahrzunehmen, müssen wir „in unseren Körper zurückgehen“. Wir müssen wieder die Fähigkeit lernen, unserem Körper zuzuhören. In den höheren Semestern meines Psychologiestudiums bemerkte ich, dass ich zu der Überzeugung gekommen war, Erkenntnisse und Gefühle befänden sich im Äther und schwirrten irgendwo um meinen Kopf herum. Niemand hatte dies je genau so formuliert und doch glaube ich, dass man stillschweigend davon ausging. Die gleiche Vorstellung hatte ich über Erinnerungen. Tatsächlich hatten wir in Neurologie und Physiologie sogar gelernt, wo im Gehirn Erinnerungen zu lokalisieren sind. Stellen Sie sich meine Überraschung vor, als ich bei meiner Arbeit mit wirklichen Menschen herausfand, dass ihre Gefühle, Erkenntnisse und Erinnerungen in ihrem Körper gespeichert waren und erst später „zum Gehirn kamen"!

Oft machte ich die Beobachtung, dass die Frage „Was spürst du?" für manche Leute ein totales Rätsel ist. Wenn ich diese Frage stellte, hätte ich genau so gut die Sprache der Marsmenschen sprechen können. Wie beim Wort Prozess gibt es einfach keine Assoziationen.

Dann fange ich mit etwas Einfacherem an. Ich frage die Leute nach einfachen Körpergefühlen. Ich bitte sie wahrzunehmen, wenn sie müde sind, hungrig oder satt sind oder wenn sie auf die Toilette müssen. Viele von uns haben das Gespür für die einfachsten Körperwahrnehmungen verloren. Die meisten von uns haben gelernt, dass wir viel Energie dadurch vergeudeten, dass wir nicht wissen, wann wir müde sind.

Dann gehen wir über zu Gefühlen. Was fühlst du? So viele Menschen glauben, Gefühle seien im Kopf. Wenn wir das glauben, suchen wir nach einer Antwort in unserem Verstand und versuchen, das Gefühl zu benennen.

Vor vielen Jahren, als ich als Psychotherapeutin arbeitete, kam ein deutsches Ehepaar gemeinsam zu mir, um zu versuchen, Probleme in ihrer Beziehung zu lösen. Einmal bemerkte ich, dass so etwas wie ein Kraftstrom den Körper des Mannes durchlief. Ich hielt inne und sagte:
„Was war das?"
„Was?", fragte er.
„Da ist gerade etwas durch Ihren Körper hindurchgegangen", sagte ich.

„Tatsächlich?“, fragte er.

„Ja“, sagte ich.

„Erstaunlich“, antwortete er. „Ich hatte gar nichts bemerkt.“

Im Verlauf der Sitzung nahm ich das gleiche Phänomen noch einmal wahr und wies darauf hin, ohne es zu interpretieren.

„Ich denke, es ist ein Gefühl“, sagte er. „Werden Sie mit mir arbeiten?“

Später erzählte er mir, dass noch nie jemand etwas „wahrgenommen“ hatte, besonders er nicht. Er fühlte, dass er darauf trainiert worden war, nichts wahrzunehmen oder zu bemerken und dass er weder für das eine noch das andere Fertigkeiten besaß.

Als wir nun zusammen arbeiteten, kehrte er langsam zu seinen Gefühlen und Wahrnehmungen zurück. Er erkannte, dass er schwul war und dass die Ehe für ihn und seine Frau zerstörerisch war. Sie ließen sich scheiden und beide sind nun glücklich in langjährigen Beziehungen.

Langsam war er sich bewusst geworden, wer er war und was sein Lebensweg war. Seit er seine Gefühle, sein Gewahrsein und sein Wissen „wahrnimmt“, läuft sein Leben weiter gut.

Indem wir lernen im Prozess zu leben, werden unsere Wahrnehmungen subtiler. Wir beginnen zu fühlen, wenn jemand unehrlich mit uns ist – gewöhnlich fühlen wir das in unserem Solar Plexus. Wir können dann tun, was wir tun müssen. Unehrlichkeit wahrzunehmen findet niemals im Kopf statt, sondern im Körper.

Dann werden wir hoffentlich beginnen, unser eigenes Unwohlsein zu fühlen, wenn wir unehrlich sind. Tatsächlich stellen wir, wenn wir klarer werden, fest, dass es sich einfach nicht mehr lohnt, unehrlich mit uns selbst oder mit irgendjemand anderem zu sein. Unehrlichkeit kostet einfach zuviel, als dass wir uns ihr hingeben könnten. Und wir müssen sie wahrnehmen, bevor wir hoffen können, uns zu verändern. Wenn wir mehr und mehr wahrnehmen, werden wir uns alter Gefühle, Empfindungen und Erinnerungen bewusst, die hochkommen, sodass wir sie bearbeiten und von ihnen heilen können. Wenn diese Ebene von Wahrnehmen erreicht ist, sind wir gut vorangekommen, unseren Prozess zu leben, unsere Seelenarbeit zu tun, und zu heilen, was immer der Heilung bedarf.

Wir haben festgestellt, dass wir viel mehr Gewahrseinsebenen besitzen, als wir in dem sogenannten normalen Leben benutzen. Wenn wir unseren Wahrnehmungen zu trauen beginnen, werden wir uns Intuitionen, Ahnungen, Informationsquellen und Wissensebenen bewusst, die uns zuvor nicht zur Verfügung standen. Und das Schöne von Leben im Prozess ist, dass diese Wahrnehmungen erst aufsteigen, wenn wir bereit sind damit umzugehen. Selbst wenn wir nicht glauben mögen, wir seien bereit, besitzt unser innerer Prozess eine bestimmte Art zu wissen, was wir brauchen, wenn wir es brauchen.

Ein Wort der Vorsicht ist an dieser Stelle angebracht. Zu Beginn unserer Versuche wahrzunehmen, hat es vielleicht den Anschein, wir würden wie ein Gummiball hin und her hopsen und unsere Wahrnehmungen hüpften überall herum. Eine solche Art von Verwirrung tritt gewöhnlich dann auf, wenn wir nicht wirklich in Verbindung mit unserem Körper oder unserem inneren Wissen sind, und uns unser Denken in die Quere kommt. In solchen Zeiten können wir unseren Wahrnehmungen nicht wirklich trauen. Nach einer Weile werden wir sehen, dass wir, wenn wir uns weiter auf unsere Wahrnehmungen konzentrieren, spüren können, wann unsere Empfindungen zutreffend und wann sie durch unsere Vorurteile und Verwirrung verzerrt sind. Wenn wir spüren, dass wir in unseren Wahrnehmungen verwirrt sind, ist es am besten, nicht danach zu handeln.

Die folgende Redensart hat meine geistige Gesundheit öfter gerettet als ich gerne zugebe:

Im Zweifelsfalle nicht.

Unsere Wahrnehmungen sind vielleicht so durch unser entkörperlichtes Denken verzerrt worden, dass wir uns manchmal wirklich nicht darauf verlassen können. In solchen Zeiten brauchen wir Freunde und Menschen, denen wir trauen können und die klarer sind als wir, mit denen wir unser „verrücktes Denken" überprüfen können. Mit der Zeit werden unsere Wahrnehmungen klarer und verlässlicher, wenn wir unsere Arbeit tun.

Wir dürfen nicht vergessen: Wir brauchen Zeit zu lernen, wahrzunehmen und klare Wahrnehmungen zu haben. Wir haben gelernt, so wenig im Kontakt mit uns selbst und unserer Welt zu sein, dass wir nun lernen müssen zu krabbeln, bevor wir laufen können.

Zeit für sich allein

Um im Prozess zu leben, brauchen wir unbedingt Zeit für uns allein. Wir brauchen Zeit, um zur Ruhe zu kommen und in uns zu gehen, um uns wahrnehmen zu können.

Viele von uns fürchten sich vor dem Alleinsein. Alleinsein setzen wir oft gleich mit einsam sein. Oft ist dies die Zeit, wenn Angstgefühle und das Gefühl, als Mensch ein Versager zu sein, an die Oberfläche kommen. Es gibt einen Grund für jedes Gefühl, das in uns aufzusteigen beginnt, und wenn wir diese Gefühle einfach ehren und durch sie hindurchgehen können, werden wir viel über uns lernen.

Allzu oft beginnen wir uns mit irgendetwas zu beschäftigen, konzentrieren uns auf andere und geben uns unseren Lieblingsablenkungen hin, damit wir uns nicht mit den Gefühlen, die in uns hochkommen, auseinandersetzen müssen. Unglücklicherweise funktionieren diese Ablenkungsmanöver nicht wirklich und diese Gefühle werden immer wieder in uns aufsteigen, oft stärker und in einer anderen Form.

Alleinsein erlaubt uns, mit uns selbst zu sein. Jedoch wissen einige von uns nicht, dass sie ein Selbst haben. Wenn niemand anders da ist, meinen wir, es sei überhaupt niemand da. Leben im Prozess hilft uns, uns selbst kennenzulernen, sodass wir uns durch dieses Selbst hindurch und über es hinaus bewegen können. Durch Alleinsein können wir lernen, dass wir nicht isoliert und allein sind. Alleinsein erlaubt uns, wieder in Verbindung mit unserer Spiritualität zu treten und die lebendige Erfahrung zu machen, dass wir Teil der Einheit und des Alles-was-ist sind. Wenn wir in Kontakt mit unserem Selbst sind, entdecken wir, dass wir über unser Selbst mit Gott, unserer Höheren Macht, dem Schöpfer und dem Großen Mysterium verbunden sind. Wir sind nie allein. Paradoxerweise bekommen wir gerade durch diese Zeit des Alleinseins die Möglichkeit, uns wieder zu verbinden. Durch die Zeit unseres Alleinseins lernen wir, dass wir nie allein sind.

Unter dem Begriff „Zeit für sich allein" meine ich nicht notwendigerweise einen zehntägigen spirituellen Schweige-Retreat – obwohl das für die, die es brauchen, auch schön sein kann! Beim Leben im Prozess geht es um Teilnahme an unserem täglichen Leben – nicht um Rückzug. Möglichkeiten fürs Alleinsein ergeben sich in unserem täglichen Leben unzählige Male, wenn wir uns nicht mit Lärm und Krach zumachen.

Eine meiner Lieblingszeiten, mit mir selbst allein zu sein, ist beim Aufwachen. Ich habe das wunderbare und köstliche Geschenk bekommen, leicht und sanft aufzuwachen, unabhängig davon, wann ich aufstehen muss oder in welcher Zeitzone ich mich befinde. Für mich ist aufwachen ein Prozess, bei dem ich mich einstimme, meinem Inneren lausche, meinem Geist zuhöre und darauf warte, dass sich mein Leben entfaltet.

Ich war versucht, mir meine „Alleinzeit" beim Aufwachen nicht zu nehmen, denn dies ist auch eine Zeit, in der ich mich mit meinem Ehemann austauschen kann. Ich habe jedoch bemerkt, dass diese Aufwachzeiten so kostbar sind, dass unser Leben besser zu funktionieren scheint, wenn jeder für sich zuerst seine „Alleinzeit" hat und wir uns hinterher austauschen. Ich gehe in mich, und er widmet sich seiner Meditation und seinem Lesen. Das funktioniert für uns. Als meine Kinder jünger waren, war es schwieriger, früh am Morgen Zeit für mich allein zu haben. Dennoch stellte ich fest, dass ich früher als gewöhnlich aufwachte, um jene wenigen Momente zu haben, wenn ich sie brauchte.

Geschirrspülen oder Aufräumen können gute Gelegenheiten fürs Alleinsein bieten, in denen wir mit uns selbst sind. Mit dem Baby oder dem Hund oder allein einen Spaziergang zu machen, kann eine ruhige Zeit sein, bei der wir uns auf uns selbst einstimmen und unserem spirituellen Wesen zuhören. Einige Leute renovieren gerne Möbel oder waschen das Auto. Ich habe bemerkt, dass westliche Menschen anscheinend besser mit einer Meditation zurechtkommen, wenn sie dabei etwas tun können.

Wahre Zeit mit sich allein hat die Qualität des Abwartens und sicherlich nicht die des Auf-etwas-Wartens! Wenn wir abwarten, nehmen wir an unserem Leben teil. Wir sind erwartungsvoll, präsent und offen, auf vielen Ebenen zu hören, zu sehen und zu fühlen.

Einige von uns müssen sich vielleicht die Zeit nehmen zu lernen, an der Zeit mit sich allein teilzuhaben. Wir sind so sehr an das ständige Reden, an Pausenfüller gewöhnt, dass Stille und Ruhe vielleicht fremd für uns sind. Anfangs fühlen wir uns bei unserem Versuch, mit uns allein zu sein, vielleicht ängstlich und ruhelos. Wir können diese Zeiten dazu benutzen, in unsere zwanghaften Denkmuster zu verfallen, in unser Sorgenmachen und unser Bedürfnis, die Dinge zu analysieren. Dieses „Fliehen“ ist tief in uns verankert und es ist schwierig, damit umzugehen. Oft benutzen wir diese Mechanismen, um uns selbst, unseren inneren Gefühlen und unserer inneren Verbindung zu unserer Spiritualität aus dem Weg zu gehen. Es ist wichtig, sich der in uns aufkommenden Gefühle bewusst zu sein, sie zu ehren und durch sie hindurch zu gehen.

Brenda Ueland, die wunderbare Schriftstellerin aus Minnesota und Autorin von *If You Want To Write: A Book About Art, Independence, and Spirit* pflegte zu sagen, Schriftsteller und Schriftstellerinnen sollten täglich mindestens neun Kilometer allein spazieren gehen und einen Großteil ihrer Zeit mit Herumtrödeln verbringen – „mit langem, nutzlosen, glücklichem Nichtstun, Herumbummeln und Herumhängen“. Die meisten von uns fühlen sich dazu vielleicht nicht imstande – und wir können dafür sorgen, dass wir Zeit mit uns allein haben.

Wenn wir in unserem Leben Raum schaffen fürs Alleinsein, beginnen Erkenntnisse, Gedanken, Ideen, Verbindungen und Eingebungen in uns einzuströmen. Wir verbinden uns mit unserem Inneren und mit dem, was jenseits von uns ist. Und beides ist für ein Leben im Prozess unbedingt erforderlich.

Teilnahme

Um im Prozess zu leben, müssen wir einfach an unserem Leben teilnehmen. Unter Teilnehmen verstehe ich, dass wir aktiv in unserem Leben sind und nicht nur Beobachter. So vieles in unserer modernen Gesellschaft lädt uns dazu ein und verlangt von uns, uns aus unserem Leben zurückzuziehen. Im Laufe der Zeit haben wir uns dahin entwickelt, den Mythos Objektivität zu verehren und Objektivität mit Nichtteilnahme gleichzusetzen. Wie ich in Kapitel 1 sagte, half mir meine Neugier auf das 12-Schritte-Programm der Anonymen Alkoholiker, den Unterschied zwischen Objektivität und Nicht-Teilnahme zu lernen.

Meine Erfahrung, das AA-Programm kennen zu lernen, veränderte meine Perspektive: Von einer beobachtenden Weltsicht zu einer teilnehmenden. Ich begann zu erkennen, dass ich das Leben „tun" muss, um das Leben zu „bekommen" – in all seiner Fülle und Ganzheit, mit Hingabe und Verbindlichkeit.

Ich erkannte mit der Zeit, dass meine gesamte Ausbildung darauf ausgerichtet gewesen war, mich vom Teilnehmen und von meinem Leben abzubringen. Stattdessen wurde ich geschult zu beobachten, zu analysieren und das Leben in der Regel zu beurteilen. Ich konnte sehen, dass Süchte, Zwanghaftigkeiten, Anhaftungen und Dysfunktionalitäten alles hervorragende Mittel waren, mich von mir selbst zu entfernen. Dies waren alles Mittel, um vor Intimität mit mir selbst, mit anderen, und – was am erschreckendsten war – vor meiner Spiritualität und meinem Gott zu fliehen. Der Mythos Objektivität hatte mich zu einem Schatten meines Lebens reduziert, während mein Leben ungelebt blieb.

Ich lernte, dass der Zweck dessen, was in meiner Ausbildung als Objektivität präsentiert wurde, in Wahrheit ein Versuch war, eine Art von Klarheit zu erlangen, die weder die Leute noch die von ihnen erhaltenen Informationen falsch wiedergab, und das ist eine sehr gute Fähigkeit. Diese Art von Klarheit entsteht nicht, wenn ich abgetrennt bin von mir selbst, meinen Gefühlen, meinem Sein und meiner Spiritualität oder meiner Nichtteilnahme. Klares Erkennen entsteht nur, wenn ich vollständig in Kontakt und präsent mit allen Aspekten meines Seins bin. Ich sah, dass ich meine eigene persönliche und spirituelle Arbeit tun musste und genesen musste, um so klar zu sein. Im Laufe meiner Heilung kam ich mir selbst und meiner Spiritualität näher und lernte langsam, meine Wahrnehmungen nicht durch meine eigenen Verzerrungen zu vergiften. Diese Art der Klarheit hatte nichts zu tun mit „Objektivität" oder Nichtteilnahme, so wie ich es gelernt hatte. Sie hatte mit vollständiger Teilnahme zu tun, die zu Klarheit führt.

Passive Teilnahme

Keine Diskussion über Teilnahme wäre vollständig, ohne auf Passivität einzugehen. Passivität ist natürlich das Gegenteil von Teilnahme – und noch viel mehr.

Grundsätzlich entspringt unsere Passivität unserem Nichtteilnehmen an unserem Leben und dann unserer Erwartung, dass jemand anderes unser Leben für uns lebt. Dies führt natürlich dazu, dass wir uns schließlich als Opfer fühlen und wirft uns zurück in den alten Opfer-Täter–Dualismus.

Wenn wir erwarten, dass andere für uns sorgen oder wir so große Angst haben, das Falsche zu tun und uns der Illusion hingeben, wir könnten andere Menschen kontrollieren und das, was sie über uns denken und fühlen, werden wir immer passiver. Passivität wiegt schwer. Passivität ist anstrengend für die Menschen um uns herum. Ich habe einen Freund, der sich immer wieder in seiner Passivität verfangen kann, und wenn ich in solchen Zeiten um ihn herum bin, fühlt es sich an, als ob eine riesige tote Krake auf meinem Kopf gelandet ist und ihre Fangarme bis auf den Boden hängen. Die Passivität anderer Leute kann uns umbringen, wenn wir nicht lernen, uns ihr zu entziehen. Unsere eigene Passivität kann uns umbringen, wenn wir nicht lernen, uns ihr zu entziehen. Passivität ist die höchste Form der Nichtteilnahme.

Trish sprach neulich mit mir darüber, wie sie Elizabeth als Person wahrnimmt, die am Leben teilnimmt. Elizabeth reist viel und findet sich in den unterschiedlichsten Situationen wieder – vom Luxushotel bis hin zu sehr einfachen Retreat-Zentren. Trish bemerkte den Unterschied zwischen Elizabeths partizipatorischem Lebensstil und dem passiven Lebensstil von sich und anderen.

Wenn Elizabeth irgendwo ankommt, fängt sie sofort an, es sich gemütlich zu machen. Sie sieht, was zur Verfügung steht und was sie nutzen kann – wobei sie natürlich achtsam gegenüber den anderen und deren Bedürfnisse ist – und was nicht zur Verfügung steht. Sie nimmt sich Zeit, um Trödel-, Secondhand- und Discountgeschäfte am Ort auszukundschaften, bis sie sich wohl und zu Hause fühlt in ihrer Umgebung. Wenn sie abreist, spendet sie das Gekaufte dem Haus, wenn die Leute es wollen. Oder sie gibt es weg. Das Praktische steht immer im Dienst des Wichtigen.

Trish sagte, sie nehme sich und andere anders wahr – sie warteten auf jemand anderes, der es ihnen gemütlich machen sollte. Sie erwarteten, dass eine Unterkunft – wenn sie sie so gemietet hatten, wie sie war! – ihnen das gab, was sie brauchten, und wenn dies nicht der Fall war, beschwerten sie sich. Sie erwarteten von den Organisatoren, dass diese ihre unausgesprochenen Bedürfnisse, von denen diese nichts wussten, erfüllten, und beschwerten sich, wenn diese nicht erfüllt wurden. In ihrer Passivität erkannten sie nicht, dass sie für ihre eigene Behaglichkeit und ihre Bequemlichkeit selbst verantwortlich waren.

Wenn wir voll an unserem Leben teilnehmen, sehen wir, dass unsere Bedürfnisse befriedigt werden, während wir uns gleichzeitig der Bedürfnisse anderer bewusst sind und diese respektieren, auch die Bedürfnisse von allem um uns – der Erde und der übrigen Natur. Wenn wir in den Dualismus von Passivität und Aggression geraten, warten wir und bekommen nicht, was wir brauchen – und sind hinterher ärgerlich und gegenüber allem und jedem rücksichtslos und nehmen das, was wir wollen. Der Dualismus zwischen Passivität und Aggression ist eng mit dem Opfer-Täter-Dualismus verbunden.

Teilnehmen an unserem Leben eröffnet uns eine weitere Option. Ironischerweise können wir nicht nicht teilnehmen an unserem Leben. Das ist der Grund, weshalb ich es den *Mythos* der Objektivität nenne.

Die Bhagavad Gita weist darauf hin, dass Tätigkeit in der menschlichen Natur angelegt ist. Trägheit ist einfach „falsche Aktivität".

Durch Unterlassen aller Taten
erreicht der Mensch nicht Tatfreiheit,
noch findet er allein durch (Welt-)Entsagung die Vollkommenheit.
Nein, nicht einen Augenblick vermag der Mensch ohne Tätigkeit zu sein,
denn durch das Gesetz seiner Natur handelt er auch, wenn er nicht will;
(Denn Gedanke ist Handlung in der Vorstellung).

Wenn wir nicht mit uns selbst in Verbindung sind und uns von unseren Gefühlen und unserer Spiritualität abschneiden, neigen wir dazu, uns isoliert zu fühlen und isoliert zu sein. Unglücklicherweise erzeugt Isolation weitere Isolation, bis wir bloße Beobachter unseres Lebens werden. Unser „Mythos der Objektivität" unterstützt den Glauben, objektiv sein zu können, und dies sei erstrebenswert. Um zu versuchen objektiv zu sein, entfernen wir uns von uns selbst und machen uns zu Objekten, die beobachtet werden müssen. Wir ziehen uns von dem anderen und der Welt um uns zurück und machen den anderen zu einem Objekt, das beobachtet werden muss. Wenn wir uns entziehen, haben wir aufgehört, an unserem Leben teilzunehmen. Wir tun so, als lebten wir – und leben nicht wirklich. Eine der Verhaltensweisen, so zu tun als ob wir lebten, ist das „Scannen“.

> Doris kam zu der Erkenntnis, dass sie ihr Leben in Angst gelebt hatte. Sie war eine „Scannerin“. Sie war immer wachsam, um herauszufinden, was von ihr erwartet wurde, wie sich andere verhielten und was sie tun musste, um sicher zu sein. Ihr Scannen, so glaubte sie, war das, was ihr Sicherheit gab. Nach außen schien sie kompetent und tüchtig, aber sie wusste, dass es nur ihre ständige Wachsamkeit war, die ihr Sicherheit gab.

Doris hatte aufgehört, an ihrem Leben teilzunehmen. Sie beobachtete ihr Leben von außen und versuchte, die richtige Reaktion herauszufinden und entsprechend zu reagieren. Sie reagierte, sie agierte nicht.

Wir haben die wunderbare Möglichkeit, an unserem Leben und an allem Leben teilzunehmen. Wenn wir unsere Energie darauf verwenden, uns von uns selbst und von allem Leben zurückzuziehen, handeln wir gegen unsere ureigene Natur. Was ist die Bedeutung des Lebens? Ganz einfach, es zu leben! Das heißt nicht, dass wir das Leben leben, das wir unserer Meinung nach leben *sollten.* Das heißt nicht, dass wir das Leben leben sollten, wie es sich unsere Eltern, Familie, Freunde, Vorgesetzten, Lehrer, Pfarrer oder Mentoren für uns vorstellten. Jede und jeder von ihnen hat genug damit zu tun, an ihrem und seinem eigenen Leben voll teilzunehmen. Unsere Teilnahme wird bestimmen, wie unser Leben aussieht, und das ist schließlich alles, was wir wissen müssen.

Jede und jeder von uns hat die Verantwortung, ihre und seine spirituelle, emotionale und persönliche Arbeit zu tun, sodass wir klarer und klarer darüber werden, wer wir sind und worum es in unserem Leben geht.

Leben ist teilnehmen.

Nur indem wir an unserem Leben teilnehmen, können wir entdecken, was es ist. Nur wenn wir mit anderen teilnehmen, können wir beginnen zu erkennen, wer sie sind, und die Nähe erfahren, die für uns da ist.

Leben ist nicht abstrakt. Leben ist nicht ein Gedanke. Denken und der Versuch zu „verstehen" verwirren uns oft und laufen auf Lähmung hinaus. Nur wenn wir teilnehmen, können wir lernen.

Spiritualität ist Teilnahme.

Wir können unsere Spiritualität nicht erfahren, indem wir über sie nachdenken. Wenn wir offen sind, unserem Prozess zu folgen und aus unserem Prozess heraus zu leben – im Buddhismus heißt das, den nächsten richtigen Schritt zu tun – können wir wahrhaftig unseren Platz im Universum finden. Teilnehmen heißt nicht, beschäftigt zu bleiben oder einfach etwas zu tun. Tatsächlich können wir andauernd beschäftigt sein, uns überarbeiten, unser Gehirn zermartern oder Aktivitäten erzwingen, um nicht an unserem Leben teilzunehmen. Den eigenen Lebensprozess zu vermeiden ist in einer materialistischen Kultur nichts Ungewöhnliches.

Um teilzunehmen muss der Mensch Zeit für Einsamkeit und Reflexion haben. Dann können wir unsere Realität finden, die sich in unserem Körper und in unseren Gefühlen ausdrückt. Tatsächlich können unsere Gefühle oft die Tür zu unserem Prozess sein. Immer wenn wir unsere Gefühle respektieren und ehren, nehmen wir teil. Sie zu respektieren und zu ehren bedeutet nicht, dass wir das Recht haben, sie auf andere abzuladen. Wenn intensive Gefühle in uns aufsteigen, müssen sie oft nichts mit der gegenwärtigen Situation zu tun haben. Sie sind nur die Tür, die uns einlädt, unsere tiefere Arbeit zu tun (siehe Kapitel 6).

Wenn wir teilnehmen an unserem Leben und an dem Leben um uns herum, beginnen wir zu erkennen, dass es im Leben um das Lernen geht, und um zu lernen, müssen wir Fehler machen.

> Der Schöpfer hat uns so geschaffen, dass wir durch Versuch und Irrtum lernen (Teilnahme). Der Pfad des Lebens, den wir gehen, ist sehr breit. Alles auf diesem Pfad ist heilig. Was wir richtig machen ist heilig – aber unsere Fehler sind auch heilig. Dies ist die Art und Weise, wie der Schöpfer spirituelle Menschen lehrt. Uns zu kritisieren, wenn wir Fehler machen, entspricht nicht der indianischen Art. Von unseren Fehlern zu lernen ist der indianische Weg. Ein spiritueller Mensch wird definiert als jemand, der jeden Tag 30 bis 50 Fehler macht und nach jedem einzelnen Fehler mit dem Schöpfer darüber spricht, was er das nächste Mal tun soll. Das ist der Weg des spirituellen Kriegers.
>
> Don Coyhis, Mohikaner

Wie weit sind wir gekommen, wenn wir erkennen, dass wir keine Fehler sind, vielmehr Fehler machen. Ich hörte einen Oldtimer sagen: „Vergiss nicht, Gott macht keinen Schund." Was für eine Beleidigung ist es für unseren Schöpfer, wenn wir unseren Prozess nicht ausleben!

Wenn ich an meinem Leben teilnehme, beginne ich meine Welten, an denen ich teilnehme, zu erkennen. Wenn ich meinen Prozess lebe, beginne ich zu respektieren, dass andere ein Prozess sind und dass sie einen Prozess haben. Ihr Prozess mag nicht immer nach meinem Geschmack sein und es mag auch nicht der Prozess sein, den ich für sie vorgesehen hätte – und es ist ihr Prozess. Sobald ich meinen Prozess respektiere, beginne ich die Prozesse zu respektieren, die sich in größeren und größeren Sphären ereignen, und zu erkennen, dass ich mit diesen Prozessen eng verbunden bin. Was in Bosnien oder Afrika oder dem Mittleren Osten oder irgendwo auf der Welt geschieht, hat irgendwie eine Verbindung mit mir und wirkt sich auf mich aus. Wenn ich lerne teilzunehmen, kann ich sehen, dass ich im Kontext existiere. Leben im Prozess bedeutet zu erkennen und zu akzeptieren, dass wir nicht in Isolation leben. Wir sind Teil eines größeren Ganzen.

Ganzheit und Kontext

Wir existieren nur im Kontext –
wir können nur im Kontext existieren.

Wir existieren im Kontext. Wir sind Teil der geschaffenen Ordnung. Indem wir an ihr teilnehmen, wissen wir, wer wir sind. Diese grundlegende Wahrheit akzeptieren und anerkennen zu lernen, ist der Schlüssel zu einem Leben im Prozess.

Während wir lernen unseren Prozess zu leben, nimmt die Realität unseres Lebens im Kontext immer mehr Bedeutung an. Wenn wir akzeptieren, dass wir im Kontext leben, wissen wir, dass wir Teil eines größeren Ganzen sind. Wir beginnen zu erkennen, dass wir immer in Gemeinschaft sind, und wir erkennen auch, dass unsere Gemeinschaften immer größer werden, wenn wir spirituell wachsen. Wir werden eins mit der ganzen Schöpfung.

In Gemeinschaft zu leben ist unentbehrlich, wenn wir den Kontext unseres Lebens verstehen wollen. Alles ist miteinander verbunden und Teil der gleichen Schöpfung. Es gibt keine Rangordnung. Wenn wir versuchen, uns über die Schöpfung zu erheben, nehmen wir teil am spirituellen Selbstmord und an der Zerstörung des Planeten Erde.

Alles ist heilig.

Wir können Frieden und Harmonie in immer größeren Zusammenhängen haben, wenn wir unsere Arbeit tun. Erwachsen werden umfasst die Erkenntnis, dass wir Verantwortungen haben (die Fähigkeit zu antworten), und dass das, was wir tun und nicht tun, andere Menschen beeinflusst. Wenn wir nicht erkennen, dass wir Teil eines größeren Ganzen sind und alles, was wir tun bzw. nicht tun, Bedeutung und Rückwirkungen hat, sind wir überheblich und selbstzentriert. Einige von uns wurden so erzogen, dass wir glauben, der Mittelpunkt des Universums zu sein und alles drehe sich um uns. Diese Erfahrung ist sehr traurig, denn letztlich beraubt sie uns unserer Verbundenheit und der Erfahrung, in einer Realität eingebettet zu sein, die viel größer ist als wir selbst.

Obwohl wir im Kontext existieren, müssen wir auch wissen, dass jede Person im Gesamtplan der Dinge einen einzigartigen und wichtigen Platz einnimmt. Es ist nicht nötig, dass wir alle die gleichen Dinge wollen oder die gleichen Dinge tun möchten. Wir alle haben unterschiedliche Wege.

> Ich habe einen lieben Freund, der ein sehr spiritueller Mann ist. Er ist ein reizender, intelligenter Freund, und gelegentlich intellektuell herausfordernd. In seinem erwählten Beruf ist er sehr erfolgreich und wer ihn kennt, respektiert und mag ihn. Doch sagt er oft, er habe das Gefühl im Leben versagt zu haben – obwohl er in dem Leben, das er sich aufgebaut hat, glücklich ist und sich gut eingerichtet hat. Er lebt in einer Kultur, in der erwartet wird, dass man heiratet und Kinder hat und „den Namen weitergibt", und das hat er nicht. (Tatsächlich habe ich den Verdacht, dass er im täglichen Zusammenleben ein „Schrecken" sein kann.) So wie es ist, macht sein Leben Sinn – so wie er es lebt. Er hat die Möglichkeit, sich zu freuen an dem, wie sein Leben ist – und es ist ziemlich gut. Und doch quält ihn seine Vorstellung davon, wie sein Leben aussehen sollte.

Er hat dem kulturellen Druck nach Gleichheit nachgegeben. Wenn eine Kultur Gleichheit fordert, neigen die Individuen dazu, sich bedroht zu fühlen, wenn andere nicht das tun, was diese für sich gewählt haben, und üben Druck aus, damit sich die anderen anpassen. Dieser Druck ist sogar noch stärker, wenn diejenigen, die sich anpassen, im Grunde nicht das tun, was sie ihrem Gefühl nach tun müssten. Die Wahrheit ist, dass der Lebensweg jedes Menschen ausschließlich eine Sache zwischen ihm und seiner Spiritualität ist. Der Weg jedes Menschen ist seine Spiritualität.

Im Kontext leben heißt nicht, dass der Kontext die Macht haben muss, uns vorzuschreiben, was unser Lebensweg ist oder wie unser Leben aussehen soll. Sobald wir unseren Prozess erkennen, ihn zu leben beginnen und offen sind für alle Prozesse und an ihnen teilnehmen, werden sich unsere Wege vor uns entfalten. Wenn wir im Einklang mit unserer Spiritualität und unserem Prozess handeln, treffen wir Entscheidungen, die für unser Wachsen und Lernen notwendig sind, und niemand – nicht einmal wir selbst – kann bestimmen, wie dieser Weg aussehen wird. Es ist klar, dass der Lebensweg nicht für jeden der gleiche ist. Wenn wir versuchen, uns in den Plan eines anderen für uns hineinzuzwängen, werden wir Zombies, Sklaven, die arbeiten und nichts besitzen, weil wir unseren eigenen Prozess nicht besitzen. Wir müssen unserem individuellen Weg, unserem eigenen Prozess, vertrauen.

Manche mögen einwenden, dem eigenen Prozess zu vertrauen klinge selbstzentriert. Es ist alles andere als das. Das Ergebnis von Leben im Prozess ist, dass wir höchst aufmerksam werden für den Kontext unseres Lebens und für ihn Verantwortung übernehmen. Einige jener Menschen, die unser Leben kontrollieren möchten, fühlen sich vielleicht zurückgewiesen oder fassen es als persönliche Beleidigung auf, wenn wir unseren Weg gehen. Was wir mit unserem Leben machen ist nicht abhängig von dem, was sie mit ihrem Leben machen. Doch lassen Sie mich schnell hinzufügen, dass Vertrauen in den eigenen Prozess nicht heißt, anderen Schaden zuzufügen, rücksichtslos zu sein oder nicht unsere Verantwortung zu übernehmen. Leben im Prozess heißt einfach, dass unsere erste und wichtigste Beziehung unsere Beziehung zu unserer Spiritualität ist. Wenn wir unseren Prozess leben und im Kontext leben, sind wir uns der Verantwortung allem Leben und allen Prozessen gegenüber in hohem Maße bewusst.

Wir sind die Umwelt. Wir sind Natur.

Nochmals – wir können niemals die Bäume im Regenwald retten, solange wir nicht wissen, dass wir der Regenwald sind. Wenn wir davon sprechen, in der Natur zu sein, haben wir noch nicht ganz gelernt, dass wir Natur sind. Indigene Völker zum Beispiel sind so weise und erkennen, dass sie eine lebendige, pulsierende Verbindung zur Erde haben. Alles, was wir essen, kommt von der Erde. Die Kleidung, die wir tragen, die Häuser, in denen wir leben, die Autos, die wir fahren, alles kommt von der Erde. Wir stehen nicht über den Bäumen oder den Flüssen. Wir alle leben in Verbindung miteinander. Während wir lernen im Prozess zu leben, erfahren wir zunehmend, dass wir eins sind mit allen Prozessen um uns herum, und dass es möglich und notwendig ist, an ihnen teilzunehmen. Sowie wir lernen, wissen und erleben, dass wir nur im Kontext existieren können, beginnen unsere Gefühle von Alleinsein zu verschwinden. Wir können uns wieder mit unserer Spiritualität verbinden. Sie ist unsere Teilnahme an der Ganzheit unseres gesamten Kontexts.

Leben im Prozess bedeutet, sich ständig zu größerer Ganzheit zu bewegen. Wenn wir unsere Welt reduzieren, wird sie schließlich verschwinden. Wir erleben ein Schrumpfen unseres Selbst, wenn wir aus unserem Prozess herausrutschen – unserem Einssein mit allen Dingen. In diesen Zeiten der Abspaltung ist es wichtig zu wissen, dass unser lebendiger Prozess uns nicht verlassen hat. Wir sind diejenigen, die unser Leben im Prozess verlassen. Auch fühlen wir uns paradoxerweise abgespalten, wenn wir versuchen, an etwas oder an jemandem festzuhalten oder den Prozess zu kontrollieren. In dem Maße, wie wir mehr und mehr im Prozess leben, erfahren wir immer weniger Getrenntsein von allen und allem.

Wir spüren manchmal körperlichen Schmerz, wenn wir das lautlose Ächzen der Bäume im Schwarzwald fühlen, die darum ringen, den lebensbedrohlichen sauren Regen zu überleben, oder wenn wir die Schreie der Erde wahrnehmen, wenn Bulldozer sie aufreißen. Einige sagen vielleicht: „Ich will das nicht spüren. Ich möchte lieber gefühllos sein. Ich möchte lieber nicht frei sein. Ich möchte lieber ein Sklave sein." Doch die Essenz des Menschseins besteht darin, alles innerhalb der Ganzheit zu erfahren – und dies umfasst auch das Heilen, die Ekstase und die tiefe Glückseligkeit des Einsseins. Den Schmerz der Bäume oder der Erde oder anderer Menschen zu fühlen kann letztlich nie verglichen werden mit dem Ausmaß jener schmerzvollen Erfahrung des Abgetrenntseins von unserem lebendigen Prozess. Sich dem Bewusstsein zu öffnen, dass alles Prozess ist, kann uns zu der Einheit, der wir angehören und mit der wir verwoben sind, zurückbringen.

Das Leben ist so angelegt, dass es nicht kontrolliert werden kann.

Es ist nicht so, dass es unkontrollierbar wird und wieder kontrollierbar gemacht werden kann. Das Leben ist so angelegt, dass es nicht kontrollierbar ist, und es wird vom Großen Mysterium „gesteuert". Warum sollten wir den Fahrersitz einem unerfahrenen Kind überlassen, wenn wir einen Meister am Steuer haben können? Unsere Verantwortung ist es, am Leben teilzunehmen. Wenn wir an unserem Leben teilnehmen und es in all seiner Fülle erleben, lernen wir die Lektionen, die wir lernen müssen. Die Rolle des Schöpfers ist die einer himmlischen Hand, die gelegentlich den gläsernen Briefbeschwerer mit dem Schnee darin schüttelt, um dafür zu sorgen, dass wir die Erfahrungen machen, die wir brauchen.

Schmerz ist unvermeidbar in der körperlichen Existenz. Doch ein Großteil unseres Leidens fügen wir uns selbst zu und ein Großteil des Leidens in der Welt fügen wir einander zu, weil wir nicht erkennen, dass wir alle Teile der Einheit sind.

Wahrheit ist nicht statisch.

Es stehen uns viele Ebenen der Wahrheit zur Verfügung. Unsere Bewegung hin zur Wahrheit ist nicht statisch. Unsere Fähigkeit, die Wahrheit zu erkennen, verändert sich, wenn wir unsere Arbeit tun, spirituell wachsen und uns entfalten. Wir brauchen unsere Wahrnehmung von Wahrheit nicht statisch zu machen. Wenn wir anerkennen, dass wir alle auf einem Weg hin zur Wahrheit sind, können wir respektieren, wo wir und andere auf diesem Weg sind. Wichtig ist nicht, wo wir auf unserer Reise sind. Wichtig ist, dass wir auf unserer Reise sind.

Die menschliche Existenz schreibt Grenzen vor. Wir haben wahrscheinlich nicht das Vermögen, höchste Wahrheit zu kennen. Unsere Lehrer können mit uns teilen, was sie für sich selbst erkannt haben – und es ist nur das: Was sie erkannt haben. Wir alle haben den gleichen Zugang zu der Möglichkeit, die Wahrheit zu erkennen. Wir müssen tief nach innen schauen, um unseren eigenen Weg zu finden und dann ihm und uns selbst vertrauen.

Leben im Prozess bedeutet, Beurteilen hinter sich zu lassen. Was ist, ist. Es geht letztlich nicht darum, ob etwas richtig oder falsch ist. Es geht darum, wie wir mit dem, was uns begegnet, umgehen. So wie der Zen-Buddhismus die Welt betrachtet, gibt es „richtiges“ Handeln, und diese Sichtweise von richtig gehört nicht zu dem Dualismus von richtig oder falsch. Viele Menschen versuchen aus Angst, den Begriff von Wahrheit statisch zu machen. Für den dysfunktionalen Menschen ist „richtig“ etwas Statisches. Für den, der im Prozess lebt, verändert und entwickelt sich das, was richtig ist, mit seiner Entwicklung. Richtigkeit ist im Leben im Prozess nicht selbstzentriert, sie ist nicht beurteilend und sie ist nicht vom Körper abgeschnitten. Diese Art von Richtigkeit kommt vom Einssein mit allem Leben und entspringt unserer Erfahrung und unserem eigentlichen Sein.

Bereitschaft Verantwortung zu übernehmen

Ein weiterer Schlüssel für Leben im Prozess ist die Bereitschaft, Verantwortung für unser Wissen, unsere eigene innere Wahrheit, unsere Heilung und letztlich für unser Leben zu übernehmen.

Wir sind zu der Überzeugung gelangt, dass wir nicht verantwortlich sind für unser eigenes Leben. Irgendwann in unserem Leben übernehmen wir die Vorstellung, wir seien das Ergebnis der Gesamtsumme all dessen, was uns widerfahren ist, wir seien wie hilfloses Schilfrohr, von den Winden der Umstände gepeitscht. In diesem Prozess haben wir all unsere persönliche Macht an all jene abgegeben, die „uns etwas angetan" haben, und sind beklagenswerte Opferkreaturen geworden, deren einzige Hoffnung auf Heilung darin liegt, zurückzuschlagen und zu Tätern zu werden gegenüber jenen, die – wie wir glauben – uns zu Opfern gemacht haben. Was für eine erbärmliche und traurige Situation.

Wenn wir im Prozess leben, übernehmen wir Verantwortung für unser Leben und nehmen es als das unsere an. Das bedeutet nicht, dass wir Schuld daran haben, was geschehen ist. Tatsächlich bedeutet es, dass wir kaum oder keine Zeit darauf verwenden, jemandem überhaupt Vorwürfe zu machen. Wenn wir im Prozess leben, anerkennen wir, dass uns vielleicht Schreckliches widerfahren ist, wobei das meiste davon gänzlich außerhalb unserer Kontrolle lag. Dann sehen wir unsere Aufgabe darin, uns auf das zu konzentrieren, was auch immer wir tun müssen, um von unseren Erfahrungen zu genesen und daraus zu lernen, sodass wir unser Leben weiterleben können.

Wir mögen als Kind vergewaltigt, missbraucht, verhätschelt oder verzogen worden sein. Das ist unsere Wirklichkeit. Unsere Frage ist: Was müssen wir tun, um zu heilen und um aus diesen Erfahrungen zu lernen? Wenn wir uns auf die andere Person konzentrieren, darauf, was er oder sie uns angetan hat, wie wir es ihm oder ihr heimzahlen können, werden wir zu Tätern und bewegen uns in diesem Prozess weit weg vom Schöpfer und unserem spirituellen Selbst.

Die Verantwortung für unser Leben zu übernehmen heißt, die Realität unseres Lebens zu akzeptieren, zu heilen, zu lernen, zu integrieren und weiterzugehen.

Wir haben ein Konzept und eine Vorgehensweise in Leben im Prozess, die für ein solches Leben unbedingt erforderlich ist, völlig radikal und revolutionär ist, und uns unsere Kraft zurückgibt. Wir nennen es „auf unserer Straßenseite bleiben".

Auf unserer Straßenseite bleiben

Das Prinzip, in unserem Leben auf unserer Straßenseite zu bleiben, ist eines der tragenden Fundamente von Leben im Prozess. Es ist auch einer der Hauptunterschiede zwischen Leben im Prozess und der gegenwärtigen Kultur. Die gegenwärtige Kultur neigt dazu, am Außen orientiert zu sein und wird unterstützt von einer Wissenschaft, die auf Informationen basiert, welche über die Sinnesorgane (Beobachtung) gesammelt werden, und deshalb müssen die gesammelten Informationen zwangsläufig äußerlich sein.

Wenn unsere Informationsquellen hauptsächlich aus äußeren Quellen stammen, bestimmen diese unsere Handlungsweise. Interessanterweise bringt eine solche Orientierung Individuen hervor, die sich als Opfer fühlen. Wie bereits gesagt: Wenn wir uns als Opfer fühlen, bestärkt dies unsere Tendenz, außerhalb unserer selbst nach der Ursache unserer Störung zu forschen und zu suchen. Wann immer wir glauben, Opfer zu sein, geben wir unsere persönliche Macht ab. Es ist, als ob die Überzeugung, Opfer zu sein, unserem Wesen tatsächlich seine Kraft raubt. Dieser Verlust von Kraft ist wie bei einem Auto, das tropfenweise Benzin verliert. Das Leck ist vielleicht kaum zu sehen und doch läuft das Benzin zum Betreiben des Motors aus, und es besteht immer die potentielle Gefahr einer Explosion.

Opfer werden Täter. Diese Außenorientierung setzt eine Dynamik in Gang, die zerstörerisch ist und schwer zu unterbrechen. Die wirksamste Weise, sie zu durchbrechen, ist zu lernen, auf der eigenen Straßenseite zu bleiben. Für die meisten von uns ist es sehr schwierig, auf der eigenen Straßenseite zu bleiben, denn in unserer Kultur bedeutet die Verantwortung für sich und für den eigenen Anteil an einer Situation zu übernehmen, dass wir sofort glauben, wir hätten die Situation (Ursache und Wirkung) verursacht und hätten deshalb Schuld. Ursache und Wirkung und Schuld mögen in der Mechanik gute Konzepte sein; für das Leben sind sie alles andere als hilfreich.

Ich möchte ein Beispiel aus meinem eigenen Leben anführen, um dieses Konzept verständlich zu machen.

Vor einigen Jahren erfuhr ich, dass mein leiblicher Vater ein amerikanischer Indianer war. Ich hatte ihn nie gekannt, da er und meine Mutter sich vor meiner Geburt getrennt hatten. Ich hatte immer das Gefühl, dass der Vater, der mich aufgezogen hatte, mein wahrer Vater war. Deshalb hatte ich kaum oder kein Interesse daran, etwas über meinen leiblichen Vater herauszufinden.

Als ich jedoch erfuhr, dass mein leiblicher Vater ein amerikanischer Indianer war, schien diese Information wichtig. Ich hatte immer das Gefühl gehabt, eine Indianerin zu sein und alle meine indianischen Freunde hatten mir gesagt, ich sei eine Indianerin. Selbst Eingeborene aus anderen Teilen der Welt bestanden darauf, ich sei eine Eingeborene. Soweit ich jedoch wusste, war ich überhaupt nicht indianischer Abstammung, und ich bemühte mich sehr, in dieser Hinsicht niemanden irrezuführen. Als ich deshalb von einer Tante erfuhr, dass mein Vater Indianer war, wurde es für mich plötzlich wichtig, mich auf die Suche nach meinem

Vater zu machen und mehr über diese Seite der Familie zu erfahren. Zur Klärung einige Hintergrundinformationen: Der Vater, der mich aufgezogen hatte, heiratete meine Mutter, als ich drei Jahre alt war. Er und meine Mutter waren zusammen zur Grundschule und Oberschule gegangen, und er war immer da gewesen. Ich konnte mich jedoch an die Zeit vor ihrer Hochzeit erinnern, als ich mit meiner Mutter und meiner Urgroßmutter gelebt hatte. Der Vater, der mich aufzog, versuchte mich zu adoptieren, und das war ohne die Zustimmung meines leiblichen Vaters nicht möglich, und er war nicht zu finden. Der Vater, der mich aufzog, wollte nicht, dass ich wusste, dass er nicht mein leiblicher Vater war, also hatten wir ein Familiengeheimnis. Meiner Mutter war gesagt worden, sie könne wegen eines Reitunfalls nie Kinder bekommen und sie starb fast bei meiner Geburt, also war ich ihr einziges Kind.

Wenn ich zurückblicke, erinnere ich mich an die Zeit „vor" meinem Vater, der mich aufzog. Ich erinnere mich auch, dass man mich als Kind als „die Stiefenkelin der Willeys" vorgestellt hatte, was ich verdrängt hatte.

Auf dem College wollte ich einen Pass beantragen und brauchte dafür meine Geburtsurkunde. Mein Vater, der mich aufzog – und der normalerweise sehr sanftmütig war –, tobte und sagte, die amerikanische Regierung müsse eine eidesstattliche Erklärung von ihm darüber akzeptieren, wer ich war. Meine Mutter nahm mich ruhig beiseite und gab mir meine Geburtsurkunde. Sie sagte mir, mein leiblicher Vater sei während der großen Wirtschaftskrise weggegangen, um Arbeit zu finden und sei nie wieder zurückgekehrt. Ich stellte keine weiteren Fragen. Ich respektierte die Wünsche meines Vaters, der mich aufgezogen hatte.

Vor kurzem versuchte ich meinen leiblichen Vater aufzuspüren, Informationen über seine Familie herauszufinden und mehr über meine Wurzeln zu erfahren. Den Wurzeln nachzugehen war ziemlich einfach und mein Vater ist ein Phantom! Wenn es mich nicht gäbe, habe ich manchmal das Gefühl, er habe nie existiert. Wir haben gesucht und weiter gesucht und haben sehr wenig über ihn herausgefunden. Wir kennen seinen mittleren Namen nicht, haben kein Geburtsdatum (vielleicht sein Geburtsjahr) und keine Sozialversicherungsnummer. Er ist vielleicht sogar noch am Leben. Doch finden wir so wenig über ihn heraus.

In diesen Zeiten der Suche fühlte ich mich manchmal frustriert und deprimiert. Einmal, als wir uns in Arkansas wieder einmal auf die Suche machten, saß ich auf dem Rücksitz des Autos (mein Mann und mein Sekretär saßen vorne) und begann, meinen Gefühlen als Opfer zu frönen. „Warum kann ich ihn nicht finden?", „Warum ist es so schwierig?", „Warum passiert mir das?" Ich steigerte mich in diese Gefühle hinein und machte aus mir ein Häufchen Elend, indem ich meine Macht, bildlich gesprochen, mit vollen Händen wegwarf.

Dann hielt ich inne. Warte mal. Was ist mein Anteil hier? Ich unterbrach die abwärts führende Spirale und warf einen Blick auf mich.

Ich war ein sehr neugieriges Kind. Fast nichts entging meinem scharfen Auge. Ich war neugierig und wollte alles wissen. Warum war ich der Sache nicht nachgegangen, als ich als „Stiefenkeltochter der Willeys" vorgestellt worden war? Normalerweise hätte ich eine Million Fragen gestellt und ich stellte keine. Dafür musste ich die Verantwortung übernehmen.

Ich kann schon Stimmen hören, die einwenden und sagen: „Du warst doch nur ein Kind. Du verlangst zu viel. Gehe nicht so hart mit dir um." Blödsinn! Die Realität ist, dass ich der Sache nicht nachging und eine solche Zurückhaltung entsprach mir nicht. Die Gründe waren unwichtig.

Als ich so da saß, begann ich mich an die Zeit „vor" meinem

Vater, der mich aufzog, zu erinnern. Auch diesen Erinnerungen war ich nie nachgegangen. Als ich im College war und meine Mutter mir das „Familiengeheimnis" erzählte, hatte ich mich nicht bemüht, weitere Informationen zu bekommen. Es hätte keinen Schaden angerichtet, wenn ich sie gefragt hätte, da wir allein miteinander waren, und ich tat es nicht. Ich fühlte mich meinem Vater, der mich aufgezogen hatte, gegenüber loyal und fragte nicht nach weiteren Informationen.

Ungefähr vor fünfzehn Jahren, bevor mein Onkel, der Bruder meiner Mutter, starb, besuchte er uns. Er sagte, seiner Meinung nach sei mein Vater nach Ost-Colorado gezogen (ich lebte damals in Colorado). Ich ging den Informationen, die er mir gab, nicht nach und erinnere mich an den Gedanken, damals keine weiteren finanziellen Belastungen haben zu wollen. Natürlich wusste ich nichts über die finanzielle Situation meines leiblichen Vaters. Bevor mein Vater, der mich großzog, starb, erzählte er ein bisschen von der Heirat mit meiner Mutter und seinem Wunsch, für mich zu sorgen. Ich hätte damals nach mehr Informationen fragen können. Ich erinnere mich, dass ich dachte: „Nach seinem Tod werde ich etwas über meinen leiblichen Vater herausfinden." Und – ich habe nichts unternommen. Ich war beschäftigt und schob das Thema einstweilen beiseite, bis fast jede Person, die mir vielleicht etwas hätte sagen können, schon lange tot war.

Nun, da ich gelernt habe, auf meiner Straßenseite zu bleiben, sehe ich die ganze Situation aus einem anderen Blickwinkel. Da ich jetzt nicht mehr in der Opferrolle war, erkannte ich, dass ich eine Wahl getroffen hatte. Ich hatte Entscheidungen getroffen. Und ich kann nicht sagen, dass mir jetzt die Folgen jener Entscheidungen gefielen, und es waren meine Entscheidungen. Als ich die Verantwortung für meine Entscheidungen übernahm, konnte ich fühlen, wie sozusagen ein Stöpsel das Loch in meinem Wesen fest

> verschloss und meine Seele nicht mehr „auslaufen" konnte. Ich fühlte mich nicht mehr als bedauernswertes Opfer, das in eine unbarmherzige Welt gesetzt worden war. Die Welt mag vielleicht unbarmherzig sein und das hatte mit dem hier nichts zu tun. Niemand hatte mir Informationen gegeben und auch das war hierfür unwichtig. Ich bin den Informationen, als sie mir gegeben wurden, nicht nachgegangen und das war sehr relevant. Ich konnte spüren, wie meine persönliche Macht zurückkam.

Auf unserer Straßenseite bleiben heißt nicht, dass andere uns nicht etwas Schlimmes angetan haben. Sie mögen schreckliche Dinge getan haben. Das ist ihr Thema. Sie müssen sich mit dem, was sie getan haben, auseinandersetzen – oder auch nicht, es liegt an ihnen. Alles, womit ich umgehen und was ich aufräumen muss, ist meine Straßenseite. Das ist genug.

Auf unserer Straßenseite zu bleiben heißt nicht notwendigerweise, dass wir irgendetwas getan haben. Wir haben vielleicht nichts getan oder wir hätten vielleicht gar nichts tun können. In einem solchen Fall heißt auf der eigenen Straßenseite bleiben einfach, sich darauf zu konzentrieren, was wir brauchen, und was wir tun müssen. Vielleicht ist es notwendig, dass wir in die tiefe Traurigkeit hineingehen, die wir aufgrund einer schrecklichen Erfahrung spüren. Wenn wir in diese Traurigkeit oder sogar Wut hineingehen, wird uns unser Prozess dort hinbringen, wo wir hingehen müssen, um zu heilen und zu lernen. Vielleicht müssen wir den Schmerz, den wir darüber fühlen, dass diese Vorkommnisse zur Realität unseres Lebens gehören, fühlen. Wenn wir den Fokus auf uns lenken und auf das, was wir brauchen, bleiben wir auf unserer Straßenseite. Wenn wir den Fokus auf anderen haben und darauf, was sie uns angetan haben, berauben wir uns selbst unserer Heilung und unseres Lernens. Niemand anderes kann uns dieser Schätze berauben. Nur wir selbst können uns das antun. Heilung und Lernen finden in hohem Maße statt, wenn wir auf unserer Straßenseite bleiben.

Inneres Wissen

Ein anderer Aspekt, Verantwortung für uns zu übernehmen, ist, Verantwortung für unser eigenes inneres Wissen und unsere eigene Wahrheit zu übernehmen.

Alle von uns haben tiefe Quellen des Wissens in sich. Sicher versteckt in unserer DNA befinden sich Potentiale und Weisheiten, die weit über unser gegenwärtiges Wissen hinausgehen.

Alle von uns besitzen Weisheit, die jenseits unserer Vorstellungskraft ist. Wir haben Wahrheit tief in uns versteckt. Wir mögen Mechanik und Technologie lernen müssen, und Weisheit und Wahrheit sind tief in uns eingebettet. Wir müssen nur uns selbst aus dem Weg gehen und uns dem, was bereits vorhanden ist, öffnen. Schon allein die Handlung, Verantwortung für unsere eigene Wahrheit und unser eigenes inneres Wissen zu übernehmen, öffnet weitere Türen zu der Verbindung mit Allem-was-ist – zu unserer wahren Spiritualität. An der inneren Genesung zu arbeiten, Zeit mit sich allein zu verbringen, unser Handeln durch Wahrnehmen und Ehrlichkeit ins Reine zu bringen – all das ebnet den Weg zu unserer inneren Wahrheit. Ein großer Teil unserer Aufgabe ist zu vertrauen, dass sie da ist für uns.

Leben im Prozess kann nicht aus
unserem Kopf oder aus dem Verstehen kommen.
Es kann nur durch leben kommen.

Oft sagen wir zu uns selbst: „Ich werde froh sein, wenn sich die Dinge beruhigen, sodass ich mich wieder meinem eigentlichen Leben widmen kann.“ Überraschung! Dies – was immer es ist – ist unser Leben! Tatsächlich würdigt Leben im Prozess die Bedeutung eines gewöhnlichen Tages, und doch ist jeder Tag auch einzigartig und köstlich.

Ich bin nicht hier,
um eine Krise heraufzubeschwören oder zu verhindern.

Eine Krise heraufzubeschwören ist eine Möglichkeit, falsche Gefühle zu erzeugen, um zu beweisen, dass wir lebendig sind. Es gibt uns außerdem das wunderbare Adrenalin-Hoch, das wir oft mit Lebendigsein verwechseln. Hinterher fühlen wir uns erschöpft. Wenn wir wirklich unseren Prozess leben, ist unser Lebendigsein mehr als genug. Fülle und Extravaganz sind miteinander verbunden. Extravaganz hat nichts mit Materialismus zu tun. Extravaganz ist, ebenso wie Teilnahme, mit Spiritualität verbunden. Das Leben in seiner Fülle zu leben ist Extravaganz. Es ist wichtig, innerhalb der eigenen Möglichkeiten Fülle zu leben. Fülle ist eng verbunden mit Gleichmaß. Unser Leben entwickelt ein Gleichmaß, einen Rhythmus. Dieser Rhythmus scheint oft in keiner Beziehung zu stehen zu dem, was wir zu brauchen glauben oder uns unbedingt wünschen. Schauen Sie noch mal hin. Prüfen Sie. Höheres Wissen und höhere Bewusstheit mögen am Werk sein.

Wir müssen so sehr im Einklang sein
mit dem Gegenwärtigen, dass es unwichtig wird,
etwas – irgendetwas – zu beweisen.

Bei einem Leben im Prozess sind Unschuld, Offenheit, Interesse, Neugierde, den Dingen nachzugehen und die Fähigkeit, in allem das Neue, das Befreiende zu sehen, völlig unabdingbar. Wir haben so viel zu lernen, und selbst das Wissen, dass alles da ist, ist oft keine große Hilfe, wenn wir in der Zukunft oder in der Vergangenheit leben wollen oder versuchen, die Gegenwart zu kontrollieren. Leben im Prozess heißt, in der Gegenwart zu leben, während wir gleichzeitig unsere Vergangenheit respektieren und annehmen und anerkennen, dass wir gegenüber der Zukunft eine Verantwortung haben. Wenn wir mit dem Augenblick präsent sind, bringen wir den gesammelten Reichtum unserer Vergangenheit in diesen Augenblick ein. Wenn wir ganz teilnehmen, können wir nur im Augenblick sein. Doch wenn wir im Augenblick leben, sind wir uns völlig bewusst, dass unsere Handlungen Auswirkungen auf die Zukunft haben. Wir erfahren unser Leben als einen fortschreitenden Prozess, nicht als eine Reihe einzelner Geschehnisse. Bei einem Leben im Prozess ist unser Leben voller Fehler, voller Chancen. Wenn wir offen sind zu lernen, bestrafen wir uns nicht für unsere Fehler und erlauben auch anderen nicht, uns für unsere Fehler zu bestrafen. Wir sprechen mit unserem Schöpfer darüber und gehen weiter.

Leben im Prozess ist normales Leben und wir haben uns ein System geschaffen, in dem es nicht leicht ist, normal zu leben. Einige sagen „Wenn ich auf mich höre, werde ich in der ‚realen' Welt nicht funktionieren können." Was wir die „reale" Welt nennen, ist eine Illusion, die aus abstrakten Begriffen, Halbwahrheiten und Lügen besteht. Vielleicht haben wir versucht, Sinn zu finden in einem System, das keinen Sinn macht, während die Welt unserer Erfahrung einen Sinn ergibt.

In ihrem Buch *Traumfänger* zitiert Marlo Morgan australische Ureinwohner, die sagen, alle Menschen der westlichen Kultur seien „Mutanten" geworden. Wir sind nicht mehr so, wie der Schöpfer uns geschaffen hat und sind von dem Pfad abgewichen, für den wir geschaffen wurden und auf dem wir in enger Verbundenheit mit allen Wesen und der gesamten Schöpfung reisen sollen. Die Aborigines sagen, die Alkoholiker und andere Süchtige seien wahrscheinlich die spirituellsten Menschen unter uns, weil sie nicht in der Lage seien, diese veränderte Realität zu ertragen. In ihren Augen versuchen Süchtige, die Realität zu verändern, um wieder in Berührung mit ihrer wahren Spiritualität zu kommen. Das ist ein gutes Beispiel dafür, wie die von uns gewählten „Lösungen" häufig nicht nur mit dem vorliegenden Problem nicht umgehen, sondern dieses noch verschärfen. Naturvölker auf der ganzen Welt fordern die menschliche Rasse dringend auf, wieder zu sich zurückzukehren.

> Der Kern unserer persönlichen Macht liegt darin, dass wir uns selbst erkennen und selbst definieren; wenn wir wissen, was wir denken und fühlen, können wir Verantwortung für unser Leben übernehmen, können wir offen sein und das Leben annehmen, können wir respektvolle, liebevolle Entscheidungen für uns selbst treffen und jeden Tag in seiner Ganzheit leben. Wir können gesund sein.
>
> JEANNE M.

Leben im Prozess wurzelt darin und ist damit verbunden, bewusste Entscheidungen zu treffen. Wir agieren in unserem Leben, wir reagieren nicht nur. Und wenn wir doch re-agieren, stehen wir zu unseren Reaktionen und übernehmen die Verantwortung für sie.

Zum Beispiel wird mir manchmal zugetragen, jemand hätte diese oder jene negative Bemerkung über mich gemacht. Ich kann das nicht kontrollieren. Ich habe gelernt, dass ich machtlos darüber bin, was andere über mich sagen, über mich denken oder versuchen mir anzutun. Ich bin jedoch verantwortlich für meine Reaktion. Sie ist meine Sache. Ich kann lachen, kann mich bedroht fühlen, Furcht oder Wut verspüren, oder achselzuckend weggehen. Je näher ich meiner Spiritualität bin, desto wahrscheinlicher ist es, dass ich mit den Achseln zucke und meines Weges gehe mit dem Wissen, dass letztlich die Person, die die Bemerkung gemacht hat, sich ihre Themen anschauen muss und ich mir meine. Alles, was ich zu tun habe, ist, meine Straßenseite sauber zu halten.

Wenn mir etwas – irgendetwas – begegnet, muss ich mich daran erinnern, dass ich die Wahl habe. Ich muss warten und darf nicht impulsiv reagieren. Ich muss mir meiner Gefühle bewusst sein, meine Arbeit tun, abwarten um zu sehen, was ich tun muss und mich vielleicht sogar mit einem Menschen meines Vertrauens austauschen, bevor ich handle.

Die Zeit verändert alle Wahrnehmungen.

Wir müssen uns selbst Zeit geben, unsere Wahrnehmungen anzuschauen und uns klar zu werden, bevor wir eine Wahl treffen.

Für sich verantwortlich sein

Ein weiterer Aspekt, Verantwortung zu übernehmen, liegt darin, verantwortlich für sich selbst zu sein.

Wenn ich im Prozess lebe, glaube ich nicht, mein Prozess sei der einzige, der da ist. Ganz im Gegenteil – ich weiß ganz genau, dass ich Teil eines viel größeren Prozesses bin. Dieses Wissen hilft mir, die Verantwortung für mich selbst, meine Handlungen und Verpflichtungen übernehmen zu wollen.

Vereinbarungen einhalten und zu unseren Entscheidungen stehen – selbst wenn wir uns verändert oder unsere Meinung geändert haben, ist das Lehrgeld, das wir im Leben zahlen, damit wir uns hinterher gut mit uns selbst fühlen. All dies ist Freiheit und Verantwortung.

Verantwortung für unser Verhalten übernehmen

Leben im Prozess bedeutet nicht, dass wir uns um das Leben herummogeln können.

Manche Menschen würden die Idee von Leben im Prozess gerne dazu benutzen, um zu rechtfertigen, das zu tun, worauf sie Lust haben, wann immer sie Lust dazu haben. Nichts könnte von der Wahrheit unseren Prozess zu leben, weiter entfernt sein. Nicht zu tun, wozu wir gerade „keine Lust" haben, wird dann verwechselt mit selbstzentrierter Faulheit und/oder Eigenwille. Arbeit steht einem Leben im Prozess nicht notwendigerweise im Wege. *Wir* stehen dem Leben im Prozess im Wege.

Leben im Prozess bedeutet nicht, dass wir nicht arbeiten oder nicht verantwortlich für unser Leben sind. Wir müssen zu unserem Verhalten stehen, unseren Entscheidungen, unseren Gedanken und unseren Gefühlen, selbst wenn wir nicht klar sind. Ich höre manchmal die Aussage „Na ja, ich war nicht klar, als ich diese Entscheidung traf oder als ich das tat", was häufig andeuten soll, wir müssten in diesem Fall nicht für unsere Entscheidungen und/oder unser Verhalten einstehen. Wir verlieren Teile unseres Selbst, wenn wir nicht Verantwortung für uns übernehmen – unabhängig von der „Verfassung", in der wir waren, als wir diese Entscheidungen trafen.

Es gibt nichts im Leben im Prozess, das im Widerspruch dazu steht, für sich selbst Verantwortung zu übernehmen. Tatsächlich bedeutet Leben im Prozess, dass wir die Verantwortung für uns übernehmen. Es bedeutet, dass wir uns unseres eigenen Prozesses und des Prozesses anderer bewusst sind, darauf eingehen und achtsam sind. Wenn wir wahrhaftig im Prozess leben, haben wir nicht die Illusion, unser Prozess sei der einzige, den es gibt. Wir können unseren Prozess nicht wirklich leben, solange wir nicht im Einklang mit dem Prozess der Welt um uns herum sind.

Niemand von uns kostete je den süßen Geschmack der Genesung, indem er/sie von einem selbstzentrierten Verhalten in ein anderes fiel. Es gibt einen so großen Unterschied zwischen jemandem, der nur für sich sorgt, und jemandem, der sich seiner selbst und seiner Bedürfnisse und gleichzeitig auch der anderen und deren Bedürfnisse bewusst ist und beides respektiert.

Leben im Prozess bedeutet, dass wir verantwortlich sind für unsere Arbeit. Wenn wir zugestimmt haben, eine Arbeit zu tun, tun wir sie auch. Wir stimmen nicht zu, eine bestimmte Arbeit zu machen, und führen sie dann nicht aus, weil wir uns „nicht danach fühlen". Wir lassen die Arbeit nicht liegen, weil wir lieber herumhängen oder Spaß haben wollen. Wir müssen vielleicht eine Pause machen oder uns ausruhen, und wir erwarten nicht, dass uns jemand unterstützt oder für uns sorgt, während wir nichts tun. Wir verhandeln über das, was wir brauchen, und übernehmen die Verantwortung für unsere Bedürfnisse.

Wenn wir unseren Teil nicht erledigen oder unseren Beitrag nicht leisten, wenn wir unseren Verpflichtungen nicht nachkommen oder versuchen, um eine Verpflichtung herumzukommen, weil wir unsere Meinung geändert haben, fühlen wir uns nicht gut mit uns selbst – selbst wenn wir ungestraft davonkommen. Wir machen vielleicht Fehler bei dem Versuch zu lernen, verantwortlich für uns selbst zu sein, und unsere Fehler sind die Werkzeuge für unser Lernen. Oft haben wir uns von unserem Leben im Prozess so weit entfernt, dass wir nicht über Nacht dahin kommen können, das Leben in seiner Ganzheit zu leben.

Unsere Vereinbarungen einzuhalten und unsere Entscheidungen zu ehren, selbst wenn wir unsere Meinung geändert haben, ist – wie ich bereits sagte – der Preis, den wir im Leben dafür zahlen, damit wir uns gut fühlen mit uns selbst. Wir versuchen vielleicht, eine Vereinbarung neu auszuhandeln, und selbst wenn sie nicht neu verhandelbar ist, fühlen wir uns immer noch besser, weil wir die Verantwortung für unsere Entscheidungen übernommen haben.

Verantwortung ist die Fähigkeit, gänzlich auf unser Leben einzugehen und an ihm teilzunehmen. Schuld ist unwichtig. Teilnahme ist die Tür zu Verantwortung. Verantwortung ist der Weg zur Freiheit.

Dualismus

Um unseren Prozess in seiner Ganzheit zu leben, müssen wir fähig sein, über unsere illusionäre Wahrnehmung von Dualismus hinauszuwachsen, was vielleicht eine der schwierigsten – und nicht unmöglichen – Aufgaben ist, an die wir uns je herangewagt haben.

Dualismen sind ein Produkt unserer Vorstellungskraft. Sie entspringen unserem Denken.
Deshalb können wir sie loslassen und zu einer neuen Sicht der Welt gelangen und zu einer neuen Art, darin zu leben, wenn wir uns dafür entscheiden. Wir haben immer die Macht, uns zu entscheiden.

Was sind Dualismen? Dualismen werden errichtet, indem wir mit unserem Intellekt ein falsches Gegensatzpaar aufstellen. Wir greifen auf Dualismen zurück, um eine sehr komplexe Welt zu vereinfachen und zu erklären, und geben uns dadurch ein falsches Gefühl von Verständnis und Kontrolle. Wir greifen auf Dualismen zurück, weil wir unsere Verbindung mit unserer Spiritualität verloren und unsere Teilnahme am Ganzen aufgegeben haben, was jedoch unser Geburtsrecht ist. In unserer Furcht und Angst versuchen wir, ein sehr komplexes Universum grob zu vereinfachen. Dualismen sind unsere Kreationen und unsere Illusionen. Sie sind nicht real. Da wir uns von der Teilnahme an unserer Spiritualität und Ganzheit abspalten, versuchen wir zu vereinfachen und zu kontrollieren, was beides nicht funktioniert.

Wenn wir dualistisch denken und unsere Welt dualistisch sehen, denken wir in Begriffen von männlich/weiblich, gut/schlecht, innen/außen, oben/unten oder Opfer/Täter. Wir benutzen Dualismen, um eine sehr komplexe Welt zu vereinfachen, und dann versuchen wir, in ihr zu leben und alles zu zerstören, was nicht in unsere vereinfachte Sicht passt. Nehmen wir zum Beispiel einen der akzeptiertesten Dualismen, die wir geschaffen haben, männlich/weiblich. Er scheint ohne Erläuterung verständlich. Und doch ist er es nicht! Die Wirklichkeit ist einfach nicht so einfach. Es gibt eine ganze Bandbreite von männlich/weiblich. Es gibt weibliche Personen in männlichen Körpern und anders herum. Die Jungianer sagen, dass wir alle männliche und weibliche Anteile in uns haben. Spirituelle Lehrer sagen, die Seele sei weder männlich noch weiblich noch beides. Es gibt Menschen, die ohne Genitalien geboren werden – viel mehr, wie ich hörte, als öffentlich gesagt wird. Und wir haben Menschen, die mit sowohl weiblichen als auch männlichen Genitalien geboren werden – wiederum viel mehr, als uns gesagt wird. Die Entscheidung, wie mit der Situation umzugehen ist, wird oft im Kreißsaal getroffen. Der Dualismus von männlich/weiblich ist eben nicht so einfach, wie wir das gerne hätten. Tatsächlich hat vielleicht der ganze Aufruhr über Homosexualität wenig mit der Frage der sexuellen Identität zu tun und sehr viel mehr mit dem Versuch, an einer vereinfachten Weltsicht festzuhalten, die uns die Illusion von Sicherheit und Kontrolle gibt.

Der große indische Heilige Paramahansa Yogananda lehrte, Dualismen seien eine Gegebenheit der materiellen Ebene. Ich sehe das etwas anders. Für mich ist Dualismus eine Folge der Art und Weise, wie wir versucht haben, die materielle Ebene zu verstehen, und nicht eine inhärente Eigenschaft der materiellen Ebene der Existenz.

Als beispielsweise die Westeuropäer dachten, die Welt sei flach, reduzierten sie sie auf einen Dualismus von zwei Richtungen, Nord-Süd und Ost-West. Ihre Vorstellung von der Welt wurde als flach und zweidimensional dargestellt. Nach den großen europäischen Forschungsreisen mussten sie ihre Auffassung vom Planeten korrigieren und sahen die Welt als dreidimensional und später als multidimensional hinsichtlich des Universums und der Universen.

Wir stehen jetzt vor einer ähnlichen Wende in der Weise, wie wir uns selbst sehen und wie wir an unserem Leben und unserer Spiritualität teilnehmen. Über unsere Anhaftung an Dualismen hinauszuwachsen ist eine der großen Veränderungen, die wir durchlaufen müssen.

Wenn wir unsere Illusion des Dualismus aufgeben, werden wir gezwungen sein, auf unsere tiefe Spiritualität zurückzugreifen – einer Welt, an der wir mit einer Macht teilnehmen können, die jenseits unseres Verständnisses liegt. Wenn wir Dualismen geschaffen haben, um unsere Welt zu vereinfachen und unsere Illusion von Kontrolle zu nähren, haben wir damit uns selbst, unserem Gott und der Welt um uns herum einen überaus schlechten Dienst erwiesen. Wir haben unsere Fähigkeit zu verstehen, wer wir sind und gänzlich die zu sein, die wir sind – ein Teil der gesamten Schöpfung – extrem unterschätzt.

Wir sind mit unserem Dualismus in eine Sackgasse geraten. Als ich ein Kind war, hatten wir sogenannte „Lincoln Logs" – Holzstäbe zum Bauen, mit denen wir quadratische oder rechteckige Blockhäuser bauen konnten. Sie waren wirklich zweidimensional, nicht biegsam und ziemlich begrenzt in ihren Einsatzmöglichkeiten. Doch machte es Spaß, mit ihnen zu spielen und sie halfen uns, uns in einer zweidimensionalen Welt zurechtzufinden. Leider ist unsere Welt multidimensionaler. Dualismen sind für mich wie die Lincoln Logs oder wie die Bausteine unserer Gesellschaft.

Wenn wir uns gerade in einem Lincoln-Log-Dualismus befinden, steht uns wirklich nur dieser eine Baustab zur Verfügung. Wir können von einem Ende zum anderen rennen und befinden uns immer noch auf dem Holzstab. Ich habe zum Beispiel Menschen miterlebt, die sich zwischen einem „Soll ich in meinem Job bleiben?" und einem „Soll ich kündigen?" hin und her bewegten. Sie rennen hektisch von einem Ende zum anderen und stecken fest. Ein weiteres Beispiel ist der zuvor erwähnte Dualismus von männlich/weiblich. Viele Therapien und spirituelle Wege konzentrieren sich auf den Versuch, im Dualismus eine Balance zu finden, und gehen davon aus, der Dualismus sei eine Tatsache. Dieser Versuch, eine Balance oder einen mittleren Standpunkt zu finden, wird nie funktionieren. Der Dualismus selbst ist das Problem.

Es geht nicht darum, eine Balance im Dualismus zu finden. Solange wir das tun, halten wir uns in einer zweidimensionalen Welt gefangen und entfremdet von unserer Spiritualität.

Einer der gängigsten Dualismen, den ich bei Menschen sehe, die an der Leben-in-Prozess-Arbeit teilnehmen, ist der Dualismus von Arroganz und Wertlosigkeit. Sie sind entweder arrogant und glauben, sie seien besonders, einmalig und besser als alle anderen oder sie fühlen sich einfach schrecklich und glauben, sie seien die schrecklichsten Menschen in der Welt oder sie fallen von dem einen Extrem ins andere. Alle Dualismen haben einen Drehpunkt, um den sie sich bewegen und drehen. Diese Drehpunkte sind gewöhnlich die Eigenschaften, die wir als Dysfunktion sehen. Der Punkt, um den sich dieser Dualismus dreht, ist ganz klar Selbstzentriertheit. Anfangs glauben die meisten, sie müssten ein Gleichgewicht finden zwischen Arroganz und Sich-schrecklich-Fühlen. Wenn sie versuchen, diese beiden Extreme auszubalancieren, bleiben sie im Zweidimensionalen stecken.

Mein Vorschlag ist, dass wir vom Dualismus herunter springen. Für einige scheint dies wie ein Sprung ins Leere und vielleicht ist es das. Wir fragen immer wieder: „Was ist die dritte Option? Was ist die dritte Option?“ Die dritte Option ist immer, in sich zu gehen um herauszufinden, was die eigene Wahrheit ist. Wenn wir uns an den inneren Prozess anschließen, der unser Wesen ist und uns mit dem Allem-was-ist verbindet, brauchen wir unsere Welt nicht mehr in Dualismen zu definieren. Sie werden unwichtig, weil wir die spirituelle Basis haben, die es uns erlaubt darauf zu vertrauen, dass wir unsere Realität nicht vereinfachen müssen und nicht versuchen müssen, sie zu kontrollieren. Wir sind frei in unserer Spiritualität. Wir nehmen teil an unserem Prozess und sind eins mit dem Prozess von Allem.

Wenn wir uns mit unseren geliebten Dualismen auseinandersetzen und in unsere Ganzheit springen, können wir unseren Prozess leben.

Sich über Dualismus hinausbewegen

Nach hinduistischem Denken sind die Natur und die materielle Welt ihrem Wesen nach dualistisch. Doch ist dies nicht meine persönliche Erfahrung, und auch nicht die Erfahrung, die ich bei eingeborenen Völkern weltweit mache, die an der Ganzheit der Welt teilnehmen. Vielleicht meinten die Hindu-Weisen, dass wir die Neigung haben, die Natur und alles andere dualistisch wahrzunehmen, bevor wir uns nicht verändern und aus unserem eigenen Prozess heraus leben. Dualistisches Denken vereinfacht tatsächlich unser Universum in starkem Maß und hält uns gefangen, denn letztlich möchten wir uns gewöhnlich – wie bei dem Thema, ob wir weiter in unserem Job bleiben oder kündigen – nicht auf eines der beiden Extreme des Dualismus einlassen! Es reduziert die Realität und geht an dem Eigentlichen vorbei.

Vor einiger Zeit führte ich einen Dialog mit Susan, die eine gute Ausbildung in Jungianischer Psychologie hat. Ich hatte mich immer unbehaglich mit dem Ansatz von C.G. Jung gefühlt und wir erörterten oft Jungs Ideen und mein Unbehagen. Nachstehend ein Brief, den ich von ihr erhielt. Worüber sie schreibt, ist das, was ich die „dritte Option“ nenne.

> Heute morgen las ich einen Artikel von einer Freundin, einer Jungianerin, über das Aufkommen des Weiblichen, und ich bin wieder bei meinen üblichen Synthesen angelangt. Zugegeben, auf den ersten Blick sieht das Jungianische Denken dualistisch aus. Jungianer sprechen immer von Gegensätzen, sogar Gegensatzpaaren. Doch eigentlich sprechen sie über den dritten Weg. Für Jungianer ist Gesundheit die Versöhnung von Gegensätzen. Jener Punkt, an dem man sehen kann, dass sie überhaupt nicht gegensätzlich sind. Der wirkliche Unterschied zwischen deinem Denken und dem Jungianischen Denken ist für mich nicht das Thema Dualismus,

sondern die ganze Auffassung darüber, wie man an jenem Punkt lebt, der den dritten Weg darstellt. Jungianer sehen ihn als Spannungspunkt. Für sie kämpft die Psyche fortwährend darum, jenes Gleichgewicht zu halten und ja, das ist Dualismus, denn die Psyche kann in die eine oder andere Richtung fallen. Und wenn es nicht Dualismus ist, so ist es auf jeden Fall anstrengend! Ist man im Prozess, vollzieht man einen Systemwechsel und hat eine neue Sicht darüber, was ist. Eine Sicht, bei der Gegensätze unwichtig sind und ein Kampf nicht notwendig, weil man nicht zurück geht.

Ein weiterer, wirklich wichtiger Unterschied (bei dem deine Ideen so viel natürlicher als die von Jung erscheinen) ist, wie man überhaupt den dritten Weg erreicht. In dem Artikel schreibt meine Freundin: „Aber unglücklicherweise können wir etwas nicht wieder zusammenfügen, was wir nicht zuvor geteilt haben." (Ich füge das „aber" ein, weil es Bände spricht.) Nach Jung ist dies wirklich das Evangelium. Was er „den Prozess der Individuation" nannte oder das Bewusstwerden bedeutet zuerst, die Unterschiede zu sehen (in Gegensätze aufzuteilen) und dann zu erkennen, dass es im Grunde keine Gegensatzpaare gibt, sondern nur Aspekte der gleichen Sache.

Für mich ist jenes Bewusstsein „Annes und". Es ist von Anfang an da. Es ist Teil unseres inneren Wissens und Erkennens, eine Realität, die wir verstehen können ohne sie zu analysieren.

Vor einem Jahr machte ich mir für unsere erste Trainingssitzung Notizen über mein Hingezogensein zu Denkern, die jenen dritten Weg sehen: Thomas von Aquin, William Blake, C.G. Jung, G.K. Chesterton (Paradox), Anne Schaef. Ich hatte mich auf der „Moor-Eeffoc"-Seite des Lebens immer wirklich zuhause gefühlt und suchte nach Autoren, die dies bestätigten. Ich liebte Chesterton, weil er wusste – und den Mut hatte es zu schreiben –, dass die Teekanne verhext war.

An diesem Punkt (in meinem Brief) ringe ich nach den Worten, um etwas zu beschreiben, das ich immer aus dem Augenwinkel gesehen habe, mir jedoch entgleitet, wenn ich es geradeheraus ansehe (mit der Absicht es zu benennen). Für mich ist es die wirkliche Realität.

Dieses Jahr scheint mich einer Formulierung nicht näher gebracht zu haben. Es hat mich jedoch dazu gebracht, mir zu erlauben, sie allmählich wieder einzufordern. Wie Jung glaube ich nicht daran, ich kenne sie und ich habe zugelassen, dass das System und andere Menschen dieses Wissen erschüttern (unter anderem ein Analytiker, ein Jungianer – stelle dir einen Kopfmenschen vor, der eine intuitive Person analysiert – der sagte, ich müsse in der Wirklichkeit gehalten werden). Ich kann keinen ordentlichen Schluss machen, also höre ich einfach auf ...

„Moor Eeffoc" kommt übrigens von Dickens, über Chesterton. Es ist die Aufschrift „Coffee Room" (Kaffeehaus), auf eine Glastür geschrieben und von innen gelesen. Für mich ist es die irrationale, intuitive Realität, von innen gesehen. Für die Passanten scheint es ein Kaffeehaus zu sein. Jene von uns, die auf der Innenseite leben, wissen, dass es jener magische Ort ist, Moor Eeffoc.

SUSAN

Susan rang darum, Dualismus verständlich zu machen und in ihrem Denken über ihn hinaus zu wachsen. Sie liebte die Arbeit von Jung und war doch fasziniert von meinem Misstrauen gegenüber seinem Fokus auf Dualismus. Sie – und Jung! – versuchen, das Problem mit einer Balance des Dualismus zu lösen, was nicht funktioniert, wie bereits gezeigt. Auch fühlt sie sich unwohl mit der Tatsache, dass die Realität nicht aus Gegensatzpaaren besteht, sondern ein und das gleiche ist. Wir brauchen keine Gegensätze, um zu der Einheit zu kommen. Das Licht wird nicht von der Dunkelheit definiert – selbst wenn wir es glauben.

Leben im Prozess drängt uns über diese Ideen und Vorstellungswelt hinaus und führt uns zu der dritten Option. Diese geht über den Dualismus hinaus, bezieht sich nicht auf ihn, und wir definieren dann uns selbst und unsere Welt aus unserem eigenen lebendigen Prozess heraus. Die dritte Option bedeutet, dass wir uns nicht auf das eine oder andere Ende des Dualismus zurückziehen, sondern stattdessen nach innen gehen, um zu sehen, wohin uns unsere Gefühle bringen. Eine Chance, die uns herausfordert.

Dualismus ist Futter für den Geist. Er stellt nicht unsere Wirklichkeit dar und kann es auch nicht. Wann immer wir einen Rückfall in unseren Dualismus haben, nehmen wir nicht mehr an unserem Prozess teil.

Heilen auf seelischer Ebene

Heilung suchen, annehmen und durch sie hindurchgehen, so weit, wie es nötig ist

Leben im Prozess ist ein Weg des Heilens und des Lernens. Aufgrund der menschlichen Natur kommen unsere Lernmöglichkeiten oft in Form von Verletzungen. Im amerikanischen Fernsehprogramm *Saturday Night Live* gibt es eine Satire über einen kleinen hyperaktiven Jungen, der sich ständig verletzt. Seine Mutter zieht ihm wattierte Kleidung und einen Helm an und bindet ihn mit einem Bungee-Seil an einem Kletter- und Spielgerät an. Er rennt dauernd weg, kommt zum Ende des Seils und wird, im Großen und Ganzen unverletzt, wieder zurückgeschleudert. Ich denke manchmal, dass wir alle diesem kleinen Jungen ähnlich sind. Der Schöpfer hat uns so ausgestattet, dass wir im Grunde sicher sind; er hat uns ein sicheres Spielgerät als solides Fundament gegeben und uns an ein Bungee-Seil angebunden. Die blauen Flecken, die wir bekommen, haben wir uns oft selbst zuzuschreiben. Wir rennen ständig und werden zurückgeschleudert, bis wir es kapieren und beginnen, die Lektionen zu lernen, die notwendig sind, um den Weg der Seele zu gehen.

Natürlich gibt es auch Dinge, die uns im Leben einfach „zustoßen", von denen wir heilen müssen. Wir „schaffen" uns nicht alle unsere Lernsituationen selbst, zumindest nicht bewusst. Und: Alle Situationen in unserem Leben sind Möglichkeiten zum Heilen und Lernen. Wie bereits gesagt, ist das Thema auf einer tieferen Ebene nicht, ob wir belästigt, geschlagen, verzogen oder allzu nachsichtig behandelt wurden. Wir sind diejenigen, die mit dem, was unser Leben war und ist, umgehen müssen. Es ist unsere Aufgabe, das zu heilen, was notwendig ist, um zu lernen und ganz zu werden, um weiter zu gehen und unser Leben in seiner Fülle zu leben. Sich darauf zu konzentrieren, was andere uns angetan haben, ist nutzlos. Wir müssen uns uns selbst gegenüber verpflichten, das zu tun, was wir tun müssen, um zu heilen und uns weiter zu entwickeln.

Bereitschaft

Bereitschaft ist in diesem Zusammenhang wichtig. Wenn wir nicht bereit und willens sind, kann sich in unserem Leben nichts Positives ereignen. Wir müssen gewillt sein, alles zu tun, um zu heilen. Wir müssen gewillt sein, mutig in die Tiefen unseres inneren Selbst einzutauchen, bereit und offen sein um zu lernen, was dort für uns da ist. Das Leben wird uns viele Gelegenheiten zum Lernen bieten. Ich kenne einige Leute, die sich stur weigern zu lernen, was gerade für sie dran ist. Und doch gibt ihnen das Leben immer und immer wieder Gelegenheiten, ihre Lektionen zu lernen. Doch leider scheint die Gelegenheit jedes Mal, wenn sie sich wieder bietet, mit mehr Stärke und höherer Intensität zu kommen, um unsere Aufmerksamkeit zu wecken. Für mich ist diese Zunahme an Intensität eine Art, wie unser innerer Prozess uns liebt und für uns sorgt. Er gibt uns jede Gelegenheit zu heilen, zu wachsen und zu lernen. Wir können uns entscheiden, diese Gelegenheiten nicht zu nutzen – und sie werden das nächste Mal einfach noch intensiver sein.

Manchmal ist alles, was wir brauchen, Bereitschaft und unser innerer Prozess sorgt für das Übrige. Doch ist Bereitschaft nicht einfach ein Akt des Willens. Sie geht viel tiefer. Unter Bereitschaft verstehe ich die Offenheit, dem mutig entgegenzutreten, was notwendig für uns ist, um den nächsten Schritt unserer Reise zu tun. Oft ist unsere Angst so überwältigend groß, dass wir befürchten, mit den Informationen, die wir über uns lernen, nicht umgehen zu können. Doch letzten Endes tragen wir alle diese Informationen in uns und es sind unsere Informationen. Sich darüber klar zu werden, was immer es sein mag, und durch unser Heilen hindurch zu gehen, darum geht es in unserem Leben. Ich habe festgestellt, dass unsere Heilung oft erschwert wird durch unseren Verstand und dadurch, dass wir uns Schreckensvorstellungen ausdenken – nicht durch unsere Realität. Wenn wir wirklich tief in uns hineinhören und uns mit unseren Lektionen auseinandersetzen, stellen wir ironischerweise fest, dass unsere Verbindung mit unserer Spiritualität immer stärker wird und wir stellen fest, dass wir unermessliche Unterstützung und Fürsorge erfahren, um das zu tun, was auch immer für unsere Heilung notwendig ist.

Ich mache oft die Beobachtung, dass sich viele Menschen unterschätzen und sich mit einem schnellen „Kick" begnügen. Sobald sie sich besser fühlen, sind sie nicht mehr bereit, zu den Tiefen in sich vorzudringen, was jedoch notwendig ist, wenn sie sich selbst auf einer seelischen Ebene heilen wollen. Sie fühlen sich ein bisschen besser, geben einige ihrer schädlichen und zerstörerischen Verhaltensweisen auf und treten den Rückzug an. Anstatt wahrhaft zu leben, begnügen sie sich mit Existieren.

Bei einem Leben im Prozess geht es nicht darum, ein halbes Leben zu akzeptieren. Bei dieser Arbeit akzeptieren wir wo immer wir stehen und glauben und wissen gleichzeitig, dass wir ein ganz lebendiges Leben in Fülle haben können und haben sollen. Leben im Prozess gibt uns die Möglichkeit, den Prozess vollständiger Heilung und eines umfassenden spirituellen Lebens anzunehmen. Bei den Menschen um uns herum sehen wir, dass sich ihr Leben verändert hat und sie ein uneingeschränktes, glückliches und heiteres Leben führen. Wir glauben, dass diese Fülle des Lebens und diese vollständige Heilung für uns alle möglich ist.

In meinem früheren Beruf als Psychologin und Psychotherapeutin erkannte ich, dass man in der Psychologie nicht daran glaubt, dass jemand vollständig gesunden kann. Die Menschen können unendlich viele Psychotherapien machen und ewig an sich arbeiten – und unterschwellig gibt es in dem ganzen Bereich den Glauben, kein Mensch ändere sich jemals. Leider schränkt dies tatsächlich das ein, was möglich ist.

Louisa, eine Österreicherin, machte eine Erfahrung, die diese unterschwellige Annahme verdeutlicht. Sie machte eine Zeit „emotionaler Probleme“ durch. Sie kam deshalb für mehrere Monate als Patientin in eine psychosomatische Klinik und wurde als „geheilt und in einem sehr viel besseren Zustand“ entlassen. Sie stimmte dieser Diagnose nicht zu und fühlte sich noch nicht gesund. Sie kam zur Leben-im-Prozess-Arbeit und arbeitete an ihrer Bulimie, anderen Essstörungen sowie an ihren weiteren Themen. Nachdem sie sich jedoch mit der Trainingsgruppe drei Wochen lang während des Jahres traf, jeden Monat in ihre Regionalgruppe ging und Zwölf-Schritte-Gruppen für Essstörungen besuchte, fühlte sie sich viel klarer und durchaus arbeitsfähig.

Da Louisa Erwerbsunfähigkeitsrente bezogen hatte, musste sie sich, um wieder zu arbeiten, einer amtlichen Untersuchung unterziehen und an einem Einstufungstest teilnehmen. Sie war Lehrerin gewesen, als sie völlig arbeitsunfähig wurde. Sie schnitt bei den Tests und Interviews gut ab und erhielt die Empfehlung, als Sekretärin zu arbeiten. Sie war schockiert und sagte, sie wolle wieder unterrichten. Ihr wurde gesagt, sie könne aufgrund ihrer „mentalen Probleme“ nicht in ihren alten Beruf zurück. Sie wies darauf hin, dass sie den Empfehlungen gefolgt war und von den Ärzten in ihrem System gesund geschrieben worden war. (Sie hatte die Leben-im-Prozess-Arbeit nur zusätzlich gemacht, um sich selbst gesund zu fühlen). Doch sie wichen nicht von ihrer Meinung ab und sie wurde abgewiesen.

Als ich ihre Geschichte hörte, erinnerte ich mich: Schon damals, als ich in jenem System gearbeitet hatte, gab es die unterschwellige Überzeugung, niemand könne je wirklich heilen. Man empfahl Medikamente, Psychotherapie, Psychiatrie und Beratung und drängte die Patienten zu solchen Behandlungen. Und – man erwartete nicht, dass die Menschen heilten und man glaubte nicht, dass sie heilen könnten. Das war der Hauptgrund, warum ich dieses Berufsfeld verließ.

Meine Erfahrung mit der von mir entwickelten Leben-im-Prozess-Arbeit ist, dass Menschen von allem heilen können, wenn sie gewillt sind, ihre Genesungsarbeit zu tun und dran zu bleiben. Unabhängig davon, welche Verletzungen da waren, habe ich bei dieser Arbeit immer wieder dieses tiefe Heilen erlebt.

Die einzige Voraussetzung ist die Bereitschaft, unsere Arbeit zu tun und sich zu verpflichten, ihr so weit zu folgen, wie es notwendig ist. Während wir heilen, erfahren wir eine Freiheit und Verantwortung, die wir uns früher nicht hätten vorstellen können.

Im Kapitel über Heilung werde ich auf die Einzelheiten der Heilungsarbeit in der Leben-im-Prozess-Arbeit näher eingehen.

Ahnen, Geister und Engel

Ich bin zu dem Wissen gelangt, dass jedem von uns jemand oder etwas als Hilfe zur Verfügung steht. Einige Menschen sprechen von Ahnen, die um sie sind, um Unterstützung und Führung anzubieten. Andere sprechen von der Macht unserer DNA und ihrem Geschenk für uns. Andere sprechen von Engeln oder Schutzengeln. Wieder andere berufen sich auf Geistwesen. Ich habe sogar einen Freund, der die Kräfte, die ihn leiten und schützen, halb scherzhaft und ungezwungen als seine *Gespenster* bezeichnet. Wie immer wir sie nennen – die meisten Leute geben zu, dass da etwas ist, wenn wir es brauchen, und dass wir es anrufen können, wenn wir es brauchen. Manchmal haben wir vielleicht das Gefühl, dass es da zwei sanfte Hände gibt, die uns halten und stützen, wenn wir versuchen unseren Weg zu gehen. Zu anderen Zeiten spüren wir uns umhüllt von einer bedingungslosen Liebe. Was immer da ist und wie immer wir es nennen möchten, wir können um Hilfe bitten und werden sie erhalten – wenn auch vielleicht nicht immer so, wie wir es uns vorstellten – doch Hilfe ist da. Oft ist es das Bitten, das uns am schwersten fällt.

Wir dürfen diese schützenden Wesen nicht mit Gott oder dem Großen Mysterium verwechseln. Sie sind nicht das gleiche. Es gibt ein ganzes Universum von Wesen, mit denen wir in Verbindung treten können und die zu unserer Unterstützung bereit stehen. Wir sagen oft, wir beten zu Gott, wenn wir eigentlich unsere Schutzwesen um Hilfe anrufen. Vielleicht ist dies eine weitere Art, wie wir uns einreden zu glauben, wir könnten das Mysterium kennen oder es auf fassbare menschliche Begriffe reduzieren. Wer weiß?

Wenn wir unsere Arbeit tun stellen wir fest, dass wir uns mehr und mehr mit jenen zuvor unbekannten und ungeahnten Kräften verbinden. In unserer Angst und Einengung unserer selbst haben wir unser Leben so begrenzt. Die Bereitschaft, sich selbst gegenüber zu verpflichten, die eigene Heilung so weit wie nötig zu verfolgen, ein Schritt nach dem anderen, durchbricht unsere falschen Gefängnisse und macht uns frei.

Ihr sollt die Wahrheit kennen
und die Wahrheit wird euch frei machen.

Jesus von Nazareth

Vertrauen – unsere Illusion von Kontrolle aufgeben

Eine der verheerendsten Eigenschaften der Dysfunktion, die wir im menschlichen Leben lernen, ist die Illusion von Kontrolle. In der Vergangenheit habe ich gezeigt, dass jedes Gesellschaftssystem, das auf der Illusion von Kontrolle aufbaut, dysfunktional ist. Unglücklicherweise sind die meisten modernen Gesellschaftssysteme auf der Illusion von Kontrolle aufgebaut. Kontrolle ist so in unsere Gesellschaft integriert, dass nur sehr wenige Menschen sie überhaupt wahrnehmen können. Und wenn sie sie wahrnehmen, finden sie nichts Falsches daran.

Und doch ist die Illusion von Kontrolle tödlich. Unsere Überzeugung, wir könnten Menschen, Orte, Ereignisse und Dinge kontrollieren, stellt eine ernsthafte Bedrohung für unsere körperliche Gesundheit dar. Der Stress, den wir uns mit dem Versuch auferlegen, uns selbst und andere zu kontrollieren, zerstört unseren Körper. Der Stress, den wir uns mit dem Versuch auferlegen, Geld, Geschäfte, Wirtschaft oder unsere Sicherheit zu kontrollieren, zerstört unseren Körper. Unsere Sicherheit und unsere Gesundheit erhalten wir dadurch, dass wir an unserem Leben teilhaben und es leben – nicht von dem Versuch, sie zu kontrollieren.

Das Aufgeben unserer Illusion von Kontrolle ist einer der wichtigsten Schritte zur Heilung, wenn wir anfangen zu lernen prozesshaft zu leben. Wenn wir beginnen, uns aus einer kontrollierenden Lebensweise herauszubewegen hin zu einer prozesshaften Lebensweise, sieht die Welt anders aus. Es ist, als ob wir eine neue Brille aufgesetzt hätten – und nichts sieht jemals wieder aus wie zuvor. Die Veränderung findet im Innern statt, wenn wir unser Anhaften aufgeben und beginnen, unsere Spiritualität, unseren lebendigen Prozess und unsere Heilung an die erste Stelle in unserem Leben zu stellen. Unwillkürlich beginnen wir die Welt auf eine andere Weise zu sehen und anders an ihr teilzunehmen. Auf einer ganz tiefen Ebene erfahren wir, dass wir unseren Lebensprozess nicht aufs Spiel setzen dürfen, denn unser Lebensprozess ist Gott.

Wenn wir im Prozess leben, sind wir verantwortlich für unser Handeln und für die Folgen unseres Handelns. Wenn wir Verantwortung übernehmen – und dabei die Opfer- und Täterrollen aufgeben –, erhalten wir unsere persönliche Macht zurück und verschmelzen mit der unendlichen Macht des Großen Mysteriums. Wie bereits gesagt, geben Menschen, die sich als Opfer sehen, ständig ihre persönliche Macht ab – was man sich wie ein Zerrinnen der Seele vorstellen kann. Wenn wir uns entscheiden Opfer zu sein, ist es, als ob wir ein Loch in den Boden unserer Seele geschnitten hätten, durch das die Seele langsam ausläuft. Unsere persönliche Macht muss unversehrt sein, damit wir uns mit der unendlichen Macht verbinden können, die für uns da ist. Wir haben die Freiheit, anders zu handeln – und es gibt Konsequenzen.

Es entbehrt nicht einer gewissen Ironie, dass wir uns im Innern verändern und dass unsere persönliche Macht und Verbindung mit dem Unendlichen wachsen, wenn wir Verantwortung für unser Leben übernehmen, dazu stehen, was immer wir auch getan haben und die Gefühlsarbeit oder Tiefenprozesse tun, die wir tun müssen. Wir sind nicht hier, um perfekt zu sein. Wir sind hier, um teilzunehmen und zu wachsen. Wir sind hier, um zu werden, wer wir sind. Was immer in unserem Leben passiert, wie schwierig es auch sein mag, es ist immer eine Möglichkeit zu wachsen und zu lernen. Wir können von allem, was sich uns darbietet, lernen.

Leben im Prozess ist Freiheit und Gerechtigkeit
und beginnt auf der persönlichen Ebene.

Ich habe oft gesagt, dass Leben im Prozess darin besteht, ein Leben des Vertrauens zu leben. Einer meiner Lieblingspersonen in der Geschichte ist Martin Luther, der die protestantische Reformation anführte. Er war ein Mann, der gewiss seinen Glauben zu leben versuchte, selbst wenn dieser Glaube ihn in Richtungen führte, die er nur mit Zögern ging. Ich mag das. Leben im Prozess besteht darin, die Fähigkeit zu entwickeln, dem Prozess des Lebens zu vertrauen in dem Wissen, dass es uns geben wird, was wir brauchen und uns gleichzeitig Möglichkeiten zu Wachstum und Heilung bietet. Wir mögen nicht immer sofort verstehen, warum unser Leben bestimmte Wendungen nimmt. Doch wenn wir mit Offenheit warten, kommen das, was wir zu lernen haben und unser inneres Wissen auf uns zu, wenn wir empfänglich dafür sind.

Dem eigenen Prozess zu vertrauen heißt nicht, passiv zu sein. Im Gegenteil. Ihm zu vertrauen heißt, darauf zu vertrauen, dass wir einen tiefen inneren Prozess haben, der mit dem Unendlichen verbunden ist, das uns führt und schützt. Wir können eins mit dem Unendlichen sein und wenn wir es sind, leben wir unseren Prozess wirklich.

Vertrauen ist nichts, was wir erzwingen können. Vertrauen entwickelt sich, wenn wir unsere Arbeit tun und immer wieder erleben, dass wir ein tiefes inneres Gespür in uns haben, das uns treu leitet. Ich glaube, dass unser grundlegendstes Gefühl von Vertrauen sich durch unsere Tiefenprozessarbeit entfaltet. (Tiefenprozessarbeit wird eingehend in Kapitel 6 beschrieben.)

Wir heilen, indem wir nach innen gehen, unseren inneren Prozess achten und lernen, dahin zu gehen, wo er uns hinführt. Je mehr wir diese Erfahrung von Heilen und tiefer Spiritualität machen, desto mehr vertrauen wir. Je mehr wir vertrauen, desto mehr wissen wir, dass wir nicht allein sind, und dass uns viel mehr Hilfe zur Verfügung steht, als wir geglaubt hatten – wenn wir bereit sind, uns dafür zu öffnen. Je mehr wir wissen, dass diese Hilfe immer für uns da ist, desto offener sind wir dafür, tief in unser Inneres zu gehen. Wir sind von den Begrenzungen des Dualismus herunter gesprungen in die Sphäre der Möglichkeiten.

Diese neun Wahrheiten und Wegweiser sind also die Türen zu einem Leben im Prozess. Sie verlangen viel von uns und geben uns viel zurück. Sie werden am besten gelernt und praktiziert im Rahmen einer Gemeinschaft mit anderen Menschen, die versuchen ihren Prozess zu leben, und sie sind allgemeine Prinzipien für das Leben. Diejenigen von uns, die bereits ihr Leben so leben, können Mentoren für Anfänger sein.

Und: Leben im Prozess ist eine Seinsweise, die wir alle kennen, die uns allen gehört.

Kapitel 5

Was wir wissen und wie wir wissen

Lernen, Denken und Entscheidungen treffen

> Die Sinne sind widersprüchlich und trügerisch. Wir betrachten nie etwas mit unseren Sinnen. Wir betrachten mit unseren Gefühlen. Nur unseren Gefühlen können wir vertrauen.
>
> Alex Pua, hawaiianischer Kapuna

Wir haben das Thema Lernen und Lehren bereits gestreift, um zu versuchen, eine Grundlage für das Verständnis für Prozesse zu schaffen. Außerdem haben wir kurz über unser intuitives Wissen gesprochen. Nun möchte ich eingehender untersuchen, auf welche Weise unser Wissen, Lernen, Denken und Entscheiden mit unserem Leben im Prozess zusammenhängen.

Wissen

Tief in jedem von uns gibt es ein Wissen, das wie ein Gyroskop (ein Drehkompass) für unser Leben funktioniert. Ein Gyroskop ist ein Drehmechanismus, der versucht, gleichzeitig auf verschiedenen Ebenen das Gleichgewicht zu halten. Einen solchen Mechanismus tragen wir in uns. Geraten wir aus dem Gleichgewicht, so sagt uns dieses Gespür – wenn wir darauf hören können –, dass wir wieder ins Gleichgewicht und in Verbindung mit uns selbst kommen müssen. Wir werden mit einem Gefühl für ein inneres Gleichgewicht geboren, das uns in jedem einzelnen Augenblick unseres Lebens genau mitteilt, was wir brauchen – wenn wir uns nur die Fähigkeit bewahren, darauf zu hören und zu achten.

> Wenn du taub gegenüber der Stimme des Geistes in deinem Inneren bist, so bist du verkrüppelt und dein ganzes Leben lang eine Last für deine Mitmenschen.
>
> Morgan Llywelyn, Autorin von „The House Goddess“

Eines der grausamsten und verantwortungslosesten Dinge, die wir im Leben tun können, ist nicht zu sehen, was wir sehen und nicht zu wissen, was wir wissen. Wir werden mit dem inneren Wissen darüber, was wir brauchen und was richtig und gut ist, geboren. Wir tragen auch das spirituelle Wissen in uns, das uns auf der Reise durch unser Leben führt, sodass wir die Möglichkeiten zum Lernen und Wachsen haben. Wenn der Sinn des Lebens darin besteht, es zu leben, haben wir die Möglichkeit, an unserem Leben teilzunehmen und dabei zu lernen, was wir wissen müssen.

> Eine Frau beschrieb die Tiefenprozessarbeit und das Leben im Prozess als Weg, die Sprache des inneren Wissens zu erlernen. Sie sagte, sie identifiziere sich oft mit Helen Keller – taub, blind und stumm für die Sprache der Intuition, des Gefühls, des inneren Wissens und der Spiritualität. Ihre Tiefenprozessarbeit jedoch und das Lernen, wie man im Prozess lebt, seien wie Annie Sullivan, Helen Kellers Lehrerin, die ihr klopfend Botschaften in ihr Sein übertrug. Sie lerne langsam, dass solche Botschaften bedeutungsvoll seien und eine Form der Mitteilung in Bereichen des (intuitiven) Wissens darstellten, deren Vorhandensein sie bis dahin nicht einmal ahnte. Ihr sei nur beigebracht worden, mit ihrem Verstand zu kommunizieren; die Sprache ihres inneren Wesens habe sie nicht gelernt.

Unglücklicherweise wurde uns beigebracht, das für uns wichtigste Kommunikationsmittel abzuschalten und dessen Gebrauch zu verlernen. Unsere Schulbildung und kulturelle Prägung haben uns abgetötet gegenüber unserem wahren Wissen. Man hat uns beigebracht, Gott sei „da draußen“, und wir wurden erzogen, außerhalb von uns selbst nach unserem Wissen zu suchen. Wie ich schon erwähnte, bestärkt dieses Suchen außerhalb von uns selbst unsere Überzeugung, wir seien auf eine gewisse Art Opfer des Lebens und nicht Teilnehmende an ihm.

Wir sind nicht in Verbindung mit unserem inneren Wissen. Wir benutzen alles, um uns abzulenken. <u>Und</u>: Unser inneres Wissen ist immer noch da und wartet auf uns.

Vor einigen Jahren wurde ich gebeten, eine Gruppe von Nonnen zu beraten, um ihnen zu helfen, über die Aufnahme von drei Frauen in ihren Orden zu entscheiden. Alle drei Frauen hatten das Noviziat – die Ausbildung und Probezeit – durchlaufen und nun war es an der Zeit, Entscheidungen zu treffen. Als ich mit diesen Nonnen zusammensaß, konnte ich die Spannung in der Luft spüren.

Ich ließ die Gruppe entscheiden, in welcher Reihenfolge über jede einzelne Frau gesprochen werden sollte. Über die Schwierigste wollten sie zuletzt sprechen. Die beiden anderen Frauen waren einfach und über sie wurde schnell entschieden.

Als wir über die dritte Frau sprachen, bemerkte ich, dass es schwer für mich war, die Gruppe mit ihrer Aufmerksamkeit am Thema zu halten. Ich begann, unzählige versteckte Motive und Interessen zu erkennen.

1. Der Orden brauchte neue Mitglieder und deshalb taten sie sich schwer damit, eine Bewerberin abzuweisen.

2. Die betreffende Frau war mit einigen der Nonnen des Komitees und im Orden befreundet.

3. Sie hatte viele körperliche und psychologische Probleme. Man fragte sich, wie viel sie beitragen und welche finanzielle Belastung sie für den Orden darstellen würde.

Sie nahmen sehr stark aufeinander Rücksicht und sprachen zum Großteil nicht ehrlich darüber, was sie dachten.

Nachdem viel Zeit mit Diskutieren verbracht worden war und lange vermieden wurde, eine Entscheidung zu treffen, beschloss ich, den Gruppenprozess zu unterbrechen und fragte, ob sie offen dafür wären, ein Experiment zu machen. Ich sagte der Gruppe, ich sei überzeugt, dass alle in ihrem Inneren ihre Entscheidung kannten.

Ich bat sie innezuhalten, still zu sein und in sich hineinzuhören, um zu sehen, ob sie entdecken konnten, was sie wussten. Dann fragte ich, ob sie bereit dazu wären, dass jede Frau der Reihe nach in der Runde das sagte, was sie wusste.

Wir hatten eine 100%ige Übereinstimmung. Alle kannten die richtige Entscheidung, als sie sich wissen ließen, was sie wussten. Sie waren erleichtert über ihre Klarheit. Ihr Denken war ihrem Wissen in die Quere gekommen! Sie entschieden, die Frau solle nicht Nonne werden und boten ihr eine weniger strenge Möglichkeit der Teilnahme an der Gemeinschaft an – als außerordentliches Mitglied.

Es ist notwendig, dass wir uns selbst vertrauen und uns auf unser tiefes inneres Wissen verlassen, wie es sich uns durch unsere Beziehung zu unserem Schöpfer, unserer Höheren Macht, dem Großen Geheimnis offenbart. Wir sind eins mit der Einheit von allem und das uralte Wissen unserer Ahnen wohnt in uns.

Selbst wenn es den Anschein hat, andere könnten über uns bestimmen, brauchen wir unsere Macht nicht abzugeben. Wir müssen unseren eigenen, für uns richtigen Weg suchen. Wissen bedeutet, im Einklang zu sein mit unseren Gefühlen, Wahrnehmungen, Intuitionen und Eingebungen, und diese zu respektieren. Wir müssen dem, was wir wissen, vertrauen und dieses Wissen achten. Leben im Prozess gewährt uns ein ständig wachsendes Gewahrwerden von Eingebungen, Gefühlen, Wahrnehmungen, Körperempfindungen und Erinnerungen – unserer eigenen und der unserer Ahnen. Indem wir lernen, sie wahrzunehmen und ihnen zu trauen, wächst unser Bewusstsein und damit erhalten wir die Fähigkeit, in unserer Spiritualität zu leben. Welche Wahrnehmung auch immer zu einem bestimmten Zeitpunkt in uns aufsteigen mag – wir müssen sie respektieren und davon ausgehen, dass sie gerade jetzt für uns von Bedeutung ist. Unser denkender Verstand wird ihre Bedeutung vermutlich nie entschlüsseln – und wenn wir etwas wahrnehmen und bei dieser Wahrnehmung bleiben, werden wir sie kennen.

Ich habe schon zuvor darüber geschrieben, dass wir unseren Wahrnehmungen nicht trauen können, bevor wir nicht eine gewisse Klarheit zu entwickeln beginnen. Freunde, denen wir vertrauen, und eine Gemeinschaft können uns bei diesem Prozess helfen. Und wir werden auch Fehler machen, wenn wir mit unserem inneren Wissen vertraut werden. Das ist in Ordnung!

Um zu wissen, müssen wir in der Lage sein, zwischen Weisheit und Information zu unterscheiden. Information ist gewöhnlich mechanistisch und hat etwas mit unserer materiellen Welt zu tun. Informationen werden gewöhnlich von unserer logischen, rationalen, linken Gehirnhälfte zusammengesetzt und verarbeitet und durch Worte, Begriffe und Symbole übermittelt.

Information ist wichtig, um mit unserer Umgebung gut zurecht zu kommen, und sie unterscheidet sich von Weisheit. In unserem technologischen Zeitalter haben wir Information mit Weisheit verwechselt. Folglich geben wir jungen Technikfreaks den Status von Weisheitsbewahrern, obgleich sie einfach noch nicht lange genug gelebt haben, um weise zu werden, und ihre Informationen nicht aus den Zentren der Weisheit stammen.

Information ist hilfreich und nützlich. Ich kaufte kürzlich ein Wohnmobil und lernte sehr schnell, dass es sehr hilfreich ist, ein Verständnis für Mechanik zu haben, um mit mechanischen Dingen umzugehen. Problematisch wird es oft dann, wenn wir versuchen, jenes mechanische Verständnis auf uns selbst anzuwenden. Die Gesetze der Mechanik gelten nicht für Prozesse.

Weisheit braucht Zeit. Weisheit entsteht in unserem ganzen Wesen und entspringt unserem inneren Wissen. Weisheit ist Wissen, das über eine Zeit hinweg getestet wurde und das überzogen ist mit der Patina vergangener Zeiten. Oft finden wir Weisheit in den Sprichwörtern einer

Kultur. Ich habe kürzlich bemerkt, wie wenig junge Menschen in diesem Informationszeitalter die Sprichwörter ihrer Kultur kennen. Sprichwörter sind eine Möglichkeit, die Weisheit einer Kultur weiterzugeben. Eine der Kernfragen, mit der wir uns im Leben auseinandersetzen müssen, ist die, wie wir unterscheiden können zwischen unserem inneren Wissen – unserem Prozess, der Stimme des Unendlichen – und unserem Eigenwillen und dem, was wir glauben zu wollen. Da unser Verstand trickreich und schnell ist, ist dies eine harte Nuss, besonders für Menschen, die geschult wurden in linearem, mechanistischem Denken. Es ist so leicht sich einzureden, unser Wille sei Gottes Wille für uns. Wir können uns leicht etwas vormachen.

Unser inneres Wissen bringt uns nie in Schwierigkeiten. Wir mögen feststellen, dass es nicht immer leicht ist, unserem inneren Wissen zu folgen, und dies kann tatsächlich auch ziemlich schwierig sein. Doch es ist fast immer begleitet von einem Gefühl inneren Friedens, einem kosmischen Gefühl der Erleichterung. Wenn wir hingegen unserem Eigenwillen folgen, führt das fast immer zu Leid, Kampf, Verwirrung, Orientierungslosigkeit und Stillstand.

Sündiget kräftig,
sodass Gnade überfließt.

MARTIN LUTHER

Doch gibt es Zeiten, in denen wir es einfach zu brauchen scheinen, mit unserem Eigenwillen vorzupreschen, um danach bereitwillig aus der Lektion zu lernen. Dieses Vorgehen mag nicht immer angenehm sein – <u>und</u> wenn wir oft genug so handeln, erweist es sich meist als wirksam, indem es uns die Lektionen vermittelt, die wir zum Lernen und Wachsen brauchen.

Ebenen der Wahrheit

Ich habe die verschiedenen Ebenen der Wahrheit bereits erwähnt und möchte sie hier genauer untersuchen.

Wenn wir uns in unser inneres Wissen hineinbewegen, gehen wir durch unterschiedliche Ebenen der Wahrheit. Was wir vor einer Woche vielleicht noch für die absolute Wahrheit hielten, mag für uns diese Woche nicht mehr stimmen. Der Grund dafür ist, dass unser Leben ein Prozess ist, dass wir ein Prozess sind. Indem wir zu unserer heutigen Wahrheit stehen, sind wir bereit, uns zu einer neuen Ebene der Wahrheit hinzubewegen. Nur wenn wir völlig annehmen, wo wir stehen, können wir uns weiterbewegen.

Wenn wir davon ausgehen, die Ebene der Wahrheit, auf der wir uns befinden, sei die endgültige oder wir seien zu einem endgültigen Verstehen davon gelangt, dann begehen wir einen schweren Fehler. Wenn wir an unserer heutigen Sicht festhalten und uns daran klammern, hindern wir uns daran, am Prozess unseres inneren Wissens teilzunehmen und uns weiterzubewegen.

Die verschiedenen Ebenen der Wahrheit können besonders dann verwirrend sein, wenn wir versuchen, sie statisch zu machen und nur ein oder zwei Teile des fortlaufenden Prozesses gleichzeitig erkennen können.

Ich neige dazu, mir die verschiedenen Ebenen der Wahrheit wie eine Sinuskurve vorzustellen:

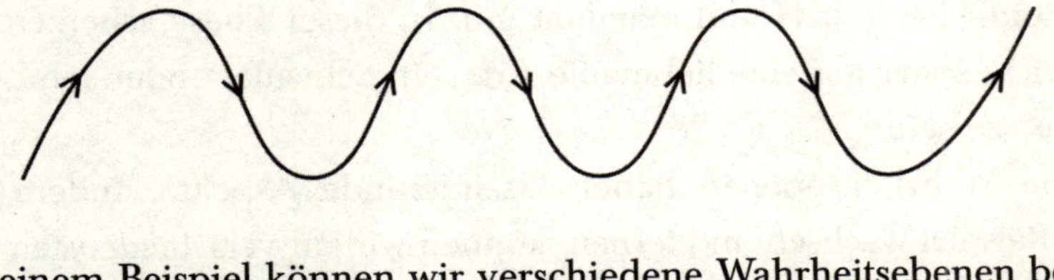

An einem Beispiel können wir verschiedene Wahrheitsebenen besser verstehen. Nehmen wir z.B. das Thema Homosexualität zu verstehen und zu akzeptieren. In unserer Kultur mangelt es an einem Wissen um Homosexualität und es gibt eine panische Angst davor.

Auf der ersten Ebene von Wahrheit stehen Menschen, die nichts über Homosexualität wissen. Dieses Stadium der Entwicklung wird von denen, die homosexuell sind, oft als heterosexuelle Blindheit bezeichnet. Auf dieser ersten Ebene benutzen wir keine Slangwörter, um Homosexualität zu benennen oder auch nur zuzugeben, dass es Homosexuelle um uns herum gibt. Homosexualität ist kein Thema.

Auf der zweiten Wahrheitsebene gibt es ein Bewusstsein für Homosexualität, das häufig mit einer personalisierten homosexualitätsfeindlichen Haltung einhergeht. Ausdrücke wie Schwuchtel, Homo, Schwuler und Lesbe werden oft mit einem erheblichen Maß an negativer und feindseliger Energie benutzt. Offensichtlich löst das Gewahrsein von Homosexualität unverarbeitete tiefe Gefühle aus, die sich in oft negativen und gemeinen Verhaltensweisen äußern.

Wenn wir weiter unsere Arbeit tun und uns auf unsere nächste Wahrheitsebene zubewegen, ändern sich unsere Einstellungen und unser Verhalten. Indem wir mehr wahrnehmen, erreichen wir meistens ein Stadium, in dem wir offener und sensibler sind. Es wird uns bewusst, was es heißt, in unserer Kultur homosexuell zu sein und wir möchten unterstützend sein. In dieser Phase benutzen wir nie abwertende Ausdrücke und fühlen uns durch sie verletzt. Dies wäre die dritte Wahrheitsebene.

Wenn wir die nächste, die vierte Stufe, erreichen, haben wir bereits mehrere unserer eigenen Themen durchgearbeitet und gehen selbstverständlicher mit Homosexualität um. In dieser Phase scherzen wir vielleicht sogar auf eine liebevolle Art, „ein Schwuler" oder „eine alte Lesbe" zu sein.

Die Wahrheitsebenen haben faszinierende Aspekte. Indem wir zum Beispiel wachsen und lernen, können wir auf verschiedensten Gebieten viele Wahrheitsebenen durchlaufen. Verharren wir auf einer Wahrheitsebene, werden wir oft kämpferisch und gemein.

Betrachten wir außerdem nur eine Wahrheitsebene für sich genommen und betrachten wir sie als losgelöst von allen anderen, so können wir uns selbst einreden und glauben, sie sei die wahre Ebene der Wahrheit. Wir können uns auch einen Dualismus aus zwei aufeinander folgenden Wahrheitsebenen zurechtlegen und versuchen, in diesem Dualismus zu leben.

Einer der faszinierendsten Aspekte der verschiedenen Wahrheitsebenen besteht darin, dass jede zweite Wahrheitsebene vom Verhalten her ähnlich aussehen *kann* und doch Welten zwischen den beiden Ebenen liegen können. So werden im obigen Beispiel sowohl auf der zweiten wie auch auf der vierten Ebene emotional aufgeladene Bezeichnungen für Homosexuelle verwendet. Doch sind die Emotionen und die Bewusstseinsebenen ganz verschieden. Und für jemanden, der nichts von der Sache weiß, können die beiden Verhaltensweisen ziemlich ähnlich aussehen. Sowohl auf Stufe 1 wie auf Stufe 3 werden diese Ausdrücke nicht benutzt und auch sie unterscheiden sich erheblich in Tragweite und Bewusstsein.

Bei unserer Reise durch die verschiedenen Wahrheitsebenen haben wir Mitgefühl mit den Menschen, die Ebenen durchlaufen, die wir bereits erfahren haben. Umgekehrt sind sich Menschen auf den früheren Ebenen der anderen Ebenen nicht bewusst und neigen dazu, rigider und verurteilender zu sein.

Je mehr Wahrheitsebenen wir bezüglich eines Themas durchlaufen, desto weniger Menschen sind noch bei uns und desto weniger Unterstützung erfahren wir. Es kann sogar sein, dass wir von jenen, die sich auf früheren Ebenen befinden, stärker angegriffen werden.

Vielleicht ist das Leben nicht mehr als ein Durchschreiten der verschiedenen Wahrheitsebenen unserer jeweiligen Themen.
Wer weiß?

Alles Lernen ist Selbsterkenntnis.

Indem wir uns selbst erforschen, können wir mehr über unseren Platz im Universum erfahren. Wir gelangen nicht über unseren logischen Verstand zu Selbsterkenntnis. Allzu häufig ist das, was wir mit unserer Logik über uns selbst lernen, eine Selbsttäuschung und eine virtuelle Wirklichkeit, nicht unser wirkliches inneres Wissen. Wir sind in der Lage, viel mehr zu wissen als wir glauben, wissen zu können.

Letztlich müssen wir sehen,
was wir sehen und wissen, was wir wissen.

Vielleicht zapfen wir oft nur unsere einfacheren Gehirnstrukturen an, was zu unseren zwanghaften und ritualistischen Verhaltensweisen führt, und vielleicht entsprechen unsere komplexeren Gehirnstrukturen unserem prozesshaften Selbst.

Lernen

Wie lernen wir dann und warum lernen wir? Gute Fragen.

Unser Lernen sollte nie darauf basieren,
das zu vergessen, was wir wissen.

Ein sinnvolles Leben ist sicher ein Leben,
das Lernvorgänge zulässt, die sich langsam entwickeln.

Lernen unterscheidet sich vom Sammeln von Informationen. Lernen kann das Sammeln von Informationen einschließen und wenn das zutrifft, ist oft eher der *Prozess* des Sammelns von Informationen wichtiger als die Information selbst.

Lassen sie uns jetzt zu der Geschichte von Mr. Kelly, dem Koori-Stammesältesten und meinem australischen Freund, zurückkommen. Jedes Mal wenn ich bei ihm bin, bemerke ich, dass ich etwas Neues lerne und dass er immer etwas bestärkt, was er mich bereits gelehrt hat. In Kapitel 2 habe ich seine Art zu lehren beschrieben, um ein Beispiel zu geben für den *Prozess* des Lehrens und Lernens. Ich möchte nun etwas mehr vertiefen, was dieser Prozess für mich bedeutet.

Mr. Kelly lehrt mich und andere so, wie er ein Kind lehren würde. Er erzählt eine Geschichte, und er erzählt die gleiche Geschichte wieder und wieder und wieder – jedes Mal, wenn ich ihn sehe. Doch jedes Mal, wenn er sie erzählt, fügt er etwas Neues hinzu – gewöhnlich da, wo ich es am wenigsten erwarte. Wenn ich träge werde oder denke „Er wird senil und wiederholt sich ständig“ oder „Das habe ich schon gehört“, entgeht mir vielleicht der neue Aspekte, den er dieses Mal einfügt, und ich werde genau diesen Aspekt brauchen, um darauf aufzubauen, wenn ich die Geschichte das nächste Mal höre. Jedes Mal, wenn ich ihn um mich habe, weitet sich mein Verständnis für das, was er mir über seine Welt und sein Wissen zeigt.

Er weiß, dass ich unmöglich alles auf einmal verstehen kann, denn wie ein Kind muss ich erst in das Verstehen hineinwachsen. Wirkliches Verstehen kommt nicht schlagartig. Er manipuliert nicht meinen Verstand. Er versteht es meisterhaft das zu lehren, was am wichtigsten ist, wenn man die Geduld zum Lernen hat. Er „füttert“ mich und respektiert meinen Prozess des „Kauens“ und „Verdauens“, der zwischen den „Fütterungen“ stattfinden muss. Um zu verstehen, muss ich mich mehr und mehr einlassen. Das Lehren ist ein Prozess. Das Lernen ist ein Prozess. Beides muss allmählich geschehen. Das Tempo ist respektvoll mit uns beiden und entspricht unseren Bedürfnissen. Der *Prozess* seines Lehrens ist respektvoll. Die Information steht im Dienst des Prozesses, nicht umgekehrt. Mein Lernen verläuft in einem Prozess von Geduld, Achtung und Fürsorge und dies ist vielleicht genauso – oder noch wichtiger – als der Inhalt, den er mir übermittelt.

Mr. Kellys Art des Lehrens unterscheidet sich so sehr von der westlichen Auffassung von Verstehen. In der westlichen Kultur versuchen wir, die Dinge schnell mit unserem Verstand zu begreifen. Wir stellen andauernd Hypothesen auf, die wir – bewusst oder unbewusst – überprüfen und *wir stellen Fragen über Fragen.* Wir wollen *verstehen*, was vor sich geht und wir glauben, besser verstehen zu können, wenn uns die gleichen Annahmen zugrunde liegen. Die meisten von uns erkennen nicht, dass wir Vermutungen angestellt haben und dass unsere Vermutungen zugleich unsere Vorurteile sind. Diese mögen der Wahrheit entsprechen oder auch nicht, und sie haben fast nie etwas mit dem Erlangen von neuem Wissen zu tun.

Neulich erkannte ich den Wert von Mr. Kellys Vorgehen bei einem Workshop zu Leben im Prozess. Wir bieten solche Workshops auf der ganzen Welt an, sodass Leute, die sich für diese Arbeit interessieren, eine Erfahrung mit Leben im Prozess machen können. Menschen, die davon gehört oder darüber gelesen haben, kommen, um eine Erfahrung damit zu machen.

Unter dieser Voraussetzung gehe ich davon aus, dass einige kommen, um zu lernen, und bei den meisten ist das auch so. Und es gibt immer einige Teilnehmer, die ihr Geld dafür ausgeben um:

1. zu beweisen, dass sie bereits wissen, wie diese Arbeit geht – was für gewöhnlich nicht der Fall ist.
2. diese Arbeit ihren eigenen Vorurteilen anzupassen.
3. sie zu bekämpfen und anzugreifen.
4. beladen mit so vielen Annahmen zu kommen, die sich oft auf vorangegangenen Ärger beziehen, dass sie sich auf keine Erfahrung einlassen können, die ihren Vermutungen nicht entspricht.
5. ihre Hypothesen bezüglich dieser Arbeit unter Beweis zu stellen, welche diese auch immer sein mögen.

All diese Motive verhindern, dass wir etwas lernen. Wir können nicht etwas Neues lernen, wenn wir meinen, es bereits zu kennen. Wir können nicht etwas Neues lernen, wenn wir es zuerst ummodeln müssen zu etwas, was wir bereits kennen. Wir können nicht etwas Neues lernen, wenn wir es verwerfen müssen, noch bevor wir es erfahren haben. Wenn unser Verstand verschlossen ist, kann kein Lernen stattfinden.

Selten kommen wir mit einem wahrhaft offenen Geist. Unsere Suche nach neuer Information kleidet sich oft in Fragen wie „Ist es dies, was mir *bekannt* ist? Oder ist es jenes, was mir *bekannt* ist? Oder ist es etwas Unbekanntes, das ich über etwas Bekanntes verstehen muss?" Wir erlauben es uns häufig nicht, offen zu sein, und so entgehen uns viele mögliche neue Lernerfahrungen, wenn wir meinen, neue Möglichkeiten in bekannte Strukturen zwängen zu müssen.

Verstehen braucht Zeit. Verstehen ist wie das Zähmen des Fuchses in Antoine de Saint-Exupérys Kinderklassiker *Der Kleine Prinz*. Verstehen ist ein Prozess und kein Ereignis. Verstehen ist nicht möglich, wenn wir nicht gewillt sind, uns die Zeit und Mühe zu nehmen, um „mit etwas zu sitzen". Ich kann verstehen, weil Mr. Kelly mir Zeit zum „Kauen" und „Verdauen" gibt.

Dieser Prozess des Verstehens und Lernens gilt auch für das Verstehen von uns selbst. Wir können uns nicht mit unserer linken Gehirnhälfte verstehen. Uns und unsere Welt zu verstehen ist ein Prozess. Um beides zu verstehen, müssen wir beides leben – nicht über beides nachdenken. Um zu leben, müssen wir uns mit den Kräften auseinandersetzen, die uns von uns selbst fernhalten, mit dem, woran wir uns festhalten und mit allem, was wir zum Betäuben unserer Wahrnehmung benützen. Wir können nicht ganz leben, wenn wir uns selbst mit einer Maske belügen.

Ich glaube, die oben beschriebene Art von Prozess steht in direktem Zusammenhang mit Frieden – Frieden in uns und Frieden unter uns. Selten – wenn überhaupt – erlangen wir Frieden durch unseren rationalen Verstand. Die Art von Verstehen, die ich hier beschreibe, muss über unser inneres Wissen zu unserem rationalen Verstand kommen und diese Art zu wissen braucht Zeit.

Lernen kann in vielen Formen geschehen und von vielerlei Orten kommen. Wir können nie im voraus wissen, was wir lernen werden oder wer unsere Lehrer sein werden. Kürzlich kam zum Beispiel eine für mich sehr wichtige Lehrerin aus der Natur.

Ich machte eine sehr interessante Erfahrung mit einer Schlange in einem abgelegenen buddhistischen Zen-Retreat-Zentrum in einem Canyon Kaliforniens. Tatsächlich sind alle unsere Lehrer um uns – wenn wir uns dafür entscheiden, das Lernen zu akzeptieren. Es war Lunchpaket-Tag, d.h. der Koch hatte frei, und ein Freund und ich waren flussabwärts gewandert, um den Tag auf den glatten Felsen an einem tiefen Wasserbecken zu verbringen, das wir am liebsten mochten. Die Felsen dort sind erstaunlich. Sie sind von unzähligen Frühlingsschmelzwassern glattgeschliffen, haben runde Formen und sind sinnlich. Auf jedem der großen Felsblöcke gibt es mindestens tausenderlei Möglichkeiten zu sitzen, sich hinzulümmeln und zu lesen. Ich merke, dass jede auch noch so kleine Veränderung meines nackten Körpers mir vollkommen neue, sinnliche Empfindungen schenkt. Sich dem Felsen anzuschmiegen und zu spüren, wie er sich an mich schmiegt, ist für mich eine Erfahrung, die viele Orte, Zeiten und Lieben wachruft. Es ist ein Wissen um Unendlichkeit innerhalb der Endlichkeit, wenn der Felsen und ich wieder miteinander vertraut werden. Ich bin viele Male dort gewesen, immer ist es wie das erste Mal.

Mein Lieblingsplatz ist ganz nahe an einem kleinen Wasserfall bei einem tiefen Becken. Ich hatte es mir bequem gemacht, las ein gutes Buch und bewegte mich nur, um den einen oder anderen Muskel zu entspannen. Nach einiger Zeit hatte ich das Bedürfnis, mich umzusehen und direkt vor mir in dem großen Becken war, sozusagen Wasser tretend, eine ein Meter lange Schlange, die mich anstarrte.

Nun lösen Schlangen in mir immer eine gewisse Schnelligkeit aus und ehe ich mich versah, stand ich oben auf dem Felsen (wo es natürlich sicherer war) und kreischte: „Eine Schlange!" Die Schlange starrte mich weiter an und schwamm dann unter den Felsen. Da dieser Felsen – der so groß wie mein VW-Bus war – offensichtlich nicht mehr sicher war, sprang ich über den Wasserfall und kauerte mich auf den Felsen jenseits des Wassers, weiterhin in der festen Überzeugung, ich sei dort viel sicherer. Die Schlange kam hervor, hielt sich mit dem Schwanz an einem Felsen unterhalb der Wasseroberfläche fest und ließ sich eine Weile auf dem Wasser treiben, wobei sie mich im Auge behielt. Wir schienen uns beide sicherer zu fühlen, wenn wir uns gegenseitig im Auge behalten konnten. Natürlich glaubte ich damals, nur ich sei diejenige, die die *andere* beobachtete.

Als ich so da saß und überlegte, ob ich der Schlange mein Terrain überlassen sollte, wo wohl ihre Familie sei und wie groß diese wohl sei und so allgemein vor mich hinbrütete, schwamm die Schlange – davon bekomme ich immer eine Gänsehaut – zu einem kleineren Felsen in der Mitte des Wassers, schlängelte sich hinauf und begann sich auszuruhen und zu sonnen. Ich blieb noch eine Weile in geduckter Stellung sitzen. Dann, nachdem ich beschlossen hatte, dass ich mit der Schlange klar im Blickfeld sicher war, kletterte ich zurück auf meinen Lieblingsfelsen und nahm wieder mein Buch zur Hand, wobei ich mich immer wieder vergewisserte, dass ich die Schlange direkt im Blick hatte. Natürlich wissen wir alle, dass man vor Schlangen sicherer ist, wenn man sie sieht.

Während ich die Schlange beobachtete, erkannte ich, dass sie das gleiche tat wie ich. Sie behielt mich im Auge und sonnte sich auf ihrem Lieblingsfelsen. Sie machte wie ich (oder vielleicht ich wie sie) kleine Bewegungen, um sich dem Felsen anzupassen, die Sonne einzufangen, es sich bequemer zu machen oder was auch immer. Wir waren gar nicht so verschieden. Im Laufe des Nachmittags hörten wir damit auf, uns gegenseitig zu beobachten und schienen uns mehr unserem eigenen Prozess zu widmen.

Ich brach vor der Schlange auf. Und nachdem ich über den Wasserfall gesprungen war, blieb ich auf dem Felsen auf der anderen Seite stehen und verabschiedete mich von ihr. Wie einfach es war, die Gemeinsamkeiten zu sehen. Ich hatte meine Angst loslassen können und mich nicht durch Kontroll- und Revierprobleme um einen vollkommenen Nachmittag gebracht. Ich hatte gelernt, mich ausgerechnet mit einer Schlange eins zu fühlen. Mein Tag war wirklich durch die Schlange bereichert worden. Ich war durch die Schlange bereichert worden. Sie lehrte mich, dass ich meine Lehrer nicht vorhersagen kann. Nur von ihnen lernen.

Wenn wir wissen, dass wir ein Teil des Prozesses des gesamten Holomovements sind, können wir von allem und jedem lernen.

Wir gehen von der Annahme aus, alles Lernen müsse über die Sinne erfolgen und so frei wie möglich von Gefühlen sein. Wie Alex Pua, der zu Beginn dieses Kapitels zitierte hawaiianische Stammesälteste sagt, können wir wahrscheinlich auch nicht unseren Sinnen trauen, die in direkter Verbindung zu unserem Gehirn stehen. Auch wenn unsere Emotionen vielleicht verworren sein mögen, sind unsere Gefühle doch im allgemeinen zuverlässiger als unser Denken. Und ehrlich gesagt sind unsere Gefühle weniger anfällig für Verwirrung und Verdrehung als unser Denken.

Unseren klarsten Zugang zum Lernen beginnen wir mit unserer Erfahrung und unserem inneren Wissen zu erhalten. Oft tragen wir in unserem Körper ein Wissen und Gewahrsein, das wenig oder nichts zu tun hat mit unserem Denken. Unser Tiefenprozess ist eine der Möglichkeiten, wie wir unseren denkenden Verstand umgehen und direkt zu unserem Wesenskern gelangen können – dorthin, wo alles wirkliche *Lernen* und *Heilen* stattfindet. Wenn wir von unseren Erfahrungen und unserer Intuition ausgehen, ist unser Wissen in unserem Körper begründet. Wissen, das aus dem Körper kommt, ist die Sprache der Seele. Wir können die Sprache der Seele, unseres Seins und unserer Weisheit über unsere Tiefenprozesse und unser prozesshaftes Leben wieder erlernen.

Wenn wir von abstrakten Vorstellungen ausgehen, entfremden wir uns von unserem Körper. Wenn wir jedoch unser Wissen unseren Körper und unser Wesen passieren lassen, können wir es anschließend durch den Körper zum Gehirn bringen. Einer der Wege wie wir das, was wir gelernt haben, „festhalten" wollen, ist, es in Begriffe und in Sprache zu fassen, wobei wir uns gleichzeitig darüber im Klaren sind, dass alle Begriffe und jegliche Sprache nicht real sind und bestenfalls eine Annäherung an die Wirklichkeit darstellen. Das Problem liegt darin, dass – wenn wir von unserem Verstand ausgehen – diese Begriffe und die Sprache wenig oder überhaupt nichts mit unserer Erfahrung und unserer Intuition zu tun haben und uns oft wegführen von unserem inneren Wissen.

Suche nach Hinweisen

Naturvölker sagen uns oft: „Fragt nicht so viel. Ihr Weißen stellt so viele Fragen. Schaut und hört einfach zu und wartet ab. Ihr werdet lernen." Wenn eine Angehörige eines Naturvolkes dies sagt, legt sie uns nicht eine vom Körper unabhängige Suche nach Hinweisen nahe. Naturvölker raten dazu, eine Information in uns aufzunehmen und sie mit unserem inneren Wissen abzuwägen. Fragen stellen erfordert eine Tätigkeit der linken Gehirnhälfte und die daraus folgende Information geht direkt zu unserer linken Gehirnhälfte, wobei die Filter- oder Ausgleichsfunktionen unseres inneren Seins umgangen werden. Auf diese Weise erlernte Informationen sind fragwürdig und unausgewogen.

Wie bereits angesprochen, neigen westliche Menschen extrem dazu, sich in ihrer Identifikation am Außen zu orientieren und suchen folglich ihre wichtigsten Informationen in Quellen, die außerhalb ihrer selbst liegen. Diese Außenorientierung unterstützt in der Tat eine Opfermentalität, da die wichtigsten Einflussfaktoren als von außen kommend gesehen werden. Diese Lernmethode tendiert dazu, eine Gesellschaft von „Schwindelkünstlern" hervorzubringen, die immer außerhalb ihrer selbst suchen, um herauszufinden, was sie möchten, wer sie sind oder sein sollten, was von ihnen erwartet wird und wie sie sich verhalten sollten, um das Gewünschte zu bekommen. Menschen, deren Lernen sich nur auf externe Anhaltspunkte gründet, besitzen weder die Fertigkeiten noch die Sprache für eine innere Verständigung oder für die Überprüfung der Informationen, die sie über ihren inneren Kompass, ihr Gyroskop, erhalten. Sie haben die verloren gegangene Sprache des inneren Wissens vergessen. Unglücklicherweise sind Personen, die ihr Leben auf äußeren Hinweisen zu gründen versuchen und ihre Umgebung zur Erfüllung ihrer Bedürfnisse manipulieren, im allgemeinen ziemlich zornig und unglücklich, denn *sie selbst* sind im Laufe dieses Prozesses verloren gegangen. Zum Glück sind diese Fertigkeiten nicht für immer verloren, auch wenn sie vielleicht tief verschüttet sind.

Eine Seminarteilnehmerin berichtet, sie vermute, dass sie nicht lernen könne, was für sie wichtig ist, wenn sie nicht ihrer selbst gewahr sei. In besonders schwierigen Zeiten brauche sie alle ihre Fähigkeiten, um der gegenwärtigen Situation gewachsen zu sein. Erst wenn sie durch die stürmische Phase durchgegangen sei, habe sie die Möglichkeit zurückzuschauen, nachzuspüren, in sich zu gehen und auf die Lernerfahrungen zu warten. Zu oft werden wir ungeduldig, wollen gleich wissen, was wir aus einer bestimmten Erfahrung zu lernen haben und ziehen uns gefühlsmäßig aus der betreffenden Situation zurück. Dadurch entgeht uns die Lernsituation, weil wir einfach nicht präsent sind. Oft müssen wir nur das durchleben, was sich auch immer gerade abspielt und darauf vertrauen, dass wir dann auch offen sind, wenn sich das zeigt, was wir zu lernen haben, und dass wir dies dann auch wahrnehmen.

Denken

Leben im Prozess bedeutet vorwärts schreiten ohne zu denken.

Vorwärts zu gehen ohne zu denken heißt nicht, nicht präsent zu sein. Vorwärts zu gehen ohne zu denken bedeutet tatsächlich, voll und ganz gegenwärtig zu sein.

Mein Kopf ist eine gefährliche Gegend.
Ich wage nicht, dort allein herumzulaufen.

John

Ich bin lange genug in Genesung, um zu wissen,
dass ich meinem Denken nicht trauen kann.

Anonym

Bevor wir nun unser Denken zu rechtfertigen beginnen und glauben, es würde zu Unrecht angeklagt, lassen Sie mich schnell sagen, dass Denken an sich nicht schlecht ist. Es ist ein Geschenk des Schöpfers und der Schöpfer produziert keinen Schund. Was uns in Schwierigkeiten bringt ist das, was wir mit unserem Denken anstellen und seine Folgen.

Interpretieren

Interpretationen sind die größten Krisenherde unseres Denkens. Interpretationen sind nichts anderes als unbewiesene Hypothesen, die unser Gehirn erzeugt und die nicht durch unser inneres Wissen abgewogen sind. Sie gründen sich fast immer auf abstrakten Theorien und Konzepten, die mit realen Menschen in realen Situationen nichts zu tun haben. Interpretationen mögen interessant sein und sie haben nichts mit der inneren Wirklichkeit zu tun.

Wenn wir die Handlungen anderer, ihre Motive und die Gründe ihres Verhaltens zu interpretieren versuchen, mögen unsere Ideen sehr vernünftig und logisch sein – und sie machen aus der Perspektive unseres inneren Wesens meistens keinerlei Sinn. Häufig versuchen wir, andere Menschen in unsere Konzepte und Theorien einzupassen, sodass wir uns sicherer fühlen.

Es gibt keine Möglichkeit genau zu wissen, was in einer anderen Person vor sich geht. Diese Information steht uns einfach nicht zur Verfügung. Sie mag dem Betreffenden in jenem Augenblick selbst nicht zugänglich sein. Sich einzubilden wir wüssten es, ist höchste Arroganz.

Das trifft auch zu, wenn wir uns selbst interpretieren. Wir umgehen unseren Tiefenprozess und unser inneres Wissen und funktionieren nur über reines Kopfdenken. Wenn wir interpretieren, versuchen wir fast immer, eine „Theorie" über das Geschehen zu konstruieren, um uns sicherer zu fühlen. Interpretationen sind Versuche zu erklären, zu verstehen oder den Grund zu erfahren. Oft spaltet uns genau dieser Prozess – dieses Bedürfnis, den Grund zu wissen oder sich einzubilden, ihn zu wissen – von dem ab, was in einer tieferen Schicht in uns ausgelöst wird. Unterbrechen wir unseren Prozess mit einer Erklärung, so berauben wir uns jenes tieferen Wissens, das kommen wird, wenn wir bei unseren Gefühlen bleiben und in unser Inneres gehen. Interpretationen sind wie geistige Drogen, die uns von unserem Prozess fernhalten. Wir brauchen sie nicht, sie sind nicht hilfreich und sie können äußerst schmerzhaft sein, wenn wir den Wunsch haben, uns unserer inneren Weisheit zu nähern.

Nachdem wir unsere Tiefenprozessarbeit gemacht haben, gelangen wir oft zu Einsichten; durch Denken wären wir fast nie zu diesen Einsichten gelangt. Die Einsichten, die wir über unseren Tiefenprozess erreichen, spiegeln die Weisheit unseres Seins wider.

In meiner Erziehung wurde mir beigebracht,
mein Verstand sei meine Höhere Macht.

BRIGITTE

Wie traurig, dass unserem Verstand eine solche Stellung eingeräumt wurde. Wir haben unser Denken verherrlicht und angebetet und dabei missbraucht.

Wenn du im Kopf bist, bist du nicht mehr im Fluss.

Interpretationen sind gewalttätig und zerstörerisch –
wie gut gemeint sie auch sein mögen.

Negatives Denken

Negatives Denken ist eine Eigenschaft von Menschen, die die Verbindung zu sich selbst verloren haben. Interpretationen sind eine Art negativen Denkens. Negatives Denken ist ansteckend und kann fast jede Umgebung vergiften. Gerade solche Gedanken werden zu einer dünnen Schicht, die alles, womit sie in Berührung kommen, überzieht und niederdrückt. Leider entsteht negatives Denken aus sich selbst heraus und führt zu einer absteigenden Spirale.

Wie unterscheidet sich negatives Denken von einem kritischen oder abwägendem Denken? Ganz einfach: Negatives Denken ist „aufgeladen“. Da negatives Denken aus sich selbst heraus entsteht, beginnt es ein Eigenleben anzunehmen. Negatives Denken klebt an uns und hindert uns daran, den Unterschied zwischen dem, was wir denken, und der Realität zu sehen. Wenn wir „drinstecken“, können wir nicht sehen, dass auch anderes existiert. Negatives Denken wird zur Realität für uns und wir sind völlig unfähig, genügend Abstand zu bekommen, um zu erkennen, dass unser Denken nicht die Wirklichkeit ist.

Unser Denken bestimmt häufig unsere Reaktion auf Informationen. Vor einigen Jahren zum Beispiel tauchte im Leben-im-Prozess-Netzwerk ein Gerücht über die Fortgeschrittenen-Gruppe auf. Es hieß ganz einfach, wer aus dem Fortgeschrittenen-Training ausgeschieden sei, müsse ein Jahr im Basic Training absolvieren, bevor er oder sie wieder ins Fortgeschrittenen-Training dürfe. Was nicht stimmte und offen gesagt auch kein großes Thema war!

Für jene, die nicht in ihr negatives Denken gingen, hörte sich das Gerücht nicht wahr an oder sie fragten nach oder hatten die Absicht nachzufragen und dann befassten sie sich mit wichtigeren und besseren Dingen. Bei jenen, die sich ihrem negativen Denken hingaben, wurde das Gerücht zum Auslöser, unbearbeitete Gefühle zu entfesseln. Sie benutzten es, um ihr negatives Denken anzuheizen, was dann alle erdenklichen anderen negativen Möglichkeiten in Gang brachte, und ihr Kopf spielte verrückt. Diese häufige Art zu reagieren ist eine gute Möglichkeit, anderen die Macht über sein eigenes Leben zu geben.

Als weiteres Beispiel für negatives Denken möchte ich noch einen anderen Vorfall erzählen.

In den freien Tagen zwischen dem Workshop und dem Neujahrstraining in Neuseeland beschloss die Gruppe, zusammen einen kleinen Ausflug zu den Waitomo Glühwürmchen-Höhlen zu machen, die ich einfach liebe und für eine der schönsten Erfahrungen halte, die man auf der Welt machen kann. Die Teilnehmer der Gruppe hatten Unterbringungsmöglichkeiten organisiert, die ihren finanziellen Mitteln entsprachen, und alles war in Ordnung. Im letzten Moment kam Anaru herein – ein Maori-Stammesältester im Training – und teilte uns mit, er habe in einem dortigen *Marae* (einem Versammlungs-, Gast- und Begegnungshaus der Maori) angerufen und wir wären dort willkommen und könnten dort wohnen.

Nach langem Diskutieren entschied sich die Gruppe, dass es das war, was sie wollte, und die anderen Buchungen konnten ohne Gebühr storniert werden. Es gab Diskussionen darüber, dass diese Möglichkeit billiger und kostensparender sei und wir sprachen außerdem darüber, dass das *Koha* ein Geschenk für das *Marae* sei und nicht als „Bezahlung“ für das eine oder andere angesehen würde. Stattdessen würden wir bringen, was wir geben konnten, und wir könnten von dem, was dort wäre, je nach Bedarf nehmen. Anaru hatte gesagt, wir würden meistens *Kai* (Essen) bekommen, aber die Vegetarier unter uns sollten lieber selber mitbringen, was sie brauchten, da das Essen im *Marae* eher aus Fleisch und Stärke bestünde.

Bei unserer Ankunft stellten wir fest, dass der Stammesälteste ein wunderbarer alter Mann mit einem schweren Herzleiden war und dass das *Marae*, neu und sparsam ausgestattet, sich auf Familienland befand. Im Grunde wurde es von seiner fünfköpfigen Familie geführt, die uns begrüßte. Unsere Gruppe hatte ein sehr großzügiges *Koha* eingesammelt und erwartete offensichlich gewisse Dinge dafür als Gegenleistung.

Es stellte sich sehr schnell heraus, dass die Familie kein Essen vorbereitet hatte und in der Tat sah ich auch, dass sie nicht genug Zeit gehabt hatte, um sich auf fünfunddreißig Leute vorzubereiten. Aus früheren Erfahrungen weiß ich, dass es den Menschen eines *Marae* sehr peinlich ist, wenn sie nicht eine Fülle von Essen anbieten können, und deshalb sagte ich schnell, wir würden gerne das Essen selber zubereiten und sie als unsere Gäste einladen. Erstaunlicherweise schafften wir es, eine wunderbare Mahlzeit aus Salat, Fisch und gebratenen Kartoffeln zusammenzustellen, und es machte Spaß. Die gesamte *Marae*-Familie genoss es, wir genossen es. Wir hatten sogar noch Geld übrig von dem, was freigiebig für das Essen zusammengetragen worden war.

Dann setzte das negative Denken ein. Wir bekamen nicht das, wofür wir bezahlt hatten. Es war keine besonders gute Übernachtungsmöglichkeit. In der Herberge hätten wir mehr für unser Geld bekommen und so weiter und so fort. Einige Teilnehmer schienen die Vorzüge dieser Situation aus dem Auge verloren zu haben und rutschten in ihr negatives Denken. Das *Koha* ist keine Einrichtung, bei der man sich für sein Geld eine Dienstleistung kauft, wie westliche Menschen denken. Es ist ein freiwilliges Geben dessen, was man hat.

Im positiven Licht sah ich, dass das *Marae* noch nicht einmal seine Malereien und Schnitzereien angebracht hatte. Unser *Koha* würde vielleicht einen Beitrag dazu leisten und sie würden dann über Generationen dort hängen und gesehen werden – vielleicht als Teil von uns. Ich freute mich sofort als ich sah, dass wir für ein neues *Marae* einen Beitrag leisten konnten. Außerdem fragte der Älteste, der unter Blutandrang zum Herzen litt, ob wir ihm helfen könnten. Die Ärzte und Krankenschwestern unter den Teilnehmern boten an, ihn zu untersuchen. Der Älteste wusste auch, dass ich Anaru mit seinem Rücken geholfen hatte, und er fragte, ob ich helfen könne. Er sagte mir, er wolle länger leben, denn er habe bis jetzt nur ein Drittel der Arbeit, die er hier auf Erden tun müsse, vollbracht. Ich sagte ihm, ich glaubte, dass ihn der Schöpfer über Fools Crow – den großen Heiler und spirituellen Führer der Lakota Sioux Indianer – heilen könne, der mich zu einer Pfeifenträgerin und Heilerin gemacht hatte. Ich sagte ihm, ich sei bereit, das mir Gegebene einzusetzen und um Heilung anzurufen. Er hatte mich beschenkt durch seine einfache Bitte, das zu gebrauchen, was mir geschenkt worden war. Wie kann man dafür einen Preis festsetzen?

Negatives Denken verleitete uns zu der Annahme, wir bekämen nicht, was wir erwarteten, wir würden einen dürftigen Gegenwert für das investierte Geld erhalten ... die Dinge würden mehr kosten als angenommen ... wir wären verärgert, weil wir unsere Macht an Anaru abgegeben hätten ... und so weiter und so fort.

Positiv gedacht hatten wir die Möglichkeit, einen Beitrag für ein neues *Marae* zu leisten ... persönlich mit einer Maorifamilie zu teilen ... die Möglichkeit, mit einer einheimischen Familie zusammen zu arbeiten, zu kochen und hinterher aufzuräumen ... einem Stammesältesten zuzuhören ... ihm die heilenden Fähigkeiten unserer Gruppe anzubieten. Und, was am wichtigsten war, wir hatten die Gelegenheit, Teil eines *Marae* in einer sehr wichtigen und geschichtsträchtigen Gegend Neuseelands zu werden. Das bedeutete, dass wir jederzeit ins *Marae* zurückkehren konnten, denn wir hatten am Prozess des rituellen „Einberufenwerdens“ teilgenommen und waren somit auf Lebenszeit – oder länger! – *Marae*-Mitglieder.

Schönheit liegt im Auge des Betrachters.
Makel liegt im Auge des Betrachters.

Negatives Denken hätte unsere Erfahrung im *Marae* zunichte machen können. Negatives Denken hat eine zerstörerische Wirkung auf die Möglichkeiten des Lebens und engt unser Leben ein.

Geschichten erfinden

Wenn wir Angst haben – oder auch nur ein Gefühl verspüren – erfinden wir oft Geschichten darüber, was bei anderen Menschen los ist, um unsere Gefühle zu rechtfertigen. Anstatt einfach bei unserem Prozess zu bleiben und unsere Tiefenprozessarbeit zu machen, um herauszufinden, was tatsächlich hinter dem Gefühl steckt, ziehen wir uns auf unser Denken zurück. Mangels „realer Informationen“ denken wir uns schließlich etwas aus, und wir benutzen dieses Geschichtenerfinden, um uns von unserer Anspannung zu befreien. Das ist ein sehr gutes Beispiel dafür, wie sich uns eine Tür in unseren Tiefenprozess darbietet <u>und</u> wir unser Denken als Ausflucht benutzen, um nur noch verwirrter und unklarer zu werden.

Vor einiger Zeit begann Louis sich immer mehr dem, was er *Geschichten erfinden* nennt, hinzugeben. Geschichten erfinden ist eine besonders zerstörerische Art des Denkens. In der Vergangenheit war eine seiner „Lieblingsgeschichten", dass ihn jemand aus irgendeinem Grund nicht mochte. Die Person, auf die er seine Aufmerksamkeit lenkte, war vielleicht so sehr mit sich selbst beschäftigt, dass sie Louis nicht einmal wahrnahm. Was tatsächlich mit der anderen Person vor sich ging, interessierte den fantasierenden Louis nicht im geringsten.

Mit diesem Auslöser kommt der Ball ins Rollen. Eine ganze Lawine von Gefühlen, Gedanken und Verhaltenweisen kann ausgelöst werden. Er kann Angst bekommen. Er kann sich über das Ignoriertwerden ärgern. Er kann sich Sorgen machen, dass er auf irgendeine Weise den anderen verärgert hat – der vielleicht gar keine Notiz von seiner Existenz nimmt! Und so weiter und so fort. Sein Denken überschlägt sich: Er ist nicht gut genug, er ist zu verrückt, die Dinge werden nie wieder ins Lot kommen, es wäre am besten, gleich alles hinzuwerfen.

Das drückt sich dann in seinen Verhaltensweisen aus: Er zieht sich zurück, um nicht noch mehr verletzt zu werden. Seine Haltung drückt aus, dass ihm „übel mitgespielt" wurde. Er schmollt. Er schützt sich durch ein von Angst erzeugtes Verhalten und ist auf der Hut. Er richtet sein Leben vollkommen nach seiner „Geschichte" aus. Während die Person, auf die er sich fixiert, vielleicht nur damit beschäftigt ist, ihr Leben zu leben.

Ein wichtiges Lernen für Louis war, dass er jetzt diese „Geschichten" als seine Kopfgeburten bezeichnen kann. Er kann jetzt sehr schnell erkennen, dass sie Teil seines Denkens sind und er jederzeit in sie hineinrutschen kann. Alle von uns können es. Seit er diesen Prozess als *Geschichten erfinden* benennt, kommt er sehr schnell dahinter und gibt sich ihnen nur noch selten hin. Tatsächlich lachen und sprechen wir viel über seine „Geschichten".

Louis nennt jetzt diesen Prozess sein Geschichtenerfinden, akzeptiert ihn als Teil der zwanghaften Tricks seines Denkens und übernimmt die Verantwortung für sein Denken – und das hat für ihn und seine Beziehungen Wunder gewirkt. Gelegentlich gibt es noch solche Episoden. Und er bemerkt seinen Prozess sehr schnell und telefoniert dann mit jemandem, um darüber zu sprechen und er kann seine Geschichten loslassen. Wenn wir nicht klar sind, besteht so viel in unserem Leben aus Geschichten, die ein benebelter Kopf erfindet.

Ich glaube, dass viele Gerichtsverfahren – besonders im Zivilrecht – sich mit Geschichten auseinandersetzen, die einem verdrehten Denken entsprungen sind. Da die Geschichten erfunden sind, trägt die Person, die sie erfand, eine Menge Beweise zusammen – ein Großteil davon wahrscheinlich ebenfalls erfunden –, um die Geschichten zu „beweisen“. Meiner Erfahrung nach ist der Grund hierfür meistens der, dass es Leute gibt, die keine Verantwortung für ihre Entscheidungen und ihr Leben übernehmen wollen, und so besteht ein Großteil ihrer Geschichte darin, jemand anderen dafür verantwortlich zu machen.

Geschichten erfinden ist nichts Ungewöhnliches. Politiker erfinden Geschichten in Zeiten internationaler oder nationaler Konflikte; Tenniskommentatoren erfinden Geschichten, wenn sie versuchen, dem Fernsehpublikum zu erklären, warum ein Spieler so und nicht anders spielt – was natürlich mit Interpretationen ausgeschmückt wird; Forscher erfinden Geschichten, um quasi alles zu erklären.

Wenn wir akzeptieren, dass Verdrehungen auftreten können, sobald wir über unsere Wahrnehmungen zu denken beginnen, fühlen wir uns mit diesen Verdrehungen weniger verwirrt. Informationen mögen klar bei uns ankommen – und wenn wir sie mit unserem Denken überlagern, ist es möglich, dass wir die Realität verdrehen, vergiften, ausschmücken oder sogar verlassen.

Ein wichtiger Teil des persönlichen und spirituellen Wachstums besteht darin zu lernen, die erforderliche innere Arbeit zu tun und mit ihr fortzufahren, sodass wir *unsere Wahrnehmungen nicht verzerren*. Unser bester Schutz vor verzerrtem Denken ist unsere Tiefenprozessarbeit und das Überprüfen unserer Wahrnehmungen mit einer Gemeinschaft, der wir vertrauen können.

Objektiv sein

An dieser Stelle möchte ich etwas mehr über den Mythos von Objektivität sagen. Obwohl ich dies schon zuvor erwähnte, möchte ich seine Bedeutung hier noch einmal betonen. Objektivität, wie sie in unserer Gesellschaft praktiziert wird, beinhaltet völliges Nichtteilnehmen. Um objektiv zu sein, spalten wir das Selbst vom Selbst ab und machen es zum Gegenstand der Beobachtung. Wir entfernen auch das Selbst vom anderen, um es zum Objekt zu machen, das zu beobachten ist – sei es eine andere Person, ein Tier, eine Pflanze, die Erde, der Planet. Wenn wir uns von uns selbst und vom anderen abtrennen, wenn wir die Ganzheit verlassen, fühlen wir uns frei, das, was wir als anders sehen, zu manipulieren, auszubeuten und aufzubrauchen, denn es hat keine Beziehung zum Selbst.

In vielen Kreisen wird objektives Denken als höchste und reinste Stufe des Denkens angesehen. Dieser Mythos von Objektivität wird als wertfrei gepriesen, doch in Wirklichkeit ist er wertlos.

Offenes, nicht-urteilendes Denken ist möglich – <u>und</u> es ist nicht möglich, wenn wir uns von uns selbst und dem anderen entfernen. Es ist nur möglich, wenn wir bereit sind, uns mit unseren eigenen Gefühlen auseinanderzusetzen, unsere eigene Tiefenprozessarbeit zu tun und uns einem Ort zu öffnen, wo das Einssein eine Realität für uns ist.

Wir können im Umgang mit Menschen und Situationen klar sein und zwar, indem wir unsere innere Arbeit tun, sodass wir nicht unsere Probleme auf andere projizieren. Haben wir unsere Arbeit getan, wird unser Denken weniger verfälscht sein. Wir können uns *willentlich* nicht dazu bringen, objektiv zu sein.

Wir haben ein wunderbares Gehirn und ein wunderbares Nervensystem geschenkt bekommen. Vermutlich haben wir noch nicht einmal die Oberfläche dessen angekratzt, was sie vermögen. Unsere Ausrichtung auf logische, rationale Denkprozesse und der Mythos von Objektivität haben dazu geführt, dass so viele unserer Fähigkeiten der Intuition, der Wahrnehmung, der höheren Arten der Kommunikation und des spirituellen Erwachens noch unberührt sind und brach liegen. Wenn wir unseren Prozess leben, wird die Vielfalt an Denkweisen, die uns dann zugänglich ist, weit über das hinausgehen, was wir uns heute vorstellen können. Denken ist nicht schlecht. Nur benutzen wir unser Denken manchmal auf eine ungesunde und zerstörerische Weise.

Entscheidungen treffen

Unsere wichtigsten Entscheidungen werden entdeckt, nicht getroffen. Die kleinen können wir treffen, und wir müssen geduldig auf die großen warten, bis wir sie entdecken.

Entscheidungen sind Teil des Alltags. Das Leben besteht zu einem Großteil aus einer Anhäufung kleiner Entscheidungen, die manchmal in großen Entscheidungen gipfeln.

Wie oft zwingen wir uns zu Entscheidungen, weil wir meinen, wir müssten uns entscheiden, obwohl wir eigentlich noch nicht so weit sind, sie zu treffen oder die Konsequenzen zu tragen. Oft haben wir das Gefühl, wir müssten uns dazu zwingen, um anderen einen Gefallen zu tun. Wenn wir im Prozess leben, erkennen wir, dass Entscheidungen ein Prozess sind, und dass die „richtige“ Entscheidung rechtzeitig auftauchen wird, wenn wir dem Prozess vertrauen und unsere Arbeit darum tun. Als mein Vater schwer krank war, musste ein schmerzhafter innerer Bruch operiert werden, um ihm Erleichterung zu verschaffen. Wir hatten die Möglichkeit, unsere Entscheidung entweder den Autoritäten zu überlassen oder unsere eigene Entscheidung zu finden. Hier die Erfahrungen, die meine Familie mit der Operation meines Vaters machte.

Als mein Vater erfuhr, dass er operiert werden musste, war er gerade wegen eines Myelogramms im Krankenhaus. Da er bereits dort war, entschied der Arzt, ihn nicht heimzuschicken, da er sich verletzen könne, und legte die Operation auf 17:30 Uhr des darauffolgenden Tages fest. Die ganze Familie und mein Vater sprachen über die Möglichkeiten und wir stellten fest, dass wir mehr Informationen brauchten. Die Familie entschied, ich solle mit einigen meiner Freunde sprechen, die Spezialisten waren. Also hängte ich mich ans Telefon. Diese Ärzte telefonierten dann wiederum mit den Ärzten vor Ort. Spät am Abend hatten wir sehr viel mehr Informationen zur Verfügung, doch immer noch nicht alle, die wir brauchten.

Als der Arzt meines Vaters am nächsten Morgen zu ihm herein kam, schlug er ihm vor, die Operation auf die folgende Woche zu verschieben, sodass sich mein Vater klarer werden könne über seine Entscheidung und der Arzt würde dann auch nicht so spät am Tage operieren. Darüber hatte ich mir Sorgen gemacht. Dann bat meine Stiefschwester, ob die Operation nicht an ihrem freien Tag stattfinden könne, was auch für mich der beste Tag war, und so stimmten wir alle zu.

Übers Wochenende sammelten wir weitere Informationen und führten weitere Gespräche. Wir stellten den ortsansässigen und überregionalen Ärzten alle Fragen, die uns in den Sinn kamen. Wir setzten uns mit den Ansichten vieler anderer Ärzte, mit anderen Krankenhäusern und mit den verschiedenen Anästhesiemitteln etc. auseinander. Immer wenn sich ein Familienmitglied den eigenen Ängsten nicht stellte und versucht war, sie durch Kontrollversuche auf meinem Dad abzuladen, schritt jemand ein, sodass mein Vater vollkommen frei war, seine eigene Entscheidung herauszufinden.

Als der Tag der Operation kam, war sich mein Vater vollkommen klar darüber, was er wollte. Wir alle fühlten die Gebete und die Unterstützung eines großen Netzwerks. Meine Stiefmutter, zwei Stiefschwestern, eine Nichte, mein Sohn Roddy und ich waren während des ganzen Prozesses im Krankenhaus. Mein Dad war so klar und entspannt. Es war offensichtlich, dass er die Informationen verarbeitet, seine Entscheidung entdeckt und dann losgelassen hatte. Mir erging es ebenso.

Andere Familienmitglieder hatten mehr Schwierigkeiten, was Kontrolle anging, und im Grunde ging es uns allen gut. Meine Stiefmutter hatte große Angst und wir alle konnten sie unterstützen. Ich glaube wirklich, dass einer der Gründe, warum mein Dad die Operation so wunderbar überstand, der war, dass er seine Fußarbeit getan und dann losgelassen hatte. Er kämpfte nicht mit eigenen Kontrollversuchen gegen die Heilung seines eigenen Körpers. Die ganze Erfahrung erwies sich als ein Heilungsprozess.

Leben im Prozess funktioniert.

Nach der Operation wurde uns klar, dass mein Vater aus dieser Erfahrung viel wachsamer hervorgegangen war als aus irgendwelchen Behandlungen zuvor. Wir hatten der Operation erst zugestimmt, nachdem wir prozesshaft mit all unseren Fragen umgegangen waren und unsere Entscheidungen „entdeckt" hatten. Er litt an einer schweren Herzinsuffizienz und die Wahl des Narkosemittels, das für die Operation benutzt werden sollte, war eine wichtige Entscheidung. Wäre er gleich am nächsten Tag operiert worden, so wie der Arzt das mit ihm vorgehabt hatte, hätte er vermutlich ein übliches Anästhetikum erhalten und es vielleicht nicht überlebt.

Ich glaube wirklich, dass dadurch, dass wir uns die Zeit genommen hatten, die wir brauchten, und die Entscheidung sorgfältig reifen ließen, sowohl mein Vater als auch wir ein gutes Gefühl dafür hatten, dass diese Vorgehensweise die bestmögliche Wahl war, die wir hatten. Im tiefsten Inneren glaube ich, dass wir mit jedem Ausgang, selbst mit seinem Tod, viel besser hätten umgehen können, weil wir uns mit den Informationen und unseren Gefühlen auseinander gesetzt hatten, bevor wir eine Entscheidung trafen. Manchmal ist dieses Durchgehen und Warten auf eine Entscheidung zeitaufwendig, doch letztlich immer lohnend. Entscheidungen geben uns die praktische Möglichkeit, unsere Spiritualität auszuüben. Entscheidungen sind spirituell. Immer wenn wir unsere Entscheidungen in unserem tiefsten Inneren entdecken, stehen sie im Einklang mit unserem Wesen.

Wenn wir Zweifel haben, Unsicherheiten oder Unklarheiten, ist es notwendig, ihnen zu trauen. Sie sind nicht ohne Grund da. Der Grund mag nichts mit der anstehenden Entscheidung zu tun haben oder nur indirekt damit verbunden sein. Vielleicht wissen wir nicht einmal, warum wir uns unwohl fühlen. Trauen Sie dem. Trauen Sie sich selbst. Ihr innerer Prozess wird Sie zu einem Punkt der Klarheit bringen. Wenn Ihnen die Gelegenheit entgeht, werden Sie vermutlich etwas daraus lernen und etwas noch Besseres wird Ihnen begegnen.

Wir müssen wissen, dass Wahlmöglichkeiten einen Reichtum darstellen und dass wir immer Optionen und die Wahl haben. Selbst sich Wahlmöglichkeiten einfach nur auszumalen, wenn wir uns in einer Klemme befinden, kann uns helfen, unsere Entscheidung zu entdecken.

Dramatisieren

Bei wichtigen Entscheidungen sind wir immer versucht, ins Drama zu gehen. Wenn nichts anderes hilft, ist Dramatisieren immer gut für einen kleinen Schuss Adrenalin und steht außerdem jederzeit zur Verfügung.

Wenn wir versuchen, eine Entscheidung zu treffen, kann uns das Drama die Ablenkung bieten, die wir brauchen, um unserem Prozess aus dem Weg zu gehen und unsere Augen vor dem zu verschließen, was tatsächlich ausgelöst wird. Mit Drama müssen wir vorsichtig umgehen.

Einer meiner Freunde ging in sein Drama, als er einmal eine Entscheidung treffen musste. Er benutzte den Anlass eine Entscheidung zu treffen, um sich in Sorgen und Fantasien zu stürzen und Ängste zu entwickeln über mögliche, doch bis dahin unbekannte Auswirkungen. Statt mit dem Entscheidungsprozess zu leben und herauszufinden, wie die Entscheidung aussah, dramatisierte er sie und versuchte, sich alle Verwicklungen und deren *eventuelle* Konsequenzen vorzustellen. Er steigerte sich in totale Aufregung hinein. Bald war er aus seinem eigenen Leben ausgestiegen und *lebte sein Drama*.

Im Drama leben heißt im Gedankengebäude, in der Geschichte, der Idee zu leben. Wir fabrizieren uns in Gedanken eine Welt nach unseren eigenen Vorstellungen und beginnen dann, in dieser zu leben – anstatt im wirklichen Leben. Oft leben wir in einer von uns selbst geschaffenen virtuellen Realität, die mit der Wirklichkeit unseres Lebens wenig zu tun hat. Wenn wir ins Drama überwechseln, sind wir aus unserem Leben ausgestiegen.

In sich gehen, beten, mit der Sache „sitzen", seine Tiefenprozessarbeit tun und die Sache abwarten – dadurch werden wir klar. Wenn das, was wir entscheiden, wichtig ist, mag es einige Zeit brauchen.

Tu nicht einfach was, sitz damit!

Kapitel 6

Heilen auf seelischer Ebene

Keine Diskussion über Leben im Prozess wäre vollständig ohne eine genauere Betrachtung des Heilens. Heilen und Bewahren einer guten Gesundheit sind ein wesentlicher Bestandteil von Leben im Prozess. In den vergangenen Jahren haben wir Wunder an körperlicher, emotional-geistiger und spiritueller Heilung beobachten können, als Menschen lernten, ihren Prozess zu leben.

Wenn ich von Heilen spreche, meine ich nicht allein das Fehlen von Krankheit. Heilen bedeutet, auf der Ebene der Ganzheit zu einer Fülle zu gelangen, wozu wir jederzeit in der Lage sind. Zum Beispiel gibt es einen HIV-positiven Mann, der seit einiger Zeit die Leben-im-Prozess-Arbeit tut. Manchmal scheint seine Krankheit langsam voranzuschreiten, dann wieder gar nicht. Doch seine spirituelle, emotionale Heilung ist so weit fortgeschritten, dass sein Leben eine wunderbare Qualität hat und gut ist. Er lebt mit seiner Krankheit, nimmt sie an, und sein Leben geht weiter.

Im lebendigen Prozess des Körpers ist die grundlegende Heilung im Großen Mysterium eingeschlossen. Medikamente, Ärzte und Psychotherapeuten können zu helfen versuchen, und sie können bestenfalls unterstützen. Das Wunder des Heilens gehört zum Großen Mysterium und jeder, der in den heilenden Berufen arbeitet und einen Funken Demut besitzt, wird die Wahrheit dieser Aussage bestätigen. Heilung kommt dann zur Entfaltung, wenn wir wieder in Verbindung kommen mit unserem Lebensprozess. Vor vielen Jahren versuchte die Gruppe, mit der ich in Europa arbeite, einen Namen für diese Arbeit zu finden, um sie aus bürokratischen Gründen einordnen zu können. Eine Teilnehmerin sagte: „Ich weiß: Wir nennen sie *Schönheitsfarm.* Die Leute sehen, wenn sie lernen im Prozess zu leben, so viel jünger und gesünder aus.“ Wir lachten alle herzlich und wussten, dass Leben im Prozess nicht sehr gut in das alte Paradigma passt – unabhängig davon, wie wir diese Arbeit bezeichnen.

Ich weiß, dass wir nicht heilen werden, wenn unser inneres Sein nicht heilen will. Wir müssen unsere Gesamtheit respektieren. Wir arbeiten an unserer Heilung und stehen dabei in Beziehung mit unserem gesamten Prozess. Vorübergehendes „In-Ordnung-Bringen“ findet auf der Ebene des Verstandes statt, wahres Heilen auf der seelischen Ebene, denn das Heilen und Wachsen der Seele sind letztlich viel wichtiger als das Heilen des Körpers. Wirkliches Heilen beginnt in unserem inneren Sein. Wahres Heilen muss in unserem dynamischen lebendigen Prozess stattfinden. Oft folgen körperliches und geistiges Heilen der seelischen Heilung.

Als ich das Buch *Mein Weg zur Heilung (Beyond Therapy, Beyond Science)* schrieb, hoffte ich, dass es meine endgültige Aussage über die heilende Komponente der Leben-im-Prozess-Arbeit sein würde. Ich hoffte, den Heilungsaspekt in jenem Buch darzustellen und mich in diesem Buch auf das Gesamtkonzept konzentrieren zu können. *Mein Weg zur Heilung* beschrieb die heilende Arbeit und die Art und Weise, wie wir mit Menschen arbeiten, und es kritisierte die mechanistische Wissenschaft und die darauf gründenden heilenden Berufe. Jetzt stelle ich fest, dass ich mehr über Heilung und Leben im Prozess sagen muss. Ich habe mehr darüber gelernt und im Laufe der Zeit erkannt, dass Heilen weiterhin ein wesentlicher Teil unseres Bemühens ist, unseren Prozess zu leben.

Unsere Kultur lehrt uns, unsere eigenen Bedürfnisse zu missachten und uns abzutrennen von unserem spirituellen Selbst. Dies hat zu einem tiefen Gefühl des spirituellen, emotionalen und körperlichen Verlustes geführt, das alles, was wir tun und sind, durchdringt. Wir missachten unseren Körper, vermeiden Nähe zu uns selbst und anderen und sind ständig auf der Suche nach etwas außerhalb von uns, mit dem wir uns aufputschen oder betäuben. Der Adrenalin-Pegel, den wir brauchen, um einfach nur in Gang zu bleiben, steigt in dem Maße sprunghaft an, wie wir vergeblich nach dem Sinn unseres Lebens suchen.

In meinem Buch *Im Zeitalter der Sucht* beschrieb ich, wie die abendländische Kultur wie ein Suchtkranker funktioniert und alle Merkmale einer aktiven Sucht aufweist. Ich erkannte Sucht als Krankheit unserer Wahl und ein Erfordernis der Gesellschaft, die wir geschaffen haben.

Und ich erkannte im Zwölf-Schritte-Programm der Anonymen Alkoholiker und der ihnen verwandten Gruppen das wirksamste Mittel zur Genesung von Sucht. Diese Sichtweise hat für mich immer noch Gültigkeit und ich habe meine Perspektive erweitert.

Die Charakteristika von Sucht sind machtvolle Bestandteile unserer Kultur, die uns alle beeinträchtigen. Ob wir sie Süchte, Dysfunktionen oder Besessenheiten nennen, ist unwesentlich. Lebenswichtig ist jedoch, dass wir den alles durchdringenden Einfluss dieser Dysfunktionen erkennen und die Notwendigkeit, davon zu genesen.

In dem Maße, wie meine persönliche Heilung sich vertieft und erweitert, vertieft und weitet sich auch mein Wissen. Ich glaube immer noch, dass Süchte in unserer Kultur und weltweit in einem epidemischen Ausmaß existieren und dass die westliche Kultur in hohem Maße eine Abtrennung von uns selbst und unserem Schöpfer (bzw. unserer Seele) erfordert, damit wir das, was wir geschaffen haben, überhaupt aushalten. Wir müssen uns vor Augen halten, dass die von uns geschaffene Kultur nur seit einer ganz kurzen Zeit innerhalb der gesamten Menschheitsgeschichte existiert – jedoch das Ausmaß ihrer Zerstörung der Erde und der Qualität des menschlichen Lebens einzigartig ist. Wir benötigen Heilung auf vielen Ebenen.

Da die westliche Kultur so beherrschend geworden ist – und das Problem reicht viel weiter als die westliche Kultur – erkenne ich nun, wie notwendig es ist, dass wir von der Technokratischen, Materialistischen, Mechanistischen Persönlichkeit (TMMP) in uns genesen, die auf allen Ebenen existiert – von der individuellen bis hin zur globalen Ebene. Aus globaler Sicht gesehen kann uns die TMMP als unüberwindlich erscheinen, und deshalb müssen wir an dem einzigen Punkt beginnen, wo wir wirklich eine Änderung herbeiführen können – bei uns selbst. Das bedeutet, dass wir gelegentlich das Suchtkonzept anwenden müssen, um unsere persönliche Heilung und die Heilung unserer Gesellschaft zu betrachten.

Das Tolerieren von Wahnsinn

Eines der Merkmale von Personen, die in einem gestörten Umfeld leben, ist eine *erhöhte Toleranz gegenüber Wahnsinn.* Diese Menschen, die inmitten der Dysfunktion leben, sind so sehr damit beschäftigt, mit dem Leben klarzukommen, dass sie die Fähigkeit verloren haben innezuhalten, sich auf ihre innere Realität einzustimmen, um so die nötige Perspektive für eine gesunde Lebensweise zu erhalten.

Es ist *verrückt*, aus wirtschaftlichem Profitstreben heraus weiterhin todbringende, bewusstseinsverändernde Substanzen zu produzieren und zu verkaufen. Nur Menschen, deren Verstand nicht klar ist, die nicht ihren Prozess leben, die nicht ihre Spiritualität leben, erkennen diese offensichtliche Wahrheit nicht. Es ist verrückt, die Erde, die Luft und das Wasser weiter zu vergiften, wenn unser Leben und das Leben künftiger Generationen auf dem Spiel stehen. Was muss denn noch geschehen, damit wir diesen Wahnsinn erkennen und benennen und beginnen, anders und im Kontext zu leben?

Einer der ersten Schritte hin zur Gesundheit besteht darin, dass wir unseren eigenen zerstörerischen Prozessen ins Auge sehen. Zerstörerische Prozesse kontrollieren uns. Außerdem sind zerstörerische Prozesse per Definition bewusstseinsverändernd und seelenzerstörend. Die TMM-Persönlichkeit ist eine Erkrankung des Körpers, des Verstandes und des göttlichen Geistes, bei der unser Verstand für uns unbrauchbar wird, weil er unser Denken verdreht, verwirrt, besessen macht und irreführt. Das Denken eines Süchtigen zum Beispiel ähnelt dem eines Schizophrenen, der als Mensch mit einer Denkstörung beschrieben wird.

Viele sind sich der Störungen in unserer Gesellschaft bewusst, doch nur wenige verstehen klar die Auswirkungen der TMM-Persönlichkeit. Die verdrehten Wahrnehmungen und das verwirrte Denken der TMMP sind so sehr in unsere Kultur eingebettet, dass sie zur Norm in der Gesellschaft wurden und tief eingebettet sind in unseren wichtigsten Institutionen.

Zum Beispiel sind wir nicht mehr überrascht oder auch nur besorgt, wenn Politiker lügen oder widersprüchliche Erklärungen abgeben. Wir akzeptieren, dass die Tabakhersteller bereit sind, Bußgelder für die Herstellung einer krebserregenden, suchterzeugenden Droge zu zahlen, solange ihr Geschäft nicht allzu sehr beeinträchtigt wird und sie mit dem amerikanischen Kongress aushandeln können, dass diese Anschuldigungen nie mehr wieder gegen sie erhoben werden. Unsere Toleranz für Wahnsinn hat ein solches Ausmaß angenommen, dass Gesundheit beängstigend und ungewöhnlich erscheint. Wir können nur hoffen, dass wir an einen Punkt gelangen, wo genügend Menschen zurückkehren zu ihrem Lebensprozess – ihrer Spiritualität –, sodass Wellen der Veränderungen durch alle Lebensbereiche widerhallen.

Heilen und teilnehmen

An dieser Stelle möchte ich etwas Allgemeines über Süchte sagen.
Es gibt zwei Hauptarten von Süchten, die unser Bewusstsein verändern und unsere Gefühle, unsere Wahrnehmung und Informationen aus unserem Körper und Geist ausschalten: Substanzgebundene Süchte und prozessgebundene Süchte. Zur ersteren Gruppe gehören alle Substanzen, die wir zur Bewusstseinsveränderung einnehmen. Dazu gehören Drogen (auf Rezept und auf der Straße verkaufte Drogen), Alkohol, Nikotin, Koffein, Zucker und Essen, das wir auf süchtige Art und Weise konsumieren. Adrenalin wird, obwohl im Körper produziert, ebenfalls als substanzgebundene Droge betrachtet, wenn wir es dazu benutzen, unsere Wahrnehmung auszuschalten.

Prozessgebundene Süchte haben die gleiche Wirkung wie substanzgebundene, <u>und</u> sie sind subtiler und im allgemeinen mehr in die Gesellschaft integriert. Prozessgebundene Süchte lehren uns, von Aktivitäten besessen zu sein, wie zum Beispiel von übermäßigem Arbeiten, Geldausgeben, Sport, Sex und Denken.

Süchte sind nicht die einzige Art und Weise, wie wir unser Bewusstsein abschalten und uns von unseren Gefühlen abtrennen können.

Wenn wir uns von unserem Körper und göttlichen Geist entfremden und zu einem reinen Verstandesmenschen werden, beginnen bestimmte Verhaltensmuster aufzutauchen. Wir werden unehrlich, selbstzentriert, ichbezogen, materialistisch, unmoralisch, kontrollierend und dualistisch, wodurch unsere spirituelle Grundlage allmählich zerstört wird.

Ob wir diese zerstörerischen Verhaltensweisen als Sucht, Anhaftung, Besessenheit, Sünde, Dysfunktionen, ein Familienproblem oder moralischen Bankrott bezeichnen, ist unwesentlich. Das eigentliche Thema hierbei ist, dass wir uns von uns selbst abgespalten haben. Wir haben unser Bewusstsein für unsere Gefühle, Emotionen, unsere Weisheit und Spiritualität ausgeschaltet und sind abgetrennt und zersplittert worden. Der Weg von der Unbewusstheit zurück zur Bewusstheit führt über das Wahrnehmen und Wiederverbinden. Wir müssen lernen, wie lebenswichtig es ist, von allen Teilen unseres Seins – dem Körper, Verstand und göttlichen Geist – Hinweise zu erhalten.

Da wir mehr über Süchte als über die TMM-Persönlichkeit wissen, finde ich es hilfreich, dieses Wissen zu benutzen und ich vermute, dass Süchte nur die Spitze des Eisberges sind.

Die technokratische, materialistische, mechanistische Persönlichkeit

Die Technokratische, Materialistische, Mechanistische Persönlichkeit hat vieles gemeinsam mit den Süchten. Nehmen wir uns an dieser Stelle etwas Zeit, um zu untersuchen, woraus sich eine TMM-Persönlichkeit zusammensetzt.

Der Technokrat

Ein Stammesältester sagte mir einmal: „Es ist nicht so, dass Technik an sich schlecht ist. Es besteht die Möglichkeit, dass sie für jeden und alles gut sein könnte. Leider haben die auf Technologie ausgerichteten Gesellschaften nicht jenen spirituellen Entwicklungsgrad erreicht, der zur Entwicklung einer Technologie notwendig ist, die im Dienste des Spirituellen und des Schöpfers stünde. Spirituelle Entwicklung muss der Technologie vorausgehen. Die Technologie, die wir auf diesem Planeten haben, wurde größtenteils zur Kriegsführung und aus wirtschaftlichen Wettbewerbsgründen entwickelt und für den täglichen Gebrauch nur abgewandelt."

Was sind die Charakteristika der technokratischen Persönlichkeit? Technokraten neigen dazu, fast ausschließlich über ihren Kopf zu funktionieren. Ihr Denken wird vom Körper abgetrennt und unausgewogen. Sie bewegen sich zunehmend im Abstrakten und sind immer weniger in ihrem Körper oder in ihrem Wesen geerdet. Sie lernen sogar Methoden, um ihren Verstand von ihrem Körper und ihrem göttlichen Geist abzuspalten. Hier spielen Süchte jeglicher Art eine Rolle. Der eigentliche Sinn und Zweck von Süchten besteht darin, unser inneres Informationssystem auszuschalten, was uns in einen reduzierten Zustand versetzt, der sehr einem Boot ohne Ruder ähnelt.

Die technokratische Persönlichkeit ist eine isolierte Persönlichkeit. In dem Maße, wie wir uns mit unseren Maschinen und unserer virtuellen Realität immer wohler fühlen, verlieren wir zunehmend den Kontakt zum Leben. Wir leben in der Welt des Fernsehens, des Films und des Computers. Die Technik nährt unsere Illusion von Kontrolle. Wir beginnen uns einzubilden, alles kontrollieren zu können: Menschen, Orte, Dinge, uns selbst, unseren Körper, unsere Beziehungen und unseren Planeten. In unserem Kopf glauben wir, wir seien unser eigener Gott geworden und wir erkennen nicht mehr länger eine Macht größer als wir selbst an oder brauchen diese nicht mehr.

Die TMM-Persönlichkeit ist unehrlich, ohne sich bewusst zu sein, dass sie unehrlich ist. Sie ist so sehr von ihrem Körper abgespalten, dass sie nicht mehr wie gewöhnlich Hinweise ihres inneren Informationssystems über ihr Verhalten empfängt, das ihr ihre Unehrlichkeit anzeigt. Sie ist emotional isoliert und erhält deshalb auch keine Hinweise von außen, die ihr mitteilen, dass sie von ihrem göttlichen Prozess abgeschnitten ist und so verliert sie mehr und mehr den Kontakt zu ihrer Spiritualität und Moral. Dies führt zu einer starken Selbstzentriertheit, die sehr einsam macht. Die Wirklichkeit wird zu einem Prüfstein, dem man sich nur selten nähert. Für diese zerstörerischen Verhaltensweisen können wir nicht die Technik verantwortlich machen. Wir sind schließlich diejenigen, die sie entwickeln. Wir müssen die Verantwortung für uns und unsere persönliche Heilung übernehmen, selbst wenn wir diese Störung zum Teil als eine Reaktion auf eine zerstörerische, technologische Welt sehen.

Materialismus

Materialismus zerstört unsere Erde und unsere Seelen. Davon zu genesen ist ein notwendiger Prozess.

Wenn wir den Materialismus zu unserem Gott machen, entfremden wir uns von uns selbst und dabei auch von der Natur. Wir sehen uns nicht mehr als Teil der Natur. Wir erheben uns über sie. Andererseits brauchen wir die Natur – um sie auszubeuten –, denn wenn wir das Materielle anbeten, kommen wir wahrhaftig zu dem Glauben, wir würden durch das, was wir besitzen und wie viel wir besitzen, gerettet werden. Wir werden zu Sklaven des Materiellen, während wir es zu kontrollieren glauben. Wenn wir das Materielle vom Spirituellen trennen, beginnen wir unsere Welt in Dualismen zu sehen, was unsere Sicht der Realität stark einschränkt. Ich erwähnte bereits, dass in einigen östlichen Religionen Dualismus als Gegebenheit der materiellen Welt gesehen wird. Das ist nicht meine Erfahrung. Seitdem ich gelernt habe, im Prozess zu leben, habe ich bei mir und bei anderen gesehen, wie es möglich ist, sich über den Dualismus hinaus und zurück zur Ganzheit zu bewegen. Dualismus ist eine virtuelle Realität, die verdrehtes Denken hervorruft. Materialistische Lösungen für spirituelle Leere funktionieren nie.

Die mechanistische Wissenschaft

Die mechanistische Wissenschaft ist zum verbreitetsten religiösen Glaubenssystem unserer technokratischen Gesellschaft geworden. Wir sind zu der Überzeugung gelangt, unser Heil liege in der Technologie, und moderne Technologie basiert größtenteils auf der Mechanik. Wir betrachten die Menschen und die Erde zunehmend als Maschinen und behandeln sie auch so. Beide können, solange sie produktiv sind, als Wirtschaftsfaktor genutzt und dann ausrangiert werden, wenn sie unserem Zweck nicht mehr dienen.

Eine mechanistische wissenschaftliche Weltanschauung ist eine isolierte, nicht-teilnehmende Weltsicht. Aus dem dualistischen Blickwinkel der Wissenschaft, der Medizin und der Psychologie trennen wir das Spirituelle vom Mechanischen und das Spirituelle vom Alltäglichen.

In einer mechanistischen Weltsicht streben wir nach Objektivität und Nichtteilnahme und spalten uns immer mehr von dem ab, was unsere Seele nährt. Wir suchen außerhalb von uns selbst nach der Wirklichkeit und kommen zu der Überzeugung, etwas außerhalb unserer selbst würde dem Leben einen Sinn geben. Wenn wir unsere Rettung im Materiellen suchen, fühlen wir uns als Opfer von unkontrollierbaren Mächten, von denen wir zerrieben werden und an denen wir keinen Anteil haben. Wie bereits erwähnt: Wenn wir uns als Opfer fühlen, fühlen wir uns berechtigt, Täter zu werden und Zorn und Gewalt sind die Folge.

Dysfunktion

Obwohl die vorausgegangene Erörterung die Aspekte und Einflüsse, die daran beteiligt waren, die TMM-Persönlichkeit des 20. Jahrhunderts zu schaffen, stark vereinfacht, können wir, denke ich, alle darin übereinstimmen, dass diese Art von Dysfunktion eine Epidemie ist, die überall auf der Erde existiert und sich schnell ausbreitet.

Leider sind die meisten der in unserer Kultur üblichen Heilmethoden eingebettet in unsere technokratische, materialistische, mechanistische Weltsicht und es ist schwierig, wenn nicht gar unmöglich, das Problem durch das Problem zu heilen. Viele der spirituellen, medizinischen und psychologischen Ansätze ignorieren stillschweigend die TMM-Persönlichkeit und fördern sie, während sie eine Lösung innerhalb des alten Paradigmas zu finden versuchen. Da man sich auf alte Modelle verlässt, sind sie für den Umgang mit dem Kernproblem unzuverlässig und untauglich.

Ich habe festgestellt, dass das von den Anonymen Alkoholikern entwickelte Zwölf-Schritte-Programm einen guten Zugang für die Behandlung des Suchtprozesses bietet, der aus dieser Weltsicht entsteht. Ein Teil der Kritik am AA-Programm rührt daher, weil es außerhalb der Norm steht. Doch befasst sich das Programm nicht mit politischen Fragen und setzt sich auch nicht mit der herrschenden Weltsicht auseinander, und das ist wichtig zu wissen. Das Programm wurde von Süchtigen entwickelt um Süchtigen zu helfen, und dafür ist es ziemlich wirkungsvoll. Nach meiner Erfahrung ist die Genesung von Süchten eines der zuverlässigsten Mittel, um unser Sein an einen Punkt von Heilung zu bringen, wo wir in der Lage sind, die Tür zu unserem Tiefenprozess zu öffnen. Es gibt viele Wege – doch nicht viele Menschen, die sich aufrichtig dafür entscheiden, diese Wege zu gehen. Deshalb lege ich hier dar, was für mich auf meiner eigenen Reise wirkungsvoll war und ist und was ich andere lehre. Ich liebe besonders, was wirkungsvoll ist.

Es gibt viele Möglichkeiten, diesen Prozess der Dysfunktion in Begriffe zu fassen. In östlichen Religionen wird er Anhaftung an die physische Ebene genannt, in einigen westlichen Religionen Sünde. In manchen medizinischen und psychologischen Kreisen wird dieser Prozess als Krankheit, Leiden und Sucht bezeichnet. Wie immer wir ihn nennen: Wir müssen uns dennoch auf den Weg der Heilung machen, bevor wir beginnen können, im Prozess zu leben.

Erst vor kurzem begann man in der westlichen Medizin zu erkennen, dass ein sehr hoher Prozentsatz der medizinischen Praxis sich auf Krankheiten konzentriert, die im Wesentlichen durch individuelle Süchte verursacht wurden. Alkohol, Drogen (auf der Straße verkaufte und solche auf Rezept), Nikotin, Essen, Koffein, Zucker, Fett, Arbeit, Anorexie, süchtige Beziehungen (Schlagen, Stress), zwanghaftes Denken und all ihre Nebenwirkungen machen heute einen Großteil der medizinischen Praxis aus. Wenn wir zu dieser Liste all jene Krankheiten hinzuzählen, die durch die in der Gesellschaft praktizierten Süchte (Geld, Wirtschaft, Macht, Kontrolle) verursacht oder verschlimmert werden – wie beispielsweise Krankheiten, die verursacht werden durch Luft-, Wasser- und Bodenvergiftung, Überbevölkerung, krebserregende Stoffe in der Nahrung, veränderte Nahrungsmittelquellen (Gentechnik), verunreinigte Drogenprodukte und die Nebeneffekte der chemischen Drogen – bleiben nur sehr wenige echte körperliche Krankheiten übrig, um die wir uns zu sorgen haben. Wir sind heute so weit, dass wir die Nebenwirkungen und Nebenprodukte der TMM-Persönlichkeit als Gegebenheiten für Krankheit hinnehmen, und haben aus den Augen verloren, dass die meisten Krankheiten durch die TMM-Persönlichkeitsstruktur oder durch Süchte verursacht oder verschlimmert werden.

Die westlichen Heilungsansätze neigen dazu, das Individuum zusammenhangslos zu sehen, als isolierte, keimtragende Einheit, die separat behandelt werden kann. Dieser Heilungsansatz ignoriert die Wirklichkeit. Geht auf Samoa zum Beispiel ein Kranker zu einem Heiler, so konzentriert sich dieser sofort auf die Zusammenhänge: Was geht in der Familie vor, im Dorf, in der Gemeinschaft, in der gesamten Gesellschaft, wodurch diese normalerweise ausgeglichene Person aus dem Gleichgewicht geworfen wurde? Stellen Sie sich vor, was in unserer Kultur geschehen würde, wenn die Krankheiten der Individuen als Barometer unserer Kultur angesehen würden. Was würde passieren, wenn aufgrund des ganz offensichtlichen Zusammenhangs zwischen Nikotin und Krebs alle Ärzte darauf bestünden, Tabak müsse verboten werden – unabhängig von wirtschaftlichen Erwägungen. Stellen Sie sich – wenn Sie können – eine Kultur vor, in der die Regierung, die Institutionen und die Organisationen dazu da wären, das spirituelle Wachstum und die Gesundheit des Einzelnen und der Gesellschaft zu fördern, und in der alle wichtigen Entscheidungen nicht auf der Basis wirtschaftlicher und finanzieller Erwägungen getroffen würden.

Wie wir diese Dysfunktionen auch immer nennen, ist nicht wichtig. Es ist alles der gleiche Prozess. Die Lösung kann jedoch nicht aus dem alten Paradigma kommen. Unsere Heilung wird erst stattfinden, wenn wir zu unserer Ganzheit zurückkehren und einen vollständigen Paradigmenwechsel vollziehen.

Während unser inneres Wesen heilt, können wir unendlich viel lernen, wenn es uns gelingt, uns diesen Lernerfahrungen zu öffnen. Gerade der Prozess der Gleichheit bedeutet, dass wir alle teilhaben an dieser gesellschaftlichen Störung, und die Lösung heißt Teilnehmen. Dysfunktion ist immer eine Krankheit der Isolation und des Rückzugs (Objektivität). Durch den Heilungsprozess kommt unsere uralte menschliche Erinnerung an das Teilnehmen wieder zurück. Wir können nicht in Isolation genesen. Volle Teilnahme am gesamten Leben bedeutet grundlegende Heilung.

Vorstufen der Heilung

Zunächst müssen wir einige Vorstufen der Heilung durchlaufen, bis unser Bestand an Dysfunktionen soweit vermindert ist, dass der Lebensprozess überhaupt erfahren werden kann.

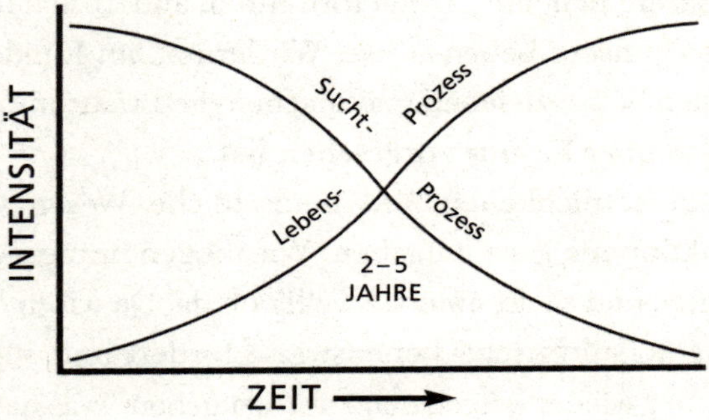

Wie wir aus diesem Diagramm ersehen, mag unsere Wahrnehmung für unseren Lebensprozess so gut wie gar nicht vorhanden sein, wenn wir anfangen, uns unsere TMM-Persönlichkeit anzusehen. Wir haben so lange in einer dysfunktionalen Gesellschaft gelebt, so viele Menschen um uns herum sind dysfunktional und unsere Toleranz für den Wahnsinn ist so hoch, dass wir uns unseres Lebensprozesses vielleicht gar nicht bewusst sind. Doch trotz des Fehlens dieses Bewusstseins habe ich bis jetzt noch nie jemanden getroffen, der es geschafft hätte, seinen Lebensprozess (seine Spiritualität) vollkommen zu zerstören – obwohl viele sehr weit darin gegangen sind. Zu Beginn unserer Heilung mögen wir den Eindruck haben, wir wären nur unsere Störung. Und wir müssen uns daran erinnern, dass unser Lebensprozess da ist und auf uns wartet. Indem wir unsere heilende Arbeit tun, werden wir kurze Augenblicke geistiger Gesundheit erleben. Wenn wir zum ersten Mal Klarheit und Einssein mit unserer Spiritualität erfahren, sind wir vielleicht zu Tode erschrocken, weil das so ungewohnt ist. Wenn wir jedoch in unserer Genesung voranschreiten, werden wir mehr und mehr Zeit in unserem Lebensprozess und weniger mit unserer zerstörerischen TMM-Persönlichkeit verbringen. Es kann zwei bis fünf Jahre der Heilung dauern, bis wir wirkliche Klarheit und Einssein erfahren. Haben wir sie jedoch einmal erlebt, möchten wir nie wieder dahin zurück, wo wir gewesen sind.

Wenn wir unsere heilende Arbeit fortführen, ändert sich unsere Weltsicht und ebenso unsere Lebensweise. Wir lernen, im Einklang mit unserem spirituellen Selbst zu leben und machen die Erfahrung so zu leben, wie es unser Schöpfer für uns vorgesehen hat.

Als TMM-Persönlichkeiten und menschliche Wesen werden wir unsere Dysfunktion nie ganz aufgeben. Wir mögen immer weniger Zeit damit verbringen, und sie ist unterschwellig oft da. Da wir in einer Kultur leben, die eine zerstörerische Lebensweise fördert und sogar fordert, werden wir immer wieder eingeladen zurückzugehen. Was natürlich nicht heißt, dass wir die Einladung annehmen müssen.

Die Tatsache, dass Menschen bereit sind, sich zu etwas hin zu entwickeln, das sie nicht kennen und woran sie sich nicht mehr erinnern, ist eines der Wunder der Heilung. Ein weiteres Wunder ist, dass unser Lebensprozess da ist – was immer wir auch getan haben. Das tiefgreifende Wissen um diese Wunder kann uns helfen, wieder ein Gespür für das tiefe Mitgefühl gegenüber Allem-was-ist zu bekommen.

Um zu genesen, müssen wir an einem Programm teilnehmen, das unsere TMM-Struktur konfrontiert und heilend für uns ist. Der Schlüssel für den so sehr notwendigen Paradigmenwechsel liegt im Teilnehmen. Für einige mag das Zwölf-Schritte-Programm die Antwort darauf sein. Bitte vergessen Sie nicht, dass ich hier über meine eigenen Erfahrungen und die Erfahrung der Menschen, mit denen ich gearbeitet habe, berichte. Es gibt auch andere Wege, um an einen Punkt zu kommen, an dem wir für ein prozesshaftes Leben offen werden. Ich habe einfach wenig persönliche Erfahrungen mit anderen Wegen gemacht.

Ich hege keinen Zweifel daran, dass das Genesungsprogramm (der Anonymen Alkoholiker) göttlich inspiriert ist und, wenn es in allen Lebensbereichen praktiziert wird, zu grundlegenden Paradigmenwechseln sowohl beim Einzelnen wie auch in der Gesellschaft führen kann. Wir müssen uns auch in Erinnerung rufen, dass es – wie alle spirituellen Programme – von Menschen entwickelt wurde und von Suchtkranken nach bestem Vermögen angewandt wird. Eine der größten Weisheiten des Programms ist der Spruch: „Nimm was du magst und lass den Rest", der die eigentliche Beziehung zwischen der Person und ihrer Höheren Macht (ihrer Spiritualität) belässt. Das Beste, was sich einige Gruppen bezüglich Genesung erhoffen, ist eine Anpassung an das System und keine vollständige spirituelle Gesundheit und Heilung. Andere entwickeln eine Offenheit, die ihnen erlaubt, sich über bloße „Genesung" hinaus zu bewegen.

Gloria schrieb mir den nachstehenden Brief über ihre Genesung von einem langen, zwanghaften Prozess. Ich teile diesen Brief mit Ihnen als Beispiel für den Heilungsweg einer Frau. Durch ihn können wir ein Gefühl für die Alltäglichkeit dieser Art von Heilung bekommen.

> Ich war verloren. Gestern erkannte ich, dass die Betonung dieses Satzes auf dem *Ich*, nicht auf dem *verloren* hätte liegen sollen. Etwas in mir fehlte und es schien das zu sein, was ich als *Ich* bezeichne. Jetzt fühle ich mich wieder lebendig. Wieder da. Für mich präsent auf eine Art und Weise, die mir erlaubt, auch anderen gegenüber präsent und liebevoll zu sein. Eine Art von Nebel ist von mir gewichen. Es ist sehr seltsam, sich jetzt dieses Unterschieds der beiden Seinsweisen so sehr bewusst zu sein, die ich in dieser Woche erlebte.
>
> Vielleicht war ich in meiner – wie du es nennst – „Dysfunktion". Und bis jetzt hatte ich noch nicht ein so klares Gespür dafür, was das für mich bedeutet. Es ist meine Art von Alkoholismus. (Ich

las das Buch *Broken Promises, Mended Dreams* und fand ohne Schwierigkeiten die Parallelen zwischen mir und der Alkoholikerin in jener Geschichte. Sonderbar! Und nützlich.) Ich brauche keinen anderen Menschen, keinen äußeren Anlass, keine Substanz, kein Objekt. Ich kann aus mir selber heraus verrückt werden (was mir sehr sonderbar erscheint). Mich hassen. Mir selbst gegenüber hart sein. Mich schrecklich fühlen. So verwirrt, dass es eine grobe Untertreibung wäre, mich als unklar zu bezeichnen. Ich kann mich in mir im Kreise drehen. Mir vollkommen misstrauen. Ich fühle mich, als ob etwas anderes von mir Besitz ergriffen hätte.

Heute kann ich auch ganz klar sehen, wie anders ich in jenem Zustand bin und wie in meiner eher üblichen Verfassung. Mir scheint, völlig lebendig zu sein ist vielleicht eher ein Spektrum, nicht ein Entweder-oder-Zustand. Ich war in den letzten drei Wochen „nicht lebendig". Und jetzt bin ich wieder lebendig. Vielleicht kann ich noch mehr völlig lebendig sein und dies lernen. Und ich weiß, dass ich da, wo ich mich jetzt befinde, einen gewissen Grad an Lebendigkeit habe. Und es ist ein Ort (wie der schlechte Zustand), der mir wohlbekannt ist. In den letzten paar Jahren habe ich mehr Zeit in dem lebendigen als in dem nicht-lebendigen Zustand verbracht.

Und doch kann der Zustand des „Nicht-lebendig-Seins" scheinbar aus dem Nichts über mich hereinbrechen. Und er scheint bei mir zu bleiben, bis er bereit ist, mich wieder zu verlassen. Ich erinnere mich, dass du von unserer Freundin sprachst und sagtest, es sei nicht sehr viel von ihr vorhanden. Wenn ich in meinem nicht-lebendigen Zustand bin, ist auch von mir nicht viel vorhanden.

Eines der Dinge, die ich in jenen drei Wochen hasste, war, dass ich gar nichts lernte. Ich wusste nicht, was in mir vorging. Ich versuchte bei dem zu bleiben, bei dem ich war und offen zu sein für die Lernerfahrung, und ich wurde so ärgerlich mit mir selber, weil ich nichts lernte. (Ein Teil meiner Dysfunktion besteht darin, bewertend und mit mir selber unzufrieden zu sein, nicht?) Jetzt denke ich, dass es mir vielleicht nicht möglich ist, das, was ich lerne, zu erkennen, solange ich in „meiner Dysfunktion" bin. Und erst, wenn ich herauskomme, kann ich vielleicht in der Lage sein zu entdecken, was da zu lernen ist. Es scheint (im Rückblick) wenig Sinn zu machen, wenn ich versuche in diesem Stadium zu bleiben, bis ich lerne, was ich zu lernen habe. Es ist, als ob ich unfähig sei zu lernen, wenn ich mich so fühle. Alles ist dann zu verdreht für mich.

In den letzten Tagen kommt mir nun, was ich lernen soll, und ich verstehe besser, wo ich war. Noch bin ich mir nicht sicher, wie ich mir in diesen Zeiten helfen könnte. Leslie und meine Freundin Cathy sagen, es höre sich nach einer Zeit des Loslassens, Kapitulierens an. Und eines der Dinge, die ich lerne, ist, dass ich – egal worum es sich handelt – unter gar keinen Umständen bereit bin zu kapitulieren, loszulassen. In diesem Punkt bin ich einfach rigide.

Ich las etwas im Buch der Emotions Anonymous, was auf mich zutrifft: Es besteht ein Unterschied zwischen dem Glauben an eine Höhere Macht und dem Vertrauen in eine Höhere Macht. Ich glaube durchaus, dass es etwas oder jemanden größer als ich gibt. Und ich habe keinen (null!) Glauben, dass diese Höhere Macht mir helfen, für mich sorgen wird. Irgendwie erscheint es mir falsch, schlecht oder eine Sünde, nicht immer wieder mein Möglichstes zu versuchen, um mir selbst zu helfen, wenn ich mich niedergeschlagen fühle. Loslassen fühlt sich wie aufgeben an. Und jeder, der aufgibt, der es nicht zumindest probiert, verdient unten zu bleiben. Sicher ergibt das für dich keinen Sinn. Und ich glaube, das ist ein Teil dessen, was in mir abläuft. Ich weiß, dass es sich für mich einfach nicht richtig anfühlt loszulassen, mich zu überlassen. Es scheint einfach „das Falsche" zu sein.

Wie dem auch sei, jetzt fühle ich mich meistens glücklich. Ich fühle mich die meiste Zeit gut und habe nur gelegentlich einen Rückfall, während ich mich früher die meiste Zeit schlecht fühlte und nur gelegentlich Erleichterung spürte.

An jedem Abend blicke ich zurück auf den vergangen Tag und schaue mir an, wofür ich dankbar sein muss. Das ist meine jetzige Version eines Gebets. Und an jedem Morgen bete ich (zu niemandem bzw. nichts im Besonderen – ich bete einfach) um Offenheit für meinen Prozess und den Prozess des Universums, für die Bereitschaft zu lernen, was ich an jenem Tag lernen soll, für die Bereitschaft loszulassen, um Hilfe.

Und ich frage mich, wie ich meine Dysfunktion nennen soll. Es scheint nicht ganz zuzutreffen, sie als den Prozess meiner linken Gehirnhälfte zu bezeichnen. Und es setzt die positiven Anteile des Prozesses meiner linken Gehirnhälfte herab. Es gibt einen speziellen Aspekt oder Prozess in meinem linken Gehirn, der krank ist. Und der ist mit meinen Emotionen ziemlich verwickelt. Ich bin manchmal meinen Gefühlen gegenüber machtlos. Ich bin manchmal meinem Denken gegenüber machtlos. Und es gibt eine bestimmte Verbindung einiger Aspekte meines Denkens und Fühlens, und das ist meine Dysfunktion.

Ich glaube nicht, dass ich versuche auszuweichen oder zu leugnen, wenn ich nach einem Namen suche. Auch ich möchte präzise mit meinen Worten umgehen. (Ich erinnere mich, dass du das während des September-Trainings über dich gesagt hast). Ich glaube, die Unterschiede zwischen bestimmten Wörtern berühren mich, meine Erfahrung, meine Gefühle, mein Denken, mein Verständnis, mein Wissen. Deshalb suche ich weiter nach einem Wort, das meine Dysfunktion für mich benennt. Indem ich meine Dysfunktion klarer sehe, weiß ich besser, welche Wörter passen und welche nicht. Ich komme einem Namen näher, werde genauer. Und glaube, dass ich bei jeder Annäherung an einen Namen für meine Krankheit auf irgendeine Weise zu meiner Heilung beitrage. GLORIA

Gloria hat die Erfahrungen, die sie auf dem Weg ihrer Heilung machte, sehr deutlich ausgedrückt. Auf dem Weg zur Heilung müssen wir uns alle unserer Dysfunktion stellen, und der Prozess einen Namen dafür zu finden, der für jeden Einzelnen passt, kann ein entscheidender Schritt sein, um vorwärts zu kommen. Wir müssen uns immer daran erinnern, dass jede Phase Teil des Heilungsprozesses ist. Halten wir an einer Phase fest, bleiben wir stecken.

Mir ist bewusst geworden, dass ein gewisser Grad an Heilung und Loslassen der Dysfunktion stattfinden muss, bevor wir so weit sind, die Tür zu einem prozesshaften Leben auch nur zu sehen, geschweige denn, durch sie hindurch zu gehen.

Wir müssen beginnen, den Wechsel von einer nicht-teilnehmenden zu einer teilnehmenden Weltsicht zu vollziehen, und damit Verantwortung für unser Leben zu übernehmen und aktiver darin zu sein. Es ist notwendig, den Lebensersatz loszulassen, den wir benutzen, um unsere Wahrnehmungen auszuschalten und die Verbindung zu unserer Spiritualität zu kappen. Wir müssen damit beginnen, die in Kapitel 4 erörterten Wahrheiten über ein Leben im Prozess zu erkunden. Wir müssen uns daran erinnern, dass Heilen ein Prozess und kein Ereignis ist, und dass das Lernen, dem Prozess selbst zu vertrauen, ein wichtiges Lernen ist – ebenso wichtig wie die eigentliche Heilung. In der Tat kann der Heilungsprozess der Weg sein, auf dem wir über unseren Lebensprozess lernen, so wie unser Lebensprozess heilend für uns ist.

Wie immer wir ihn nennen, wir dürfen nicht vergessen, dass wir in einer Kultur leben, die Dysfunktion erfordert. Die Dysfunktion hat den Zweck, uns von unserem eigenen lebendigen Prozess abzuschneiden. Unsere Dysfunktion hält uns davon ab, den Schmerz über die Isolation,

Unehrlichkeit, Täuschung und Selbstzentriertheit des Lebens in der von uns geschaffenen Welt ganz zu spüren. (Für eine weiterführende Erläuterung dieser Konzepte siehe das Buch *Im Zeitalter der Sucht*). Wie immer wir diesen Prozess auch nennen, die Bedeutung und der Prozess sind immer gleich. Wir werden von unserer Spiritualität entfernt.

Dysfunktion ist erlernt. Erlerntes kann wieder verlernt werden. Dysfunktion hält uns in den automatisierten Verhaltensweisen unserer niederen Gehirnstrukturen gefangen. Wir können besser handeln und besser sein.

In dem Maße wie Menschen ihre Dysfunktion aufgeben und allmählich heilen, beginnen die zuvor unterdrückten Tiefenprozesse aufzutauchen. Diese Prozesse versuchen ständig, zu uns an die Oberfläche zu kommen, und unsere Dysfunktion kann uns so beschäftigt und gefühllos halten, dass wir uns dieser Prozesse, die geheilt werden wollen, überhaupt nicht bewusst sind.

Tiefenprozesse

Während wir aufwachsen und uns entwickeln, machen wir vielfältige Erfahrungen, die Einfluss auf uns haben. Einige dieser Erfahrungen wirken sich sehr traumatisch aus, andere nur leicht. Wenn wir diese Erfahrungen durchleben, verfügen wir oft nicht über die Fertigkeiten oder die Reife, um mit ihnen umzugehen. Diese Erinnerungen, Erfahrungen, Empfindungen und dieses Wissen sind in unserem Körper gespeichert und bereit, in unser Bewusstsein zu treten, wenn wir bereit sind, von ihnen zu genesen. Dies ist eines der Wunder der menschlichen Existenz. Wir speichern in unserem Körper alle Erlebnisse, von denen wir lernen können, um ganz zu werden. Wenn ich über dieses Wunder nachdenke, bin ich von Ehrfurcht erfüllt. Alles was uns geschieht oder was wir tun, ist unser persönliches Lernmaterial. Es ist sorgfältig auf unsere Bedürfnisse abgestimmt und hat genau die Form, die wir brauchen, um uns mit dem Wesentlichen unseres ganz persönlichen Lernens zu versehen. Wir scheinen außerdem in unserer DNA archaische Erinnerungen aufzubewahren, von denen wir möglicherweise genesen können.

Unser Körper und unser Wesen speichert diese Erfahrungen tief in uns, bis wir einen Grad von Bewusstheit und Reife erreicht haben, um das durchzuarbeiten, was wir für die Reise unserer Seele durcharbeiten müssen. Ich stelle mir vor, diese Tiefenprozesse blubbern in unserem Inneren wie in einem großen Kessel. Immer wieder steigt eine Blase nach oben – wie bei den „Schlammtöpfen“ im US-amerikanischen Yellowstone Nationalpark – und wir haben die Chance, uns auf jenen Tiefenprozess zu konzentrieren, in ihn einzutauchen, zu heilen und etwas zu lernen. Meiner Erfahrung nach kann alles in unserem Tiefenprozess geheilt werden – unabhängig davon, wie traumatisch das Ereignis gewesen sein mag oder wie tief es in uns versteckt ist. Wenn wir das Vertrauen aufbringen können, den an die Oberfläche kommenden Tiefenprozess zu respektieren und bereit sind, uns auf ihn einzulassen und mitzugehen, wo immer er uns hinführt, können wir von allem genesen.

Manchmal merken wir nicht, wenn ein Tiefenprozess hochkommt oder wir fühlen uns noch nicht bereit, damit umzugehen. Das ist in Ordnung. Durch die liebende Weisheit unseres inneren Seins wird er sozusagen „aufbereitet“ und wir erhalten so viele neue Gelegenheiten, wie wir brauchen. Er wird jedoch jedes Mal stärker auftreten, wenn er wieder an die Oberfläche kommt, um unsere Aufmerksamkeit zu bekommen. In unserer Verleugnung und unserem Widerstand fassen wir dieses wiederholte Auftauchen vielleicht als Angriff oder Versagen auf. Es ist nichts dergleichen. Es ist unser innerstes Wesen, unser Schöpfer, der uns liebt und uns jede Gelegenheit zu heilen gibt. Allein die Tatsache, dass sich der Tiefenprozess bemerkbar macht, ist ein Zeichen dafür, wie stark und aufmerksam wir geworden sind und dass wir alles haben, was wir brauchen, um damit umzugehen. Wenn wir ihn nicht beachten, wird der Tiefenprozess wiederkommen.

Türen

Es gibt viele Türen in unseren Tiefenprozess:

1. Tränen,
2. ein in uns aufsteigendes Gefühl,
3. eine Überreaktion oder Emotion, die für eine gegebene Situation zu stark ist,
4. wenn man – zur Ablenkung – einen Streit mit einem Ehepartner oder mit jemand anderem vom Zaun bricht,
5. der Drang, sich seiner Lieblingssucht hinzugeben,
6. ein flüchtiger Gedanke oder eine Wahrnehmung,
7. ein Lied, das einem nicht aus dem Kopf geht,
8. wenn etwas in uns auftaucht, was uns zu beschwichtigen versucht oder uns glauben machen möchte, wir genössen das „gute Leben",
9. Schmerz,
10. Depression,
11. tiefe Glückseligkeit.

Diese und andere Türen sind Anzeichen dafür, dass ein Tiefenprozess ansteht, der bereit ist bearbeitet zu werden. Alles, was wir gewöhnlich tun müssen ist, uns auf einer Matratze oder etwas Ähnlichem auszustrecken, das Denken aufzugeben und zu warten. Es ist gut, jemanden bei sich sitzen zu haben, da Tiefenprozesse manchmal intensiv werden. Wenn wir bei einer anderen Person sitzen, die durch einen Tiefenprozess geht, ist es unsere Aufgabe, bei ihr zu sein, während sie durch das geht, wodurch sie gehen muss. Es ist nicht unsere Sache, wohin sie geht, und es wäre vollkommen unangemessen zu denken, wir wüssten, wohin sie zu gehen habe.

Meistens hat die Tür, die in den Tiefenprozess führt, nichts mit dem zu tun, worum es sich schließlich im Prozess handelt, und es ist die Tür, um dorthin zu gelangen. Oft sind unsere Türen zu unserem Tiefenprozess Personen, die etwas in uns auslösten. Vergessen Sie nicht: Diese Personen sind Geschenke für uns, damit wir unsere Tiefenprozessarbeit tun können, und der Prozess an sich hat wahrscheinlich nichts mit ihnen zu tun.

Wenn wir zum Beispiel auf jemanden heftig reagieren und das Gefühl haben, uns sei durch ihn Unrecht geschehen und wir wollten es ihm heimzahlen, dann hat das, was in uns aufsteigt, mit der betreffenden Person oder dem jeweiligen Ereignis vermutlich nichts zu tun. Diese Person kann ein Geschenk für uns sein und eine Einladung zu unserem Tiefenprozess. Durch unsere Reaktion haben wir gewöhnlich die Möglichkeit, in unseren Tiefenprozess zu gehen und alte Wunden und alte, unbeendete Prozesse zu heilen. Die Person, die unseren Tiefenprozess auslöste, ist meistens gar nicht relevant für uns. Wir können uns jedoch dafür entscheiden, unseren Fokus auf diese Person zu richten, und damit entgeht uns eine wichtige Gelegenheit für unsere Heilung. Wir haben die Wahl. Es ist unsere Möglichkeit.

Louise hatte Angst vor ihren Tiefenprozessen. Immer wenn sie fühlte, dass ein solcher in ihr hoch kam, kämpfte sie dagegen an, biss die Zähne zusammen und war nicht gewillt, auf die Matte zu gehen, sich hinzulegen und zu warten, was kommen würde. Sie hatte viele Arten von Therapie hinter sich und wurde als „nicht therapierbar“ bezeichnet.

Ihr wurde vorgeschlagen, ihre Widerstände zu ehren, sich hinzulegen und abzuwarten, was kam. Sie willigte ein. Sie legte sich auf die Matte, um zu sehen, was passieren würde. Ganz spontan stiegen Wut und Weinen in ihr auf. (Tiefenprozesse sollten weder erzwungen noch durch Techniken hervorgelockt werden. Eine Person – irgendjemand – kann während Ihres Tiefenprozesses bei Ihnen sitzen, und ihre Aufgabe besteht darin, da zu sein, sich nicht einzumischen, und auf Ihre Sicherheit zu achten für den Fall, dass Sie um sich schlagen.) Danach wurde Louise ruhig. Sie kam zur Gruppe zurück und sah gelassen und friedlich aus.

Sie erzählte von der Wut, die in ihr bei dem Vorschlag aufstieg, sie solle ihren Widerstand ehren. Man hatte ihr noch nie gesagt, sie solle ihre Gefühle ehren und sie hatte immer versucht, ein „braves Mädchen" zu sein und zu tun, was andere wollten. Dann löste sich ihre Wut in Schmerz auf, als ihre Tränen die jahrelange Missachtung ihrer selbst aus ihr herausspülten. Sie konnte die Trauer fühlen und ihre Selbstzerstörung sehen, die sie sich durch die Missachtung ihrer selbst angetan hatte. Jahre des Selbstmissbrauchs blitzten in ihr auf, als sie sich an die tausendfachen Bemühungen erinnerte, brav zu sein. Dann erlangte sie Frieden, als ihr bewusst wurde, dass sie ihren Widerstand geehrt hatte und dabei war, einen ersten vorsichtigen Schritt auf dem Weg zur Heilung zu tun.

In Louises Fall war der Prozess des Prozesses wichtig. Der Prozess sich selbst zu ehren führte zu ihrer Heilung. Der Widerstand (der Inhalt des Prozesses) war nicht das Wichtige. Dass sie ihn achtete und sich von ihm führen ließ, war wichtig. Langsam, mit den Jahren, begann Louise ihrem Tiefenprozess zu vertrauen.

Unsere Tiefenprozesse sind das wichtigste Mittel, das uns zur Verfügung steht, um die Illusion von Kontrolle durch unsere linke Gehirnhälfte umgehen zu können, sodass wir unmittelbar in unser innerstes Wesen gelangen können, wo wirkliche Heilung stattfindet. Durch Verstehen oder Einsicht ist noch nie jemand genesen. Beides kann interessant sein. Doch keines von beidem ist heilend. Wirkliche Heilung findet irgendwo tief in den entlegenen Winkeln unseres Wesens statt, zu dem nur unsere Tiefenprozesse vordringen können.

Viele Menschen haben versucht Techniken zu entwickeln, um Tiefenprozesse zugänglich zu machen und mit ihnen zu arbeiten. Leider vergewaltigen solche Techniken oft die Seele. Der einzige wichtige Lerneffekt, den man aus Techniken ziehen kann, besteht leider oft nur darin, der Technik oder dem Therapeuten zu vertrauen. Und wenig oder gar nichts wird darüber gelernt, wie wir unserem eigenen Prozess vertrauen. Der Therapeut wird für den Klienten zum „Gott", und die Technik wird für den Therapeuten zum „Gott", wodurch beide von einer Heilung ihrer Spiritualität abgehalten werden.

Unser Tiefenprozess ist letztlich die magische Tür, die uns auf den Weg zu den unerschöpflichen Quellen unserer Spiritualität führt. Indem wir lernen, unserer Tiefenprozessarbeit und dem, was in uns aufsteigt, zu vertrauen, lernen wir unserem Lebensprozess zu vertrauen. Bei Leben im Prozess geht es darum, bei unserem eigenen Prozess zu bleiben, selbst wenn er in eine Richtung geht, die wir nicht verstehen, an die wir nie gedacht hätten oder von der wir glauben, sie nicht zu mögen. Vertrauen in das, was unser Tiefenprozess offen legt, lehrt uns, ein Leben des Vertrauens zu entwickeln, während wir gleichzeitig alte Wunden heilen. Unser inneres Sein ist sehr „effektiv" und kann im Allgemeinen mehrere Dinge gleichzeitig zustande bringen.

Tiefenprozesse sind einzigartig

Nicht alle Tiefenprozesse sind schmerzhaft, wie wir es in unserem negativen Denken vielleicht erwarten. Manche sind voller Freude und Spaß oder heiter. Schließlich bestehen wir aus einer Fülle von Aspekten, ob uns das im jeweiligen Augenblick bewusst ist oder nicht.

John war oft deprimiert und voller Angst. Seiner Ansicht nach führte er ein ziemlich erbärmliches Leben und er lebte dementsprechend. Er glaubte tatsächlich, seine Tiefenprozesse würden ebenso sein und war sich nicht sicher, ob er weitere Erfahrungen dieser Art machen wollte. Eines Tages in der Gruppe fühlte er sich ruhelos und reizbar und fauchte jeden an. Jemand aus der Gruppe sagte, dass sie nicht bereit wären, sich seinen Prozess überkippen zu lassen und fragte ihn, ob er nicht auf die Matte gehen wolle. John dampfte ab auf die Matte, war offensichtlich nicht glücklich über die Situation und bat niemanden, bei ihm zu sitzen – er würde es ihnen zeigen! –, wodurch er sich um die Unterstützung brachte, die er hätte haben können.

Auf der Matte ächzte, stöhnte, seufzte und jammerte er. Nach einer Weile schien er einen bestimmten Rhythmus und ein Muster zu entwickeln: Ächzen, Stöhnen, Jammern, Seufzen; Ächzen, Stöhnen, Jammern, Seufzen. In der Gruppe wurde gekichert, als er in seinem Tiefenprozess fortfuhr.

Plötzlich fing John zu lachen an. Er lachte hemmungslos. Er rollte sich auf den Matten hin und her. Einige Teilnehmer eilten zu ihm, um die Matten hoch zu halten, sodass er sicher war. Die Gruppe stimmte unwillkürlich in sein Lachen ein und so lachten alle eine Weile mit. Dann wurde er ruhig und friedlich.

Er erzählte später, er sei wegen der „Aufforderung“ auf die Matte zu gehen, anfangs „echt sauer“ gewesen. „Die haben doch keine Ahnung!“ Dies ist ein gutes Beispiel dafür, wie wir das, was andere sagen oder sagten, verdrehen, wenn „Arbeit“ ansteht und wir sie nicht getan haben. Er war „sauer“ als er auf die Matte ging und wollte natürlich niemanden um Begleitung in seinem Prozess bitten, nachdem die Gruppe ihn „so schlecht behandelt hatte“.

Als er dann in sein rhythmisches Ächzen, Stöhnen, Jammern und Seufzen rutschte, erkannte er nach einer Weile, dass dies das Muster und die Struktur war, die er sich für sein Leben geschaffen hatte. Kurz danach erkannte er, wie lächerlich eine solche Entscheidung gewesen war und schüttelte sich vor Lachen. Was für eine lächerliche Entscheidung für sein Leben. Als die Gruppenteilnehmer ihm spontan zu Hilfe eilten und für seine Sicherheit sorgten, obwohl er gar nicht um Hilfe gebeten hatte, war er berührt und voller Dankbarkeit. Als er von seinem Tiefenprozess erzählte, stiegen immer wieder ein paar Lacher in ihm auf.

Wir wissen nie, wohin uns unser Tiefenprozess führt, und es ist immer interessant, wenn wir bereit sind, uns von ihm führen zu lassen.

Tiefenprozesse können von irgendeiner Zeit, an irgendeinem Ort und von irgend jemandem handeln. Damit Heilung stattfinden kann, brauchen wir nicht einmal zu wissen, worum er handelt. Ein Tiefenprozess ist viel mehr als eine innere Klärung und eine solche kann vorkommen. Ein Tiefenprozess ist mehr als „den Gefühlen freien Lauf zu lassen" und Gefühle können in einen Tiefenprozess führen. Während eines Tiefenprozesses können viele Gefühle intensiv empfunden werden und ein Tiefenprozess ist viel mehr als das Spüren der eigenen Gefühle.

Wir dürfen nicht vergessen dass, wenn wir uns auf unsere Tiefenprozesse einlassen, kein Tiefenprozess hochkommen wird, dem wir nicht gewachsen sind. Die Tatsache, dass er überhaupt aufsteigt, ist ein Zeichen dafür, dass wir einen Grad an Stärke, Reife, Bewusstheit und spirituellem Wachstum erreicht haben, der es uns ermöglicht mit allem, was kommt, umzugehen. Dass ein Tiefenprozess aufsteigt ist ein Kompliment für unser spirituelles Wachstum, obgleich es uns zu jenem Zeitpunkt schwer fallen mag, dies zu sehen.

Wir scheinen einen inneren Thermostat zu haben, der reguliert, welche Prozesse in uns aufsteigen. Wenn wir mit einem Tiefenprozess, der hochkommt, nicht umgehen wollen, ist das unsere Entscheidung. Unser innerer Prozess (bzw. der Schöpfer) ist sehr verzeihend und wird ihn einfach immer wieder hochkommen lassen, bis wir uns damit befassen. Ich muss jedoch wiederholen, dass ein Prozess meiner Erfahrung nach jedes Mal, wenn er unterdrückt und nicht bearbeitet wird, das nächste

Mal stärker (und vielleicht sogar schmerzhafter) in uns aufsteigen wird, bis wir ihm schließlich Aufmerksamkeit zollen. Wir verursachen viel von unserem eigenen Schmerz. Unser Leiden und unsere Erschöpfung scheinen in direktem Zusammenhang mit dem Unterdrücken unserer Prozesse zu stehen – ebenso wie viele unserer körperlichen Krankheiten. Der Schöpfer möchte anscheinend wirklich, dass wir heilen. Indem wir uns auf unsere Tiefenprozesse einlassen, lernen wir unseren Prozess zu ehren.

Unseren Prozess ehren

Unseren Prozess zu ehren bedeutet,
das Leben in seiner Ganzheit zu leben.

Ich möchte noch etwas zu dem Forcieren und Blockieren unserer Prozesse hinzufügen. Es kommen häufig Menschen zu uns, die bereits ausgesprochen „Therapie-erfahren“ sind. Sie haben eine Menge von Techniken erlebt, die ihren Prozess erzwingen sollten. Für mich sind Techniken vergleichbar mit dem Einsatz von Zangen bei einer normalen Geburt. Das Kind wird geboren – <u>und</u> es kann geschädigt werden. Ganz sicher lernt man dabei nichts darüber, dem eigenen Prozess zu vertrauen und ihn zu ehren, worin letztlich das Verdienst liegt. Wie gesagt, man lernt vielleicht lediglich, der Technik und dem, der die Technik anwendet, zu vertrauen – nicht dem eigenen Prozess. Solche Menschen können auf die Matte gehen und ihren „Prozess nach Belieben abspulen“. Das ist keine Tiefenprozessarbeit! Und auch nicht die Arbeit, die unser Leben heilen und verwandeln kann.

Andere Menschen blockieren ihren Prozess und wollen ihn um jeden Preis vermeiden. Sie lassen sich nicht darauf ein, bis sie schließlich in die Knie gezwungen werden – und vielleicht nicht einmal dann. Das Blockieren und Forcieren unseres Prozesses sind die entgegengesetzten Enden von ein und demselben Dualismus. Es handelt sich dabei um die Illusion von Kontrolle, eines der größten Hemmnisse auf unserer spirituellen Reise. Der eigentliche Prozess unseres Tiefenprozesses lehrt uns über Kapitulation. Nur wenn wir zulassen, von ihm geführt zu werden, wo immer er uns hinführt, können wir die volle Bedeutung von Tiefenprozess erfahren. Wenn wir unseren Tiefenprozess forcieren, abblocken, über ihn nachdenken oder ihn zu kontrollieren versuchen, dann lernen wir eigentlich nur etwas über Forcieren, Blockieren und den hemmenden Aspekt des Denkens – wobei es sich bei alledem letztlich um Kontrolle handelt. Wir lernen dann nicht die tiefgründigen Lektionen des Prozesses – und es gibt immer Lektionen –, und wir lernen letzten Endes nicht, unserem Prozess zu vertrauen. Nur durch die völlige Kapitulation und das völlige Loslassen lernen wir an dem Prozess teilzunehmen, der das Alles-was-ist darstellt.

Wir können uns nicht aussuchen, nur teilweise lebendig zu sein oder uns nur teilweise entscheiden lebendig zu sein.

Der Tiefenprozess des Einsseins lädt uns alle ein. Diese Kapitulation kann niemals nur in unserem Kopf stattfinden.

Töne

Töne sind wichtig in unserem Tiefenprozess. Viele von uns haben noch niemals ihre Töne zum Ausdruck gebracht. Uns wurde befohlen, ruhig zu sein und wir gehorchten. Es ist notwendig, dass wir in unserem Tiefenprozess unsere Töne von uns geben, wie immer sie auch sein mögen – Stöhnen, Seufzer, Schreie, Brüllen, Lachen – was immer an die Oberfläche steigt. Es ist notwendig, dass wir unsere Töne ausdrücken – und dabei kommt noch mehr zum Ausdruck. Zeitweise scheinen unsere Töne Netzen mit Enterhaken zu gleichen, die die eiternden Gifte aus unserem Körper und unserer Seele herausziehen, damit sie unwirksam gemacht und geheilt werden können. Indem wir unsere Töne im Tiefenprozess ausdrücken, befreien wir uns von mehr als nur den Tönen, die sich weder verordnen noch vorherbestimmen lassen. Wir müssen unsere Töne selbst finden und sie allein durch den Prozess auf unsere Weise ausdrücken lassen. Unsere Töne können ein wichtiger Beitrag zu unserer umfassenden Heilung sein.

Indem wir unseren Tönen Ausdruck verleihen, scheinen sie zunehmend die Töne des Universums widerzuspiegeln, und dies mag zu Beginn unserer Tiefenarbeit nicht so sein. Wir müssen dort beginnen, wo wir gerade stehen.

In der Gegenwart bleiben

Mit seiner Tiefenprozessarbeit in der Gegenwart zu bleiben heißt, bei dem zu bleiben, was gerade jetzt, in diesem Moment, in einem aufsteigt. Dies kann buchstäblich alles Mögliche sein, aus irgendeiner Zeit, von irgendeinem Ort. Wenn wir unserem Prozess wahrhaftig vertrauen, gehen wir dahin, wohin uns unsere Tiefenarbeit führt. Wir bestimmen nicht im Voraus, wo oder was das sein wird.

Aus unserer Erfahrung und durch Beobachten und Zuhören anderer haben wir gelernt, dass wir, wenn wir einen Plan für oder gegen etwas in unserer Tiefenprozessarbeit verfolgen, dabei nur mit unseren Kontrollthemen konfrontiert werden. Der erste Schritt besteht darin, dass wir uns unsere Illusion von Kontrolle anschauen. Das alte Therapie-Paradigma ist ein Ansatz, bei dem einer, der Therapeut oder der Klient, bestimmt, was bearbeitet – bzw. nicht bearbeitet! – werden muss und das in Angriff nimmt. Dieser Ansatz hat nichts mit dem Paradigma zu tun, aus dem sich diese Arbeit entwickelt. Ich sehe dieses alte Paradigma als gewalttätig und missbräuchlich an. Es mag für einige funktionieren. Es steht mir nicht zu, dies zu beurteilen.

Wir haben bei dieser Arbeit erlebt, dass Leben im Prozess und unseren Tiefenprozessen eine Weisheit innewohnt, die weit über unser Denken und Verstehen hinausgeht. *Präsent sein* heißt, darauf zu vertrauen, dass jene Weisheit alles an die Oberfläche bringt, was wir körperlich, emotional und spirituell bereit sind zu bearbeiten. Der „Regulator“, wenn Sie so wollen, wohnt unserem Tiefenprozess inne. Er ist nicht außerhalb von uns, wie es unser Denken sein kann, wenn wir dysfunktional denken. Es bedeutet, offen zu sein für alles, was unser Prozess in uns aufsteigen lässt, zu jeder Zeit.

Ich habe erfahren, dass mein Tiefenprozess zwar manchmal schmerzhaft, doch immer liebevoll und fürsorglich mir gegenüber ist, und zur Heilung führt. Selbst wenn unsere Prozesse schwer oder die in uns aufsteigenden Informationen schwierig sind, gibt es in ihnen eine Sanftheit, die sich das „Ich“ unserer Persönlichkeit kaum zugesteht. Diese Erfahrung von Sanftheit lehrt uns unglaublich viel über Vertrauen und Glauben – Glauben an die Weisheit unseres Prozesses.

Es gibt keine Zwänge bezüglich Ihrer Tiefenprozessarbeit oder darüber, worum es gehen kann oder sollte. Sie erhalten vielleicht ab und zu eine Rückmeldung von der Gruppe, dass es den Anschein habe, Sie forcierten ihren Prozess oder Sie blockten ihn ab oder wollten ihn steuern. Vergessen Sie nicht, dass diese Rückmeldung Ihnen die Möglichkeit bietet hinzusehen, was bei Ihnen abläuft, besonders was Kontrolle anbelangt, die zu Beginn der Heilung massiv sein kann. Wenn die Rückmeldung nicht passt oder sich nicht richtig anfühlt, nachdem Sie sie vorbehaltlos angeschaut haben, dann machen Sie einfach weiter. Sie sind für dieses Lernen vielleicht noch nicht bereit oder es mag die Angelegenheit von jemand anderem sein.

Einige Menschen sind zu dem Glauben gekommen, dass ihr Tiefenprozess eine Möglichkeit ist, wieder mit dem Schöpfer in Verbindung zu treten. Sie benutzen ihren Tiefenprozess fast als eine Form der Meditation. Andere machen die Erfahrung, dass ihr Tiefenprozess sie immer zurück zu sich selbst und somit zu ihrer Verbindung mit Gott führt.

Connie wurde sich ihres negativen Denkens und dessen verheerenden Auswirkungen auf ihr Leben zunehmend bewusst.

Nachdem sie begonnen hatte, sich ihrer negativen Gedanken gewahr zu werden, schienen diese überall zu sein. „Ich bin nicht gut genug“, „Das kann ich nicht“, „Das funktioniert nicht“, „Ich mag sie nicht“, „Heute regnet es. Warum scheint nicht die Sonne?“, „Mein Auto läuft nicht richtig, wahrscheinlich bricht es bald zusammen“, „Ich werde nie freie Zeit haben“ ... und so weiter und so fort.

Nachdem Connie eine Zeit lang ihre negativen Gedanken wahrgenommen hatte, entschloss sie sich, beim Auftreten eines negativen Gedankens eines der drei folgenden Dinge zu tun:

1. Mit jemandem darüber sprechen,
2. beten,
3. auf die Matte gehen und ihre Tiefenprozessarbeit tun.

Sie begann zu erkennen, dass ihre negativen Gedanken die Tür zu ihrer Tiefenprozessarbeit waren und „ging schließlich mit ihren negativen Gedanken mehr und mehr auf die Matte“. Die Folgen waren wunderbar! Ihre Verbindung mit ihrer Spiritualität wuchs in dem Maße wie sich ihre negativen Gedanken verringerten.

Der Tiefenprozess öffnet Türen

Je mehr ich durch meine Tiefenprozesse gehe und je mehr ich anderen zuhöre, wenn sie von ihren Tiefenprozessen berichten, desto mehr erkenne ich, dass wir erst die Oberfläche dessen, was ein Prozess ist und was er tun kann, angekratzt haben.

Zu Beginn ihrer Tiefenprozessarbeit ist es bei den meisten Leuten so, dass ihre Prozesse mit ihrem gegenwärtigen Leben und mit ihren aus der Kindheit stammenden Problemen verbunden sind.

Wie das Diagramm auf Seite 225 zeigt, ist es nach meiner Erfahrung so, dass wir – je weiter unsere Heilung fortschreitet und je mehr Zeit wir in unserem Lebensprozess statt in unserem dysfunktionalen Prozess zu verbringen beginnen – Tiefenprozesse erfahren, die über unsere persönlichen Heilungsthemen hinausgehen. Dieses Phänomen tritt sogar sehr leicht zusammen mit unserer eigenen und gleichzeitig mit anderer Heilungsarbeit auf. Es reicht wohl, wenn ich sage, dass während unserer Tiefenprozessarbeit auf vielen Ebenen spirituelles und emotionales Wachstum und Heilung stattfinden.

Oft kommen Menschen aus ihren Tiefenprozessen mit kraftvollen spirituellen Wahrheiten, die sie auf einer tiefen Ebene erlebt haben. Diese Erfahrung spiritueller Wahrheit ist so anders und so viel überzeugender und durchdringender als etwas, das über den Kopf gelernt wird.

Während der Gruppentreffen berichten wir immer wieder, wo wir gerade stehen und was wir fühlen. Manchmal löst das, was eine Person berichtet, bei einem selber einen Tiefenprozess aus, obwohl es keine Verbindung zwischen dem Gesagten und unserem eigenen Tiefenprozess zu geben scheint. Es ist wichtig, dass wir einen sicheren Ort und Unterstützung haben, um unsere Tiefenprozessarbeit zu tun, wenn etwas in uns aufsteigt. Als jemand während einer Gruppensitzung von sich berichtete, fühlte Sam starke Gefühle in sich aufsteigen und den Drang, auf die Matte zu gehen. Sie warf sich auf eine Matte und ließ sich auf einen sehr intensiven Tiefenprozess ein, der eineinhalb Stunden dauerte.

In ihrem Prozess sah sie sich als Mann und befand sich als Arzt auf einem Schlachtfeld. Nach ihrer Vermutung spielte sich die Szene während des amerikanischen Bürgerkriegs ab. Sie war schon lange genug bei der Leben-im-Prozess-Arbeit um zu wissen, dass sie sich keine Gedanken um wer, was, wann, wie und warum zu machen brauchte. Wichtig war nur, was sie aus dem Tiefenprozess lernte. In ihrem Tiefenprozess war ihr bewusst, dass sie von einem Blutbad und von Zerstörung umgeben war. Da lagen junge Männer mit abgeschlagenen Gliedmaßen, durchschossenem Bauch, klaffenden Schädeln, von überall her hörte sie Schreie, Stöhnen und Weinen. Sie hatte keine Medizin und kein Verbandsmaterial mehr und überall, wo sie hinblickte, gab es Schmerz und Leid. Als sie sich das Blutbad und die Körper ansah, hatte sie plötzlich zu jedem eine persönliche Beziehung. Sie konnte jeden als den Vater, Bruder oder Sohn von jemandem sehen – als ihre Verwandten –, jeden Einzelnen. Sie konnte sie nicht mehr als „die Anderen" sehen.

Sie ließ sich durch ihre Gefühle von Entsetzen, Hilflosigkeit, Wut und Machtlosigkeit tragen. Zeit und Ort hatten für sie keine Bedeutung mehr. Nach einiger Zeit tauchte sie aus ihrem Tiefenprozess auf und sah müde und ruhig aus.

Sie war erschrocken von dem Horror und den starken Gefühlen, die sie durchlebt hatte. Sie sagte, vor der Leben-im-Prozess-Arbeit hätte sie nicht geglaubt, derart intensive Gefühle aushalten zu können. Als sie in ihrem Prozess einen Punkt erreichte, an dem sie meinte, sie würde explodieren, trug der Prozess sie langsam heraus.

Als sie davon erzählte, war ihr Erzählen so intensiv, dass viele auf die Matten gingen, um ihre eigene Arbeit zu tun. Sie schien jedoch einen Frieden und eine Gelassenheit gefunden zu haben, die sich mit Worten nicht beschreiben lassen.

Sie beendete ihren Bericht mit einer Stimme, die wie ein Echo durch die Geschichtsepochen zu hallen schien: „Ich bin mit meinem ganzen Wesen zu dem Wissen gelangt, dass es keinen Krieg mehr geben darf. Ich kann niemals mehr an irgendetwas teilnehmen, was in irgendeiner Weise mit Krieg zu tun hat." Wir wussten, dass sie etwas auf einer seelischen Ebene gelernt hatte.

Sam war durch einen Tiefenprozess gegangen, bei dem es offenbar nicht nur um sie selbst, ihr Leben und ihre Persönlichkeit ging. Bei ihrer Tiefenarbeit schien es sich um ein Heilen auf einer eher kosmischen

Ebene zu handeln. Wir wissen nie ganz genau, was uns unser Tiefenprozess zeigen wird.

Tiefenprozess ist im Grunde ein Akt des Glaubens – Glauben an sich selbst und an den Lebensprozess. Wenn wir daran teilnehmen, lernen wir wieder liebevoll mit uns und anderen zu sein. Unsere Tiefenprozessarbeit hilft dabei, dass alle Prozesse des Lebens zu einer Ganzheit werden. Leben im Prozess umfasst Tiefenprozesse und ist viel mehr als Tiefenprozessarbeit.

Eines der Wunder der menschlichen Existenz ist, dass uns alle Dinge und jegliche Zeit zur Verfügung stehen. Einerseits bewahrt unser Körper die Erinnerung an alles auf, was uns geschah, sodass wir zu diesen Erinnerungen oder Prozessen zurückkehren können um zu heilen, wenn wir stark genug und bereit sind. Und es scheint uns andererseits möglich zu sein, alle Erfahrungen (frühere Leben, das Holomovement, das gesamte Bewusstsein) in uns aufzunehmen, um zu heilen, was wir heilen müssen.

Je mehr ich mit meinem eigenen Tiefenprozess und denen anderer Menschen arbeite, desto offener bin ich für die Möglichkeit, dass wir bei unserer Tiefenarbeit nicht nur uns selbst heilen, sondern uns in das Alles-was-ist hineinbewegen (in das Holomovement, in das Einssein) und so heilen wir in uns und unsere Heilung geht über uns hinaus.

Manchmal erfahren wir im Tiefenprozess eine Verdichtung oder, wie der englische Physiker David Bohm es nennt, ein Umfassen von Zeit und Raum. Wir stellen fest, dass wir in vielen Dimensionen von Zeit und Raum gleichzeitig existieren, und kehren mit einer Weisheit zurück, zu der wir auf andere Weise niemals hätten gelangen können. Einige Menschen glauben, sie gingen in frühere Leben zurück. Diese Vorstellung ist vielleicht viel zu einfach für die erlebten Phänomene. Beinahe scheinen wir in das Holomovement, das Einssein, einzutauchen, um aus ihm das zu schöpfen, was wir zum Heilen brauchen.

All die Aufregung über das „Syndrom der falschen Erinnerung“ verschwindet von selbst, wenn man versteht, was ein Tiefenprozess ist. Das Thema ist nicht, ob etwas geschah oder nicht geschah und wer bestraft oder nicht bestraft werden sollte. Das Thema ist Heilung! Was muss die Person, die tief in ihr Inneres geht, tun, damit sie heilt? Niemand anderes als die betreffende Person selbst weiß es. Nur in den Tiefen ihres Tiefenprozesses kann sie Wissen und Heilung erfahren. Tatsächlich folgt das Wissen oft dem Heilen. Und ich habe noch niemals erlebt, dass Heilen, welches in den Tiefen unseres Prozesses durchgearbeitet wurde, Bestrafung eines anderen beinhaltet. Wenn wir uns auf uns selbst und auf die Heilung, die auf der seelischen Ebene ansteht, konzentrieren, lenken wir uns nicht damit ab, was andere getan haben oder tun müssen. Dafür müssen sie selber sorgen.

Für Kinder scheint Tiefenprozessarbeit etwas ganz Natürliches zu sein. Sie kennen sie. Wir haben einen zweieinhalbjährigen Jungen, der bereits im Mutterleib zur Leben-im-Prozess-Gruppe kam. Er geht ganz unbefangen mit der Tiefenprozessarbeit um. Neulich war er beim Frühstück quengelig und missmutig, mochte das Frühstück nicht und war unzufrieden. Nach einer Weile sagte er: „Ich gehe auf die Matte!"

Er legte sich auf eine Matte, weinte eine Zeit lang, tobte eine Zeit lang und stand dann glücklich und zufrieden wieder auf. Seine Mutter sagt, dass er sich oft so verhält, wenn er aufgebracht ist. Er lernt sehr früh, die Verantwortung für seine Gefühle zu übernehmen. Kinder, die diese Arbeit tun, geben ihre persönliche Macht nicht so leicht ab – wenn überhaupt. Ich stelle mir gerne vor, dass es in Zukunft einmal in allen Wohnungen einen Prozessraum gibt – genau so selbstverständlich wie ein Bad und eine Küche –, und Familien in dem Wissen wachsen können, dass alle ihre Tiefenprozessarbeit tun, wenn sie dran ist. Dieser Traum hat natürlich bereits begonnen wahr zu werden.

An dieser Stelle ist ein Wort der Vorsicht angebracht. Ich glaube, wir alle kennen Tiefenprozessarbeit und sie ist uns angeboren. Doch da wir uns so weit von ihr entfernt haben, finden wir es heute hilfreich, die Unterstützung einer Gruppe oder einer Gemeinschaft zu haben, wenn wir sie wieder erlernen.

Das Verhältnis von Tiefenprozess zu Leben im Prozess

Heilung vollzieht sich nicht proportional zu der Zeit, die wir in Tiefenprozessen verbringen.

Heilung steht in direktem Zusammenhang zu dem Lernen, im Prozess zu leben und durch Tiefenprozesse zu gehen, wenn sie in uns aufsteigen. Jede wirkliche Heilung findet auf der zellulären und seelischen Ebene, auf der Ebene unserer DNA statt. Erleichterung und Anpassung sind nicht von Dauer und verursachen mehr Probleme, als sie möglicherweise kurieren können. Die einzige Lösung für Menschen, die lediglich Erleichterung und Anpassung suchen, besteht letztlich darin, sich zu betäuben, bis sie das Raunen und Schreien ihrer Seele nicht mehr hören. Das offensichtliche Resultat ist dann bloßes Existieren statt Leben.

Leben im Prozess ist eine Art des Heilens, die alle Aspekte und Ebenen unseres Wesens umfasst.

Jemand hat es einmal so ausgedrückt: „Leben im Prozess ist mehr als nur darauf zu warten, psychologische Orgasmen zu erleben."

Leben im Prozess ist keine Arbeit oder Technik. Es ist eine Weise, unser Leben zu leben – unsere Seele zu leben. Wenn wir im Prozess leben, sind unsere alten Themen und unerledigten Tiefenprozesse die Gelegenheiten, die uns zur Verfügung stehen, damit wir lernen im Prozess zu leben. Indem wir unsere unerledigten Prozesse annehmen und uns damit befassen, lernen wir zugleich unseren Prozess zu leben.

Alte Wunden heilen

Egal, was uns innerhalb unserer Erfahrung vom Einssein zugestoßen ist – wenn wir im Prozess leben, haben wir die Chance davon zu heilen. So etwas wie „einfach davonkommen" gibt es nicht. Befreiung von Symptomen und Anpassung sind Konzepte, die in eine Sackgasse führen.

Welch schreckliche Dinge in unserem Tiefenprozess auch auftauchen (unabhängig davon, ob wir sie mit unserem jetzigen Leben in Verbindung bringen können oder nicht), wir können Heilung auf einer Ebene erfahren, die unsere kühnsten Vorstellungen übersteigt, wenn wir nur bereit und gewillt sind, uns ihnen zu stellen und sie durchzuarbeiten. Wir müssen bereit sein zu sehen, was wir sehen, und bereit sein zu wissen, was wir wissen.

Manche Menschen haben schreckliche Träume, Gedanken, Gefühle, Impulse. Diese Dinge sind was sie sind, nicht mehr. Sie sind alle Gelegenheiten für unser Heilen. Solange wir nicht vor ihnen wegrennen, sie verleugnen oder sie vor uns und anderen verstecken, sind sie Wasser auf die Mühlen unserer Heilung. Es gibt sie aus einem bestimmten Grund und wenn wir diesem mehr vertrauen als den Träumen, Gedanken, Gefühlen und Impulsen, können wir uns auf sie einlassen und sie als Zugang zu unserem Heilungsprozess benutzen. Diese angstbesetzten und vielleicht sogar entsetzlichen Bilder können die Tür zur Heilung der Seele werden, wenn wir uns selbst wissen lassen, dass sie nicht real sind und unserem Tiefenprozess folgen. Wenn wir aufgrund der oben genannten Impulse und Bilder ausagieren, vergiften wir unsere Seele und unsere Verbindung mit dem Allem-was-ist. Der gebräuchliche Dualismus besteht in diesem Fall aus Vermeiden/Verleugnen und Ausagieren. Wie die meisten Dualismen führt beides zur Selbstzerstörung.

Vergessen Sie nicht: Nur wir selbst können unsere Seele verletzen. Andere können unseren Körper foltern und zerstören, unsere Psyche angreifen, unser Land und unser Geld rauben, doch wir allein können unserer Seele Schaden zufügen. Unsere Seele steht unter unserem Schutz.

Wenn wir das, was in uns aufsteigt, als Chance zum Heilen und Lernen akzeptieren, können wir tun, was wir für unsere Heilung tun müssen. Wenn wir uns und andere täuschen, zerstören wir unsere Seele. Andere können uns unterstützen – und wir müssen unsere Arbeit selbst tun. Niemand außer uns selbst kann zum Kern unseres Wesens vordringen. Was uns widerfahren ist, ist uns widerfahren. Was wir getan haben, haben wir getan. Letztlich müssen wir bei allem, was wir tun, zu unserem Anteil stehen und die Verantwortung dafür übernehmen. Was immer geschehen ist und was immer wir getan haben ist Teil unserer Erfahrung und macht die Person aus, an der wir arbeiten müssen. Es liegt an uns, wie wir mit dem, was uns widerfahren ist, umgehen. Indem jede/r von uns an sich arbeitet und von den eigenen Lebenserfahrungen heilt, brauchen sich solche Erfahrungen nicht noch einmal in unserem Leben zu wiederholen. Es ist dann auch weniger wahrscheinlich, dass wir diese Verhaltensweisen und unsere Reaktionen darauf – Hass, Wut, Angst, Unehrlichkeit – anderen zufügen.

Ich sage es oft: Wenn wir im Opfer bleiben, werden wir Täter. Wenn wir unsere Arbeit tun, brechen wir die sich über Generationen erstreckende Täterkette auf. Wir räumen unsere DNA auf.

Manchmal hat es fast den Anschein, als ob unser Tiefenprozess die Vergangenheit, das Erbgut unserer Ahnen und sogar das Holomovement, das Einssein, heilt. Wenn tatsächlich immer mehr Menschen ihre Tiefenprozessarbeit tun, erleben wir vielleicht eine Heilung auf planetarischer Ebene, die weit über alles, was wir uns vorstellen können, hinausgeht.

Hier ist ein Brief, den ich von Sandy erhielt, die Heilung auf dieser tiefen kosmischen Ebene erfuhr.

> Ich möchte mit dir eine Erfahrung teilen, die ich in meiner Tiefenarbeit machte:
>
> Vor einem Jahr gelangte ich in einem Prozess zu dem Wissen, dass meine Familie (das heißt jener Teil der Familie, der vor 120 bis 150 Jahren in der australischen Cordeaux-Region in den Bergen westlich von Woollongong lebte) an dem Massaker an den Aborigines beteiligt gewesen war, die dort in Schluchten und Täler zurückgedrängt worden waren.

Beim November-Workshop im vergangenen Jahr hatte ich wieder diesen Prozess. Ich war tagelang auf der Matte und erfuhr viele Einzelheiten, die hilfreich für mich waren.

Dieses Mal sah ich das Töten in ganz konkreten Bildern, und ich war einer der Mörder. Wir (ich und andere Familienmitglieder und Freunde) saßen auf Pferden, umkreisten die Aborigines und schnitten denen, die zu entkommen versuchten, den Weg ab. Jeder von uns hatte einen Steigbügel vom Sattel abgemacht. Wir hatten die Riemen um unser Handgelenk geschlungen und galoppierten zwischen den Menschen, wobei wir ihre Köpfe mit dem Eisen der Steigbügel zerschmetterten. Die Menschen stoben in Panik auseinander, Ströme von Blut flossen und es gab überall Geschrei, Rauch und Terror.

Bei alledem war ich mir in meinem Prozess bewusst, dass wir alle aus einer alkoholischen Wut heraus handelten, und dass der Alkoholismus, den es heute in meiner Familie gibt, damals genauso stark ausgeprägt war. Ich spürte meine Wut und Hilflosigkeit und einen wilden Triumph, dass ich meine Ohnmacht und meinen Zorn an diesen Menschen auslassen konnte. Es ging nicht darum, dass sie etwas getan hatten. Das Gesetz sagte (zumindest stillschweigend), dass ich sie töten konnte, und ich tötete sie, weil ich mich dadurch besser fühlte.

Ich spürte auch, dass das, was ich tat, sich nicht von all den Tausenden von Säuberungsaktionen, Putschen und Pogromen unterschied, die sich im Laufe der Geschichte immer wieder ereigneten – dass sie alle einer verrückten, alkoholischen Wut entsprangen.

Als Zweites wurde mir bewusst, dass ich statt Scham ein Hochgefühl von Macht verspürte. Je hilfloser die Menschen waren, die ich tötete, desto größer war der Abstand zwischen ihnen und mir und desto stärker der Rausch, dem ich mich hingeben konnte. Deshalb machte es mir besonders Spaß, die Alten, die Frauen und die Kinder zu töten. (Weniger Spaß machte das Töten der erwachsenen Männer, denn sie waren bewaffnet und konnten sich wehren, und deshalb war der Unterschied an Stärke zwischen ihnen und mir viel weniger groß.)

Ich mordete also um mich mächtig zu fühlen.

Wir waren unbarmherzig und unnachgiebig, und hörten erst auf, als wir sicher waren, dass alle tot waren. Hinterher lächelten wir und schwiegen. Wir hatten eine schreckliche Erfahrung gemacht, wir wussten etwas Besonderes und niemand sprach jemals darüber. Es gibt in unserer Familie eine Tradition rigiden Schweigens und Geheimhaltens – selbst heute noch.

Es scheint mir, dass es Macht, beziehungsweise Macht oder das Fehlen von Macht ist, was Sadismus und rituellen Kultmissbrauch ausmacht. Dass jede Person, die spirituell krank und von der Macht des Schöpfers abgeschnitten ist, wie ich es war und bin, Macht auf illegale Weise anstrebt – durch Gewalttätigkeit, Missbrauch, Folter, Vergewaltigung, Mord.

Nachdem ich diesen Prozess durchgemacht hatte, bat ich meinen Schöpfer, mir die Verbindung zwischen dem, was in der Vergangenheit geschah, und meinem jetzigen Leben zu zeigen. Am folgenden Tag durchlebte ich die Massaker nochmals – es gab nicht nur eines – mit noch genaueren Einzelheiten. Ich war am Boden zerstört. Ich fühlte furchtbaren Schmerz, Entsetzen, Ekel und Trauer.

Als nächstes sah ich, wie der Alkoholismus und die Gewalttätigkeit in meiner Familie von einer Generation zur anderen weitergegeben wurde, bis zum heutigen Tag. Ich sah, dass die Gewalt, der Missbrauch, die Sucht und die Wut niemanden von uns verschont ließen. Die Sünden der Eltern waren auf die Kinder gefallen. Meine Großväter, Großmütter, meine Mutter, mein Vater, meine Schwester und mein Bruder und ich, wir alle haben missbraucht. Wir haben alle um uns herum und auch uns selbst missbraucht.

Ich sehe mich jetzt als Missbrauchende und Täterin, und ich erinnere mich was du sagtest: Dass wir zuerst zu unserer Rolle als Täter stehen müssen, bevor wir den Opfer-Täter-Retter-Tanz aufgeben und unsere Genesung beginnen können.

Am nächsten Tag hatte ich aber noch einen Prozess, in dem ich weiter erkennen konnte, wie ich Hilflosigkeit erlebe. Ich sah, dass ich mein ganzes Leben lang nach Macht strebte, die mir nicht zusteht, und diese in dem Glauben missbrauchte, das sei, was ich brauchte.

In meiner Selbstzentriertheit habe ich alle mir zur Verfügung stehenden Mittel benutzt, um zu bekommen, was ich wollte. Es ist, als ob ich dieses Beispiel brutaler Gewalt gebraucht habe um zu erkennen, wie missbrauchend ich war und immer noch bin und mit welcher Rücksichtslosigkeit ich die Leute überfahre, damit ich meinen Willen bekomme. Ich habe die Menschen mit meiner Statur eingeschüchtert, mit meinem Wissen, meiner Bildung oder meinem Talent zu lügen und zu manipulieren.

Ich erkenne jetzt, dass ich eine Diebin bin, wenn ich Macht benutze, die mir nicht zusteht, und ich mir das nehme, was ich will. Ich stehle, was mir nicht gehört, was ich mir nicht verdient habe und was mir Gott (oder jene, über die Gott agiert) nicht freimütig gibt.

Ich muss mich deshalb als Diebin bekennen. Wenn ich stehle, was nicht mir gehört, vertraue ich nicht darauf, dass Gott mir das, was ich brauche, geben wird. Ich versuche Macht zu stehlen, anstatt für die spirituelle Macht und innere Stärke zu arbeiten, die von meinem Schöpfer kommen und mir dadurch zufließen, dass ich an mir arbeite. Ich bin immer wieder überrascht von der Art und Weise, wie Tiefenprozesse funktionieren. Ich weiß nicht, wie es sein kann, dass ich an diesen Geschehnissen vor so langer Zeit teilnahm, oder wie ich überhaupt darum weiß. Ich akzeptiere, dass diese Dinge geschehen sind und dass ich daran teilnahm. Ich bin dankbar, dass mir diese Wahrheiten gezeigt wurden und dankbar für die Möglichkeit, die Vergangenheit zu heilen und in der Gegenwart Änderungen herbeizuführen.

SANDY

Eine kraftvolle Aussage. Kraftvolles Heilen. Als diese Frau ihren Prozess mit uns teilte wurde klar, dass ihre DNA und auch die DNA ihrer Familie bis zu ihren Ursprüngen zurück heilte.

Gemeinschaft

Ich habe das Thema Kontext und Gemeinschaft bereits erörtert, und da wir jetzt über Heilen sprechen, möchte ich ein bisschen tiefer untersuchen, wie wichtig Gemeinschaft in diesem Zusammenhang ist. Heilung ist am effektivsten und am stärksten, wenn sie innerhalb einer Gemeinschaft geschieht. Und: Wenn die Seele heilen soll, muss das im Zusammenhang mit einer Gemeinschaft geschehen.

Keiner kann in Isolation heilen.

Heilung findet am besten in Gemeinschaft statt.

Wir können heilen. Heilung ist möglich – und nur wir können dies tun. Niemand außer uns selbst weiß, was wir zum Heilen brauchen – mögen die anderen noch so „sachverständig“ sein! Auch kann niemand uns diese Arbeit abnehmen. Doch wenn wir unsere Arbeit tun, besteht die Möglichkeit, dass wir von allem heilen, was das Leben uns „beschert“ hat. Was für eine wunderbare Möglichkeit!

Wie oft unterschätzen wir uns und unsere Möglichkeiten! Wie verwunderlich, dass wir uns manchmal gegen das Heilen entscheiden und stattdessen lieber an alten Verletzungen und Groll, an unserer Sturheit und der Illusion von Kontrolle festhalten. Doch nur wir selbst können loslassen und unseren Kern, unsere Seele, nähren. Vergessen Sie nicht – nur wir selbst können unserer Seele Schaden zufügen oder sie zerstören.

Wir müssen es selber tun. Wir brauchen es nicht alleine zu tun.

Wir haben Unterstützung. Wir brauchen Unterstützung. Unser Lebensprozess erleidet Schaden, wenn wir zu der Überzeugung kommen, nur eine Person allein – isoliert – könne uns helfen. Wenn wir unsere Geheimnisse mit nur einer Person, die Stillschweigen bewahren muss, teilen, besteht die Isolation fort. Wenn wir uns isolieren, legen wir unsere Geheimnisse, unsere Krankheit, sozusagen auf den Altar und beten sie an, als ob sie heilig wären – und erkennen dabei nicht, dass die Heilung im Entmystifizieren – im Annehmen und im Durcharbeiten – liegt.

Ein System der Teilnahme bietet uns eine Alternative.

In einem System der Teilnahme sind wir alle Teil eines größeren Ganzen, und unsere Teilnahme an jenem größeren Ganzen ist für unsere Heilung erforderlich. Wir brauchen Gemeinschaft um zu heilen. Doch brauchen wir nicht nur Unterstützung, wir müssen auch voneinander hören und dadurch über uns selbst lernen. Wenn andere ihre Geschichte erzählen und von ihrem Ringen und ihrer Erfahrung berichten, können wir daraus oft etwas über uns selbst erfahren, und zwar auf eine Art, die wir zuvor niemals in Betracht gezogen haben. Was sogar noch wichtiger ist: Wir müssen an der Gemeinschaft, am Hologramm teilnehmen, um wieder zu uns und unserer Selbstachtung zu finden und unseren Platz im Universum einzunehmen.

Die Isolation, die durch unsere Dysfunktion und unser egozentrisches Denken entsteht, schottet uns ab von dem Wissen, dass wir Teil eines Ganzen und deshalb mit allen Dingen verbunden sind. Diese Isolation treibt uns dazu, unsere persönliche Kraft zu vergessen, die wir dann fühlen, wenn wir uns das Gewahrsein zugestehen, dass wir an etwas teilhaben, das sehr viel größer ist als wir. Wie isoliert und einsam fühlen wir uns, wenn wir uns aus unserer rechtmäßigen Verbindung zurückziehen! Gerade diese Verbundenheit ist die Grundlage von Spiritualität. Nur wenn wir jenes Gefühl von Zugehörigkeit kennen und daran teilnehmen, lernen wir unsere Spiritualität wirklich kennen. Spiritualität kann eine private Seite haben – und kann meiner Meinung nach nicht isoliert bleiben. Spiritualität ist unsere Verbundenheit. Spiritualität ist unsere Teilnahme an einem Ganzen, das größer als wir selbst ist.

Die Leben-im-Prozess-Arbeit ähnelt dem Vorgehen, das von den indianischen Medizinfrauen, von Jesus oder den samoanischen Heilern praktiziert wurde: Sie alle arbeiteten mit den Menschen, die sie kannten und am meisten liebten. Tatsächlich machten gerade die Vertrautheit, das Wissen und der Austausch, die allesamt in einer Gemeinschaft stattfanden, einen Großteil der Heilung aus. Es war dieses Vertrauen, das die Fähigkeit zu heilen förderte. Jesus und die indianischen Heiler entschieden sich dafür, in einer Gemeinschaft zu leben und innerhalb einer Gemeinschaft zu arbeiten. Eine Gemeinschaft verfügt über mehr Wissen und Informationen als eine einzelne Person je bieten kann, unabhängig davon, wie „objektiv" sie sein mag. Doch kann jede Person einen wichtigen und einzigartigen Beitrag zur Gemeinschaft leisten.

Im Laufe unserer Heilung werden wir Teil immer größerer Gemeinschaften, bis wir unser Einssein mit aller Schöpfung nicht nur erkennen, sondern dieses Einssein auch leben. Aus der Leben-im-Prozess-Gemeinschaft hat sich ein internationales Netzwerk von Menschen gebildet, die ihre Heilungs- und Tiefenprozessarbeit tun und ein prozesshaftes Leben führen, wobei sie so ehrlich wie möglich sind und versuchen, die Freiheit und Verantwortung zu übernehmen, ihr Leben in aller Fülle zu leben. Leben im Prozess ist ansteckend. Es verlässt uns nie und wird von einer Gemeinschaft gefördert.

Der Weg zur Heilung

Vergessen Sie nicht, Heilen ist ein Prozess. Unser Verletztwerden war auch ein Prozess und so ist es ziemlich unwahrscheinlich, dass wir sofort heilen – obwohl auf diesem Gebiet Wunder nie auszuschließen sind.

Niemand weiß wirklich, was ein anderer braucht oder was ein anderer in seinem Leben tun soll. Wenn wir die Verantwortung für unser Leben nicht übernehmen, unterliegen andere der Versuchung einzuspringen, um zu versuchen, unser Leben für uns zu leben. In Situationen, in denen andere versuchen uns zu kontrollieren, müssen wir auf unserer Straßenseite bleiben und prüfen, was wir zu dieser Situation beigetragen haben. Viele Menschen finden sich nicht mehr zurecht und werden verwirrt, wenn sie nicht bereit sind, ihr Leben in die eigene Hand zu nehmen. Doch ist es nicht liebevoll, wenn wir ihnen die Verantwortung abnehmen. Wenn sie sich allerdings darum bemühen, werden sie fast immer jemanden finden, der versuchen wird, ihr Leben für sie zu regeln. Dies wird auf beiden Seiten zu Ärger und Groll führen, und Heilung ist unwahrscheinlich.

Durch den Versuch, uns selbst und andere davon abzuhalten Fehler zu machen, begehen wir einen noch größeren Fehler und unsere Illusion von Kontrolle hat dann den Sieg über unsere Vernunft davongetragen. Auf dem Lehrplan des Lebens stehen Fehler. Wenn wir nach jedem Fehler mit dem Schöpfer sprechen und aus unserem Fehler lernen, werden wir, wie Don Coyhis sagen würde, spirituelle Krieger. Und wir dürfen den Schaden niemals unterschätzen, den wir durch unseren Versuch zu helfen uns selbst, anderen und allen Dingen zufügen. Die Hilfe, die wir brauchen, liegt in uns. Die Hilfe, die andere brauchen, liegt in ihnen.

Als Kinder wuchsen viele von uns in Familien auf, die auf die eine oder andere Art dysfunktional waren. Wir entwickelten Überlebenstechniken, um mit der Situation, in der wir uns befanden, zurecht zu kommen. Fertigkeiten wie Unehrlichkeit, Verheimlichen, Herumschleichen, Isolation und Rückzug mögen unsere Werkzeuge zum Überleben gewesen sein. Sie haben vielleicht unser Leben gerettet. Und da wir keine Kinder mehr sind, sind es oft genau diese Überlebenstechniken, die uns heute zerstören. Auf einer gewissen Ebene meinen wir immer noch, es gehe um unser

Überleben. Das stimmt! Beim Erwachsenwerden geht es im Allgemeinen weniger um unser körperliches Überleben, als um das Überleben unserer Seele! Wir müssen uns der Angst stellen, die wir bei dem Gedanken empfinden, diese „alten Freunde" aufzugeben, und durch sie hindurch gehen. Als Erwachsene müssen wir heilen, indem wir unser eigenes Leben zurückfordern.

Vielen von uns wurde beigebracht, nicht mehr im Kontakt mit unseren Gefühlen und unserem Tiefenprozess zu sein. Als Kleinkinder machten wir Gebrauch von unseren Lungen und reagierten mit unserem ganzen Körper. Als Kleinkinder gab es keine Unterscheidung zwischen uns und unserem Körper, zwischen uns und unseren Gefühlen. Wir waren eins mit uns selbst. Langsam lernten wir den Atem anzuhalten, nicht mit unseren Gefühlen in Kontakt zu sein und sie nicht zum Ausdruck zu bringen. Wir müssen wieder lernen zu atmen – im buchstäblichen wie im übertragenen Sinn. Durch Atmen kommen wir wieder in Berührung mit unserem Körper, was uns den Weg in unseren Tiefenprozess weisen wird. Manche sagen, sie wollen nicht wissen, was sie in sich unterdrückt haben, und doch wissen wir es bereits. Wir heilen es nur nicht.

Zeitweise hat es den Anschein, Tiefenprozessarbeit sei eine Belastung für den Körper. Doch ist es noch viel anstrengender, unsere Tiefenarbeit nicht zu tun. Viele körperliche Krankheiten werden dadurch verursacht, dass wir unsere Gefühle unterdrücken und unsere Tiefenprozessarbeit vermeiden. Der Körper nimmt unbearbeitete Prozesse auf und speichert sie – viel länger als sie für die betreffende Person aktuell sind. Diese unerledigten Prozesse strapazieren den Körper und erzeugen in unserem täglichen Leben viel Stress. Deshalb müssen einige dieser unterdrückten Prozesse langsam durchgearbeitet werden, damit der Körper Zeit hat zu heilen und das Geheilte aufzunehmen. Wenn wir unserem inneren Prozess vertrauen, wird er uns führen. Im Laufe unserer körperlichen Heilung können wir tiefer und tiefer gehen. Wenn immer tiefere Schichten in uns heilen, werden wir zu dem Mensch, der wir wirklich sind. Tatsächlich sehen viele Menschen, die ihre Tiefenprozessarbeit tun und lernen im Prozess zu leben, immer jünger aus.

Letztlich können wir das „Unheilbare“ heilen und das „Unverzeihliche“ verzeihen.

Heiliges Vertrauen

Die Leben-im-Prozess-Arbeit ist ein heiliges Vertrauen.

Vor vielen Jahren nahm eine Frau, die als Pfarrerin ordiniert und in einer sehr konservativen fundamentalistischen Kirche aufgewachsen war, am Leben-im-Prozess-Training teil. Nachdem sie einige Zeit lang Menschen bei ihren Tiefenprozessen begleitet hatte, sagte sie, die Tiefenprozessarbeit sei für sie so etwas wie ein Ruf zum Dienst am Altar, und wenn sie Menschen bei ihrer Arbeit begleite, sei das für sie eine Art bezeugen. Da ich in der Kirche der Southern Methodists aufgewachsen bin, ergab das für mich einen Sinn.

Leben im Prozess entspringt unserer spirituellen Basis. Was diese Basis für den Einzelnen ist, ist ohne Bedeutung. Wenn wir von unserer spirituellen Basis ausgehen, achten wir uns selbst, achten wir andere und wir achten alle Prozesse. Dann sind wir wir selbst, sind wir die anderen und dann sind wir ganz und gar ein Prozess.

Leben im Prozess bedeutet, offen für die heilende Arbeit des Universums zu sein und diese zu begleiten. Wenn wir im Prozess leben, gelangen wir zu der Erkenntnis, dass wir ganz und gar ein Prozess sind.

Charleen teilte ihre Wahrnehmungen und ihren Prozess mit uns und wie sie durch all die Wellen, von denen sie Einfluss auf sich spürte, ging:

> Zunächst zog ich meine wichtigsten Lehren aus dem Wort von Martin Luther „Sündiget kräftig so werdet ihr Gottes Gnade kennen lernen“. Als ich lernte mich in der Gruppe mitzuteilen, auszusprechen was ich wusste, mich nur auf das, was ich wahrnahm,

zu konzentrieren und um Rückmeldungen zu bitten, hatte ich Schwierigkeiten damit, meine Wahrheit auszusprechen und – was noch schwieriger war – sie klar zu formulieren. Die Rückmeldungen der anderen empfand ich als Urteile und Kritik – etwas, dem gegenüber ich mich rechtfertigen oder das ich erklären musste, sodass andere in der Gruppe wirklich verstanden, was ich meinte.

Mit der Zeit blieb ich immer mehr bei meinen Gefühlen und erkannte, dass das Gelernte, das ich mit den anderen teilte, mit liebevollen Ohren aufgenommen wurde und die Rückmeldungen, die ich erhielt, liebevoll gegeben wurden. Dies war nicht jene Art verstrickter Liebe, die ich von früher kannte und die mir jetzt eher gönnerhaft erscheint. Es schien stattdessen eine Liebe zu sein, die sagte „Hier ist, was ich sehe, und hier ist, was ich höre, und hier ist, was mir beim Zuhören kam“. Es blieb mir überlassen, was ich mit diesen Informationen machte, die ohne jedes Urteil, ohne Verstrickung, ohne ungesundes Umsorgen und – was vielleicht am schwersten für mich zu lernen war – ohne Antwort waren.

Welch eine Herausforderung und welch ein Spaß war es für mich, über Paradigmenwechsel und die tausenderlei Möglichkeiten zu lernen, die ich entweder in Gedanken oder in meinem Handeln erkunden konnte. Ich war immer wieder verblüfft, dass es möglich sein kann, eine gegebene Situation in einem vollständig neuen Licht zu sehen oder Worte zu hören, die früher Rigidität und „Absolutheit“ ausdrückten, mich jetzt hingegen zu Flexibilität und Spontaneität einluden. Jenseits der Scheuklappen, zu denen man mich mein ganzes Leben lang ermutigt hatte, zeigten sich Wahlmöglichkeiten, die in einem farbenfrohen Licht lebendig wurden, das neu war für mich.

Bei früheren Beratungen und Therapien war ich mir einiger meiner Möglichkeiten bewusst geworden: Wie ich leichter leben, mich mehr vergnügen, mehr Verantwortung für meine Opferhaltung übernehmen kann. Die täglichen Lektionen, die ich dabei lernen durfte ein Bett zu finden, eine Mitbewohnerin zu finden, um Hilfe zu bitten, Essen zuzubereiten, wurden aufregende Möglichkeiten, das Gleiche auf neue Weise zu tun. Meistens bestand die Alternative nur darin, eine neue Einstellung einzunehmen. In den meisten Fällen lernte ich, dass bestehende Alternativen „keine große Sache" waren. Es waren keine erschreckenden, großartigen Änderungen, die meinerseits viel Mühe erforderten.

Als ich mit der Zeit lernte, mehr in der Gruppe zu riskieren, fühlte ich mich allmählich weniger „nackt" und bloßgestellt. Dahinter stehen alte Scham und die alte Botschaft, das, was ich zu sagen habe, sei unwichtig, und deshalb sei es auch nicht wichtig, sich damit abzugeben. In meiner Kindheit wurde ich ermahnt, aufzupassen was ich sagte, nicht zu laut, nicht offen zu sein, und nicht zu klatschen oder Fragen zu stellen. Ich lernte in den Leben-im-Prozess-Workshops, dass ich tatsächlich eine Stimme habe. Ich musste keine schlauen oder dominanten Wege finden, mich mitzuteilen. Ich brauchte nicht mehr alle Fakten zu kennen, um in der Gruppe etwas auszusprechen. Wenn ich bei meinem Prozess blieb, brauchte ich nicht auf den „richtigen" Augenblick zu warten, um über mich in der Gruppe zu sprechen oder auf die Matte zu gehen oder dafür zu sorgen, dass die Zuhörer genau verstanden, was ich sagte.

Im Laufe des vergangenen Jahres bin ich in wechselnden Rollen zu den Workshops und Trainingswochen nach Boulder gekommen. Zuerst kam ich mit einigen Freundinnen, und obwohl ich mich bei meiner Tiefenprozessarbeit, die ich vor ihnen tat, entlarvt fühlte, habe ich mich unterstützt und nicht beurteilt gefühlt. Bei einem anderen Seminar wurde ich von eigenen Klienten begleitet. Wieder war ich besorgt, sie könnten eine andere

Seite von mir kennen lernen. Ich stellte fest, dass diesbezüglich sehr wenig Energie mir gegenüber aufkam. Die Klienten blieben bei sich und wir nahmen uns gegenseitig gleichermaßen an und unterstützten uns.

Ein anderes Mal bat mich meine Tochter, sie zu einem Frauenworkshop zu begleiten. Dort wurde ich zweifellos mit meiner Verstrickung mit ihr gesehen und damit auch konfrontiert. Ich war dankbar, dass wir beide in der Lage waren, in unsere eigenen Prozesse zu gehen, als sie hochkamen.

Auf einer letzten Ebene erlebte ich Entlarvung, als ich mit meinem Mann zu einem Training kam. Obwohl ich mir meiner Beziehungssucht zu ihm stark bewusst war, erkannte ich, dass ich auch hier meinem eigenen Prozess folgen und meinen Tiefenprozessen nachgehen konnte, so wie sie kamen, ohne mich zu zensieren. Jede dieser Rollen, die ich in meinem Leben spiele – die Rolle als Freundin, Beraterin, Mutter und Ehefrau – bot mir die Gelegenheit, mich zu zeigen. Jedes Mal wurde ich eingeladen, mich zu weiten und zu wachsen, trotz meiner irrationalen Angst, gesehen und beurteilt zu werden.

Ich habe gelernt, meinen Körpererinnerungen mehr zu vertrauen. In einem sehr tiefen Prozess wurde ich auf einen Trauerprozess aufmerksam. Es handelte sich dabei um ein Erlebnis beim Wildwasser-Kanu-Fahren, bei dem ich im Monat zuvor fast gestorben wäre. Während des Prozesses kam viel Schleim hoch, ich hustete und spuckte viel. Hinterher fühlte ich mich ruhig und ganz bei mir. Ich lernte in meinem Prozess, dass das, was ein Teil des Spaßes und die natürliche Folge der Ereignisse gewesen war (nämlich mein Sturz in die Gischt) in Wirklichkeit ein Nah-Tod-Erlebnis gewesen war, als ich einige Zeit unter dem Boot in den Stromschnellen festhing. Ich glaubte, mein Prozess sei an diesem Punkt beendet.

Innerhalb weniger Augenblicke spürte ich jedoch, dass mein Körper mich in einen anderen Teil des Prozesses führte. Ich erinnere mich, dass ich darüber erstaunt war – ich stand fast neben mir und beobachtete mich. An diesem Punkt hatte ich keine Ahnung von dem Prozess. Dann trug mich mein Prozess durch zwei weitere, unterschiedliche Wellen, in denen ich das Gefühl hatte zu ertrinken und unter Wasser gehalten zu werden. Nach jeder Welle des Prozesses gebar ich ein Kind – zuerst meine Tochter, dann meinen Sohn. Ich trauerte darüber, wie ich ihr Leben auf eine dysfunktionale Weise beeinträchtigt habe. Dann hatte ich wieder das Gefühl, den Prozess für dieses Mal abgeschlossen zu haben und entschloss mich, ruhig liegen zu bleiben.

Ich war überrascht, dass ein weiterer Prozess in mir aufstieg, dieses Mal mit Körperbewegungen. Zum vierten Mal hatte ich keine Ahnung, um was es ging und konnte nur bei dem bleiben, was mein Körper erfuhr. Als das Würgen und Krümmen nachließen, durchfuhr mich ein plötzlicher Blitz der Erkenntnis. Ich hatte das Gefühl, wie ein Gummihandschuh umgestülpt zu werden. Ich sah, dass ich wiedergeboren worden war. Ich sah, dass ich Mitgefühl für mich haben und meine Fehler liebevoll annehmen konnte.

Wieder legte ich mich zurück und glaubte, „durch" zu sein (ich war wirklich erschöpft), als ich jedoch eine ähnliche Empfindung spürte und wieder ganz tief in mein Innerstes ging. Ich erinnere mich daran, dass ich dachte: Was kann denn jetzt noch kommen? Mehr kann doch da nicht sein! Ich ging ein fünftes Mal mit der Welle mit und hatte keine Ahnung, um was es sich dieses Mal handelte.

Plötzlich wurde ich mir der vielen Generationen wiedergeborener Frauen in meiner Familie bewusst, die umgeben waren von Liebe und Mitgefühl – was zu meinem soliden, steifen, presbyterianischen Erbe überhaupt nicht passt. Von meiner Körpererinnerung lernte ich, dass ich von einem viel größeren, universelleren Geschlecht abstamme, was ich zuvor vermutet und nie wirklich gefühlt hatte. In diesem Prozess erfuhr ich es auf einer so tiefen Ebene, dass ich wusste, ich gehöre dazu, ich gehöre wirklich einer langen Reihe von Frauen an, die vor mir ihren Weg gegangen sind.

Ich fühlte mich beschenkt und gesegnet durch diesen Prozess des „Gebärens". Nur indem ich bei meinen Körperempfindungen geblieben war, konnte ich die dazu gehörigen Erkenntnisse auf spiritueller Ebene und Verstandesebene, die jeden Teil des Prozesses begleiteten, aufnehmen. Während des letzten Teil dieses Jahres hatten meine Prozesse, die mit Körpererinnerungen zu tun hatten, wenig Inhalt, wenn überhaupt. Zuerst war ich beunruhigt und hatte das Gefühl, etwas in meinem Prozess zu vermissen. Durch Gespräche mit anderen erlaubte ich mir, meine Körpererinnerungen so, wie sie waren, zu ehren und sie nicht abzuwerten. Und außerdem die wenigen, manchmal äußerst schnellen Wahrnehmungen zu ehren, die in mir aufblitzten. Ich habe sie fast nicht bemerkt, so schnell und winzig waren sie. Es war das Körpergedächtnis, das es mir erlaubte, jene Augenblicke zu erfassen, in denen sich diese winzigen Bilder zeigten.

CHARLEEN

Wenn wir unsere Arbeit tun, stehen uns so viel Freude und Heilung zur Verfügung. Werden hingegen unsere Prozesse abgebrochen oder zum Stillstand gebracht, müssen wir all unsere Kraft aufbringen, um sie zu unterdrücken. Wir haben dann keine Kraft mehr übrig, lebendig und kreativ zu sein.

Wenn ich mich oder andere anlüge, werde ich von meinem Prozess abgetrennt.

BARB W.

Wir können die Heilung der Natur nur in uns einlassen, wenn wir erkennen, dass wir mit der Natur eins sind und dass der gleiche Schöpfer, der den Lavastrom erschuf, auch uns erschaffen hat.

Wenn wir uns jemandem oder etwas überlegen fühlen, ist es schwierig, von dem Jemand oder dem Etwas zu lernen.

Indem wir uns und anderen vergeben, können wir am gesamten Leben teilnehmen. Wir können grenzenlos Gutes tun. Oder wir können, wie Anne Herbert dies sagt, *wahllose Freundlichkeiten und unvernünftige Taten von Schönheit* praktizieren, worum es ja im Grunde im Leben geht.

Kapitel 7

Die Sphären des Prozesses

Leben im Prozess handelt vom Leben in Sphären – die sich ständig ausdehnen und ständig zusammenziehen.

Ich möchte Ihnen ein visuelles Bild vom Leben im Prozess vorstellen. Dieses Diagramm ist einfach eine Abstraktion und eine Möglichkeit, die Sphären der Prozessteilnahme bildlich darzustellen. Vergessen Sie dabei nicht, dass Abstraktionen per Definition nicht real sind. Sie existieren nur, um unserem Verstand dabei zu helfen, unsere Wahrnehmungen zu konkretisieren. Wie Norman Jackson, ein lieber Freund von mir, einmal sagte: „Wenn wir unsere Wahrnehmungen in konkrete Begriffe fassen, nehmen wir am spirituellen Götzendienst teil." Ich hoffe, wir gehen nicht so weit mit diesen Abstraktionen und Diagrammen, und vielleicht können sie doch eine Richtung aufzeigen.

Die Sphäre des Selbst

Die allererste Sphäre, die wir betrachten wollen, ist das Selbst. Vergessen Sie nicht, dass das Selbst, das Individuum, kein Gegenstand und keine Einheit ist. Das Selbst ist ein Prozess und bewegt sich somit ständig, verändert sich, durchdringt, verbreitet sich, weitet sich aus und zieht sich wieder zusammen. Das Selbst ist das, was David Bohm, der englische Physiker und Verfasser zahlreicher Bücher – u.a. *Der Dialog* – als *Holomovement* beschreibt. Es enthält alles, was in ihm existent ist, und es ist gleichzeitig das Individuum. Versuchen Sie, wenn Sie können, sich diese Sphäre des Selbst mit so viel Dynamik und Leben in sich vorzustellen, dass es so aktiv ist wie ein Atom mit all seinen Protonen, Neutronen und Elektronen, die in seinem Inneren herumwirbeln, und halten Sie sich gleichzeitig vor Augen, dass es sich in Form und Farbe ständig ändert, in alle Richtungen bewegt, und doch vollständig und unversehrt bleibt. Diese kleine Sphäre von Aktivität zeichnet sich am meisten dadurch aus, dass sie sich ständig verändert, indem sie sich bewegt, entfaltet und entwickelt. Wenn Sie an die Protonen, Neutronen und Elektronen denken, versuchen Sie nicht, sich diese als etwas Konkretes vorzustellen. Sie sind nur Bewegung, Wachstum, Energie und Prozess.

Selbst

Das Selbst, so wie wir es kennen, enthält Informationen unserer Vorfahren, und auch diese Informationen verändern sich fortwährend, ordnen sich ständig neu und bilden sich immer wieder um. Sie kommen wieder in neuen Anordnungen zusammen, so dass unsere Gene unser Schicksal sind und gleichzeitig auch nicht. Wir sind, wer wir sind und wir können unsere Vergangenheit und unsere Zukunft auch ändern. Zeit und Ort können uns begrenzen – was eine Tatsache unserer körperlichen Form ist –, während sie zugleich nicht wirklich existieren.

Als Individuen mögen wir auf die Person, die wir zu sein glauben, beschränkt sein, wenn wir glauben, dass wir begrenzt sind, während wir gleichzeitig grenzenlos sind, so wie alles andere. Und alles davon ist ständig im Fluss. Wir tragen in uns einen Kern, einen Nukleus, so wie das Atom, und wir sind durch diesen Kern nicht begrenzt, denn er kennt keine Dimensionen.

Als ein Selbst, als Individuum, existieren wir nicht in Isolation. Tatsächlich leben wir immer im Kontext. Uns als abgetrennt zu sehen bedeutet, dass wir uns über unsere Realität etwas vormachen, was den menschlichen Organismus nur zum Wahnsinn treiben kann. Immer wenn wir versuchen, uns logische, rationale Glaubenssysteme aufzuerlegen, die unserer Erfahrung und Realität nicht entsprechen, begrenzen wir uns selbst auf nur wenige Möglichkeiten:

1. Verrückt werden.
2. Ausschließen aller Selbsterkenntnis, so dass wir als Zombies funktionieren können.
3. Weiter eine Illusion, eine virtuelle Realität, nähren, die nichts mit dem zu tun hat, was wir tief in unserem Inneren als wahr erkennen.

Genau so, wie die ganze Welt in einem Wassertropfen enthalten ist, ist jedes individuelle menschliche Wesen die Spiegelung der gesamten Schöpfung.

Die Sphäre der Familie und Beziehungen

Jedes Individuum existiert innerhalb der Sphäre einer Familie und erweiterten Familie. Selbst wenn wir als Waisenkind geboren wären, hätten wir doch irgendeine Art von Familie oder Menschen gehabt, die uns aufzogen und als Ersatzfamilie fungierten. Selbst die Kinder in den historischen Berichten, die von wilden Tieren aufgezogen worden waren, hatten eine Tierfamilie. Wir sind alle in irgendeiner Art von Beziehungsgeflecht aufgewachsen. Viele von uns haben mehrere Familien: unsere unmittelbare Familie und vielleicht die Familien unserer Mutter und unseres Vaters. Wir hatten vielleicht Tanten und Onkel, die zusammen mit ihren Kindern unseren engeren Familienkreis bildeten. Wir hatten vielleicht Stiefeltern und Stiefgeschwister. Wie immer unsere Situation auch gewesen sein mag, wir hatten irgendeine Form von Familienkontext. Es gab in unserem Leben die Möglichkeit von Nähe und von Auseinandersetzungen mit anderen Menschen. Auf wunderbare Weise wurde uns die Chance gegeben, Lebenssituationen zu erfahren, die Prozesse sind. Diese wiederum geben uns die Möglichkeit zu lernen, wunderbare Fehler zu machen, zu lieben, wütend zu werden, uns zurückzuziehen, aus unserer Isolation wieder herauszukommen und uns damit weiter zu formen und neu zu ordnen.

Wenn wir jung sind, bieten uns unsere Familien und engen Beziehungen eine ausgezeichnete Möglichkeit, in die Opferrolle zu gehen. „Wir hatten nicht die richtigen Eltern. Wir wurden geschlagen, misshandelt, verwöhnt, verzogen, übersehen, nie alleine gelassen ...“ Manche Menschen können aus dem, was sie als Kinder bekamen oder nicht bekamen, eine Menge Profit schlagen. Wie bereits betont, öffnet die Überzeugung, wir seien Opfer, die Tür zu einer lebenslangen Opferhaltung, und Opfer fühlen sich ihres Erachtens immer im Recht, wenn sie Täter werden. Keiner von uns hatte perfekte Eltern. Wie immer unsere Erfahrung auch gewesen sein mag, sie war unsere Wirklichkeit. Niemand anderes als wir selbst *und unsere Spiritualität* können diese Erfahrungen heilen und integrieren.

Wenn wir im Prozess leben, ist das, was mit uns geschah, letztlich nicht das Thema. Heilen ist das Thema. Was immer mit uns im Leben passiert ist, ist unsere Erfahrung. Und diese Erfahrung ist der Anstoß, den wir zum Wachsen, Heilen, Lernen und Entfalten brauchen. Ganz gleich, was mit uns geschah – wir können heilen und wir müssen heilen, wenn wir ganz an unserem Leben teilnehmen wollen. Denken Sie daran: Wir haben alles, was wir zum Heilen brauchen. Wir brauchen nur unsere Arbeit zu tun. Wenn wir unseren Prozess leben, geht es nicht darum, *was* geschah. Die Frage ist, wie wir damit *umgehen.*

Im Leben im Prozess wissen wir, dass *wir* unseren Geist heilen können und dass *wir* unseren Geist zerstören können. Nur wir selbst können diese Entscheidung für uns treffen.

Wie wir mit dem umgehen, was uns angetan wird –
das ist letztlich ausschlaggebend.

Durch Familie und Beziehungen erhalten wir unseren spirituellen Schliff, sodass wir dann, wenn wir dafür bereit sind, an den wesentlichen Themen besser feilen können.

Wir müssen uns daran erinnern, dass wir zutiefst beeinflusst sind von unseren Familien und unseren Beziehungen. In diesem äußerst engen Beziehungsgeflecht haben wir die Möglichkeit, uns auszutauschen und zu wachsen. Einige von uns wurden in Familien hinein geboren, wo schon das Aufwachsen eine Herausforderung war, während andere es leichter hatten. Was für einige von uns leicht gewesen wäre, wäre für andere nicht leicht gewesen. Es war, wie es war, und wir wurden von diesen Erfahrungen beeinflusst.

Manche von uns verbringen ein ganzes Leben mit dem Versuch, so zu sein, wie unsere Familie uns gerne gehabt hätte. Andere reagieren ein ganzes Leben lang auf ihre Eltern und versuchen, *nicht* wie sie zu sein. Was für eine Verschwendung! Wir werden von unseren Familien und Beziehungen *beeinflusst* und wir werden nicht von ihnen *vorherbestimmt* – außer wir entscheiden uns dafür. Wir haben die Wahl. Ich habe so viele Menschen gesehen, die ihr Leben im Hinblick darauf ausrichten, was sie von ihren Familien und Beziehungen bekamen beziehungsweise nicht bekamen. Sie verschleudern so im großen Stil ihre Kräfte und sind dann auf jene Menschen zornig, an die sie ihre Macht abgegeben haben.

Wir werden von unseren Beziehungen beeinflusst
und wir werden nicht von ihnen vorherbestimmt.

Es ist wichtig sich daran zu erinnern, dass auch wir einen Einfluss auf unsere Familien und Freunde ausüben. In der Tat sah unsere Familie vor unserer Geburt ganz anders aus. Unser Prozess wirkt sich auf den Prozess der Familie als Ganzes und auf alle unsere Beziehungen aus, ebenso wie diese auch unseren Prozess beeinflussen.

Mir sind so viele Menschen begegnet, die im Alter von dreißig oder vierzig Jahren mit völlig ungezogenen Eltern umgehen müssen. Sie haben Eltern, die keinen Respekt vor ihnen haben, sie wie kleine verantwortungslose Kinder behandeln und keine Trennung zwischen sich und ihrem „Kind“ dulden. Dabei handelt es sich ganz offensichtlich um nicht erzogene Eltern. Die erwachsenen „Kinder“ solcher Eltern haben ihren eigenen Prozess zu wenig respektiert, sie haben zugelassen, dass man auf ihnen herumtrampelt, und sie haben sich nicht die Mühe gemacht – die in einigen Fällen zugegebenermaßen extrem sein kann – ihre Eltern zu erziehen.

Da sich schlechte Angewohnheiten mit zunehmendem Alter oft stärker ausprägen, müssen diese erwachsenen „Kinder“ *einen* Teil der Verantwortung dafür übernehmen, wie ihre Eltern geworden sind. Im Kapitel über Familien werde ich auf die Erziehung unserer Eltern ausführlicher eingehen. Es genügt wohl zu sagen, dass wir auf die Prozesse unserer Familie und Beziehungen einen ebenso starken Einfluss ausüben wie ihre Prozesse auf uns. Man kann nicht aufwachsen und erwachsen werden, wenn dieser gegenseitige Einfluss nicht erkannt und anerkannt wird.

Die Sphäre der Gemeinschaft

Die nächste Einflusssphäre, die ich genauer betrachten möchte, ist die Sphäre der Gemeinschaft. Die meisten von uns gehören mehreren Gemeinschaften an. Mit unseren Nachbarn bilden wir eine Gemeinschaft und wir gehören schulischen, kirchlichen, gesellschaftlichen, beruflichen und vielleicht noch vielen anderen Gemeinschaften an. Diese Gemeinschaften sind alle selbst auch Prozesse. So sehr sie es vielleicht auch versuchen, sie können nie statisch sein. Gemeinschaften verkörpern geradezu Prozesse – auch wenn wir uns das Gegenteil einbilden. Für den Versuch, unsere Gemeinschaften statisch zu halten, wird viel Zeit und Kraft vergeudet und das ist einer der Gründe für den Schock und die Trauer, wenn jemand ausscheidet oder stirbt. In Wirklichkeit sind Gemeinschaften, genauso wie Individuen, Prozesse. Nur indem sie wachsen, sich zusammenziehen, ausdehnen, schrumpfen, sterben oder sich vollständig verändern, haben sie ein Eigenleben.

Eine der Schönheiten, die das Leben den Älteren von uns bietet, liegt darin, dass wir lange genug gelebt haben, um die Veränderungen in den Prozessen von Gemeinschaften und Gesellschaften sehen zu können, und dass wir lange genug auf der Welt sind, um einen oder mehrere Zyklen zum gleichen Thema sehen zu können. Aus dieser Perspektive hat man eine bessere Chance zu erkennen, dass das, was vielleicht wie eine statische Realität aussieht, in Wirklichkeit ein Prozess ist. Dies ist einer der Gründe, warum die Perspektive unserer Ältesten so wichtig ist. Sie haben den Überblick und sind in der Lage, Prozesse zu erkennen. Außerdem haben sie von ihren eigenen Ältesten gelernt, was Prozesse sind.

Die dritte Sphäre ist die Sphäre der Gemeinschaft.

Das Individuum beeinflusst die Familie und Beziehungen, und das Individuum beeinflusst auch die Gemeinschaft. Ganz offensichtlich beeinflussen wir durch unser Teilnehmen, Nichtteilnehmen oder das Ausmaß unseres Teilnehmens die Gemeinschaft, in der wir leben, in der wir unsere Spiritualität näher kennen lernen, in der wir lernen und arbeiten. Auch unsere Familien üben einen Einfluss auf die Gemeinschaft aus. Wir als Individuen beeinflussen die Familie und die Gemeinschaft, und auch die Familie *als Familie* beeinflusst die verschiedenen Gemeinschaften. Nochmals, es ist ein weitverbreitetes Phänomen, dass Individuen bestreiten, ihr Teilnehmen oder Nichtteilnehmen habe eine Auswirkung auf die Gemeinschaften in ihrer Sphäre. Indem wir unseren eigenen Prozess leugnen, sind wir gezwungen, immer weitere Sphären von Prozessen zu verleugnen.

Eine Art und Weise, wie wir uns weigern erwachsen zu werden, besteht darin, immer wieder zu ignorieren, dass das, was wir tun oder nicht tun, Einfluss und Wirkung hat. Wir tun so, als seien wir Schattenmenschen, die sich nach Belieben in Realitäten begeben und sich ihnen wieder entziehen können, ohne dadurch diese Realitäten zu beeinflussen und auf sie einzuwirken. Wir und vielleicht unsere Familien weben unsichtbare Netze von Verleugnung um uns herum und geben vor, keinen Anteil an den größeren Prozessen um uns herum zu haben oder haben zu müssen. Wie viel gewinnen wir, wenn unser Teilnehmen untrennbar mit unserer Spiritualität verbunden ist; und unsere Spiritualität ist ja unser Wesenskern.

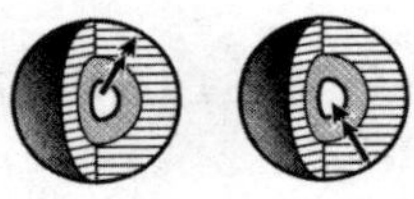

Umgekehrt üben auch die Gemeinschaften, in denen wir leben und atmen, einen Einfluss auf uns und unsere Familien aus; alle sind ein Prozess. Wer in einer katholischen Gemeinschaft aufwuchs, hat andere Erfahrungen als jemand, der in einer protestantischen oder buddhistischen Religionsgemeinschaft oder in überhaupt keiner religiösen Gemeinschaft aufgewachsen ist.

Wir werden durch die Prozesse unserer Gemeinschaft am Arbeitsplatz beeinflusst und wir beeinflussen sie. Menschen, die für eine große multinationale Organisation arbeiten, erleben ihr Arbeitsleben anders als Menschen, die in einem kleinen Familienbetrieb beschäftigt sind. Manchmal werden wir überheblich und wollen nicht einsehen, dass wir von der Gemeinschaft unseres Arbeitsplatzes geprägt werden – und wir werden es. Diesen Einfluss zu leugnen bedeutet, eine Realität unseres Lebens zu leugnen.

So wie wir unsere Familien beeinflussen, so beeinflussen wir auch unsere Gemeinschaften. Wie oft kommt es vor, dass wir uns aus der Affäre ziehen und vorgeben wollen, wir hätten keinerlei Einfluss und deshalb keinerlei Verantwortung. Und doch haben wir beides. Alle unsere Gemeinschaften werden davon beeinflusst, was wir tun und was wir uns weigern zu tun – vielleicht durch letzteres sogar mehr als durch ersteres. Die Prozesse jener Gemeinschaften ziehen sich zusammen, weiten sich oder explodieren, je nach unseren eigenen Prozessen und denen unserer Familien.

Die Sphäre der Gesellschaft und Nation

Die Einflusssphäre weitet sich und umfasst auch die Gesellschaften und Nationen, in denen wir leben.

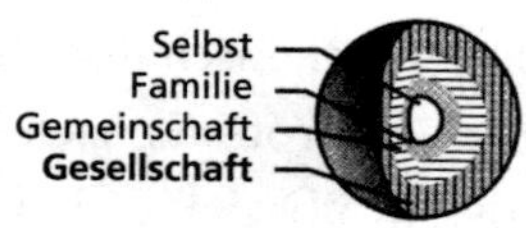

Die Gesellschaft, die Nation, in der wir leben, ist ein Prozess. Auch sie ist keine Einheit, keine Sache. Jede unserer Nationen, jede unserer Gesellschaften ist ein Prozess.

Unsere Gemeinschaften werden durch das, was auf der nationalen Ebene geschieht, beeinflusst. Ist der Prozess einer Gesellschaft ein bisschen verrückt, wird sich diese Verrücktheit auf alle Gemeinschaften auswirken, in denen wir leben, lernen und arbeiten. Die Verrücktheit wird sich auch auf unsere Familien und Beziehungen auswirken. Und sie wird sich auf uns als Individuen auswirken.

Wenn eine Nation beschließt, am Prozess eines Krieges teilzunehmen, werden die Prozesse der Gemeinschaften, der Familien und der Individuen dadurch beeinflusst. Es kann gar nicht anders sein. Ich war auf den Fidschi-Inseln, als junge Männer eingezogen wurden, um im Golfkrieg zu kämpfen. Ich sah, wie sich ganze Gemeinschaften am Flughafen trafen, um zu singen, zu tanzen und Kava-Zeremonien für ihre jungen Männer abzuhalten, die in den Krieg geschickt wurden, weil ihre Nation sich entschlossen hatte, an diesem Krieg teilzunehmen. Ihre kleinen Dorfgemeinschaften waren ebenso wie die Familien und die Einzelnen direkt von den auf nationaler Ebene getroffenen Entscheidungen betroffen, und die Menschen kamen in Scharen, um mit dem Bruch ihrer Gemeinschaft umzugehen.

Auch die Prozesse der Nationen wandeln sich ständig. Über die Prozesse von Nationen, Gemeinschaften, Familien und Einzelpersonen und über ihre Versuche, sich mit ihrer Entscheidung am Krieg teilzunehmen, abzufinden, wurden schon viele Filme gedreht, z. B. *Geboren am 4. Juli* und *Schreiendes Land.* Nationen kommen und gehen. Sie vergessen, dass sie ein Prozess sind und versuchen, ihre Prozesse und die der anderen zu kontrollieren, wobei sie auf die Prozesse aller ihnen anvertrauten Gemeinschaften, Familien und Individuen einwirken. Wenn Nationen geblendet sind von Finanzpolitik und Wirtschaft und ihre materielle Ausrichtung nicht mit Spirituellem ausgleichen, sehen wir im weltweiten Geldsystem immer wieder Wirtschaftskatastrophen auf uns zukommen.

Wie bei den anderen Prozess-Sphären, die wir uns angesehen haben, so werden auch die Gesellschaft und die Nation vom Individuum, der Familie, den Beziehungen und den Gemeinschaften beeinflusst.

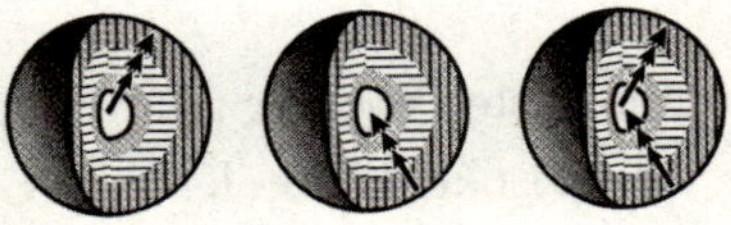

Um wie viel größer ist die Versuchung zu glauben, dass wir mit nichts, was wir tun, Einfluss auf die Gesellschaft und den Staat haben. Es ist schon schwierig genug, die Gesellschaft als Prozess zu sehen. Uns schwindelt bei der Vorstellung, unser eigener Prozess sei eng mit dem Prozess der Gesellschaft und der Nation verbunden und wir hätten tatsächlich einen gewissen Einfluss darauf und eine Verantwortung dafür. Doch egal, was wir glauben wollen, unser Prozess hat tatsächlich eine Auswirkung auf den Prozess der Gesellschaft.

Es gibt zum Beispiel in den Vereinigten Staaten von Amerika – und auch in vielen anderen Ländern – eine recht große Zahl von Menschen, die in aller Stille und mit großer Hingabe versuchen, von allen möglichen Süchten zu genesen. Im Laufe ihres Genesungsprozesses lernen sie, dass sie, um zu genesen, zu ihrer spirituellen Basis zurückfinden müssen, wie immer diese für den einzelnen aussehen mag. Hierfür versuchen sie, in allen ihren Angelegenheiten ehrlich zu werden, Dienste zu tun und ein Leben zu leben, das von ihrer Höheren Macht geführt wird. Wenn Individuen diese Prinzipien in allen ihren Angelegenheiten praktizieren, verändern sie sich – einige drastisch. Und sie beeinflussen die Menschen ihrer Umgebung und wirken auf sie ein. Wer weiß, was in einer Nation geschehen würde, in der die Zahl derer, die diese Prinzipien praktizieren, das Stadium des „hundertsten Affen" erreichte – jenes Stadium einer kritischen Masse, die unsere Sicht darüber, wie die Welt wirklich funktioniert, von Grund auf ändert? Was wir als Einzelne tun, beeinflusst unsere Familie und unsere Beziehungen, unsere Gemeinschaften und die Gesellschaft, in der wir leben. Die Realität kann nicht anders sein.

Die Sphäre des Planeten

Lassen Sie uns nun die nächste Prozess-Sphäre betrachten, die unseres Planeten Erde. Unser Planet ist kein toter, lebloser Gegenstand. Die Erde selbst ist ein Prozess – einer, der sich unaufhörlich wandelt, bewegt, anpasst, neues Land entstehen und anderes untergehen lässt; ein Prozess, der versucht, mit den Wesen auf seiner Oberfläche und in seinem Inneren zu leben. Wie das Individuum muss auch der Planet Erde nicht nur mit seinen eigenen Prozessen zurechtkommen, sondern auch mit den Prozessen der Einzelnen, der Familien, der Gemeinschaften und der Gesellschaften, die innerhalb seiner Sphäre zusammen leben. Jede und jeder einzelne von uns wird von dem Prozess des Planeten Erde beeinflusst.

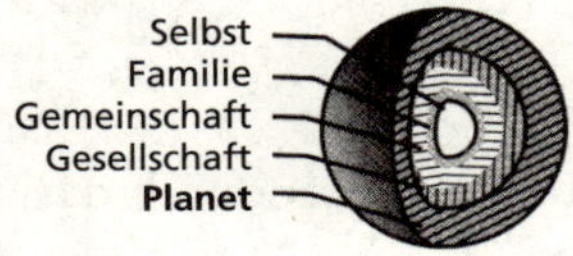

Immer wieder entwickelt sich im Pazifischen Ozean eine Meeresströmung, die El Niño genannt wird. Diese Strömung ist ein breiter Streifen warmen Wassers, der durch den Pazifik strömt und das Wetter auf der ganzen Welt beeinflusst. Das Wetter im US Staat Washington ist zum Beispiel meistens regnerisch, außer während des El Niño. Dann wird es dort für die Jahreszeit ungewöhnlich heiß, es fällt kaum Regen und die Wassertemperatur des Meeres ist um viele Grad wärmer als gewöhnlich. Das extrem warme Wasser der Strömung beeinflusst die Laichgewohnheiten des Lachses. In den letzten Jahren haben sich amerikanische und kanadische Fischer über die Fischereirechte gestritten – wem sie zustehen und unter welchen Bedingungen. Dies hat Auswirkungen auf Einzelne ➜ auf Familien und Beziehungen ➜ auf Gemeinschaften ➜ auf Gesellschaften und Nationen ➜ auf den Planeten Erde. Gegenwärtig sind diese Diskussionen rein akademisch, da der Lachs nicht auf seiner gewöhnlichen Route zu seinen üblichen Laichplätzen zieht und die kanadischen Fischer – oder vielleicht sind es auch die amerikanischen, im Grunde ist dies unerheblich – die flussaufwärts ziehenden Fische nicht erreichen können, weil der Lachs durch andere Gewässer schwimmt. Ich habe mit Menschen in Virginia, Florida und Arizona gesprochen und alle brachten zum Ausdruck, ihr Wetter werde von El Niño beeinflusst! Die Strömung, die ein Teil des Prozesses der Erde ist, beeinflusst jede Sphäre unserer Existenz.

Gleichzeitig beeinflussen wir den Prozess des Planeten.

Der Prozess des Planeten wird beeinflusst durch das, was Einzelne tun, was Familien tun, was Gemeinschaften und was ganze Gesellschaften tun. Niemand entgeht diesem Prozess. Wissenschaftler glauben, dass Autoabgase, Spraydosen und das in Kühlschränken benutzte Freon das Loch in der Ozonschicht der Erdatmosphäre verursacht haben. Außerdem sind sie der Ansicht, dass das Loch in der Ozonschicht zumindest teilweise für den El Niño verantwortlich ist. Einzelne und Familien benutzen diese Produkte. Gemeinschaften und Unternehmen produzieren diese Produkte. Und die Gesellschaften, denen diese Familien und Individuen angehören, haben ihre Existenz auf einer Wirtschaft gegründet, die die spirituelle Grundlage der gesamten Schöpfung ignoriert. Alle diese Prozesse beeinflussen sich wechselseitig und werden voneinander beeinflusst.

Die Sphäre des Universums

Wie Sie sehen, dehnen sich die Sphären und ihr Einfluss kontinuierlich aus. Der nächste Prozess, den wir uns anschauen müssen, ist der Prozess des Universums. Was für ein großartiger und geheimnisvoller Prozess ist der Prozess des Universums! Gelegentlich haben wir das Privileg, einen kurzen Blick darauf zu erhaschen, z.B. wenn sich ein Komet zeigt, wenn

Meteorenschwärme über den Himmel sprühen, wenn der Himmel ein neues Wunder offenbart oder wenn wir einen genaueren Blick auf die anderen Planeten werfen. Meistens jedoch scheint das Universum weit außerhalb unserer Reichweite zu sein. Selten halten wir inne und denken daran, dass das Universum ein Prozess ist. Doch genau das ist es. Ständig weitet sich das Universum, kollabiert, explodiert, baut sich auf und um – ist immer im Prozess.

Vor kurzem hat man eine Entdeckung bezüglich der kosmischen Eistrümmer gemacht, die sich von vorbei fliegenden Kometen ablösen und in die Erdatmosphäre fallen. Da die Erde ein Planet mit Wasser ist, sind solche Eistrümmer ein Segen für uns, denn als Planet brauchen wir Wasser zum Überleben. Ich erinnere mich, dass vor Jahren eine alte Quäkerfreundin, die ein Leben lang Wasser studiert hatte, zu mir sagte: „In nicht allzu ferner Zukunft wird Wasser eines der wichtigsten Themen auf der Erde sein – wer Wasser hat und wer es nicht hat und ob es überhaupt noch sauberes Wasser gibt." Sie hatte recht. Wir fangen erst an, uns dieses Themas bewusst zu werden und dann entdecken wir plötzlich, dass kosmisches Eis auf uns herabregnet, das beim Eintritt in unsere Atmosphäre schmilzt. Vielen Dank! Der Prozess des Universums erfüllt immer wieder unsere Bedürfnisse.

Es ist vielleicht schwieriger zu erkennen, wie das Individuum und die Familie das Universum beeinflussen, und wir tun es. Wir schießen Abfall in den Weltraum und lassen auf den Planeten, die wir regelmäßig besuchen, Müll zurück. Welche Keime, Mikroorganismen und Parasiten mögen darüber hinaus auf den Maschinen und Menschen sein, die wir ins All schicken. Es ist typisch für uns, dass wir uns mehr Sorgen darüber zu machen scheinen, was wir vielleicht nach Hause zurückbringen könnten als darüber, was wir ins All bringen. Wir wissen noch nicht, wie unser Abfall das Universum beeinflusst.

Und doch tragen wir die Verantwortung dafür.

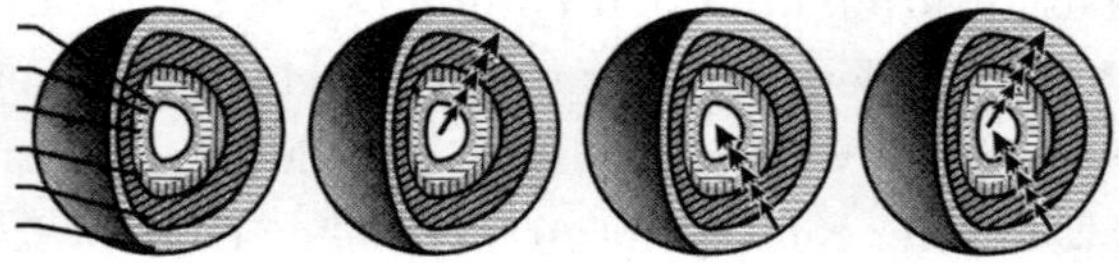

Das Handeln der Einzelnen beeinflusst die Prozesse der Familie ➜ der Gemeinschaft ➜ der Gesellschaft ➜ des Planeten Erde ➜ des Universums. Vielleicht eine schwere Last. Und gewiss eine Realität.

Die Sphäre Gottes, des Schöpfers, des grossen Mysteriums

Die letzte Sphäre, die ich ansprechen möchte, ist der Prozess, den manche Gott, andere Akua, Tane, Jahwe, Allah, Schöpfer, Höhere Macht, das Große Mysterium nennen. Selbst Physiker glauben, dass alles, was allmächtig ist, auch im Prozess ist. Es ist ein Prozess. Und wir werden von dem Prozess des Großen Mysteriums beeinflusst. Es gibt etwas, was weit über uns selbst hinaus reicht und von dem wir ein Teil sind.

> Schätzchen, selbst wenn du nicht an Gott glaubst – kannst du wenigstens glauben, dass du nicht Gott bist? Eine Älteste

Der Prozess des Großen Mysteriums, des Schöpfers, beeinflusst das Universum ➜ den Planeten ➜ die Nation ➜ die Gemeinschaft ➜ die Familie ➜ jede und jeden von uns. Es ist einfach so. Wir sind nicht voneinander getrennt. Wir sind miteinander verbunden. Wir sind in unserem Innersten miteinander verbunden. Wir sind Teil des Alles-was-ist, ihm gegenüber verantwortlich und dafür verantwortlich. Dies ist keine zu schwere Bürde oder wir würden sie nicht haben. Der Prozess des Universums beeinflusst jede Sphäre unseres Seins.

Und: Wir beeinflussen das Große Mysterium.

Das Alte Testament spricht von einem Gott, der „sich nach Seinen Kindern sehnt". Wir hören von einem Gott, der leidet, wenn wir uns ihm entziehen. Wir haben fast keine Worte, die den Prozess des Großen Mysteriums, das uns alle beeinflusst und gleichzeitig von jedem und jeder von uns beeinflusst wird, vermitteln können. Und doch beeinflussen wir den Prozess des Großen Mysteriums und sind eins mit ihm – eine ziemliche Verantwortung, doch nie mehr, als wir zu tragen in der Lage und bereit sind. Vergessen Sie nicht, die Realität ist flexibel genug, um beeinflusst zu werden.

Meine Erfahrung vom Kontakt mit jenem Prozess war eine so direkte und so intensive Liebe, dass ich fast dachte, ich explodiere. Doch war dieses Erleben so tief und so umfassend, dass sein Prozess über meine beschränkten Vorstellungen oder Erfahrungen von Liebe weit hinausging. Warum versuchen, das Unbeschreibliche zu beschreiben! Es möge genügen zu sagen, dass wir tief in uns die Fähigkeit besitzen, den Prozess des Großen Mysteriums zu kennen, zu erfahren und mit ihm eins zu sein.

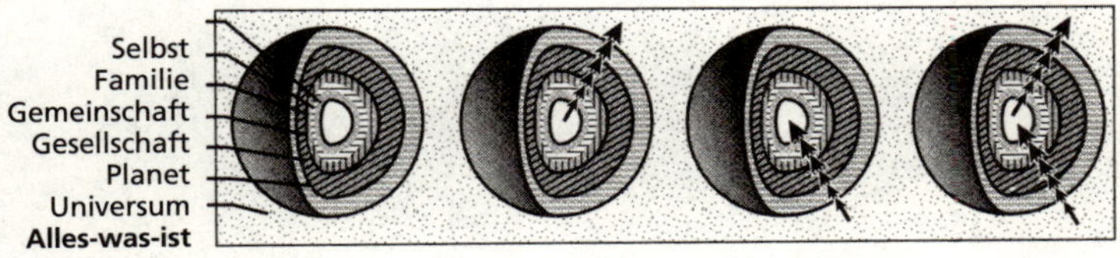

Dies bringt uns zu unserem letzten Diagramm. Schauen Sie sich die Sphäre an und seien Sie sich bewusst, dass alle diese Elemente unabhängig voneinander und gleichzeitig miteinander existieren. Sie sind das Gleiche. Es gibt keine Trennung. Sie sind ein und das Selbe. Sie sind eins. Alles ist eins.

Mein Prozess ist das Große Mysterium und das Große Mysterium ist mehr als mein Prozess. Das Große Mysterium ist Ihr Prozess und Ihr Prozess und Ihr Prozess. Das Große Mysterium ist der Prozess der Familien. Das Große Mysterium ist der Prozess der Gemeinschaften und Organisationen. Das Große Mysterium ist der Prozess der Gesellschaften. Das Große Mysterium ist der Prozess des Planeten, der Prozess des Universums. Das Große Mysterium ist der Prozess des Großen Mysteriums.

Wenn ich meinen Prozess lebe, bin ich eins mit Gott, bin ich eins mit dem Großen Mysterium, bin ich eins mit Allem-was-ist. Ich bin eins.

Kapitel 8

Was es heißt, ein Individuum zu sein

Als ich sie fragte, warum sie ihm zu essen gab, wurde sie ärgerlich. Sie befahl mir, mich ihr gegenüber auf den Boden zu setzen und sagte: „Ich möchte, dass du dich an diese Worte dein Leben lang erinnerst und sie nie vergisst: Ich habe nicht dem Mann zu essen gegeben, ich habe den Geist Gottes in ihm bewirtet."

NANA VEARY, HAWAIIANISCHE KAPUNA (AUS „CHANGE WE MUST")

Als Individuen haben wir unser Leben, damit wir es leben. Wir sind der Prozess jenes Lebens. Indem wir unseren Prozess leben, werden wir, wer wir sein können.

Ich erinnere mich, als mir zum ersten Mal bewusst wurde, dass ich als Frau von Geburt an all die Eizellen in mir trug, die ich mein Leben lang in mir haben würde. Ich glaube, vor dieser Erkenntnis dachte ich, die Eizellen in meinem Körper würden – wie meine anderen Körperzellen – regelmäßig erneuert – wie das Öl in einem Auto. Mitnichten! Diese kostbaren kleinen Bündel enthalten das genetische Erbe all meiner Vorfahren, und dies reicht zurück bis zum Beginn der Zeit, wo wir alle unseren Anfang nahmen. Diese Samen waren immer in mir, und sie sind aufgehängt und warten ruhig bis sie wissen, dass sie herausplatzen und in das Nichts springen müssen in der Hoffnung, dass sie die Eileiter hinab in die Gebärmutter wandern werden, wo sie sich einnisten, befruchtet werden und zu einem neuen Lebewesen heranwachsen – oder ausgeschieden werden und zu unserer Mutter, der Erde, zurückkehren.

Als ich erfuhr, dass alle meine Eizellen von Anfang an da waren, war ich erstaunt über das Wunder von alledem. Diese Entdeckung war sehr bedeutsam für mich und erfüllte mich mit großer Ehrfurcht. Die Eizellen von Anfang an vorhanden! Großartige Planung! Wie war das möglich? Und wenn nun nicht genug da wären? Was, wenn einige vergeudet würden? Als Kind, das während der Wirtschaftskrise aufgewachsen war, hoffte ich inbrünstig, dass es mehr als genug gab, dass es sie im Überfluss gab, falls sie gebraucht würden. Was zu viel war, könnte man, falls erforderlich, loswerden. Es ist immer besser, zuviel zu haben als nicht genug.

Unser Lebensprozess ist so etwas wie das Bündel der wartenden Eizellen. Wir tragen von Anfang an alles in uns, was wir benötigen, um die Person zu sein, die wir sein können. Wir haben alles, was wir für unsere Heilung brauchen. Wir haben alles, was wir brauchen um zu wachsen. Wir haben alles, was wir brauchen um uns zu entwickeln. Wir haben alles in uns, was wir brauchen, um mit den Fehlern, die wir machen, umzugehen und aus ihnen zu lernen. Wir haben alles, was wir brauchen, um unser spirituelles Selbst zu verwirklichen. Wir sind wie das Universum in einem Tropfen Wasser, und wir sind der Prozess des Universums.

Wir Menschen sind kreativ und haben uns viele Möglichkeiten ausgedacht, um unseren Prozess nicht zu leben <u>und</u> früher oder später sehnen wir uns doch danach, zu unserem eigenen Prozess zurückzukehren.

Unseren Weg Finden

Als menschliche Wesen müssen wir anerkennen, dass wir nicht isoliert existieren. Unglücklicherweise vergessen wir so leicht, dass wir im Kontext leben und dass wir uns selbst unmöglich verstehen können, wenn wir uns als isoliert betrachten. Wir sind verbunden. Wir sind einzigartig. Und wir existieren im Kontext.

Entschuldigungen

Wir leben in einer Welt voller Entschuldigungen. Wir leben in einer Welt, die von uns verlangt, weniger zu sein, als wir sein können, und uns darauf trimmt, dies von uns selbst zu verlangen. Wie oft sagen wir: „Ich bin nur ein Mensch" und meinen: „Ich bin weniger als ein Mensch". Vielleicht ist es so wie es Frederick Franck, der große Künstler und Autor von

Zen in der Kunst des Sehens, ausdrückt: „Wir nehmen unser niedriges Selbst und nennen es menschlich."

Wenn wir für uns und andere immer wieder Entschuldigungen vorbringen, leben wir nicht so, wie es uns zur Ehre gereicht. In letzter Zeit habe ich eine Flut von Phrasen wahrgenommen, die, wie ich sage, das Menschsein verunglimpfen: „Muss man nicht die Schwäche des Menschen berücksichtigen?", „Es ist menschlich unmöglich", „Ich bin auch nur ein Mensch." Häufig sind diese Phrasen gekoppelt an Aussagen wie „Na ja, ich bin eben ein Alkoholiker, was erwartest du?" oder „Ich habe mein Leben lang gelogen, warum erwartest du jetzt Ehrlichkeit von mir?" oder „Meine ganze Familie lügt" oder „Ich habe dies vor zweiundsechzig Jahren einem Priester gebeichtet und seine Reaktion war so heftig, dass ich gelernt habe, nicht die Wahrheit zu sagen."

Wir haben Menschsein nach dem kleinsten gemeinsamen Nenner definiert und ein ganzes Arsenal an Rechtfertigungen entwickelt, damit wir uns mit weniger als wir sind zufrieden geben. Sich selbst zu akzeptieren scheint inzwischen die Bedeutung zu haben, sich selbst als so gering wie möglich zu akzeptieren, dies zu dulden und sich damit abzufinden. Wir scheinen so viel Angst davor zu haben, „mit uns selbst zu hart umzugehen", dass wir unser Potential aus den Augen verloren haben. Wir haben auch andere Optionen:

> Ich war auf der Konferenz des Naturwissenschaftler- und Ingenieurverbandes der amerikanischen Indianer und hatte den starken Eindruck, dass man von der Erwartung ausging, die Menschen dort könnten ehrlich, rücksichtsvoll, liebevoll, konstruktiv und vorurteilslos sein. Ein Beispiel dieser Haltung hörte ich, als einer der Ältesten vor der ganzen Versammlung sprach, nachdem es Fälle von Vandalismus gegeben. Er sagte sinngemäß: „Einige Dinge wurden gestohlen oder beschädigt. Wir tun so etwas nicht. Wir nehmen nicht, was uns nicht gehört und wir beschädigen nichts,

besonders wenn uns die Dinge nicht gehören. Wir können nur annehmen, dass die Leute, die dies getan haben, nicht in der richtigen Weise unterwiesen wurden. Sie brauchen unsere Hilfe, unsere Gebete und unser Verständnis.“

Wie anders ist diese Weltsicht! Alles wurde freiwillig wieder in Ordnung gebracht.

Ich erinnere mich, dass ich schon viele Male gesagt habe, dass wir andere viel eher so annehmen wie sie sind, als wir uns selbst annehmen. Wir dürfen nie das Göttliche in jeder und jedem von uns aus den Augen verlieren. Wir sind alle mit der Heiligkeit der gesamten Schöpfung verbunden. Wir tragen alle die Möglichkeit in uns, so zu leben, wie es uns und unserer Spezies zur Ehre gereicht. Wir können am Göttlichen teilhaben und uns daran beteiligen, weil wir eins damit sind. Wenn wir diese Verbindung vergessen, sind wir nicht in Kontakt mit der Wirklichkeit. Unsere Heiligkeit ist einfach. Sie kann nicht in Frage gestellt werden.

Nicht richtig sein

Von den Entschuldigungen für unser Benehmen ist es nur ein kleiner Schritt hin zu unserem Fokus darauf, was an uns nicht in Ordnung ist. Da wir nach mechanistischen, wissenschaftlichen Modellen erzogen und ausgebildet wurden, neigen wir oft dazu, uns als Maschinen zu sehen. Wir wollen einfach nur erkennen, was an uns falsch ist, es in Ordnung bringen und dann mit unserem Leben weitermachen. Wenn wir zu einer solchen Sichtweise über uns selbst gelangen, werden wir sehr selbstzentriert. Tatsächlich ist es ein wichtiger, ein guter und ein notwendiger Prozess, uns anzusehen was wir falsch machen. Doch leider benutzen wir dann oft diese Information, um falsche Vorstellungen und Missverständnisse zu nähren. Wir fangen an zu glauben, wir seien *selbst* ein Fehler, wenn wir Fehler machen. Und wir *selbst* seien verkehrt, wenn wir etwas Verkehrtes machen. Wir konzentrieren uns auf das Negative. Wenn wir uns auf Negativität einlassen, landen wir im unseligen Dualismus von Grandiosität und Wertlosigkeit und beginnen, von einem Extrem ins andere zu fallen. In aller Aufrichtigkeit konzentrieren wir uns vielleicht auf das Wertlosigkeits-Extrem des Dualismus oder wir springen von einem Extrem zum anderen. Beide Verhaltensweisen halten uns mit Sicherheit vom Göttlichen fern. Vergessen Sie nicht: Wenn wir in einen Dualismus gehen, zerstückeln wir uns, bleiben wir stecken und erfahren nicht unsere Ganzheit.

In solchen Zeiten vergessen wir was es heißt, wahrhaft menschlich zu sein. Wir vergessen, dass gut sein nicht heißt, so zu sein, wie wir es für gut *halten* oder so zu sein, wie wir *glauben,* dass andere uns haben wollen. Gut sein ist der Prozess, aus jenem tiefen Brunnen von Gutsein zu schöpfen, der unser Erbe, unser Geburtsrecht ist. Wir mögen wenig Hoffnung haben. Wir sind vielleicht zu der Überzeugung gelangt, ein hoffnungsloser Fall zu sein. Wir mögen nur noch eine schwache Erinnerung haben an das Gefühl und die Erfahrung von Glück, Liebe, Anteilnahme, Fürsorge und des Gewahrseins, dass wir im Kontext leben. Doch unabhängig davon, wie tief jemand von uns gesunken ist, habe ich noch niemanden getroffen, der seinen lebendigen Prozess oder seine Verbindung zum Prozess des Universums völlig zerstört hat. Unser Wissen um jene Verbundenheit bietet uns die Chance, mehr zu sein, als wir glauben sein zu können. Diese Verbundenheit erschließt uns die Erhabenheit des Geistes, die unser Geburtsrecht ist.

Wahr aber nicht ehrlich

Negativität kommt auf, wenn wir nicht gut für uns sorgen.

Ich weiß, dass ich nur Opfer bin, wenn ich mich dafür entscheide.

JIMMY

Beim gestrigen Abendessen erzählte ich, dass ich mir nicht länger weismachen kann, äußere Dinge könnten mir ein Gefühl von Wohlbefinden geben. ANONYM

Manchmal versuchen wir, mit etwas davon zu kommen, was zwar wahr, aber nicht ehrlich ist. Oft benutzen wir die „Wahrheit", um die Konfrontation mit etwas zu vermeiden, das viel schwieriger anzugehen wäre als das, was wir als wahr vorgeben. Hier ein Beispiel für „wahr aber nicht ehrlich":

Joan hatte einen guten Job mit vielen Freiheiten und konnte im Grunde selbst entscheiden, wann und wie sie ihre Arbeit erledigte, obwohl sie eine gewisse Verantwortung trug. Jedoch hatte sie von ihrem Vorgesetzten und von anderen die Rückmeldung bekommen, sie scheine nicht sehr effektiv zu arbeiten. Wann immer ihr Chef auf Reisen war, wurde wenig oder nichts erledigt. Das Ganze begann verdächtig auszusehen, als sie nicht bereit war, sich mit einigen ihrer besten Freundinnen zusammenzusetzen und darüber zu sprechen, was mit ihr los war. Sie sagte, sie fühle sich mit diesen Freundinnen nicht sicher und schäme sich zu sehr vor ihnen. Ihre Freundinnen waren in der Regel ziemlich klar und mutmaßten, es sei wohl nicht Joan, die bei ihnen nicht sicher war, sondern das, was sie zu verbergen suchte.

Als sie sich doch trafen, berichtete Joan offen und frei, dass Inzestthemen in ihr hochkamen und sie außerdem glaube, arbeitssüchtig zu sein. Aus diesen beiden Gründen könne sie ihre Arbeit nicht tun. Sie erwähnte jedoch *nichts* von ihren Plänen, ihren Job aufzugeben und in eine andere Stadt zu ziehen, um bei einem früheren Geliebten zu sein, mit dem sie einmal eine bestenfalls stürmische Beziehung gehabt hatte. Es war klar, dass das, was sie erzählte, wahr war – <u>und</u> sie war nicht wirklich ehrlich bezüglich

> der eigentlichen Themen, die hinter ihrem Verhalten steckten. Sie benutzte ihre „Wahrheit", um ihre Unehrlichkeit zu verbergen.
>
> Inzestthemen kamen *tatsächlich* in ihr hoch. Sie schämte sich *wirklich* vor ihren Freundinnen. Sie benutzte *tatsächlich* ihre Arbeit, um Anerkennung zu bekommen. All das war wahr – nur eben nicht ehrlich. Sie hatte dieses ganze Gebäude konstruiert, um ihre dysfunktionalen Sex- und Beziehungsprobleme zu schützen. Sie betrachtete allein ihre Arbeitssucht als ihr Problem, und das war nicht ihre *eigentliche* Besessenheit, die zu ihrem gegenwärtigen „Verrücktsein" beitrug. Sie *benutzte* Probleme, die sie durchaus hatte, um das Grundproblem, die darunter liegende Beziehungssucht, zu vermeiden. Sie hatte sich selbst und die anderen betrogen und war gleichzeitig jenen Personen aus dem Weg gegangen, die sie oder ihren Betrug am ehesten durchschaut hätten.
>
> Ihre Freundinnen fühlten nur instinktiv, dass „irgendetwas nicht stimmte". Als sie sie damit konfrontierten, bestand sie entrüstet auf der „Wahrheit" ihrer Behauptungen, wurde selbstgerecht und wie gelähmt von ihrer Scham. All das war eine gute Inszenierung, um ihrer Arbeit aus dem Wege zu gehen.
>
> Es ist Joan hoch anzurechnen, dass sie mit ihren Freundinnen bei der Sache blieb und diese Schicht von „wahr aber nicht ehrlich" durchbrach. Erst dann konnte sie sich mit dem auseinander setzen, was sie für ihr Grundproblem hielt. Ihre „wahren" Aussagen, auch das Eingeständnis ihrer Arbeitssucht, hatte sie dazu benutzt, um sich vor dem Ehrlichsein zu drücken. Als ihre Freundinnen sie fragten, ob sie bereit wäre, *nicht* in die andere Stadt zu ziehen, krampfte sich ihr Magen zusammen und ihr wurde sofort übel – ein gutes Zeichen dafür, was wirklich los war.

Dies ist ein gutes Beispiel dafür, wie wir die Methode „wahr aber nicht ehrlich" benutzen können, um eine Auseinandersetzung mit uns selbst zu vermeiden und nicht nach innen zu gehen, um die Arbeit zu tun, die wir tun müssen um mehr ganz zu werden.

Klar sein

Wir sind persönlich dafür verantwortlich, bei allem, was wir tun, klar zu sein. Wenn wir nicht klar sind, müssen wir abwarten, bis sich Klarheit ergibt. Klar sein kann bedeuten, dass wir zugeben, durcheinander zu sein. Das Eingeständnis, durcheinander zu sein, ist ein Prozess der Klarheit um unsere inhaltliche Unklarheit. Immer wenn wir einen Prozess haben und gleichzeitig mit einem Thema beschäftigt sind, ist der Prozess der wichtigere Teil von beiden. Wenn jemand zum Beispiel zu Ihnen sagt: *„Ich bin nicht wütend!"*, dann achten Sie darauf, *wie* es gesagt wird, nicht *was* gesagt wird. Es gilt hellhörig zu sein für den Prozess, sei es im Umgang mit uns selbst oder mit anderen, wobei ersteres vielleicht noch wichtiger ist.

Wenn wir wachsen und klar werden wollen, ist es wichtig, sich nicht auf Menschen einzulassen, die nicht klar sind, und dies schließt uns mit ein! Tatsächlich ist der Versuch sich auf Menschen einzulassen, die nicht klar sind, eine Zeitverschwendung. Wenn wir nicht klar sind, ist der Versuch eines Umgangs mit sich selbst oder mit anderen eine Zeitverschwendung. Stellen Sie sich vor, wie die Welt aussähe, wenn jede und jeder die Verantwortung dafür übernehmen würde, klar zu sein, bevor sie oder er in Interaktion mit jemand anderes tritt – auf jeden Fall wäre eine solche Welt entschieden ruhiger!

Susan beschreibt ihre Erfahrung mit ihrer Genesungsarbeit und einem Leben im Prozess sehr klar:

> Ich habe gerade eine Gehaltserhöhung erhalten und werde nächste Woche befördert. Die Agentur ist den Kinderschuhen entwachsen

und hat sich etabliert. Durch meinen Reifungsprozess hat sich das, was ich der Agentur bieten kann, ständig vergrößert. Dem wollen meine Vorgesetzten Rechnung tragen, indem sie mir neue Chancen eröffnen. Der Prozess ist interessant, denn ich beginne gerade erst zu erkennen, dass ich Fähigkeiten habe. Früher dachte ich, ich hätte das *Image* einer tüchtigen Frau, sei es aber nicht.

Ich habe das Gefühl, wochenlang voll Ehrfurcht vor dieser neuen Erkenntnis herumgelaufen zu sein. Vermutlich gehe ich gerade durch einen wichtigen Erkenntnisprozess. Ich muss an meinen Vater denken, wie er im Anzug im Wohnzimmer stand, bereit, das Haus zu verlassen und den Tag als Geschäftsmann zu verbringen. Ich sehe ihn, rieche ihn, als ob er leibhaftig da wäre. Wenn er für den Tag wegging, war er auf einmal nicht mehr mein Vater, er war der Versicherungsmakler. Weißt du, ich habe ihn wirklich vermisst, als er nicht mehr mein Vater war. Ich wollte immer erwachsen werden und dann genauso wie mein Vater sein. Ich schreibe sogar wie er. Ich wünschte, er hätte wissen können, dass es schon in Ordnung war, mein Vater zu sein, er selbst zu sein, während er Versicherungen verkaufte oder mich auf einen Spaziergang mitnahm. Ich wünschte, er hätte wissen können, was ich jetzt weiß.

Ich sitze hier in der Sonne bei der Arbeit, schaue dem vorbeifließenden Verkehr zu und bin so traurig über all die Menschen, die wie ich einst und wie mein Vater vor mir geglaubt haben, es genüge nicht, der Mensch zu sein, der wir von Geburt an sind. All das war und ist ein schrecklicher Irrtum.

Ich möchte am liebsten hinausgehen oder mein Fenster öffnen und der Welt zurufen: „Es ist alles ein Irrtum." Ich wünschte, die ganze Welt könnte innehalten und die Dinge anders fühlen, anders sehen. Das ist vermutlich der Paradigmenwechsel, von dem Du sprachst. Eine völlige Veränderung in der Wahrnehmung dessen, was *real* ist.

Und ich weiß, dass es ein schrittweiser Prozess ist. Ich stelle mir vor, alle diese Menschen hätten kleine Glühbirnen über ihren Köpfen, wie in einem Cartoon. Was für ein Leuchten gäbe es, wenn alle Lichter gleichzeitig angingen. SUSAN

Mein ganzes Leben habe ich nach jemandem gesucht, der mir sagt, wie schrecklich ich bin – und niemand sagt es mir, nicht einmal mein Prozess. BARBARA

Wir müssen sein, wer wir sind, bevor wir
jemand anderes sein können.

Hilfe

Wichtig für unsere Fähigkeit zu wachsen und uns zu verändern, ist oft die Bereitschaft um Hilfe zu bitten. Nicht um Hilfe zu bitten, wenn wir sie brauchen, kann eine Form von Unehrlichkeit sein.

Nicht um Hilfe zu bitten fühlt sich genauso an wie Dinge verheimlichen. YVONNE

Hilfe zu brauchen und nicht darum zu bitten, ist eine Art, Dinge zu verheimlichen und mit uns und mit anderen unehrlich zu sein.

Harry – er war fast siebzig, als er dies schrieb! – fasste seine Bemühungen, ein „braver Junge“ zu sein, in folgende Worte:

Ein Mensch, der beschlossen hat, ein braver Junge zu sein, ist selbstzentriert. Er hat in sich keine eigene Mitte und lebt deshalb aus der Mitte anderer heraus. Er hat keine Grenzen. Er ist immer bedürftig. Er misstraut der Zuneigung, die andere ihm entgegenbringen. Er handelt, um akzeptiert zu werden. HARRY

Bravsein ist eine Form von Unehrlichkeit. Wir bitten damit um die falsche Art von Hilfe. Wir bitten andere, uns eine Mitte zu geben. Niemand kann das.

Wenn ich selbstzentriert bin, bin ich nicht im Kontakt mit mir.

Selbstzentriertheit ist eigentlich ein Zustand von Bedürftigkeit, in dem wir nicht in Verbindung mit uns selbst sind und außerhalb von uns selbst nach etwas suchen – nach irgendetwas –, das uns erfüllen könnte. Wenn wir in Verbindung mit uns selbst sind, ruhen wir in uns und sind mit Allem-was-ist verbunden.

Auf jeder Ebene unserer Existenz stehen uns alle möglichen Arten von Hilfe zur Verfügung. Unsere wichtigste Hilfe ist natürlich in unserem Inneren zu finden. Unser lebendiger Prozess, der uns mit dem Unendlichen verbindet, ist immer für uns da, wenn wir bereit sind, ihn zu fragen.

Paradigmenwechsel

Wenn wir lernen unseren Prozess zu respektieren und ihn zu leben, stellen wir fest, dass wir einen grundlegenden Wechsel durchmachen in der Art und Weise, wie wir die Welt erleben und wie die Welt uns erlebt.

Wie jedes Individuum seinen Lebensprozess lebt und wie sich unser Leben zwischen uns und unserem Schöpfer entfaltet, ist für jede Person einzigartig. Niemand kann den Prozess einer anderen Person beurteilen und häufig können wir ihn nicht einmal verstehen. Wenn wir jedoch unseren eigenen Prozess achten, werden wir gegenüber den Prozessen anderer ebenfalls respektvoller. Dieser Respekt ist ein Nebenprodukt unserer eigenen inneren Arbeit.

Wir beginnen einzusehen, dass wir nach außen hin nicht so tun müssen, als wüssten wir alles und hätten alles im Griff. Wir beginnen zu verstehen, dass Erwachsensein einen Systemwechsel bedeutet – einen Paradigmenwechsel. Es bedeutet, dass wir in der Lage sind zu antworten. Erwachsensein heißt, vollkommen ehrlich und vollkommen wir selbst zu sein. Es geht um die Integrität des Egos – oder vielmehr um Integrität ohne Ego!

Deshalb liegt der Unterschied zwischen Kindheit und Reife in der Lebenserfahrung, dem Wachsen und der ständigen Weiterentwicklung unseres Kerns, so wie bei der Herausbildung der Knospe einer Blume. Die Blume ist von Anfang an vollständig da.

Jede Person muss ihrem eigenen Prozess folgen. Niemand sonst weiß, was für den anderen stimmt.

Beim Leben unseres Lebensprozesses gibt es kein Ziel, außer dem, ihn zu leben. Unsere Prozesse können sich verändern. Unser Leben kann sich verändern, während wir an dem Prozess teilnehmen. Alles was wir tun müssen ist, dem Prozess zu vertrauen und in Zuversicht zu leben. Unsere Verantwortung liegt darin, das auszuleben, was unser Schöpfer von uns möchte. Unser Leben zu leben. Unseren Prozess zu leben erfordert von uns die tiefe spirituelle Verpflichtung, mit unserem Leben eins zu sein. Unsere Primärbeziehung ist die zu dem Großen Mysterium und unser Prozess ist eins mit dem Großen Mysterium. Wir sind unser Prozess und wir sind mehr als unser Prozess.

Vergessen Sie nicht: Depressionen und andere Gefühle *sind* einfach nur. Es gibt einen Grund, weshalb sie da sind. Wenn es uns gelingt, sie als Lern- und Heilungschancen willkommen zu heißen, werden wir die Lektion verstehen. Wann immer wir ein Gefühl oder eine Wahrnehmung bekämpfen, verstärken wir sie nur. Manchmal kann unser innerer Prozess in eine Depression geraten, wenn wir ihm nicht zuhören.

Wenn wir lernen, unserem Prozess zu vertrauen und ihn zu leben, haben wir das Gefühl, eine immer größere Verantwortung für unser Leben zu haben. Wir *möchten* die Verantwortung für unser Leben übernehmen. Voller Eifer und Bereitschaft wollen wir die Folgen unseres Verhaltens und unserer Entscheidungen annehmen, denn wir wissen, dass wir durch dieses Annehmen wachsen werden. Wachstum ist wichtig für uns. Leben im Prozess bedeutet, dass wir die Verantwortung für uns selbst übernehmen, und aus dieser Verantwortung erwächst eine bis dahin ungeahnte Freiheit. Neue Möglichkeiten und Perspektiven tun sich auf.

Vergessen Sie nicht, jede Veränderung beginnt bei einem selbst.
Wenn wir unseren Prozess leben, werden wir
zu offenen Systemen und offene Systeme
erzeugen offene Gesellschaften.

Leben im Prozess verändert unsere Wahrnehmung. Tina drückt es so aus:

> Vorgestern Abend sah ich eine Fernsehsendung über Shakespeares *Hamlet*. In Filmausschnitten wurde gezeigt, wie berühmte Schauspieler diese Rolle interpretierten und wie Regisseure das Schauspiel und Hamlets Charakter sahen. In der Sendung wurden außerdem mehrere Beispiele der verschiedenen Interpretationen des Stücks gezeigt.
>
> Eine in San Francisco produzierte Version aus den 60er Jahren, eine sogenannte „Collage“, zeigte Szenen aus *Hamlet* in einer impressionistischen, experimentellen Spielart. Der Regisseur und die Schauspieler versuchten herauszufinden, ob die ursprüngliche Aussage und Bedeutung in einer modernisierten, avantgardistischen Inszenierung erhalten blieben.
>
> Andere Interpretationsversuche wurden erörtert. Alec Guinness wirkte in einem *Hamlet* mit, der auf Freuds Psychotherapiemodell basierte, was in den 50er Jahren als sehr schick galt. Sie erarbeiteten die Motive für Hamlets Verhalten mit Hilfe des Ödipus-Modells und „erklärten“ die Abläufe des Stücks anhand einer psychotherapeutischen Struktur. Im Nachhinein bezeichnete der Re-

gisseur diese Arbeit als so etwas wie einen Fehler – einen allzu analytischen Versuch, der von dem starken persönlichen Interesse an Freud seitens des Schauspielers und des Regisseurs beeinflusst worden war.

Warum sind all diese Varianten des ursprünglichen *Hamlet* interessant? Ist es möglich, dass das Stück und die Figur selbst so unverkennbar universal sind und so sehr der menschlichen Wahrheit entsprechen, dass das Stück aus einer Vielzahl von Blickwinkeln heraus erfolgreich gespielt und vom Publikum aufgenommen werden kann? Ein Regisseur jedoch, dessen Name ich leider vergessen habe, war der Ansicht, dass keine spezifische Interpretation dem Stück gerecht werde. Seiner Meinung nach sollte man das Stück am besten in seiner ursprünglichen Struktur belassen, da jede Abweichung die beabsichtigte Wirkung des Originals mindern würde. Jeder Versuch, es aus einer anderen Perspektive heraus aufzuziehen, würde dazu führen, das volle Potenzial seiner möglichen Aussagen einzuschränken. Ginge man von einer anderen Struktur und einem voreingenommenen Blickwinkel aus, würde man die Fähigkeit des Betrachters einschränken, offen zu sein für alle Möglichkeiten des Verstehens und Hinterfragens.

Diese Auffassung sprach mich sehr an und mir kamen die Worte *Nichts hinzufügen und nichts wegnehmen* in den Sinn. Das heißt, wenn man ein System auf ein anderes System überträgt, wird man dem ersteren nicht gerecht, denn es würde bedeuten, dass das zweite System durch das erste definiert, verfälscht und einseitig wiedergegeben wird, wodurch die Wahrheit im ursprünglichen System geschmälert würde. Ich glaube, alles ist ein System und würde – viel mehr als das Schauspiel *Hamlet* – durch eine solche Vorgehensweise beeinträchtigt werden. Dazu gehört natürlich auch, dass es unmöglich ist, jemals objektiv das zweite System zu beurteilen oder es so zu sehen, wie es wirklich ist.

Es ist jedoch von großer Bedeutung, einfach nur zu wissen, dass ein solcher Prozess stattfindet. Hinzufügungen – Projektionen, Übertragungen, unbewusste Lügen sich selbst gegenüber oder bewusst anderen gegenüber oder das Einwirken auf andere Systeme um zu manipulieren – all das sind „Hinzufügungen". *Nichts hinzufügen* heißt nicht, sich nicht einzubringen. Zuhören ist vielleicht genug. Kommentieren, erklären, belehren und andere eigennützige Aktivitäten können hinzufügende Elemente sein, die die ursprüngliche Bedeutung auslöschen. Wenn ich bereit bin, mich und meine Realität darzustellen, verpasse ich vielleicht eine Möglichkeit zu wachsen, da ich in erster Linie durch Zuhören und Empfangen wachse. Das Prinzip *weniger ist mehr* würde zutreffen.

Was das *Nichts wegnehmen* anbelangt: Es bedeutet, nichts vom Prozess, vom Selbst oder von anderen wegnehmen. *Nichts wegnehmen* bezieht sich auch auf die heimtückische Präsenz einer destruktiven Haltung: bewerten, sich selbst missbrauchen, sich selbst und andere offen oder verdeckt in Selbstachtungskriegen beschämen, ausleben des Mangelmodells, generelle Negativität oder verneinen und manipulieren aus egoistischen Gründen. *Nichts hinzufügen, nichts wegnehmen* ist vom Prinzip her ziemlich klar. Es mag jedoch schwer sein, dies im Gleichgewicht zu halten angesichts der dysfunktionalen Systeme in der heutigen Gesellschaft.

Für den Künstler gibt es hier eine Metapher. Beim Zeichnen gibt es zwei Dimensionen auf dem Blatt und zwei Arten von Raum – der positive und der negative Raum. Der positive Raum ist das Objekt, das ich zeichne. Der negative Raum ist alles andere. Stelle dir einen Baum am Horizont vor: Der Baum steht für den positiven und der Himmel für den negativen Raum. Der negative Raum wird häufig „nicht wahrgenommen". (Du kennst vielleicht die Doppelbilder, die in psychologischen Tests eingesetzt werden, und das klassische Gesicht-oder-Pokal-Bild, das in der Kunstausbildung zur Darstellung dieses Prinzip verwendet wird. Das graphische Objekt sieht aus wie zwei dunkle Silhouetten von einander zugewandten Gesichtern im Profil. Wenn du dann blinzelst, verändert sich das geschaute Objekt und sieht aus wie ein weißer Pokal auf schwarzem Grund. Durch Blinzeln kann man in seiner visuellen Wahrnehmung zwischen den beiden Motiven hin und her springen, aber aufgrund unserer visuellen Fähigkeiten können wir nicht beide gleichzeitig sehen – es sei denn, man hat eine sehr ungewöhnliche Krankheit. Ha! Eines der beiden Motive wird gewöhnlich zur dominanten oder bevorzugten Sicht.)

Der positive und negative Raum passen also ganz genau zusammen. Wir neigen dazu, unser Bewusstsein vom positiven Raum dominieren zu lassen. Um zu zeichnen, um ein Künstler zu werden, muss man mehr sehen, und die Beziehung zwischen diesen beiden Räumen ist dann entscheidend.

Laotse sagte „Das, was nicht ist, hilft uns mit dem, was ist."

Ohne das, was ist und das, was nicht ist, gibt es keine Struktur, keine Gestalt oder Form und keine Unterscheidung zwischen dem einen und dem anderen. Mir ist klar geworden, dass beide gleich wichtig sind. Obwohl ich – weil es für mich bequem ist – lieber in der Illusion lebe, dass eines dominiert, stimmt das nicht. Diese Vorstellung wird dann wahr, wenn die beiden sich treffen und zwar auf der Linie, die das Objekt umreißt und definiert. Es steckt eine große Kraft darin, wenn man sich dieser Beziehung bewusst wird und fähig, beide Formen in der jeweils eigenen Vollständigkeit zu sehen und beide in Balance zu halten. Die einzelne Linie, die die Formen trennt, ist die Grenze für beide, wobei sie sie im Grunde nicht voneinander trennt, sondern jede Form zugleich unterstützt und formt. Hierin liegt die Bedeutung der Paradoxien in Natur und Geist, des Mythos des Dualismus. Ja, das eine. Ja, das andere. Beide sind wahr. Können wir beide gleichzeitig fassen?

Können wir sehen, dass eines ohne das andere nicht ganz ist und dass wir mit beiden zusammen mehr haben als mit der Summe von beiden? Wobei wir wieder beim Thema *Nichts hinzufügen und nichts wegnehmen* wären.

Das Verständnis für die Bedeutung der oben dargelegten Assoziationen in meinem Prozess kam aus dem ewigen Inneren. Ich kann dies direkt mit meinem Heilungsprozess in Verbindung bringen. Bei ihm geht es um Balance und Grenzen, um das Freisein von Verstrickungen und Urteilen, um das Wissen über sich selbst und darum, andere anzunehmen. Es geht um Nähe und Verbundenheit, um Unterschiede und Wachstum.

Als ich diese neue Erkenntnis auf meine Beziehungen zu anderen Systemen – zum Beispiel auf andere Menschen – übertrug, ist mir klar geworden, dass ich nichts zu ihrem Prozess hinzufügen und nichts von ihm wegnehmen soll. Ich soll auch meinem Prozess nichts hinzufügen und nichts von ihm wegnehmen. Um diesem Prinzip zu folgen, muss ich mich entscheiden, was in einem bestimmten Kontext oder bei einer bestimmten Erfahrung die beste Vorgehensweise ist. In der Bilanz meines Genesungssystems Leben im Prozess halte ich dieses Gleichgewicht ein oder es geht mir nicht gut.

Selbst wenn ich nur in die Nähe des Ziels komme, mich in Richtung Gesundheit bewege, werde ich belohnt mit einem größeren Überlebenspotential. Ich sehe den Weg klarer, ich bin in der Lage mehr zu hören, ich werde sensibler – sensibel im Sinne von der Fähigkeit *wahrzunehmen*. Und wahrnehmen heißt *nur* wahrnehmen, nicht handeln, nicht reagieren, sich nicht einmischen. Einfach wahrnehmen.

TINA

Unsere Sichtweisen verändern sich, wenn wir einen Paradigmenwechsel durchlaufen.

Wenn wir unseren Prozess leben, beginnen wir eine gewisse Effektivität in unserem Leben zu entwickeln. Wir haben eine klarere Vorstellung davon, was wichtig für uns ist und was nicht, und wir entscheiden uns immer häufiger für das Wichtige. Wir verbringen weniger Zeit damit, uns im Kreis zu drehen, rückwärts zu gehen oder auf der Stelle zu treten. Wir beginnen uns mit Anmut und Leichtigkeit vorwärts zu bewegen. Wir können alberne Verrücktheiten immer weniger tolerieren und wir sind oft fröhlich.

Wenn wir unseren eigenen Erfahrungen trauen, beginnen wir zu erkennen, dass „wissenschaftliche Wahrheit" nicht notwendigerweise frei ist von Verdrehungen. Sie ist oft systematische Verdrehung. Wir beginnen den Unterschied zwischen abstrakter „wissenschaftlicher Wahrheit" und unserer durch eigene Erfahrung gewonnener Wahrheit zu erleben.

Wenn wir einen Paradigmenwechsel vollziehen, leben wir in Fülle, und die kleinen und großen Ereignisse des Lebens kommen und gehen ebenso wie der Spaß, die Freude, das Lachen und der Humor. Unsere Prioritäten werden klarer, indem wir klarer werden. Disziplin ist nicht etwas, was wir uns selbst auferlegen oder andere uns. Sie ist vielmehr etwas, das wir begrüßen, wenn sie aus uns herausfließt. Wenn wir unseren Prozess leben, stammt unsere Disziplin nie von außen und ist nie ohne Freude. Disziplin ist Freiheit.

Unser Leben im Prozess zu leben heißt nicht, dass alles immer leicht ist. Es ist es nicht.

Julie erzählte unter Tränen von dem Schmerz, den sie in einem ihrer Tiefenprozesse durchlebt hatte. Sie war sehr langsam in diesen Prozess hineingegangen. Wir hatten eine alte Stammesälteste bei uns, die einige Zeit mit der Gruppe verbringen wollte. Als sie zu sprechen anfing, begann Julie zu spüren, dass Gefühle ganz tief aus ihrem Inneren aufstiegen. Sie ging auf die Matte und legte sich hin, damit ihr Tiefenprozess kommen konnte. Als sie tiefer in ihren Prozess hineinging, wurde sie eine alte, eingeborene Frau und fühlte und erlebte einiges aus dem Leben dieser Frau – es war ein sehr hartes Leben gewesen. Julie war eine Zeit lang in diesem Prozess. Als sie wieder zu sich kam, war sie ziemlich erschüttert. Sie erzählte uns, was sie auf einer seelischen Ebene erfahren hatte: *„Schmerz über das Wissen, dass das, was ich mir antue, dem Universum schadet.“*

Julie wird nie mehr die gleiche sein. Sie *weiß,* dass die selbstzerstörerischen Verhaltensweisen, die sie auslebt, zweifellos dem Universum Schaden zufügen.

Nun ist Julie aber eine sanfte, freundliche Person. Nur selten fügt sie anderen Menschen Leid zu. Sie geht jedoch weiterhin verurteilend, missbräuchlich und hart mit sich selbst um. Durch ihren Tiefenprozess erfährt sie jetzt deutlich, dass ihre Bereitschaft sich selbst zu schaden, Auswirkungen hat, die über sie hinausgehen. Ihr gegen sich selbst gerichtetes Handeln schadet dem Universum. In ihrem Tiefenprozess erfuhr Julie die Einheit. Sie hatte sich diese Einheit nicht bloß im Geiste vorgestellt. Sie erfasste sie mit ihrem ganzen Sein. Julie wird nie mehr die Gleiche sein.

Paradigmenschock

Dianne schrieb mir und bat „Anne, bitte schreibe über den Paradigmenschock. Ich erlebe ihn mehr und mehr.“ Sie schrieb weiter, dass sie ihre innere Arbeit tue, sich ganz ihrer Tiefenprozessarbeit widme und lerne, ihr Leben im Prozess zu leben.

„Ich fühle mich besser mit mir selbst als je zuvor", sagte sie. "Die meiste Zeit bin ich glücklich, auch wenn die Dinge schwierig sind, und ich kenne Gelassenheit in meinem Leben. Ich versuche ehrlich zu sein, auf meiner Straßenseite zu bleiben und nicht aus Angst und Selbstbezogenheit heraus zu handeln und das funktioniert. Doch bei meiner Arbeit habe ich ein Problem. Dort erlebe ich einen ‚Paradigmenschock'."

Sie erzählte, dass es an ihrer Arbeitsstelle nicht gerade belohnt wird, wenn man ehrlich ist und auf seiner Straßenseite bleibt. Sie fühlt sich sehr verletzlich, wenn sie ihre Fehler zugibt und andere nicht. Doch in sich fühlt sie sich besser als je zuvor in ihrem Leben.

Wir haben zuvor gesagt, dass ein Aspekt dieser Arbeit die Verpflichtung ist, den Weg unserer Heilung ganz zu gehen. Jesus hat uns warnend darauf hingewiesen, dass unser Weg enger und steiler wird, wenn wir einem spirituellen Weg folgen. Was oft nicht zum Ausdruck gebracht wird, sind die hohen Belohnungen eines solchen Weges.

Leben im Prozess ist einfach.
Es ist nicht immer leicht.

Mein Sekretär Pete erzählte auch von einem „Paradigmenschock"-Erlebnis. Er hatte den ganzen Tag an diesem Buch getippt und abends sahen wir uns zusammen die Nachrichten an. Für ihn war die ungeheuere Diskrepanz zwischen der Zentriertheit und dem Frieden, die er beim Lesen des Buches spürte, und dem Adrenalin und den Schrecken der Nachrichten ein Paradigmenschock. Doch im Ganzen gesehen ist sein Leben gelassener und glücklicher als jemals zuvor.
Wir brauchen Orte und Zeiten des Rückzugs, und während wir wachsen und heilen, bringen wir unsere Gelassenheit und unser Glücklichsein in jede Situation ein, in der wir uns befinden. Vergessen Sie nicht: Bei dieser Arbeit geht es darum, das Leben zu *leben* und nicht einfach nur darum, das Leben zu durchlaufen oder sich aus ihm zurückzuziehen.

Alleinsein

Über die Notwendigkeit, Zeit mit sich alleine zu haben, und ihren Bezug zu Leben im Prozess haben wir bereits gesprochen. Doch wenn wir uns das Individuum und einige der wichtigen Eigenschaften ansehen, die das Individuum auf dem Weg des prozesshaften Lebens lernt, müssen wir noch einmal auf die Bedeutung des Alleinseins zurückkommen.

Beim Aufwachen brauchen wir Zeit, um uns aus den weit verstreuten Teilen des Universums wieder zu sammeln.

Leben im Prozess ist nicht möglich ohne Zeit alleine mit sich selbst. Wir brauchen das Alleinsein, um wieder unsere Mitte zu finden, klar zu werden, nach innen zu gehen und bei uns zu sein. Einsamkeit und Alleinsein ermöglichen es uns, der Tiefen und Feinheiten unseres inneren Prozesses gewahr zu werden. Unser Prozess ist sehr liebevoll mit uns und wird auf die eine oder andere Weise unsere Aufmerksamkeit wecken, wenn innere Arbeit ansteht. Wenn wir Zeiten der Stille haben, um uns auf uns selbst einzustimmen, müssen die „Türen" vielleicht nicht so drastisch sein.

Außerdem brauchen wir Einsamkeit und Alleinsein, um zu sehen, was wir sehen, und zu wissen, was wir wissen. Wir werden unaufhörlich mit Informationen, Reizen und dem Weltgeschehen bombardiert. Einsamkeit gibt uns eine Gelegenheit, still zu sein und inneres Wissen zu erspüren. Zeit mit sich alleine unterscheidet sich von Gebet oder Meditation. Meistens haben sowohl Gebet als auch Meditation eine gewisse Form (Kontrolle). Einsamkeit und Alleinsein bieten uns die Möglichkeit herumzuwandern – ob mit unserem Geist, unserem Wesen oder unserem Körper – und Ziellosigkeit hat seinen Sinn.

Vor Jahren hatten wir einen Hund namens Bubber. Ich bemerkte, dass er immer auf unserem Vordach in den Bergen saß und einfach nur schaute. Ich fragte mich oft, was er tat, in der Annahme, dass er irgendetwas „tun" müsse – und übertrug dabei menschliche Gewohnheiten auf ihn. Eines Tages nahm ich mir die Zeit und ging aufs Dach und saß mehrere Stunden bei ihm und schaute einfach nur. Diese Zeit mit Bubber war eine der wichtigsten Lernerfahrungen in meinem Leben. Ich lernte, wie ich „einfach nur sitze" und „einfach nur schaue". Ich glaube, Thich Nhat Hanh nennt dies *Das Wunder der Achtsamkeit*. Diese Zeiten sind wesentlich, wenn wir unseren Lebensprozess leben möchten. Ich bin so dankbar, dass ich einen so weisen Lehrer wie Bubber hatte, um diese Lektion zu lernen.

> Wenn du sitzt, sitz einfach. Wenn du stehst, steh einfach. Vor allem, zapple nicht herum.
>
> Wort aus dem Zen Buddhismus
> (Aus „The Gospel according to Zen")

Ein weiterer Aspekt von Zeit mit sich allein besteht darin, dass wir uns den Raum geben, den wir brauchen, um bei unserem Prozess zu bleiben. Beth sagt es besser als ich:

> Am wichtigsten ist für mich gerade, dass ich das Gefühl habe, mehr über das Dabeibleiben zu lernen, und wie wichtig das für mich ist ... mir den Raum und die Erlaubnis zu geben, bei meinem Prozess zu bleiben und von der Wahrheit zu lernen, die aus diesem Dabeibleiben kommt. Ich habe viel Kraft dafür aufgewendet, die Dinge „richtig" zu tun, das „Richtige" zu sagen, und mich streng verurteilt, wenn ich nicht „klar" war. Ich merke, dass ich wirklich hart mit mir bin und mich von dem, was ich weiß, abschneide, wenn ich rigide und perfektionistisch werde und darüber urteile, wie ich sein sollte, wenn ich meine Heilung „richtig" machte. Das führt zu Selbstmissbrauch und Vergleichen. Wenn

> mein Selbstmissbrauch die Oberhand gewinnt, habe ich das Gefühl, meine Realität zu verlieren. Ich bemerke, dass der Ausdruck „Form als Kick" darauf zutrifft, wie ich manchmal meine Prozesse „mache" und auch mein Bedürfnis, bereits aufgestellte Standards zu erfüllen. Für mich ist das wie ein Objektivieren des Prozesses und ich gebe ihm eine Form, und dann kontrolliere und beurteile ich, ob ich es richtig oder falsch mache. Bei meinem Prozess und bei dem, was von ihm kommt, zu bleiben, lehrt mich etwas über mich selbst. BETH

Niemand kann uns Alleinsein, Zeit mit sich selbst und Zeit zum Abwarten geben außer wir selbst. Wir tragen die Verantwortung, wir entscheiden.

Nähe

Bei dieser Arbeit geht es darum, sich selbst nahe zu kommen, sich selbst nahe zu sein.

Nähe zu sich selbst bannt den Zauber von Techniken.

Wenig Menschen haben erfahren, was es heißt, Nähe zu sich selbst, zu anderen, zu ihrer Umwelt oder zu Allem-was-ist zu haben. Um unseren Prozess zu leben, müssen wir uns selbst nahe kommen. Wenn wir bei uns sind, unserem Prozess vertrauen und unsere Tiefenprozessarbeit tun, erreichen wir kaum vorstellbare Ebenen von Nähe zu uns selbst. Wenn wir unsere Arbeit tun und uns erforschen, werden wir das, was wir sehen und lernen, vielleicht nicht immer mögen. Das ist in Ordnung. Wir dürfen das. Doch wenn wir wirklich lernen, wer wir wirklich sind, das Gute und das Schlechte in uns sehen, das Annehmbare und das Nicht-Annehmbare, gelangen wir zu dem *was ist*, und genau das ist wichtig. Nur von dem, *was ist*, können wir zu dem gelangen, *was sein kann*. Wenn wir das, *was ist*, nicht erforschen und annehmen werden oder können, sind wir dazu verurteilt, stecken zu bleiben. Paradoxerweise haben wir nur dann die Möglichkeit uns zu verändern, wenn wir unsere Wahrheit darüber, wer wir sind, annehmen.

Intimität mit sich selbst ist in einer am Außen orientierten Gesellschaft nicht leicht und dennoch müssen wir an diesem Punkt beginnen.

Wir glauben oft uns nahe zu sein, obwohl es sich nur um unser Bild von uns selbst, um unsere Fassade handelt – darum, wie andere uns unserer Meinung nach sehen wollen oder wer wir sein möchten. Das ist nicht Intimität. Das ist, wie wenn man mit einem Schatten tanzt. Yogananda hat gesagt: „Gute Manieren ohne Aufrichtigkeit sind wie eine schöne, tote Frau." Viele von uns versuchen, Nähe mit der schönen, toten Frau in uns zu haben.

Unser Lebensprozess und unsere Tiefenprozesse sind unsere Intimität. Beide brauchen Zeit. Es ist nicht überraschend, dass wir oft eine Leere und Einsamkeit spüren, wenn wir für einen Moment innehalten. Anstatt loszueilen, um unsere Gefühle mit einem Kick loszuwerden, könnten wir innehalten, bei ihnen bleiben, in sie hineingehen, uns die Einsamkeit spüren lassen und sehen, wohin sie uns führt.

Nur wenn wir uns selbst nahe kommen, können wir jemals hoffen, anderen nahe zu sein. Viele meinen, dass wir in Beziehungen herausfinden, wer wir sind. Das stimmt nicht! Wir müssen ein Selbst haben, das wir in die Beziehung einbringen, um eine Beziehung mit jemand anderem einzugehen. Wenn wir von der Beziehung erwarten, dass wir uns über sie definieren können, benutzen wir sie einfach nur als einen schnellen Kick und sie ist zum Scheitern verurteilt. Beziehungen sind nicht dazu da, uns zu sagen, wer wir sind. Beziehungen können dem, wer wir sind, etwas hinzufügen. Sie können uns nie definieren.

Vergleiche nie das Äußere eines Menschen mit deinem Inneren.

Leben im Prozess ist die höchste Form der Liebe, denn wir sind eng verbunden mit Allem-was-ist. Unsere Vorstellungen von Intimität sind verzerrt. In dem Prozess, in dem uns die Erfahrung wahrer Intimität verloren ging, sind wir immer verwirrter darüber geworden, was Liebe ist. Wir nähern uns der Intimität auf Wegen, die Intimität garantiert vermeiden. Zum Beispiel über Romantik und Sex.

Die Rückkehr zu unserem eigenen Lebensprozess und die Wiederverbindung mit dem Prozess des Großen Mysteriums wird uns wieder daran erinnern, was wir über die Liebe vergessen haben. Leider haben wir unsere Vorstellung von bedingungsloser Liebe verfälscht und verstehen darunter ein Martyrium, bei dem wir uns selbst aufopfern. Echtes, bedingungsloses Lieben hat nichts mit solch verdrehter Heuchelei zu tun. Bedingungslose Liebe beinhaltet, dass alle Zellen unseres Seins zu der Ganzheit und der Einheit, der wir bereits alle angehören, zurückkehren und damit verbunden sind. Wenn diese Verbindung eintritt, begeben wir uns in Sphären der Liebe, in denen diese ungehemmt ist und wie ein unendlicher himmlischer Fluss fließt. Wir können diese Art der Liebe nicht erzwingen. Sie ist ein Nebenprodukt, wenn wir unsere innere Arbeit tun. Die Lösung liegt darin, dass wir unserer Liebe erlauben zu fließen. Was wir Sünde nennen, ist nicht etwas, sondern das Fehlen von etwas. Es ist das Fehlen von Liebe. Unsere DNA enthält nichts Schlechtes. Wir sind nur manchmal nicht fähig, uns für das Gute zu öffnen. Wir haben unser Bewusstsein für Liebe und Güte ausgeschaltet. Wenn wir dann versuchen etwas zu ändern, konzentrieren wir uns auf das Problem und wollen es analysieren. Wir haben unsere Mechanismen so gut gelernt. Wir müssen uns das Problem eingestehen und danach unsere Aufmerksamkeit auf das Gute in uns, auf unsere Liebe und auf unsere bestehende Verbindung mit dem Großen Mysterium lenken.

Wenn wir wieder verbunden sind und unseren Platz in der Einheit des gesamten Prozesses eingenommen haben, wenn wir das Alleinsein und die Entfremdung, die sich aus unserer Isolation und unserem Rückzug von unserem Lebensprozess ergeben, nicht mehr spüren, wird der Tod ein weiterer Prozess des Teilnehmens. Die Zeit ist nicht das, als was wir sie wahrnehmen. Der Raum ist nicht das, als was wir ihn wahrnehmen. Der Tod ist nicht das, als was wir ihn wahrnehmen. Wenn wir an unserem Lebensprozess teilnehmen, verschwinden unsere linearen Wahrnehmungen oder lösen sich auf. Wenn wir anfangen uns der unsichtbaren Kräfte und Prozesse in unserem Leben bewusst zu werden, beginnen wir zu erkennen, dass das Unsichtbare vielleicht sogar mächtiger ist als das Sichtbare. Am Ende erkennen wir, dass wir nicht wissen und nicht wissen können, auf wie viele Weisen wir existieren.

Kapitel 9

Beziehungen

Leben ist Beziehung.

Unser Leben wird geprägt von jenen, die uns lieben und von jenen, die sich weigern uns zu lieben.

Wir haben uns die Tatsache angesehen, dass wir nur im Kontext existieren und dass wir mit uns selbst intim sein müssen, um überhaupt Beziehungen leben zu können. Lassen wir das Thema der Nähe zu uns selbst erst einmal beiseite und schauen wir uns unsere Primärbeziehung an.

Unsere Primärbeziehung

Unsere Primärbeziehung ist die zu unserem Lebensprozess, unserer Spiritualität, unserem Gott, unserer Höheren Macht, unserem Schöpfer, dem Großen Mysterium. Wie immer wir dies auch nennen und begrifflich fassen möchten, wir haben unsere Primärbeziehung zu dem, was wir leben, was uns bewegt und worin unser Sein gründet. Diese Beziehung, diese Nähe zu dem, was Paul Tillich, Philosoph und Autor des Buchs *Der Mut zum Sein*, „den Grund unseres Seins" nannte, ist der Prozess, der unsere Existenz jenseits unserer Existenz bestimmt. Damit alles andere eine Bedeutung hat, ja überhaupt existieren kann, muss diese Beziehung leben und pulsieren, fließen, sich bewegen und entfalten. Ist diese Beziehung zu Gott lebendig und im Fluss, ist auch alles andere lebendig. Wenn wir unseren Prozess leben, sind wir eins mit dieser Beziehung.

Wörter sind so unzulänglich, um diese Beziehung, diese Nähe, zu beschreiben. Schon der Gebrauch des Wortes Beziehung zum Beschreiben dieses Prozesses scheint statisch zu sein. Wie beschreiben wir eine Nähe, die gleichzeitig in uns, außerhalb von uns, um uns und jenseits von uns besteht? Gelehrte, Theologen, Dichter und Weise – alle haben es versucht.

Unser Einssein mit Gott ist gleichzeitig bestimmend, umfassend und die Wirklichkeit selbst.

Eine der wichtigsten Möglichkeiten, diese Beziehung mit dem Grund unseres Seins zu ermessen, besteht vielleicht darin, dass wir uns anschauen, was wir damit in unseren Beziehungen zu Ehepartnern und zur Familie getan und was wir ihr angetan haben.

Immer wenn der Begriff *Primärbeziehung* verwendet wird, bezieht er sich üblicherweise auf eine eheliche Beziehung oder Partnerbeziehung. Man geht davon aus, dass unsere Beziehung zu einem Ehepartner unsere wichtigste Beziehung ist und deshalb alle anderen Beziehungen zweitrangig sind. Bei dem vorliegenden Modell sind unsere Beziehungen zu unseren Kindern, unseren Eltern, unseren Freunden, unserer erweiterten Familie, zu unserer Spiritualität und unserem Planeten alle zweitrangig. Es gibt viele erschreckende Geschichten von Menschen, die bereit waren, eine Partnerbeziehung zu ihrer Primärbeziehung zu machen, was zur Zerstörung ihres Lebens führte.

Neulich wurde über eine Lehrerin berichtet, die von ihrem 14jährigen Schüler ein Kind bekam. Sie wurde wegen sexuellen Missbrauchs verurteilt und gewarnt, dass sie, wenn man sie noch einmal mit dem jungen Mann zusammen ertappen würde, für sieben Jahre ohne Bewährung ins Gefängnis müsse. Unmittelbar nach ihrer Freilassung auf Bewährung wurde sie wieder mit ihm erwischt. Um sich selbst, um ihn, um ihren Ehemann und ihre anderen Kinder schien sie sich keine Gedanken zu machen. Sie betrachtete die Beziehung zu diesem jungen Mann als ihre Primärbeziehung. Sie war davon besessen.

Eine mildere Abart davon ist die moderne Ehe. Viele moderne Ehen sind auf dem Modell einer alles andere ausschließenden Beziehung aufgebaut, in der die Partner ineinander verstrickt sind. Man glaubt, das Glück läge im Zusammensein des Paares. Alle anderen Beziehungen werden als zweitrangig und als potentielle Bedrohung der Primärbeziehung betrachtet. Diese Vorstellung von Ehe hat die erweiterte Familie und die Systeme der Stammesgemeinschaft abgelöst und zu isolierten

Kernfamilien geführt, die die Bedürfnisse der einzelnen Familienmitglieder unmöglich befriedigen können.

Jahrelang hatte Trudy gespürt, dass sie ihre Kunst ausüben müsse. Sie wurde eingeladen, einige Zeit mit einem bekannten Künstler zu verbringen, um einen Anfang zu machen. Dieser hatte schon mit anderen angehenden Künstlern gearbeitet und besaß einen guten Ruf als Mentor.

Es wurde ein Termin vereinbart und Trudy plante, sich zehn Tage ihrer Kunst zu widmen. Kurz bevor sie daheim losfuhr, äußerte ihr Ehemann den Wunsch mitzukommen, um Urlaub zu machen. Er sagte, er würde Trudys künstlerisches Arbeiten auf gar keinen Fall stören. Trudy überließ die Entscheidung dem Künstler, ob ihr Mann mitkommen solle oder nicht.

Während der zehn Tage hatte Trudy das Gefühl, ihren Mann bei Laune halten zu müssen. Gegen Ende ihres Aufenthalts kam sie an einen Punkt, wo sie sich voll auf ihre Arbeit konzentrieren und die Gelegenheit nutzen musste, von dem Künstler Rückmeldung zu bekommen. Ihr Mann wollte sich jedoch einige Sehenswürdigkeiten ansehen und fotografieren. Er wollte nicht allein gehen. Er wollte, dass sie ihn begleitete.

Sie wollte ihre künstlerische Arbeit fortsetzen und sie wollte keinen Streit mit ihrem Mann. Der Künstler legte ihr nahe, dass sie wirklich Zeit für sich allein brauchte, damit sie ihren Ideen freien Lauf lassen konnte. Trudy antwortete darauf, sie könne mit ihrem Mann gehen und ihm geben, was er brauche – zum Beispiel seine Hand halten –, sie müsse ja nicht wirklich präsent für ihn sein. Wie schrecklich traurig! Sie leben in ihrer Ehe wie in einem Gefängnis. Sie sind beide unglücklich, führen jedoch nach außen eine gute Ehe. Ihre Vorstellung einer Primärbeziehung ist die einer Einkerkerung.

Diese Beispiele mögen extrem erscheinen, doch können wir darin jene unauffälligen, kleinen Mechanismen sehen, wie sie die Betroffenen einengen, ersticken, von ihrer spirituellen Reise ablenken und in diesem Prozess ihre Seelen blockieren.

Wenn der Sinn des Lebens darin besteht, es zu leben – und das bedeutet, dass wir auf unserer spirituellen Reise voranschreiten –, dann ist unsere Primärbeziehung die Beziehung zu unserer Spiritualität. Alle anderen Beziehungen sind dazu da, jene Beziehung zu bereichern und voranzubringen.

Unsere Spiritualität oder unseren Lebensprozess an erste Stelle zu stellen heißt nicht, dass wir ohne Verpflichtungen und Verantwortung sind. Ganz im Gegenteil. Wenn wir aus unserer Spiritualität heraus leben, gehen wir sehr sorgfältig mit unseren Verpflichtungen um. Wir stürzen uns nicht Hals über Kopf in sie hinein. Langsam und zuversichtlich warten wir auf Klarheit, bevor wir neue Verpflichtungen eingehen. Wenn wir eine verbindliche Beziehung eingehen, tun wir das im Namen unseres Schöpfers, und wir erweisen dieser Verbindung Ehre und Achtung. Unsere Primärbeziehung zu unserer Höheren Macht erfordert, dass wir eine intime Beziehung leben, die auf Wahrhaftigkeit, Achtung und Ehre gründet. Wenn unsere Primärbeziehung die zu unserer Spiritualität ist, sind wir für die übrigen Beziehungen, die uns in unserem Leben geschenkt werden, verantwortlich. Wir sind dann auch in der Lage, uns der manchmal beängstigenden Tiefe an Nähe zu öffnen, die uns möglich ist.

Wenn unsere Primärbeziehung in unserer Spiritualität wurzelt und aus ihr heraus lebt, lassen wir es nicht zu, dass eheliche und familiäre Beziehungen unser Leben diktieren. Unsere Beziehungen zu Familie und Freunden sind Möglichkeiten der Teilnahme, nicht der Bevormundung. Wir müssen uns auch daran erinnern, dass die Primärbeziehung eines jeden Menschen die Beziehung zu seiner Spiritualität ist, und dass ein wichtiger Aspekt intimer Beziehungen darin besteht, diese spirituelle Reise, wo immer möglich, zu achten, zu unterstützen und zu begleiten.

Stellen Sie sich eine Welt vor, in der jedes Kind schon im Mutterleib lernt, dass seine Hauptverantwortung im Leben sein spirituelles Wachsen und Reifen ist. Stellen Sie sich vor, wir würden nicht schon im Mutterleib dazu konditioniert, alles zu versuchen, um die Leere, die wir in uns spüren, durch Beziehungen und Kinder zu füllen. Stellen Sie sich vor, wir alle würden akzeptieren, dass unsere Primärbeziehung eine Beziehung zu Gott ist.

Stellen Sie sich eine Welt vor, in der es nicht den Druck gibt, eine Ehe einzugehen und/oder Kinder zu haben. In einer solchen Welt würden die Leute nicht hektisch herumrasen und glauben, sie müssten den ihnen vorbestimmten Wunschpartner finden. Stellen Sie sich vor, wie es wäre, wenn wir unser Hauptaugenmerk auf unser spirituelles Wachstum richteten und eine Beziehung erst dann eingingen, wenn wir wirklich reif dafür wären und unser Lebensprozess uns eine solche Beziehung darbieten würde – und nicht dann, wenn wir sie aus Eigenwillen wollen? Nicht dann, wenn der Partner oder die Gesellschaft die Beziehung will. Stellen Sie sich eine Welt vor, in der den Kindern beigebracht wird, dass sie ihre Spiritualität fördern müssen und dass erst dann, wenn sie klar und emotional und spirituell reif genug sind, Gott *vielleicht* den Wunsch hat, dass sie eine Paarbeziehung eingehen. Was, wenn Kindern klar vermittelt würde, dass sie durch ihren Schöpfer aus sich heraus vollständig sind. Was, wenn sie mit dem Wissen aufwüchsen, dass sie Beziehungen nicht benutzen brauchen um herauszufinden, wer sie sind, und dass Beziehungen, wenn sie welche haben, einfach ein weiterer Weg sind, Gott kennen zu lernen. Was, wenn wir in Gemeinschaften lebten, wo „Ledigsein" geachtet wäre? Was, wenn wir in Gemeinschaften und Gesellschaften lebten, wo wir nur dann Kinder bekämen, wenn wir die Reife dazu hätten und wenn es stimmig wäre? Wo Kinder von allen geschätzt, geliebt und gefördert würden? Sich eine solche Welt vorzustellen kann uns eine klarere Sichtweise auf die Welt geben, die wir uns geschaffen haben.

Gott hat keine Enkel.

Jeder Mensch hat eine einzigartige Beziehung zu seiner Höheren Macht. Ich kann mich nicht in diese Beziehung einmischen.

Unseren Prozess in zwischenmenschlichen Beziehungen leben

Wenn wir unseren Prozess leben, sind wir nicht selbstzentriert und werden nicht von anderen definiert. Andere mögen vielleicht nicht immer schätzen, wenn wir unseren Prozess respektieren und sie werden es mögen, wenn wir ihren Prozess achten.

Ich traf zufällig eine Freundin, die ich lange Zeit nicht gesehen hatte, und sie sah wunderbar aus. Als ich sie das letzte Mal gesehen hatte, war sie niedergeschlagen und wütend und klagte über ihren Ehemann – sie schien damals oft in dieser Verfassung zu sein. Ich machte eine Bemerkung über ihr gutes Aussehen und sagte, dass ich mich freute, sie so glücklich zu sehen.

„Oh, ich habe gerade zwei Wochen ganz allein in einem Ferienhaus am Strand verbracht. Es war einfach fantastisch“, erklärte sie.

Da ich wusste, dass sie und ihr Mann viel Geld hatten und da ich sah, wie gut ihr der Aufenthalt am Meer getan hatte, fragte ich sie: „Warum kauft ihr nicht ein Haus am Meer, so dass du immer, wenn du Lust hast, dort hinfahren kannst?“

„Das kommt nicht in Frage“, sagte sie. „Mein Mann hasst das Meer. Er liebt die Berge. Wir haben ein Haus in den Bergen. Ich bin verheiratet und man muss Kompromisse machen“, knurrte sie und wurde wieder wütend und deprimiert.

Es ist schwer zu glauben, dass es das ist, was unser Schöpfer von uns in nahen Beziehungen verlangt.

Allzu oft haben wir unsere Beziehungen so strukturiert, dass sie die Bedürfnisse der Beteiligten in der Beziehung nicht befriedigen können. Oft laufen in typischen Beziehungen, die eigentlich bedeutungsvoll und wachstumsfördernd sein könnten, sieben andere Beziehungen gleichzeitig ab.

Die sieben Beziehungen

1. und 2. Beziehung

Jede Person hat eine Beziehung zu ihrer Spiritualität – ihrem Selbst. Diese beiden Beziehungen sind wesentliche Primärbeziehungen und eine Voraussetzung dafür, dass andere Beziehungen überhaupt stattfinden können.

3. und 4. Beziehung

Dies sind Beziehungen, die jede Person in ihrer Fantasie mit dem anderen hat. In gesunden Beziehungen können sie Spaß machen und spielerisch sein und man teilt sie meistens dem Partner mit: „Ich sehe in dir meinen geharnischten Ritter." „Du bist für mich lebendige Poesie." Solche Fantasiebeziehungen können eine Bereicherung sein, wenn beide Beteiligten wissen, dass es sich ganz offensichtlich um Fantasien handelt, die nicht wirklich oder wichtig sind. Nur wenn ein Partner ein Geheimnis aus diesen Fantasiebeziehungen macht (oder beide) und/oder sie auf den anderen projiziert, ist die Beziehung in Gefahr. Ehrlichkeit ist ausschlaggebend. Wenn die Beziehung keine Ehrlichkeit erträgt, ist sie in Schwierigkeiten.

5. und 6. Beziehung

Dies sind Beziehungen zwischen Masken. Dabei kommuniziert meine Maske mit deiner Maske, was ein Kennzeichen dysfunktionaler Beziehungen ist. In den meisten Beziehungen gibt es den einen oder anderen Aspekt eines maskierten Selbst. Beziehungen und hoffentlich auch Nähe und Realität können die Masken ziemlich schnell auflösen, sodass sich die Beziehungen entwickeln. Es gibt Ehen und andere Beziehungen, die gänzlich auf derartigen Beziehungen zwischen Masken aufgebaut sind, und man spürt den schleichenden Tod in solchen Beziehungen.

7. Beziehung

Dies ist die eigentliche Beziehung die existiert. Im Leben einiger Menschen gibt es sie vielleicht überhaupt nie und wenn es sie gibt, ist es immer ein Segen. Diese Beziehung ist diejenige, die unsere Primärbeziehung zu unserem Lebensprozess widerspiegelt, reflektiert und wachsen lässt. Wird diese Beziehung mit einem anderen menschlichen Wesen erfahren, ist sie sehr kostbar. Diese Beziehung ist ein Prozess, keine „Sache“.

Was Gute Beziehungen fördert

Es gibt bestimmte Lebens- und Verhaltensweisen, die für gute Beziehungen unabdingbar sind. Nachstehend einige Vorschläge, wie wir lebendige Beziehungen erfahren können.

1. Wir haben gute Beziehungen, wenn wir in uns selbst ruhen, aber niemals, wenn wir selbstzentriert sind.

2. Gute Beziehungen erfordern Ehrlichkeit. Am hilfreichsten ist es, wenn wir ehrlich sagen, was wir möchten und brauchen, und dabei auf unserer Straßenseite bleiben. Ehrlichkeit bedeutet, Verantwortung für das eigene Verhalten zu übernehmen und es der anderen Person zu überlassen, ihre Themen herauszufinden und sie sich einzugestehen.

3. Um in prozesshaften Beziehungen zu leben, müssen wir die Verantwortung für unsere Tiefenprozessarbeit übernehmen und wir dürfen unseren Prozess anderen nicht „überstülpen“, um uns von uns selbst abzulenken, wenn Gefühle in uns aufsteigen. Wir haben dann nicht das Bedürfnis, andere zu benutzen, um dem aus dem Weg zu gehen, was in uns vor sich geht.

4. Um in Beziehungen gemäß Leben im Prozess zu leben, anerkennen wir, dass eine starke Reaktion unsererseits auf das, was ein Ehepartner oder Freund sagt oder tut, möglicherweise gar nichts zu tun hat mit der vorliegenden Situation. Es kann gut sein, dass ein alter Tiefenprozess in uns ausgelöst wird und es jetzt an der Zeit ist, ihn zu bearbeiten.

5. Wir dürfen nicht vergessen, dass wir unabhängig von unseren Beziehungen existieren und dass jede Person ihren eigenen Weg finden muss.

6. Wenn wir unseren eigenen Prozess und die Prozesse der anderen respektieren, beginnen wir, die vielen unterschiedlichen Arten des Loslassens zu erfahren.

7. Wir müssen uns vor Augen halten, dass Erwartungen Illusionen von Kontrolle sind und sich in vorprogrammierten Ärger verwandeln.

8. Wir müssen uns immer wieder daran erinnern, dass Liebe nicht kontrolliert werden kann. Liebe ist nur ein Geschenk. Wir haben sie nur, um sie weiterzugeben. Wir können andere nicht zwingen, uns Liebe zu schenken.

9. Wenn wir Gefühle in uns spüren, brauchen wir sie nicht zu kontrollieren und wir haben nicht den Wunsch, sie anderen überzukippen. Es ist notwendig, dass wir uns auf sie einlassen und unsere Tiefenprozessarbeit tun. An Gefühlen ist noch keiner gestorben und viele Menschen starben, weil sie sie nicht gefühlt haben.

10. Vergessen wir nicht: Wenn wir unseren Prozess respektieren, lernen wir, wie wir den Prozess der anderen respektieren können.

11. Es ist nie notwendig Grenzen zu setzen oder „an der Beziehung" zu arbeiten. Wenn wir an einer Beziehung arbeiten, bedeutet das, dass wir versuchen, die Beziehung zu kontrollieren. Das funktioniert nie, da wir in diesem Falle die Beziehung als statisch ansehen. Wir brauchen nur unsere eigene Arbeit zu tun und die Beziehung wird sich ergeben – wenn sie richtig für uns ist.

12. Wenn wir wirklich *in* unseren Beziehungen leben, *leben wir den Prozess* dieser Beziehungen. Wenn wir merken, dass wir nach etwas Besserem Ausschau halten, haben wir die Beziehung bereits verlassen.

13. Wir können mit einer lebendigen Beziehung nicht mechanistisch umgehen und dabei immer noch eine gute Beziehung haben – im Sinne von „wenn ich dies tue, folgt automatisch das" und so weiter.

14. Wir sind offen dafür, wohin unser Weg uns führt, selbst wenn es in unterschiedliche Richtungen geht.

15. Kein Drama ist ein gutes Drama.

16. Mitgefühl und Fürsorge sind wesentlich in Beziehungen, in allen Beziehungen.

17. Wenn wir merken, dass wir nicht präsent in unserem Körper sind und andere nicht präsent in ihrem Körper, ist es zwecklos zu versuchen, ein Gespräch zu führen. Einfach dazusitzen und passiv zuzuhören bedeutet, zur Verrücktheit beizutragen. Zu verurteilen, zu streiten oder kluge Bemerkungen zu machen, ist in solchen Situationen nie hilfreich. Wir müssen uns selbst darüber klar werden, was wir brauchen, und uns anschauen, was in uns vorgeht, und wenn möglich diese Information – ohne zu urteilen – dem oder der anderen mitteilen und dann tun, was für uns das Richtige ist.

18. Eine „Prozesspause" ist notwendig, bevor man auf eine Situation reagiert – insbesondere wenn die Atmosphäre aufgeladen ist. Auch wenn sie es nicht ist, ist es weise innezuhalten, zu warten, sich klar zu werden und, wenn notwendig, die eigene Arbeit zu tun, bevor wir reagieren.

19. Es ist uns selbst und anderen gegenüber unehrlich und respektlos, wenn wir versuchen, mit jemandem in Kontakt zu treten, der nicht wirklich präsent ist.

Beziehungen sind Prozesse. Sie verändern sich mit der Zeit.

Körperliche Liebe

Bezüglich der Sexualität gibt es viel Verwirrung und Unwissenheit. Unsere Besessenheit mit sexuellen Beziehungen, unsere Befürchtungen davor und unsere Angst vor sexuellen Beziehungen haben nicht viel dazu beigetragen, unsere Verwirrung und unsere Unwissenheit zu verringern.

Manche glauben, man dürfe Sex nur zur Fortpflanzung ausüben. Auf der anderen Seite des Spektrums stehen jene, die glauben, alles sei sexuell und Sex sollte bei jeder sich bietenden Gelegenheit ausgekostet werden. Wie es bei den meisten Dualismen der Fall ist, fühlt sich weder das eine noch das andere Extrem richtig an und wahrscheinlich ist auch keines für jeden einzelnen von uns richtig. Wie bei den meisten Dualismen gibt es auch hier keine Möglichkeit, ein glückliches Gleichgewicht in der Mitte zu finden. Sobald wir uns irgendwo im Spektrum des Dualismus befinden, bleiben wir stecken.

> Liebe deinen Körper.
>
> AUNTIE ANGELINE LOCEY, KAPUNA AUS HAWAII

> Das Beste für deinen Körper ist, jeden Tag mit einem rechtschaffenen Partner Sexualität zu leben.
>
> AUNTIE MARGARET MACHADO, KAPUNA UND KAHUNA AUS HAWAII

Wir haben Sexualität verfälscht und versucht, über sie Intimität herzustellen. Diese Vorgehensweise wird nur dazu führen, dass sich die Seele einsam fühlt; echte Nähe wird so vermieden.

Sich zu lieben ist nur möglich, nachdem der Prozess der Intimität bereits weit fortgeschritten ist. Körperliche Liebe ist heilig. Der Liebesakt zwischen zwei Menschen, die dem Schöpfer, sich selbst und einander nahe sind, entspricht der Weise des spirituellen Schöpfers. Wenn wir wirklich mitfühlend, liebevoll und respektvoll mit uns selbst und der anderen Person sind, ist unser Lieben eine der Möglichkeiten, wie wir loslassen, aus uns selbst heraustreten und das Unendliche berühren können. Vielleicht suchen die Menschen, die von Sex besessen sind, das Spirituelle, – und sie haben den Kontext vergessen.

Der Kontext von Sexualität ist heilig.
Erst wenn wir mit unserem spirituellen Prozess verbunden sind,
sind wir bereit, körperlich zu lieben.

Ich erinnere mich, dass mir vor vielen Jahren klar wurde, dass es in dieser Gesellschaft viel Verwirrung um sexuelle Beziehungen gab. Ich sah und hörte über Sex, und ich sah und hörte nicht viel über die Heiligkeit der körperlichen Liebe. Doch wusste ich, dass diese Heiligkeit die Grundlage jeder Beziehung ist. Irgendetwas war falsch in meinen Beziehungen und in denen der anderen. Ich beschloss, einen Schritt zurückzutreten und mir anzusehen, was ich brauchte, um jene Tiefe in intimen Beziehungen zu erreichen, die, wie ich wusste, möglich war – gemäß dem Motto: Im Zweifelsfalle nicht! Ich wusste, es würde mein spirituelles Wachstum unterstützen.

Als erstes beschloss ich, nur dann sexuell aktiv zu sein, wenn die Situation klar war. Dies schloss viele Möglichkeiten aus. Als nächstes wusste ich, dass ich nicht sexuell aktiv sein konnte, wenn ich selbst nicht klar war. Das schloss noch mehr Möglichkeiten aus. Als nächstes wusste ich, dass ich keinen Sex haben konnte, wenn die andere Person nicht klar war. Dies schloss eine große Zahl von Situationen aus, und alle drei zusammen führten zum Zölibat. Jene lange Phase von Enthaltsamkeit bot mir eine gute Verschnaufpause, um Nähe zu mir selbst zu erforschen und zu verstehen. Ich lernte so viel.

Wenn wir einen anderen wirklich körperlich lieben, ist jener andere der oder die Geliebte. Wenn wir einander wirklich lieben, besteht die Möglichkeit, dass der spirituelle Prozess, der in jedem von uns ist, sich mit dem Prozess des anderen auf eine Art und Weise vereint, die jenseits unserer Vorstellungskraft liegt. Wenn dies geschieht, eröffnen sich tiefere Schichten von Spiritualität und spiritueller Verbundenheit, als wir sie uns je hätten erträumen können. In reiner Liebe liebkosen wir das Göttliche im anderen. Wenn beide Menschen loslassen und sich auf den anderen konzentrieren, tauchen große Tiefen des Lebens und der Spiritualität auf. Tief in unserem Innern wissen wir, dass ein solches Liebesverhältnis möglich ist, doch allzu häufig ist unsere heilige Erinnerung daran nur noch ein schwacher Schatten, und wir suchen danach auf Wegen, die uns niemals dorthin bringen werden.

Techniken, seien sie uralt oder modern, werden uns nie zu jener Art von Liebe führen, von der unser Artengedächtnis weiss, dass es sie gibt. Wir können uns diesen Möglichkeiten nur annähern, wenn unsere Primärbeziehung die zu unserem Schöpfer ist und unsere engste Beziehung zu einem Menschen in unserer Spiritualität und in unserem Lebensprozess gründet. Viel zu häufig ist das, was wir Liebe nennen, nur der Schatten dessen, was für uns als Wesen im Prozess möglich ist.

Nähe in Beziehungen

Wir können in allem, was wir tun, Liebe schenken. Lieben beschränkt sich nicht nur auf Sex, und in unseren intimsten menschlichen Beziehungen ist sexuell-spirituelles Lieben sehr wichtig.

> Nähe ist nicht etwas, was zwischen den Bettlaken geschieht, sie findet zwischen den Seelen statt. Cathy

Wir haben bereits erörtert, wie wichtig Nähe mit dem Großen Geheimnis und mit sich selbst ist, und dass beide notwendig sind, bevor intime Beziehungen möglich sind. Wir können einfach nicht auf einen anderen schauen, um herauszufinden, wer wir sind.

Die Nähe zwischen zwei Menschen ist wie eine Verbindung von drei Unendlichkeitszeichen, die in dem Maße entstehen, wie Zeit und Erlebnisse miteinander geteilt werden.

Als erstes muss jede Person sozusagen ein vertikales Unendlichkeitszeichen in sich haben.

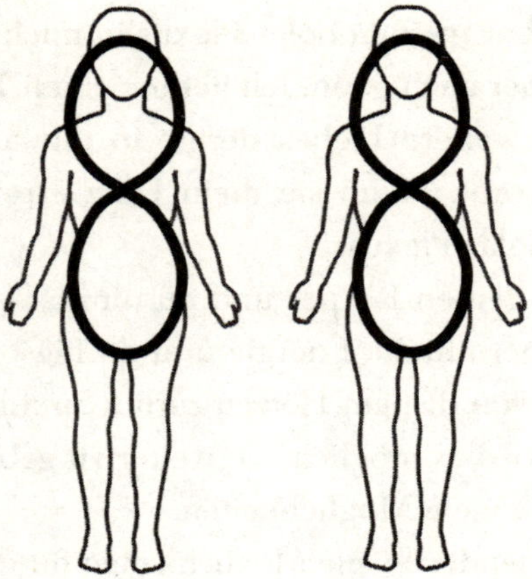

Jedes dieser Zeichen symbolisiert die Beziehung zu sich selbst und die Beziehung zu Gott, der Spiritualität in uns.

Bestehen diese beiden Beziehungen, sind wir bereit über uns selbst hinaus zu gehen. Dann wirken drei Unendlichkeitszeichen.

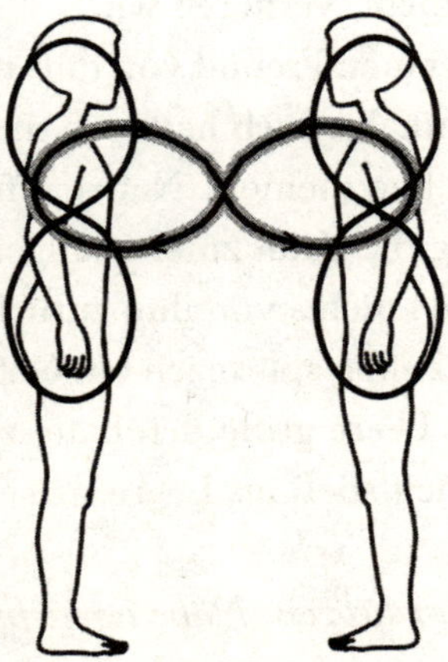

Wenn du mir Liebe schickst, strömt sie aus deinem Herzen. Diese Liebesenergie dringt über meinen Solar Plexus in mich hinein und strömt durch meinem Körper nach oben. Ich nehme einen Teil davon für mich selbst und sammle weitere Liebesenergie in mir an, während sie zu meinem Herzen strömt. Wenn sie mein Herz erreicht, sende ich sie zurück zu deinem Solar Plexus.

Sie durchströmt deinen Körper und du nimmst einen Teil oder die gesamte von mir übermittelte Energie und du fügst weitere Liebe hinzu. Dann strömt sie von deinem Herzen zurück zu mir. Da wir beide mit Liebe erfüllt sind, wird es möglich, sie weiter zu geben.

Es gibt unendlich viele Möglichkeiten.

Ebenso gibt es unendlich viele Möglichkeiten für eine Unterbrechung dieses Fließens. Ich fühle mich vielleicht nicht gut mit mir selber und lasse deshalb die Liebesenergie nicht in mich einströmen. Oder ich habe vielleicht das Gefühl sie nicht zu verdienen und nehme deshalb nichts davon für mich. Oder ich habe vielleicht das Gefühl nichts geben zu können, und deshalb füge ich keine Liebe hinzu. Oder ich bin vielleicht wütend und schicke dir aus diesem Grund keine Liebe. Es gibt vielerlei Möglichkeiten, die Unendlichkeit des Liebesflusses zu blockieren, und wenn das geschieht, verlieren wir.

Ich erinnere mich an einen Freund von mir, mit dem es diesen Energiestrom oft gab. Manchmal jedoch hatte ich das Gefühl, dass ich mich an jener Stelle genau über meinem Nabel öffnete um ihm Kraft zu schicken und gleichzeitig die Kraft zu empfangen, die aus seinem Solar Plexus strömte – <u>und</u> dass nichts von ihm zurückkam, um meine Hand zu ergreifen. In solchen Zeiten spürte ich ein Gefühl von Leere. Es fühlte sich an, als ob ich ins Leere griffe. Ich hatte zwar mich – <u>und</u> meine Suche nach Verbundenheit stieß ins Leere.

Nähe ist ein Prozess. Nähe ist nicht statisch.

Nähe kann nicht festgehalten oder wieder aufbereitet werden. Wir müssen jeden Augenblick neu angehen. Wird zum Beispiel sexuell immer das Gleiche gemacht, wird wahrscheinlich nicht jedes Mal das gleiche Gefühl aufsteigen.

Nähe ist weder auf lineare Zeit und linearen Raum beschränkt, noch auf Zeit und Raum überhaupt. Unsere Unendlichkeitszeichen der Liebe sind zeit- und raumübergreifend. Die andere Person gehen zu lassen, wenn es für sie notwendig ist, ist ein weiterer Aspekt von Nähe.

Nähe ist magisch, nicht von dieser Welt und nicht von dieser Sphäre. Wir haben keine wirkliche Sprache für Nähe. Im Grunde ist Nähe nicht zu beschreiben. Sie ist zu spüren.

Es gibt verschiedene Arten von Nähe. Nähe mit Gott, mit uns selbst, unseren Ehepartnern, unseren Kindern, unseren Freunden, unseren Kollegen, unseren Tieren, unseren Autos, unserem Heim, mit der Erde.

Nähe ist ein völliger Sprung ins Vertrauen. Sie kann auch Spaß machen und verspielt sein. Wenn wir mit jemandem intim sind, können wir närrisch sein – <u>und</u> es ist besser, mit Nähe nicht närrisch umzugehen.

Nähe ist miteinander still sein und einander endlos erzählen.

Alles ist Beziehung und wir stehen in Beziehung mit allem. Immer wenn wir vergessen, dass wir die Tiere sind und dass wir in Beziehung zu den Tieren stehen, meinen wir das Recht zu haben, sie zu zerstören. Das gleiche gilt für unsere Beziehungen zu unseren Autos, unseren Häusern, zu der gesamten Natur und zum Universum. Alles steht in Beziehung zueinander und je intimer und respektvoller diese Beziehungen sind, desto besser können wir alle leben.

Kapitel 10

Die Familie

Unser Reichtum liegt in unseren Kindern und unseren Ältesten. Warum legen wir unser Geld nicht da an, wo unser Reichtum liegt?

Elternsein ist etwas Heiliges, das uns anvertraut ist.

Stile und Moden in der Kindererziehung

Wie die Pariser Mode scheint auch die Kindererziehung verschiedene Moden und Richtungen zu durchlaufen. Eines haben die meisten Erziehungsstile gemeinsam: Sie scheinen eher aus dem Kopf zu kommen als aus dem Herzen. Oft ist der neueste Schrei eine Reaktion auf den vorherigen, was eine Serie von Dualismen hervorbringt und nie die Entwicklung in ein neues Paradigma.

Ich habe lange genug gelebt, um zahlreiche Erziehungsstile kommen und gehen zu sehen. Nur wenige – wenn überhaupt welche – brachten gesunde, lebenstüchtige Kinder hervor, die bereit sind, die Verantwortung für ihr Leben zu übernehmen und es in Fülle zu leben. Wir alle haben als Eltern unser Bestes gegeben. Die meisten von uns wollen ihre Aufgabe wirklich gut machen, und die gängigen Theorien über das Elternsein konzentrieren sich eher darauf, was wir falsch gemacht haben, als darauf, uns über das Paradigma, in dem diese Theorien selbst eingebettet sind, hinaus zu bewegen.

Es mag hilfreich sein, einige der Moden und Trends der jüngeren Geschichte zu betrachten, um einen Blick dafür zu gewinnen wo wir heute stehen, denn all diese Ansätze haben bis heute ihre Spuren hinterlassen.

Die autoritäre Erziehung

Die meisten unserer Großeltern – wenn sie der abendländischen Kultur angehörten - wurden von autoritären Eltern aufgezogen. Die Eltern – meistens direkt oder indirekt der Vater – entschieden, wie die Kindererziehung erfolgen sollte und die Regeln wurden unter allen Umständen streng befolgt. Man ging von der Annahme aus, die Eltern wüssten alles am besten und wüssten, was sie taten. Oft erzogen sie ihre Kinder genau so, wie auch sie erzogen worden waren.

In der Regel gab es die stillschweigende Übereinstimmung, Kinder seien von Natur aus böse – die alte Theorie der Ursünde – und dieses Böse müsse ihnen ausgetrieben werden. Dies geschah entweder durch Schläge oder durch Strafen, die ziemlich schwer sein konnten, oder durch Regeln, die so streng waren, dass Kinder nie die Gelegenheit hatten, ihre „böse" Natur auszuprobieren. Kindererziehung im autoritären Stil bestand aus Manipulation und Kontrolle, vor allem aus Kontrolle. Es gab in der autoritären Erziehung oft Liebe – und sie wurde der Kontrolle immer untergeordnet.

In extremen Fällen der autoritären Erziehung wurden die Kinder geschlagen und misshandelt, um ihnen das Böse auszutreiben. Einige Menschen gingen sogar davon aus, es sei für Kinder besser, tot zu sein als ihrer „bösen" Natur ausgesetzt zu sein. Die autoritäre Erziehung hat Generationen von rigiden, kontrollierenden Individuen hervorgebracht, die keine Verbindung mit ihrem Körper haben, Kopfmenschen sind und keinerlei Verbindung zu ihren Gefühlen und ihrer Intuition besitzen. Sie haben eine panische Angst vor Nähe und schlagen sich ständig mit ihren „menschlichen" Seiten herum: der Liebe, Fürsorglichkeit, Zärtlichkeit, dem Sein.

Laissez-Faire-Erziehung

Als Reaktion auf den autoritären Erziehungsstil entwickelte sich ein Erziehungsansatz, der am besten als Laissez-Faire-Erziehung bezeichnet werden kann. Ihm liegt die Überzeugung zugrunde, Kinder seien grundsätzlich gut, wüssten instinktiv was sie brauchten und es wäre am besten für sie, wenn die Eltern sich nicht einmischten. Anscheinend wollten einige der Anhänger dieses Erziehungsstils einfach keine Eltern sein und fanden daher eine Theorie, die sie unterstützte das zu tun, was sie wollten, obwohl dies sicherlich nicht auf alle zutraf.

Dieser Ansatz basierte weitgehend auf der Überzeugung der Psychologen, die meisten psychischen Probleme der Menschen würden durch ihre

Eltern verursacht, und die Eltern seien am besten beraten, wenn sie sich aus der Kindererziehung heraushielten. Dieser Erziehungsstil ging einher mit einem allgemeinen „Misstrauen gegenüber den Eltern“ seitens der Experten. Er führte zu der unausgesprochenen Überzeugung, es sei am besten, diese wichtigste aller menschlichen Aufgaben den professionellen Kräften zu überlassen. Eltern begannen sich vor ihren Kindern zu fürchten und wurden so besorgt Fehler zu machen, dass sie sich im Wesentlichen von ihren Kindern fernhielten.

Im Laissez-Faire-Stil erzogene Kinder wuchsen zornig, verwirrt, unsicher und selbstzentriert auf. Sie mussten im Grunde selber ihren Weg herausfinden, um mit dem Leben zurecht zu kommen und erhielten wenig oder keine Anleitungen dazu von ihren Eltern. Erwachsene, die in dieser Zeit aufwuchsen, haben oft keine Vorstellung von Nähe oder Kontext. Sie fühlen sich hilflos in einem Meer von Verwirrung, und unter dem, was sie tun, liegen fast immer Angst und Wut.

Viele dieser Eltern liebten ihre Kinder. Sie verließen sich nur viel zu sehr auf die „Experten“ und übernahmen oft nicht die Verantwortung, das zu tun, was sie tief in ihrem Inneren für richtig hielten. Außerdem waren viele der Eltern dieser Zeit einst von autoritären Eltern erzogen worden und vieles, was sie als Eltern taten, war eine Reaktion darauf, wie ihre Eltern sie erzogen hatten. Sie wussten, was sie nicht wollten. Sie wussten nur nicht viel darüber, was sie wollten.

Die wissenschaftliche Kindererziehung

Die Erfolglosigkeit dieses Dualismus in der Kindererziehung bereitete den Boden für das Aufkommen unzähliger Erziehungsansätze, die alle davon ausgingen, es müsse eine richtige Erziehungsmethode geben, die wissenschaftlich entwickelt und erprobt werden könne, und dass es möglich sein müsse, alles „richtig“ zu machen. Wir alle wollen gute Eltern sein und viele Menschen heute vertrauen dem Gott des zwanzigsten Jahrhunderts, der Wissenschaft. Wir ernten, was wir säen, und die Anwendung der mechanistischen Wissenschaft auf die Kindererziehung hat zu keiner funktionierenden Gesellschaft geführt.

Bitte beachten Sie an dieser Stelle, dass es zwei Möglichkeiten gibt, wie das Erziehungsmodell, das wir als Kinder erlebt haben, uns kontrollieren kann. Die erste Möglichkeit ist, dass wir unsere Kinder genau so erziehen, wie wir erzogen wurden, wobei wir davon ausgehen, dass unsere Eltern es richtig gemacht haben und dass wir es richtig machen. Dieser Ansatz basiert außerdem auf der Annahme, dass das, was gut genug für uns war, auch gut genug für unsere Kinder sein müsse – falls diese Eltern sich mit dem Thema überhaupt auseinandersetzen. Werden Kinder so wie ihre Eltern erzogen, dann ist es jedoch meistens so, dass die Eltern unbewusst und ohne viel Nachdenken erziehen.

Die andere Seite dieser Medaille besteht darin, dass wir soweit wie möglich das genaue Gegenteil dessen tun, was wir in unserer Erziehung erfahren haben – obwohl es, wenn man aus der Distanz sorgfältig hinsieht, mehr Gemeinsamkeiten als Unterschiede gibt. Das ist reaktive Kindererziehung.

Beide Ansätze werden von unseren ungelösten Problemen mit unseren Eltern bestimmt. Viele Menschen, die aus diesem ungelösten Dualismus heraus leben, übernehmen die verschiedensten „wissenschaftlichen Ansätze" der Kindererziehung, die gegen Ende des zwanzigsten Jahrhunderts populär wurden. Es gibt im wesentlichen fünf Erziehungsstile, die sich teilweise überlappen.

Der wohlwollende Diktator

Nach einem eingehendem Studium der Literatur über Elternsein und der zur Zeit einschlägigen psychologischen Theorien zur Persönlichkeitsentwicklung und Kindererziehung beschließt der wohlwollende Diktator, er oder sie (meistens sie) wisse absolut, was das Beste für sein oder ihr Kind ist, und macht sich zielstrebig daran, das perfekte Kind aufzuziehen.

Das perfekte Kind großzuziehen bringt natürlich oft mit sich, dass das Kind als Objekt gesehen wird, das es zu kontrollieren und zu manipulieren gilt. Dieser Ansatz beinhaltet auch das Bild der Eltern als perfekte Eltern. Leider ist den Erziehenden diese Vorstellung oft wichtiger als das Kind selbst. Der wohlwollende Diktator nimmt nur von Experten Rat und Hilfe an. Häufig jedoch haben die Experten selbst keine Kinder großgezogen oder sind selbst sehr jung. Die Theorien – die Betonung liegt auf Theorie –, auf der diese Art von Erziehung beruhen, haben sich aus der mechanistischen Wissenschaft heraus entwickelt. Letztlich wird geglaubt, dass das Kind weder gut noch böse ist, sondern ein Objekt, das es zu formen und zu beeinflussen gilt.

Die Illusion von Objektivität spielt bei dieser Art von Kindererziehung eine große Rolle. Der Idealfall für den Erziehenden besteht darin, sein Selbst vom eigenen Selbst zu entfernen und sein Selbst vom Kind zu entfernen, um nicht emotional mit dem Kind verbunden zu sein. Das oberste Ziel dieser Erziehung besteht darin, eine Laborsituation zu schaffen, in der zum Wohl des Kindes alle Variablen sorgfältig gesteuert und beeinflusst werden. Dieses Vertrauen in den Mythos von Objektivität hat zur Folge, dass die Eltern sich selbst, ihren eigenen Motiven und den Motiven des Kindes gegenüber misstrauisch werden. Häufig haben die Eltern Angst, vom Kind manipuliert zu werden.

Die wissenschaftliche Form der Kindererziehung führt dazu, dass die Situation immer wieder analysiert wird um herauszufinden und zu interpretieren, was wirklich vor sich geht und was die „richtigen" Vorgehensweisen sind. (Siehe hierzu Kapitel 5 über die Gefahren des Interpretierens.) Dies führt zu einem verkopften Erziehungsansatz: Die hauptsächliche Aktivität findet im Kopf statt und ständig wird analysiert, was richtig ist.

Gemäß der Theorien, die dieser Methode zugrunde liegen, kann und sollte Liebe auf die richtige Art und Weise, zur richtigen Zeit und unter den richtigen Bedingungen gegeben werden. Spontaneität ist suspekt, es sei denn, die Theorie erfordert sie. Die Parallelen zwischen dem wohlwollenden Diktator und der autoritären Erziehung sind offensichtlich, auch wenn sie an der Oberfläche sehr unterschiedlich erscheinen mögen. Dieser Erziehungsstil ist sowohl für die Eltern als auch für die Kinder schwierig. Wie bei jeder mechanistischen Vorgehensweise wird hier versucht, einen Prozess statisch zu halten, ihn zu beeinflussen und zu kontrollieren.

Dieser Ansatz erfordert außerdem, dass die Eltern stets wachsam sind und sich Gedanken machen. Das ist nicht nur ermüdend, sondern erfordert auch Distanz zu sich selbst und dem Kontext. Der Nektar der Liebe und des Mitgefühls bleiben in diesem Prozess auf der Strecke.

Dieser Ansatz bringt verletzte, ärgerliche, widerspenstige Kinder hervor und kraftlose, erschöpfte Eltern. Keine/r bekommt das, was sie/er braucht, und oft staut sich in diesem Prozess unbewusster Groll auf. Leider bleiben in dieser Konstellation sowohl Eltern als auch Kinder mit dem Wunsch zurück, von der anderen Seite etwas haben zu wollen, was sie nie bekommen können.

Mechanistische Kindererziehung unterdrückt Gefühle.

Selbstzentrierte Elternschaft

Selbstzentrierte Elternschaft gehört zur Rubrik der wissenschaftlichen Kindererziehung, selbst wenn dies auf den ersten Blick nicht so aussieht.

Selbstzentrierte Eltern haben Kinder, um ihre eigenen Bedürfnisse zu erfüllen, wie immer diese auch aussehen mögen. Durch das Wissen um Geburtenkontrolle – einige Kulturen kennen sie seit über 40.000 Jahren! – können die meisten von uns in der westlichen Welt entscheiden, ob wir Kinder haben wollen oder nicht. Angesichts der weltweiten Bevölkerungsexplosion wird es immer wichtiger, dass wir die Frage, ob wir Kinder haben und aufziehen wollen, sorgfältig abwägen. In unserer Selbstzentriertheit glauben wir manchmal, es sei unser Recht, Kinder zu bekommen, und niemand wagt, diese Überzeugung zu hinterfragen, am wenigsten wir selbst. Wir wollen die „Erfahrung machen“, schwanger zu sein, ein Kind zu gebären und aufzuziehen. Oder wir fühlen vielleicht, das Bedürfnis und das Recht zu haben unseren Stammbaum weiterzuführen, unabhängig davon, was wir brauchen oder was der Planet Erde braucht.

Es ist unser unveräußerliches Recht! Wir sehen nicht, dass wir im Kontext leben und nur im Kontext leben können. Wir wollen, was wir wollen. Wir haben das Recht auf eigene Kinder und übersehen dabei vielleicht, dass in einem System des Einsseins alle Kinder unsere Kinder sind!

Vielleicht wollen wir auch Kinder, um auf irgendeine Weise die Leere in uns zu füllen. Wir fühlen uns vielleicht nicht gut mit uns selbst und meinen, ein Kind wäre der Beweis dafür, dass wir wirklich in Ordnung sind. Unsere Ehe mag gescheitert sein und wir hoffen, dass ein gemeinsames Kind sie wieder kitten wird. Oder wir wissen vielleicht nicht, was wir mit uns selbst anfangen sollen. Oder es steht eine wichtige Tiefenprozessarbeit an und wir glauben, ein Kind könne uns völlig davon ablenken. Vielleicht brauchen wir auch nur Aufmerksamkeit. Oder wir sind vielleicht ehrlich davon überzeugt, dass es genau richtig ist, ein Kind zu haben. Es gibt mehr egozentrische Gründe dafür, ein Kind auf die Welt zu setzen, als Pusteblumensamen, die im Sommerwind treiben.

Ein Kind kann einen unausgefüllten Vater und eine unausgefüllte Mutter genauso wenig ausfüllen wie eine Beziehung. Für eine Weile mögen wir uns besser fühlen. Doch letztendlich wird dieser Trick niemals funktionieren.

Ich bin nicht meine Kinder.

Der Erziehungsstil des „Leeren Gefäßes“

Eine weitere Variante der wissenschaftlichen Erziehung ist die des „Leeren Gefäßes“. Diese Art von Elternsein ist eine weitere Form der mechanistischen Erziehung, obwohl sie oberflächlich gesehen überhaupt nicht danach aussieht.

Dieser Erziehungsstil basiert auf der Überzeugung, es sei die Verantwortung der Eltern, das Kind in den prägenden Jahren „zu füllen", und danach funktioniere das Kind für den Rest seines Lebens glücklich und angemessen. Man greift auf eine Variante des Laissez-Faire-Stils zurück und geht für gewöhnlich stillschweigend davon aus, das Kind wisse genau, was es brauche. Die Rolle der Eltern bestehe darin, ihm in den ersten fünf oder sechs Lebensjahren jedes Bedürfnis zu stillen. Damit erhalte das Kind eine angemessene Grundlage für sein Leben. Theoretisch ist es wichtig, die Bedürfnisse des Kindes zu erfüllen. In der Praxis nimmt diese Theorie oft bizarre Formen an.

Vor Jahren kannte ich einen Mann, der im Grunde ein Junggeselle und Einzelgänger war. Er begann eine Beziehung zu einer Frau, die mehrere kleine Kinder hatte und diese Art von Kindererziehung befürwortete. Interessanterweise habe ich festgestellt, dass dieser Kindererziehungsstil oft von Frauen praktiziert wird, die sich als eine Art Erdenmutter sehen und irgendwie glauben, ihre Rolle sei es Kinder zu produzieren, viele Kinder. Oft bekommen sie ein Kind nach dem anderen. Als mein Freund dieser Frau begegnete, hatte sie bereits zwei eigene Kinder und war sehr erpicht darauf, mit ihm weitere Kinder zu bekommen. Insgesamt bekamen sie fünf oder sechs Kinder, bevor sie schließlich damit aufhörten und sich am Ende scheiden ließen.

Als die Kinder noch klein waren, war die Frau überzeugt, sie als Eltern müssten ständig bereit sein, den Kindern alles zu geben, was sie haben wollten und brauchten. Wenn die Babys nachts weinten, glaubte sie, jemand müsse für sie aufstehen. Und wenn sie dann aufbleiben und spielen oder einfach nur wach bleiben wollten, sollte einer (meistens war er es) mit ihnen aufbleiben.

Wie viele Ehemänner, deren Partnerin an einen wissenschaftlichen Erziehungsstil glaubt, hielt auch er seine Frau für eine Autorität (sie hatte alle einschlägigen Bücher gelesen), und er versuchte, ihren Anweisungen zu folgen. Leider hatte er gesundheitliche Probleme und es war ihm körperlich unmöglich, nachts aufzustehen und stundenlang aufzubleiben. Dieser Prozess ging fast so weit, dass er ihr und den Kindern gegenüber Mordgelüste entwickelte.

Der Erziehungsstil des „Leeren Gefäßes" ist sehr arbeitsintensiv. Bei diesem Ansatz sollten im Idealfall die gesamte Zeit und die volle Aufmerksamkeit der Eltern, vor allem der Mutter, der Kindererziehung gewidmet werden. In den ersten fünf Jahren eines jeden Kindes sollten sich die Eltern voll und ganz dem Kind widmen.

In einigen Familien geht dieser Fokus auf das Kind so weit, dass der Zeitplan des Kindes den Tagesablauf der Eltern völlig bestimmt. Das bedeutet, dass niemand außer den Eltern für das Kind sorgen kann oder dass das Kind nicht einmal von den Eltern getrennt sein darf, selbst nicht in einem anderen Zimmer sein darf. Großeltern, Freunde und Familienangehörige können nur in Gegenwart der Eltern mit dem Kind zusammen sein, und so etwas wie einen Babysitter gibt es nicht.

Eine theoretische Grundlage für diese Art von Kindererziehung ist in Jean Liedloffs Buch *Auf der Suche nach dem verlorenen Glück* beschrieben. Der Autor hatte die Beobachtung gemacht, dass Indianerkinder in Südamerika glücklich und lebenstüchtig zu sein schienen. Dann beobachtete er, wie die Kindererziehung vor sich ging. Die Kinder wurden zum Beispiel die ganze Zeit von der einen oder anderen Person getragen, denn auf dem Boden des Dschungels lauerten für Babys oder Kleinkinder die unterschiedlichsten Gefahren, und deshalb wurden sie immer von jemandem beaufsichtigt. Sie verließen den Schutzraum durch die ständige Aufmerksamkeit Erwachsener erst, wenn sie in der Lage waren, alleine loszuziehen und von selbst den Anstoß zur Abnabelung gaben.

Die *Ideen* und *Theorien* dieses Buches fanden bei vielen Frauen Anklang und sie versuchten, sie mechanistisch auf ihre eigene Situation zu übertragen. Doch gemäß einem alten afrikanischen Sprichwort „ist ein ganzes Dorf vonnöten, um ein Kind großzuziehen", und die modernen Mütter in unserem Kulturkreis sind kein ganzes Dorf. Oft leben sie mit ihren Kindern isoliert in einzelnen Haushalten und bekommen kaum oder keine Unterstützung. Der Stress dieses Erziehungsansatzes ist für das Kind groß, für die Mutter jedoch noch größer.

Auch hier wird das Kind auf sehr subtile Weise wie eine Maschine behandelt. Die Eltern haben eine Theorie über gute Kindererziehung und diese Theorie wird durchgesetzt, unabhängig davon, wie hoch der Tribut auf der Elternseite sein mag. Oft werden Eltern ärgerlich und fühlen sich überfordert. Ich habe viele Menschen getroffen, die einen solchen Erziehungsstil zu praktizieren versuchten und so verzweifelt waren, dass sie am Rande eines körperlichen und geistigen Zusammenbruchs standen und ihre Kinder oder sich selbst buchstäblich töten wollten.

Auch die Kinder waren frustriert und voller Zorn. Sie hatten nie einen Moment für sich, um in sich hineinzuspüren und mit sich allein zu sein, und sie hatten ständig diesen erschöpften, ärgerlichen Elternteil um sich, der sie nie in Ruhe ließ. Da sie außerdem so isoliert aufwuchsen, gab es auch keine anderen wichtigen Bezugspersonen in ihrem Leben, an die sie sich hätten wenden können. Viele Kinder, die nach dieser Methode aufgezogen wurden, sind ärgerlich und verunsichert und wenn sie größer werden, fühlen sie sich verwirrt und schuldig. Wie können sie solche Gefühle haben, wenn sich ihre Eltern doch völlig für sie aufgeopfert hatten?

Es ist unmöglich, jemand anderen „aufzufüllen".
Wenn wir uns leer und erschöpft fühlen,
ist es idiotisch zu glauben,
wir hätten etwas zu geben.

Der-Kleine-Prinz/Kleine-Prinzessin-Erziehungsansatz

Dieser Erziehungsansatz hat viel Ähnlichkeit mit den Methoden, die ich bereits bei der mechanistisch-wissenschaftlichen Kindererziehung beschrieben habe. Jedoch ist er bedeutsam genug, um als eigene Kategorie zu gelten.

Wie bei den anderen wissenschaftlichen Methoden dreht sich bei diesem Erziehungsansatz der gesamte Haushalt und das Leben der Eltern um das Kind. Allerdings hat dieser Ansatz noch eine besondere Note: Hier ist nur das Kind von Bedeutung. Weder die Eltern – noch sonst jemand – sollten irgendwelche Bedürfnisse haben. Das Kind wird angebetet. Was auch immer die Kinder wollen, bekommen sie auch. Es gibt keinerlei Grenzen oder Einschränkungen. Sie bekommen, was sie wollen, und können tun und lassen, was sie wollen und wann sie es wollen. Oft schlafen diese Kinder jahrelang im Bett der Mutter und das Familienleben läuft so ab, wie die Kinder es wünschen. Ihnen wird nicht beigebracht, für irgendetwas Verantwortung zu übernehmen, nicht einmal für ihren Schlaf.

Auch diese Erziehungsmethode ist sehr anstrengend und eine große Belastung für die Beziehung der Eltern. Wenige Ehen überleben irgendeine Form der mechanistischen Kindererziehung.

Ich kannte einen kleinen Jungen, der so aufgezogen wurde. Immer wenn er müde war, kämpfte er gegen sein Schlafbedürfnis an – wie viele Säuglinge und Kleinkinder. Damit er zur Ruhe kam, fuhren ihn die Eltern entweder tagsüber stundenlang im Kinderwagen spazieren oder sie fuhren mit ihm abends im Auto herum, bis er einschlief. Er lernte nie, Verantwortung für seinen Schlaf oder für sich zu übernehmen.
Jahre später besuchte ich seine Familie. Damals war er etwa zehn Jahre alt. Seine Eltern, weitere Gäste und ich sahen uns gerade eine

> besondere Fernsehsendung an, auf die wir uns gefreut hatten. Wir waren in die Sendung vertieft, als er ins Zimmer stürmte und fragte: „Wo ist meine Badehose? Ich möchte schwimmen gehen." (Sie hatten ein Schwimmbecken und er war ein guter Schwimmer.) Er stand in der Tür mit den Händen in den Hüften gestützt.
>
> Beide Eltern sprangen sofort auf – sein Vater war damals über sechzig – und begannen die Badehose zu suchen, während der Junge – die Hände in den Hüften und mit einem wütenden Blick – immer noch in der Tür stand. Wir anderen saßen erstaunt da. Ich war traurig darüber, dass die Verhaltensmuster seiner frühen Kindheit sich nicht nur nicht verändert hatten, sondern mit seinem Älterwerden schlimmer und ausgeprägter geworden waren. Als ich so da saß, schoss mir der Gedanke durch den Kopf, dass diese Leute vielleicht den nächsten kleinen Hitler aufzogen.
>
> Als er noch kleiner war, besaß dieser Junge einige liebenswerte Eigenschaften und er war sehr intelligent. Mit zehn Jahren hatte er sich zu einem völlig egoistischen Tyrannen entwickelt. Er benutzte seinen scharfen Verstand um herumzuschnüffeln, andere einzuschüchtern und zu unterdrücken. Er schien alle Personen, die seine falsche Art durchschauten, sofort abzulehnen. Seine Eltern hatten sich angewöhnt, jeden fernzuhalten, der ihre Erziehungsmethode oder ihren Sohn kritisierte und somit isolierten sie sich mehr und mehr. Ihre Ehe hatte schon lange aufgehört zu existieren. Sie lebten in einem tödlichen und abstumpfenden Nebeneinander, in dem sich alles um ihren Sohn drehte. Inzwischen haben sie sich getrennt.

Eltern mit dieser Erziehungsmethode haben häufig nur ein Kind oder Kinder, die im Alter weit auseinander liegen. Man braucht für diesen Erziehungsstil so viel Energie, dass man sich nicht vorstellen kann, weitere Kinder zu haben. Oft ist dieser Stil für die eheliche Beziehung so destruktiv, dass keine weiteren Kinder gezeugt werden.

Kinder, die so aufgezogen wurden, haben keine Vorstellung von einem Miteinander – außer dass andere dazu da sind, ihre Bedürfnisse zu befriedigen. Sie haben keine Vorstellung davon, dass andere, vor allem ihre Eltern, vielleicht auch Bedürfnisse haben könnten. Und wenn sie die Bedürfnisse anderer doch wahrnehmen, empfinden sie sie als störend und hemmend in ihrem Bestreben, das zu bekommen, was sie wollen.

Ironischerweise sind diese Kinder fast immer ärgerlich und voller Hass. Kinder, die keine Grenzen kennen, scheinen die Macht, die sie haben, innerlich abzulehnen. Ihnen fehlt auch das Gefühl von Sicherheit, das entsteht, wenn man die Gewissheit hat, in einem Zusammenhang zu leben, und sich als integraler Bestandteil dieses Kontexts fühlt.

Im Gegensatz dazu schildert Helena Norberg-Nodge in ihrem Buch *Leben in Ladakh* genau das Gegenteil über die Kinder von Ladakh. Sie beobachtete, dass die Kinder dort einen besonders glücklichen und sicheren Eindruck machten. Außerdem schienen diese Kinder wenig oder keine Vorstellung von sich als Individuum oder Selbst zu haben, so wie das bei uns in der westlichen Kultur der Fall ist. Die Autorin war durch ihre Beobachtungen überzeugt, dass die Sicherheit der Kinder verbunden war mit ihrem unerschütterlichen Wissen, einer größeren Gemeinschaft anzugehören und darin ihren Platz zu haben.

Eltern, die kleine Prinzen oder Prinzessinnen aufziehen, haben vor ihren Kindern Angst und zollen ihnen deshalb keinen Respekt. Während sie dem Anschein nach ihre Kinder verhätscheln, missbrauchen sie sie eigentlich. Sie sind auf der Gefühlsebene nicht präsent für sie. Auch sie erziehen aus ihrem Kopf heraus und nicht aus ihrem Herzen.

So erzogene Kinder lernen, „Liebe“ und Zuneigung zum Manipulieren und Kontrollieren einzusetzen. Im tiefsten Inneren scheinen sie ihre Eltern zu verachten. Die Illusion der Eltern von einer „glücklichen, kleinen Familie“ ist vielleicht wie der Deckel eines Pulverfasses mit einer sehr kurzen Zündschnur. In solchen Familien investiert ein Elternteil oder beide oft viel dafür, um als Erzieher gut dazustehen, währenddessen die Kinder vielleicht nur ein unglücklicher Nebeneffekt dieses Wunsches sind.

Die Erziehungsmethode der „Perfekten Eltern"

In der wissenschaftlichen Erziehung gibt es zwei weitere Varianten. Zunächst die Variante der perfekten Eltern.

Bei diesem Szenario existieren die Kinder nicht aus ihren eigenen Rechten heraus. Sie existieren, um entweder das Wunschbild einer perfekten Familie oder das perfekter Eltern zu erfüllen. In diesen Familien wollen die Erwachsenen mit Kindererziehung oft überhaupt nichts zu tun haben. Zum Leidwesen der Kinder treten sie die Verantwortung für die Erziehung einfach an andere ab, meistens an Personen, die dafür engagiert wurden und nicht an die nähere Verwandtschaft. Sie selbst verbringen so wenig Zeit wie möglich mit dem Kind.

Am anderen Ende des Dualismus derer, die nur als perfekte Familie dastehen wollen, befinden sich jene, die hoffen, ihre Identität in der Erziehung zu finden und deshalb ihre gesamte Zeit mit den Kindern verbringen.

Die Kinder existieren bei diesen beiden Familientypen lediglich zu dem Zweck, die Bedürfnisse der Eltern nach Identität zu erfüllen. Diese Kinder sind oft Verlängerungen des Eltern-Egos und werden nicht als Menschen anerkannt, die aus ihrem eigenen Recht heraus leben. Familien, in denen der „Perfekte-Eltern-Stil" praktiziert wird, sind oft auch ziemlich besessen von materiellen Dingen – entweder sind sie total dafür oder sie lehnen sie kategorisch ab. Sie besitzen entweder alle möglichen technischen Vorrichtungen und Geräte, die den Kindern als „Werkzeuge zum Lernen" bereits in die Wiege gelegt werden, oder man glaubt, dass gute Eltern nichts mit Materialismus zu tun haben und „materielle Güter" meiden sollten. Beides ist zwanghaft.

Eltern, die als perfekte Kindererzieher gelten wollen, sind wie andere mechanistisch erziehende Eltern stets völlig versiert in den neuesten Erziehungstechniken und immer bereit, sie an ihren Kindern auszuprobieren. Sie erziehen aus ihrem Kopf heraus und glauben wahrhaftig, ihr eigenes Rüstzeug an Erziehungstechniken mache sie zu unfehlbaren Erziehern. Oft sind sie emotional, psychisch und spirituell abwesend. Unter dem Deckmantel alles richtig zu machen, sind sie oft sehr selbstzentriert und selbstsüchtig und sie wären ärgerlich und entsetzt, wenn sie jemals eine solche Rückmeldung bekämen.

Sie sehen sich als Eltern, die alles in ihrer Macht Stehende für ihre Kinder tun und um das Wohl der Kinder tief besorgt sind. Sie glauben von sich, dass sie ihr Leben ihren Kindern widmen – und genau das ist vielleicht das Problem. Diese Eltern meinen es gut, wie alle Eltern. Sie haben nur einfach nicht ihre eigene Genesungsarbeit getan. Sie haben Kinder bekommen um herauszufinden, wer sie sind, anstatt zu warten und herauszufinden, wer sie sind, und dann zu sehen, ob sie Kinder haben wollen. Auch diese Eltern haben oft Angst vor ihren Kindern und fühlen sich ihnen gegenüber schuldig, denn sie spüren instinktiv, dass etwas nicht stimmt.

Zusammenfassung der Erziehungsstile

Alle Eltern, die ihre Kinder wissenschaftlich erziehen, glauben daran, dass ihnen eine Form einen (süchtigen) Kick geben kann. In einer sehr mechanistischen Herangehensweise an das Leben vertrauen sie ihr Leben und das ihrer Kinder Techniken an und glauben, dass die Techniken sie am Ende retten werden. Verzweifelt versuchen sie, Kopf und Herz bzw. Körper auseinander zu halten und lassen Gefühle nur dann zu, wenn sie sie völlig unter Kontrolle haben und auf richtige Art und Weise äußern können. Folglich „platzen" diese Eltern von Zeit zu Zeit oder man spürt, dass sich unter der Oberfläche eine Explosion anbahnt. Kinder sind ganz besonders sensibel für diese unter der Oberfläche schwelenden Gefühle und sind verunsichert, oder sie nehmen die Wut in sich auf oder versuchen, den Wutausbruch der Eltern zu beschleunigen, um das Ganze hinter sich zu bringen.

Vielleicht weil großer Wert auf Perfektion gelegt wird, sind die Mitglieder dieser Familien meistens angespannt und unglücklich. Niemand erhält seine Bedürfnisse erfüllt und man befolgt die Theorien und Techniken bis ins Kleinste. Jeder fühlt sich schuldig. Kinder, die wissenschaftlich erzogen werden, lernen nicht, Verantwortung für ihr Leben zu übernehmen und es in Fülle zu leben.

Die Bilder, die ich von diesen mechanistischen Erziehungsansätzen gezeichnet habe, sind ziemlich krass. Das soll nicht heißen, dass Eltern, die diese Ansätze übernommen haben, ihre Kinder nicht lieben. Die meisten tun es. Sie vertrauen den besten wissenschaftlichen Erkenntnissen ihrer Zeit und versuchen, eine gute Erziehungsarbeit zu leisten – und oft ist es nicht unbedingt ihr eigentliches Ziel, glückliche Kinder aufzuziehen. Ihr Ziel ist es oft eher, das Richtige zu tun, und ihr Vertrauen in den wissenschaftlichen Erziehungsansatz ist unangebracht.

Das Wichtigste was es hier zu verstehen gibt, ist, dass diese Eltern nicht an sich gearbeitet haben. Stattdessen haben sie sich auf ein mechanistisches, wissenschaftliches System verlassen, das den Bedürfnissen spiritueller menschlicher Wesen, die ihren Prozess leben, keinesfalls gerecht werden kann. Wie immer die Theorie auch sein mag, ob sie Sinn macht oder nicht, ob sie unter anderen Gegebenheiten funktioniert (wie z. B. im Dschungel Südamerikas) – eine Theorie ist immer der Versuch, Kindererziehung als Technik und nicht als Prozess zu sehen.

In unserer Kultur
ist Kindererziehung der Versuch, (den Geist)
unsere(r) Kinder zu töten, damit sie sich leichter
in eine tote Gesellschaft einfügen können.

Prozesshaftes Erziehen

Wir sind ein Prozess. Unsere Kinder sind ein Prozess.
Alles Lebendige ist ein Prozess.

Bevor wir Kinder haben

Würden wir im Prozess leben – das heißt unseren Prozess respektieren, den Prozess anderer respektieren, im Kontext der Einheit und Ganzheit leben und Spiritualität zur Grundlage unseres Lebens machen – würde es auf diesem überbevölkerten Planeten wohl nicht so viele Kinder wie jetzt geben.

Wir haben die Verantwortung, uns die Zeit und Energie zu nehmen, unsere eigene persönliche Arbeit zu tun, bevor wir in Betracht ziehen Kinder zu bekommen. Wahrscheinlich wird niemand in diese materielle Welt hineingeboren, der nicht Genesungsarbeit zu tun hat. Das ist der Grund, warum wir hier sind. Wenn wir respektieren, dass der Sinn des Lebens darin besteht, es zu leben, und wenn unsere Eltern ihren Prozess leben und respektieren, dann erkennen wir, dass der Prozess unseres Lebens sehr wichtig ist, und wir gehen ihn mit Bewusstsein und Bewusstheit an. Da die meisten von uns keine prozesshafte Erziehung erlebt haben und nicht auf prozesshafte Art groß geworden sind, müssen wir vielleicht die Generation sein, die die Kette, die uns bindet, aufbricht und die den Weg für eine neue Lebensweise bereitet.

Indem wir unsere Heilungsarbeit angehen, unsere Tiefenprozessarbeit tun und lernen, im Prozess zu leben, werden sich die Schleier der Verwirrung über unserem Sein lüften und wir werden uns klarer und klarer, was wir in diesem Leben zu tun haben. Wenn wir die Redewendung „Im Zweifelsfalle nicht" befolgen, können die Jahre, in denen wir Kinder bekommen könnten, vorübergehen, bevor wir klar sind. Wenn das der Fall ist, können wir dies ehren und unsere wiedergefundene Weisheit dazu benutzen, andere Kinder zu erziehen, die dies brauchen.

Für die Kinder, die schon da sind, und für jene, die noch kommen werden, können wir respektvollere Wege der Kindererziehung entwickeln.

Wahl der Eltern und Familie

In ihrer Tiefenprozessarbeit ist einigen Menschen sehr klar bewusst geworden, dass sie sich ihre Eltern ausgesucht haben. Sie haben entdeckt, dass sie auf einer sehr tiefen Seelenebene ihre gegenwärtige Lebenssituation gewählt haben, um zu lernen, was sie lernen müssen. Sie können nicht mehr Opfer sein und müssen sich auf das konzentrieren, was sie zu lernen haben. Ich werde nie vergessen, wie ich zum ersten Mal von dieser Vorstellung gehört habe. Ich spürte so eine Erleichterung. Ich hatte als Mutter viele Fehler gemacht und immer versucht das, was ich für das Beste hielt, zu tun – und ich fürchte, manchmal war es nicht gut genug.

Als ich hörte, dass sich möglicherweise meine Kinder wegen dem, was ich an Gutem und Schlechtem zu bieten hatte, für mich entschieden hatten, wich mein Schuldbewusstsein von mir. Zu diesem Zeitpunkt hatte ich die Leben-im-Prozess-Arbeit bereits seit einiger Zeit getan und mir war sehr klar, dass die einzige Sache von Bedeutung, die ich in meinem Leben wirklich tun konnte, die war, ich selbst zu sein; alles andere würde sich daraus ergeben

Ich war sehr froh, als mehrere Menschen mir erzählten, ihr Tiefenprozess habe sie zu der Schlussfolgerung gebracht, dass sie sich ihre Eltern ausgesucht hatten, denn nur bei ihnen und in der jeweiligen Situation hätten sie die Chance gehabt das zu lernen, was sie zu lernen hatten. Ich war nie in der Lage, eine Super-Mutter zu sein und hatte instinktiv versucht, so gut wie möglich ich selbst zu sein. Was für eine Freude sich vorzustellen, dass meine Kinder mich brauchten, um sich an mir zu reiben, und nicht eine intellektuelle Mutter.

Martha drückt dies sehr gut aus:

Ich möchte hiermit feierlich verkünden, dass dies die erste größere Entscheidung in meinem Leben ist, bei der ich mir erlaube, mit meinem ganzen Wesen teilzunehmen. Im Vergleich dazu scheine ich frühere Entscheidungen aus einer Haltung der Abgestumpftheit, der Ambivalenz oder der Gequältheit getroffen – beziehungsweise nicht getroffen – zu haben. Bei solchen Entscheidungen setzte ich mich meistens über die Bedürfnisse und Wünsche wichtiger Anteile in mir hinweg. Nun habe ich mich zum ersten Mal für eine Richtung in meinem Leben entschieden, auf die mein ganzes Wesen mit Freude und Begeisterung reagiert.

Mein ganzes Leben lang fühlte ich mich zu dem Beruf einer Helferin/Therapeutin hingezogen. Ich habe dagegen angekämpft, mich darüber geärgert, mich davon ausgelaugt gefühlt. Jedoch habe ich immer gewusst, dass diese Richtung meines Leben einem tiefen Bedürfnis in mir entspringt. Durch frühere Versuche, dieses Thema zu erforschen, ist mir nur wieder bewusst geworden, dass mir diese Rolle schon in meiner Herkunftsfamilie zugewiesen worden war. Zu wissen, dass ich diese Rolle schon als ganz kleines Kind ausübte, hat mich nur noch ärgerlicher und wütender gemacht.

Seitdem ich jedoch meine Tiefenprozessarbeit begonnen habe, leuchtet es mir immer mehr ein, dass ich vielleicht genau aus diesem Grund in meine Familie hineingeboren wurde: um zu lernen, eine Helferin/Therapeutin zu werden. Die Auswirkungen dieses Gewahrwerdens scheinen mir sehr weitreichend und reich zu sein. Sie berühren auch Gebiete, die ich nicht völlig verstehe. Zugleich hat mir dieses Bewusstwerden ein größeres Zugehörigkeitsgefühl und mehr inneren Frieden gegeben, als ich je hatte. Heute weiß ich, dass ich einen starken und liebevollen Geist habe, der viele schlimme Erfahrungen überstanden hat. In dieser Zeit habe ich viel über Schmerz und den Heilungsprozess gelernt. Ich habe das Gefühl, dass es fast meine Pflicht ist – und ich weiß, dass es mein tiefstes Bedürfnis ist –, das, was ich über diesen Prozess gelernt habe, weiterzugeben.

Eine Helferin/Therapeutin zu sein fühlt sich nicht mehr wie eine Rolle an, die ich blind ausübe, sondern wie ein integraler Bestandteil von mir, und ich beginne, Freude daran zu haben. Ich weiß auch, dass ich noch viele ungelöste Gefühle und Fragen bezüglich der Umstände habe, unter denen ich aufwuchs. Ich habe das starke Gefühl, dass dieses Training mir helfen wird, mit ihnen umzugehen und meine Aufgabe aus einer Position der Klarheit und Weisheit heraus auszuüben.

Mein Prozess hat mich auf einen Weg des inneren Wissens gebracht, den ich nicht mehr verlassen kann, und er hat einen starken Einfluss darauf, wie ich meinen Beruf ausüben möchte.

In meiner gegenwärtigen Position als Sozialarbeiterin an einer Schule habe ich gute Arbeit geleistet und vielen Menschen geholfen zu wachsen und ihr Potential zu erkennen. Ich fühle jedoch, dass diese Arbeit innerhalb der Parameter eines Modells stattfindet, das Veränderungen ziemlich kontrolliert, und innerhalb eines Systems, das in einer mechanistischen Wissenschaftsideologie wurzelt.

Mir ist jetzt völlig klar geworden, dass Kontrolle als therapeutisches Mittel den Menschen nicht vollständig von seiner psychischen und spirituellen Krankheit heilt. Ich bin mir jetzt stärker bewusst, dass einige der traditionellen Techniken, die ich bei Klienten anwende, ihnen vielleicht nur dazu verhilft, sich besser einem System anzupassen, das durch das Wohlbefinden und die Gesundheit der Menschen bedroht wird.

Mit der Leben-im-Prozess-Arbeit habe ich andererseits die Erfahrung gemacht, dass sie den Kern des Seins berührt und dann den äußeren Schichten der Persönlichkeit erlaubt, ihre naturgegebene, bestimmende Form zu finden. In der Leben-im-Prozess-Arbeit werden Ganzheit und Ganzwerdung zugelassen. Das steht im Gegensatz zu den Entfremdungs- und Aufspaltungstendenzen, die selbst die besten traditionellen Therapiemodelle zu verstärken scheinen.

MARTHA

Über die Jahre habe ich immer wieder erlebt, dass Kinder Ehrlichkeit lieben. Sie neigen oft dazu, ziemlich ehrlich zu sein, besonders wenn sie ehrliche Eltern haben, und sie sprechen auf Ehrlichkeit an. Ehrlichkeit bei Erwachsenen schafft eine sichere Umgebung. Das bedeutet, mit Kindern und mit uns selbst ehrlich zu sein, und ihnen zu helfen, untereinander und mit sich selbst ehrlich zu sein.

Kinder kommen in diese Welt und kennen nur Ehrlichkeit,
und wir lehren sie Verwirrung und Unehrlichkeit.

Wenn sich Kinder dafür entscheiden, als unsere Kinder geboren zu werden, weil wir das haben, was sie für das Lernen ihrer Lektionen in diesem Leben brauchen, dann stehen ihre Chancen am besten, wenn wir unsere eigene Genesungsarbeit tun, im Umgang mit ihnen so offen und ehrlich wie möglich sind und einfach die sind, die wir sind.

Kontext und Bedürfnisse

Kinder lernen was Respekt ist,
wenn die Eltern ihre eigenen Bedürfnisse ehren.

Kein Elternteil kann immer für ein Kind da sein. Zombies und Roboter können immer zur Verfügung stehen, Menschen nicht. Menschen brauchen Ruhepausen, Zeit mit sich alleine, Zeit mit anderen Erwachsenen, Zeit für Sport und Bewegung, Interessen außer Haus, Erholung, ein Leben. Nur wenn wir ein eigenes Leben haben, können wir es wirklich mit einem anderen Wesen teilen.

Eltern haben die Verantwortung, dem Kind zu zeigen, dass es in Zusammenhängen lebt. Es ist viel leichter, ihm dies innerhalb einer Gemeinschaft beizubringen, und diese Lektion muss ihm selbst auch in der isolierten Kernfamilie beigebracht werden. Wenn Kinder sehen, dass Eltern Bedürfnisse haben, dass ihre Bedürfnisse zum Ausdruck gebracht werden (Ehrlichkeit) und dass Eltern ein Recht darauf haben, dass diese Bedürfnisse erfüllt werden, fühlen sie sich erleichtert, sogar wenn sie noch ganz klein sind. Sie wissen, dass nicht von ihnen verlangt werden wird, die Bedürfnisse ihrer Eltern zu erfüllen. Sie erkennen auch, dass es in Ordnung ist, wenn sie selbst Bedürfnisse haben und diese erfüllt werden. Dies sind äußerst wichtige Lektionen, die nur durch die Erfahrung gelernt werden können, wenn Eltern ihre Arbeit tun. Eine weitere Lektion bei diesem Aspekt prozesshafter Kindererziehung ist die, dass Kinder schon in einem sehr frühen Alter erfahren können, dass auch Menschen außerhalb ihrer engeren Familie in der Lage sind, ihre Bedürfnisse zu befriedigen. So werden ihre Verbindungen und ihre Möglichkeiten erweitert, und sie bekommen ein noch größeres Gefühl von Sicherheit.

Bei meinem ersten Besuch bei Koori-Ältesten (Aborigines) in Australien galt einer ihrer ersten Kommentare mir gegenüber der Kindererziehung.

> Sie fragten „Warum habt ihr Weißen nur zwei Eltern?"
> Ich antwortete, dass einige Kinder noch nicht einmal zwei Eltern haben.
> „Wir denken, dass es sehr primitiv für ein Kind ist, nur zwei Eltern zu haben", sagten sie. „Unsere Kinder haben ihre Mutter, die sie geboren hat, und all deren Schwestern als Mütter. Ihr leiblicher Vater und all dessen Brüder sind Väter, und alle anderen sind Tanten und Onkel oder Großeltern. Wie können Kinder oder Eltern bekommen, was sie brauchen, wenn sie nur zwei Eltern haben? Das ist sehr primitiv", sagten sie und schüttelten bekümmert ihre Köpfe.

Als ich so dasaß, wurde mir klar, dass ihre gesamte Familien- und Gemeinschaftsstruktur darauf aufbaut, die spirituellen Bedürfnisse der Einzelnen und der Gemeinschaft zu erfüllen. Ich hatte nur in Kulturen gelebt, die auf Wirtschaft ausgerichtet waren. Ich hatte mich oft gefragt, wie es wohl wäre, in einer Kultur zu leben, die ihren Fokus auf die spirituellen Bedürfnisse der Einzelnen und der Gesellschaft richtete und diese spirituellen Bedürfisse zur Grundlage ihrer Gesellschaft machte.

In der Kultur der Koori ist alles spirituell, und es gibt in ihr keine Aufteilung in Weltliches und Spirituelles. Das Leben ist ein spiritueller Prozess und ihn zu leben ist spirituell. Im Einklang mit diesem spirituellen Prozess mag es an einem bestimmten Punkt notwendig sein, auf einen Walkabout zu gehen oder aus spirituellen Gründen eine Reise zu einer ganz bestimmten heiligen Stätte zu machen. Sollte eine Mutter oder ein Vater unmittelbar nach der Geburt eines Kindes diese Reise antreten müssen, wird es dem Kind an nichts fehlen. Es hat viele Mütter und Väter.

Kinder sind nicht unser Besitz.
Sie sind ein Geschenk des Schöpfers und wir haben die Freude
und die Verantwortung, ihren Prozess für eine Weile zu
unterstützen und unseren Prozess mit ihnen zu teilen.

Die Kernfamilie kann unmöglich
die Bedürfnisse ihrer Mitglieder erfüllen.

Ich hörte diese Worte vor mehreren Jahren, als ich mit einer Gruppe von Stammesältesten zusammensaß. Die Auswirkungen waren so weitreichend, dass ich mit diesen Worten eine Zeit lang sitzen musste. Zu jener Zeit fanden in den USA die nationalen Wahlen statt und zeitgleich in Deutschland die Bundestagswahlen. In beiden Ländern hoben die Politiker das Thema „Familie“ besonders hervor. Ich war fasziniert davon, dass in beiden großen westlichen Staaten die Betonung auf dem Thema Familie scheinbar „spontan“ erfolgte und wurde sehr neugierig darauf. Sicherlich konnte niemand die Institution Familie angreifen und politisch ungeschoren davonkommen, und dennoch – warum solch eine starke Betonung?

Wenn der Stammesälteste Recht hatte und die Kernfamilie die Bedürfnisse ihrer Mitglieder nicht erfüllen kann, dann frage ich mich, ob wir dadurch, dass wir die Kernfamilie zum grundlegenden Baustein unserer Gesellschaft gemacht haben, nicht schließlich in einer dysfunktionalen Gesellschaft gelandet waren, da ja der Grundbaustein selbst dysfunktional ist. Schon bevor mir dieser Gedanke kam, war mir bewusst gewesen, dass der Begriff „dysfunktionale Familie“ in Therapiekreisen zum Schlagwort geworden war, vor allem in der Diagnose von Kindern und auch Erwachsenen. „Er/sie stammt aus einer dysfunktionalen Familie“ war in der Diagnose zu einem wichtigen Kriterium bei allen möglichen Problemen geworden. Gleichzeitig hörte ich von immer mehr Menschen, ihre Familie mache „nach außen einen guten Eindruck“ und sei im Innern „wirklich krank“. Ich sah mir die Statistiken an und kam zu dem Schluss, dass in der westlichen Gesellschaft die dysfunktionale Familie die Norm war. Sie war der Baustein, auf den wir unsere Kultur aufbauten und ich hatte den Eindruck, dass unsere Kultur ebenso wie die Institution Familie daran scheiterte, die Bedürfnisse ihrer Mitglieder zu erfüllen.

Damals begann ich, mehr Zeit mit indigenen Menschen zu verbringen und mich vermehrt mit ihren Geschichten und ihrer Geschichte zu beschäftigen. Ich fand heraus, dass eine der Taktiken der westlichen Kolonialmächte war, die Gemeinschaften der Einheimischen zu zerbrechen und zu versuchen, die Menschen, in deren Land sie eingedrungen waren, in Kleinfamilien zu zwingen. Als zum Beispiel in den USA die Indianer in Reservaten angesiedelt wurden, wies man sie an, in isolierten Kleinfamilien zu leben und zu versuchen, die Familie vom Ertrag winziger Landparzellen zu ernähren und zu unterhalten. Selbst als die Indianer hungerten, wurde es ihnen nicht erlaubt, eine gemeinsame Jagd zu veranstalten, um sich auf die ihnen vertraute Weise Nahrung zu beschaffen. Sie wurden in Kleinfamilien gezwungen und sollten mit mageren, ungenießbaren Zuteilungen auskommen. Dieses Szenario wird und wurde auf der ganzen Welt praktiziert. Durch die Betonung der Kernfamilie wurde versucht, Gemeinschaften zu zerschlagen.

Ich sprach mit einer Maori-Frau und Führerin ihres Stammes darüber, dass die Kleinfamilie die Bedürfnisse ihrer Mitglieder nicht erfüllen kann, und sie stimmte dieser Beobachtung vollkommen zu. Dann erzählte sie von ihrer Großfamilie und wie wichtig diese sei.

„Mein Sohn liebt Mannschaftssport", sagte sie. „Er betreibt die meisten Sportarten und ist sehr aktiv. Der einzige Sport, den mein Mann mag, ist das Wandern. Er liebt es, in den Bergen zu wandern, aber mein Sohn hat dafür überhaupt kein Interesse. Wenn mein Sohn nur seinen Vater hätte, an den er sich wenden kann, dann hätte er wohl ein Problem. Glücklicherweise hat er seine Onkel. Sie treiben alle Mannschaftssport und sind gut darin. Er verbringt die meiste Zeit mit seinen Onkeln und ähnelt ihnen weit mehr als seinem Vater."

„Dann ist da noch die Tochter meiner Schwester. Sie und meine Schwester kommen einfach nicht miteinander aus – ich habe sie größtenteils aufgezogen. Das hat für uns alle gut funktioniert."

Ich erzählte ihr, dass ich das Bild einer großen, umfassenden Stammesfamilie vor Augen hätte, in der alles im Fluss ist, sich verändert und die Bedürfnisse ihrer Mitglieder erfüllt werden.

„Das stimmt", sagte sie. „Ich weiß, dass unsere Kernfamilie die Bedürfnisse ihrer Mitglieder nicht hätte befriedigen können."

In Gemeinschaften gibt es viele Möglichkeiten
für Liebe, Unterstützung und Austausch.

Eine Aufgabe von uns Eltern besteht darin, unsere eigene Arbeit zu tun, damit uns unser Ego nicht im Weg steht und wir uns auf die Bedürfnisse unserer Kinder konzentrieren können.

Ich war sehr berührt von Sally, einer Mutter, der ich vor einigen Jahren begegnet bin. Ich hatte ihre Tochter lange zuvor kennen gelernt und zwischen ihrer Tochter und mir hatte sich eine sehr warme und innige Verbindung entwickelt. In meinen Augen war sie innerlich und äußerlich schön und in einem für mich ungewöhnlichen Augenblick der Schwäche – normalerweise mische ich mich nicht in seine Beziehungen ein – sagte ich meinem Sohn, er müsse dieses Mädchen kennen lernen, da sie ganz außergewöhnlich sei.

Seine Antwort war „Na gut, Mom, im Augenblick habe ich eine Freundin, aber wenn sie so toll ist, wie du sagst, würde ich sie gerne kennen lernen.“ Dann entschloss er sich direkt zur Westküste zu fahren um sie „in Augenschein zu nehmen“. Seitdem sind sie die besten Freunde und wir drei sind eine Familie innerhalb von zwei Familien.

Als ich ihre Mutter zum ersten Mal traf, war ich etwas nervös. Würde sie eifersüchtig sein auf unsere Beziehung, die so sehr einer Mutter-Tochter-Beziehung ähnelte? Ich fühlte mich gegenüber der Mutter sehr offen und wusste nicht, wie sie reagieren würde. Als wir uns trafen, schien sie wirklich offen und freundlich zu sein. Sie war gespannt mich kennen zu lernen und war begeistert von den Dingen, die ich bisher getan hatte. Ich mochte sie sehr und das schien wirklich auf Gegenseitigkeit zu beruhen. Ich erzählte ihr, dass ich mir ein bisschen Sorgen gemacht hatte, wie sie wohl auf mich reagieren würde. Ich sagte, dass ich ihre Tochter einfach liebte und mich ihr sehr nahe fühlte.

„Ich bin so glücklich darüber“, sagte sie. „Als meine Tochter geboren wurde, konnte ich auf den ersten Blick erkennen, dass sie eine sehr kraftvolle Person ist. Ich hatte ein bisschen Angst vor ihr, da ich wusste, dass ich nicht so stark bin. Ich war besorgt und wollte, dass sie das bekam, was sie brauchte. Ihr ganzes Leben lang hat sie starke Frauen als Ersatzmütter finden können, wenn sie es brauchte. Ich bin so dankbar, und ich bin Ihnen dankbar, dass Sie für sie da sind und sie lieben."

Ich war so berührt. Ich spürte sofort Liebe, Mitgefühl und Achtung für diese Frau. Sie war eine gute Mutter und eine sehr weise Frau.

Als Eltern haben wir die Verantwortung dafür zu sorgen, dass die grundlegenden Bedürfnisse unserer Kinder befriedigt werden. Wir brauchen sie nicht alle selbst zu befriedigen.

Einige Eltern sorgen sich darüber, dass ihr Bild als Erwachsene, die alles wissen und können, Schaden nehmen könnte. Menschen, die im Prozess leben, würden bei diesen Gefühlen auf die Matte gehen um herauszufinden, um was es sich bei diesen Gefühlen handelt, wenn sie durch sie hindurchgehen. Sie würden sie nicht auf ihren Kindern abladen.

Kinder bekommen oft unsere unverarbeiteten Gefühle ab und spüren instinktiv, dass es ungerecht ist, wenn solche Gefühle auf ihnen abgeladen werden. Zu den Workshops und Trainingssitzungen der Leben-im-Prozess-Arbeit kommen oft Kinder, und wir sind beeindruckt, wie leicht sie sich in die Leben-im-Prozess-Arbeit einfinden und sie schon zu kennen scheinen.

Eine Frau erzählte folgendes: Ihr sechsjähriger Sohn war mit ihr bei einer Trainingsgruppe gewesen. Wenn sie versuchte, ihre Gefühle auf ihm abzuladen, sagte er zu ihr: „Du lädst mal wieder auf mir ab. Das darfst du nicht. Es ist besser, wenn du auf die Matte gehst und hinterher mit mir sprichst."

Sie sagte, er habe absolut recht!

Als Eltern haben wir die Verantwortung, unsere Kinder zu unterstützen, damit sie lernen, dass sie im Kontext leben und erkennen, dass keiner von uns isoliert und alleine ist. Kinder, die wissen, dass sie einer umfassenderen Welt angehören, fühlen sich sicherer.

Wenn sie sich nicht im Kontext erleben, werden sie sich ironischerweise selbst dann, wenn ihnen von Geburt an alle Bedürfnisse und Launen erfüllt wurden, ängstlich und einsam fühlen. Seitens der Wissenschaft gab und gibt es einen starken Fokus auf Jugendbanden und Peergruppen der Heranwachsenden, doch für mich sind diese Gruppen ein Ausdruck für das offensichtliche Bedürfnis unserer Kinder nach Gemeinschaft.

Über ein Leben in Zusammenhängen lernt man am besten durch eigene Erfahrung. Wir können zwar unseren Kindern sagen, dass sie im Kontext leben, doch wenn sie die größeren Zusammenhänge nicht selbst erleben, wie sollen sie sie kennen? Wir stecken zur Zeit weltweit in einer Umweltkrise. Als menschliche Rasse scheinen wir vergessen zu haben, dass wir alle im Kontext leben. Wir können die Natur nicht retten, solange wir nicht wissen, dass wir die Natur *sind*. Es gibt Kinder, die noch nie Erde gesehen haben. Sie leben in einer Welt aus Beton und Asphalt. Wie sollen sie wissen, dass die Erde ein lebendiges Wesen ist und dass es auf dieser Erde von Leben nur so wimmelt? Die Tiefenprozessarbeit hat einigen dieser Kinder Türen geöffnet, sodass sie sich mit ihrem kosmischen Einssein verbinden können und Kontext erleben können. Ihre Eltern haben in diesem Bereich ihrer spirituellen Erziehung versagt und ihr Prozess hat ihnen einen anderen Weg ermöglicht, um durch eigene Erfahrung zu lernen. Sie haben Glück.

Älteste

Von unseren Ältesten zu lernen und Zeit mit ihnen zu verbringen, ist ein wichtiger Aspekt eines Lebens im Kontext und davon, unseren Kindern ein Leben im Kontext zu vermitteln. Älteste tragen uralte Weisheit in sich.

Sie können sich an jemanden erinnern, der jemanden kannte, der wiederum jemanden kannte ... als die Welt anders war. Älteste haben eine Sichtweise, die nur mit dem Alter kommen kann. In vielen Kulturen sind es die Ältesten, die die Kinder aufziehen, wobei es der Altersgruppe der Eltern überlassen wird, sich mit der materiellen Welt zu befassen. Der Versuch beides zu tun, ist sehr schwierig und Älteste können den Eltern die nötige Erleichterung verschaffen. Allein durch ihr Dasein vermitteln Älteste den Kindern ein Bewusstsein über Perspektiven und Zusammenhänge. Ältere Menschen, die ihre Rolle als Älteste akzeptieren, können für ein Kind die Zeit und Geduld aufbringen, die die Eltern nicht haben. Die Ältesten wissen, wie wichtig unsere Kinder sind und können ihnen die Sprichwörter, Märchen, die Familiengeschichten und die Legenden und Sagen der Kultur lehren. Sie haben Zeit für die uralten Weisheiten.

Leider sind viele unserer heutigen Ältesten selbst auch nicht auf prozesshafte Weise erzogen worden und vielleicht verletzt, verärgert und verwirrt, da sie nicht wissen, wie sie ihre eigene Genesungsarbeit tun sollen. Vielleicht sind sie noch nicht so weit, dass sie für unsere Kinder Älteste sein können. Trotzdem haben sie unseren Kindern etwas Wichtiges zu geben und müssen ins Leben der Kinder integriert werden.

Unsere eigene Genesungsarbeit tun

Kinder nehmen Leben im Prozess sehr leicht auf,
denn sie kennen es schon und stehen ihm nahe.

Unsere eigene Genesungsarbeit zu tun ist das allerwichtigste, was wir tun können, um gute Eltern zu sein. Kinder brauchen keine perfekten Eltern. Kinder brauchen Eltern, die ihren eigenen Prozess leben und den Prozess der anderen respektieren und dies vorbildhaft leben, während sie den Prozess ihrer Kinder respektieren.

Kinder haben keine Angst vor der Tiefenprozessarbeit, wie laut es dabei auch zugehen mag. Sie scheinen sie zu kennen. Für mich klingen die Töne und Laute, die die Menschen in ihrem Tiefenprozess von sich geben so, als würden sie sich selbst gebären.

Oft ist das, was wir bei Kindern als Wutanfall oder Wutausbruch wahrnehmen, ihre Tiefenprozessarbeit. Wenn wir einfach bei ihnen sitzen und warten können und uns nicht einmischen, werden sie hinterher mit dem Wissen herauskommen, was sie brauchen. Und wenn wir selbst nicht klar genug sind, um uns zu ihnen zu setzen, dann ist es vielleicht jemand anderes.

Vor Jahren, als ich noch als Psychotherapeutin arbeitete, entschied ich mich, dass es nicht angebracht war, meine Praxis in einem Bürokomplex zu haben – zum Teil, weil diese Arbeit kein „Geschäft" ist und zum Teil, weil die Menschen oft gehemmt waren, in dieser Umgebung ihre Tiefenarbeit zu tun. So verlegte ich meine Praxis zu mir nach Hause. Mein Wohnzimmer wurde mein Wartezimmer.

Eines Tages arbeitete ich mit einem Ehepaar. Ich hatte mit jedem der beiden einzeln gearbeitet und gelegentlich kamen sie zusammen. Er war ein großer, muskulöser Förster, sie eine zierliche Sekretärin. Während ihrer gemeinsamen Sitzung kam ein Tiefenprozess in ihr hoch und sie sagte, sie würde sich besser fühlen, wenn er außerhalb des Therapiezimmers warten würde. Sie waren ziemlich ineinander verstrickt. Er verließ das Zimmer und sah sich mit meinem Sohn, der damals vierzehn Jahre alt war, eine Fernsehsendung an. Er und mein Sohn waren über die Jahre Freunde geworden.

Als er dort saß, wurden die Geräusche, die seine Frau machte, ziemlich laut und er wurde sehr aufgeregt.

„Macht dir das nichts aus?", fragte er meinen Sohn.

„Was denn?", fragte dieser zurück und sah von seiner Fernsehsendung auf.

„All das Schreien und Weinen und Kissenschlagen", sagte er und wurde noch aufgeregter.

Mein Sohn sah ihn verwundert an und sagte: „Neee, so klingt halt Heilung“, und wandte sich wieder seinem Fernseher zu.
Kinder verstehen Tiefenprozesse und reagieren auf einer sehr tiefen Ebene auf sie.

In Europa haben wir einen kleinen vierjährigen Jungen, der sein Training in Leben im Prozess im Mutterleib begann. Während der Schwangerschaft seiner Mutter waren sie und sein Vater beide in der Trainingsgruppe und er begann gleich nach seiner Geburt zur Gruppe zu kommen. Er ist ein Leben-im-Prozess-Kind.

Er hat viele gute Freunde in der Trainingsgruppe – sie gehören seiner regionalen Leben-im-Prozess-Gruppe an, der auch seine Eltern angehören, und leben in seiner Nähe.

Eines Tages, als er etwa zweieinhalb oder drei Jahre alt war, hatte er draußen im Hof mit einigen der anderen Kinder und Erwachsenen gespielt. Zu diesem Zeitpunkt waren ziemlich viele Leute auf den Matten, die ihre Tiefenprozessarbeit machten, und gleichzeitig ging auch die Gruppe weiter, sodass es im Raum sehr voll war und viel vor sich ging.

Er platzte in den Raum und fragte: „Wo ist Jenny?“ (eine junge Frau, die zu seinen guten Freunden gehört).

„Sie ist auf der Matte“, antwortete seine Mutter.

Er stand da, sah sich um, erblickte sie, schnappte sich ein Päckchen Taschentücher und setzte sich neben sie, um ihren Prozess zu begleiten!
Er wusste was zu tun war, wenn er jemanden bei seinem Prozess begleitete.

Wenn Kinder sehen, dass wir unsere Tiefenarbeit tun,
fühlen sie sich frei, ihre eigene zu tun.

Wenn Kinder damit aufwachsen, ihre Tiefenprozessarbeit zu tun und wenn diese respektiert wird, haben sie einige wichtige Werkzeuge für den Umgang mit der Realität an der Hand.

> Erst letzten Monat war eine Zweieinhalbjährige, die mit ihrer Mutter beim Training war und sich schon sehr klar mitteilen kann, äußerst aufgebracht.
>
> „Möchtest du auf die Matte gehen?“, fragte ihre Mutter sie sehr respektvoll.
>
> Sie nickte und die beiden zogen los. Die Mutter saß bei ihr und reichte ihr die Taschentücher. Als sie zurückkamen, war das kleine Mädchen klarer und glücklicher und hatte ihre Gefühle nicht an ihrer Mutter ausgelassen.

Prozesseltern können zeigen, dass es in Ordnung und sehr wichtig ist, Gefühle zu haben, und dass es nicht in Ordnung ist, sie zu unterdrücken und auf anderen abzuladen. Wenn Eltern ihre Genesungsarbeit tun, können sie zeigen, dass es die Möglichkeit gibt zu heilen und zu erkennen, was hinter den Gefühlen steckt und sie dann durcharbeiten.

Prozesseltern können auch demonstrieren, dass sie sich selbst genug respektieren und nicht zulassen, dass andere ihre Gefühle an ihnen auslassen, indem sie dem Kind die Möglichkeit anbieten, auf die Matte zu gehen. Wenn Kinder sehen, dass Eltern Fehler machen – zum Beispiel ausrasten und sich an anderen abreagieren –, anschließend ihre Arbeit tun und hinterher die Verantwortung für ihre Wut übernehmen und Wiedergutmachung leisten, dann lernen Kinder, dass Fehler in Ordnung sind, wenn wir Verantwortung dafür übernehmen und unsere Arbeit tun. Kinder wollen keine perfekten Eltern. Sie brauchen Eltern, die ein Vorbild sind für den Prozess menschlich zu sein und für den Prozess des Lebens. Sie wollen Eltern, die mit ihnen an diesen Prozessen teilnehmen.

Kinder lieben Ehrlichkeit. Sie wissen, dass weder ihre Eltern noch sie selbst perfekt sind. Sie brauchen Fertigkeiten, um aktiv an ihrem Leben teilzunehmen und aus den Prozessen ihres Lebens zu lernen und an ihnen zu wachsen. Gute Eltern zu sein beginnt damit, dass wir unsere eigene Genesungsarbeit tun und die Prozesse der anderen respektieren. Wenn Kinder sehen, wie Eltern sich auf ihre eigene Tiefenprozessarbeit einlassen, wie sie heilen, Wiedergutmachungen leisten und ehrlich sind, dann lernen sie diese Verhaltensweisen. Sie lernen jedoch eine Reihe anderer Verhaltensweisen, wenn sie sehen, dass ihre Eltern ihre Gefühle verstekken und unterdrücken, unehrlich darüber sind, wer sie sind, wenn sie mit sich und anderen respektlos umgehen, wenn sie außenorientiert sind und außerhalb ihrer selbst nach ihrer Bedeutung, ihrer Spiritualität und ihrer Identität suchen. Diese Kinder lernen, außerhalb ihrer selbst nach Hinweisen zu suchen, wie sie sich verhalten und wie sie sein sollten, und dies bedeutet, dass sie ihre Macht abgeben. Angst bestimmt unser Verhalten, wenn wir von unserem Lebensprozess und unserer Spiritualität abgeschnitten sind.

Wir sind so erpicht darauf, unseren Kindern etwas über Mathematik, Naturwissenschaften, Wirtschaft, Kapitalismus, Materialismus und freies Unternehmertum beizubringen. Wertvorstellungen, Spiritualität, Verbundenheit und Realität scheinen uns weniger am Herzen zu liegen. Und es ist schwer, wenn nicht gar unmöglich, etwas zu lehren, was wir nicht kennen.

Ich glaube, die folgende Geschichte ist ein gutes Beispiel für ein prozesshaftes Elternsein:

> Zunächst einmal haben wir gute Nachrichten: Am 10. März ist unser kleines Mädchen, Annika, geboren. Wir sind alle sehr glücklich, dass sie jetzt an unserem Leben teilnimmt. Gleichzeitig ist es eine Umstellung für jeden von uns. Unsere Familiensituation ist jetzt anders und es wird vermutlich einige Zeit dauern, bis wir unseren Rhythmus wiedergefunden haben. Annika wurde zuhause geboren und das war eine wirklich gute Erfahrung für mich. Ich hatte viel Unterstützung. Christel kümmerte sich um Tobias. Ich hatte zwei

Hebammen (eine davon ist meine Sponsorin), Jenny war da (Lois' Tochter) und natürlich Gerd. Für mich war es eine sehr schöne und unterstützende Atmosphäre. Und ich erlebte die Geburt ganz anders als die von Tobias. Bei Tobias hatte ich bzw. nahm ich mir nicht so viel Unterstützung – damals stand ich einfach woanders. Während des Geburtsprozesses fühlte ich mich damals sehr lange als Opfer meiner Schmerzen. Und dies verschlimmerte den Schmerz noch. Bei Annika fühlte ich mich nicht mehr als Opfer und konnte wirklich die Erfahrung machen, wie ich mich durch die Prozessarbeit verändert habe. Ich konnte mir erlauben, jedes Gefühl, das ich hatte, zu äußern (Wut, Schmerz ...) und das war erleichternd. Und ich konnte an diesem Geburtsprozess wirklich teilnehmen.

Ja, ich bin dankbar für diese Arbeit. Auch für Tobias – wir konnten die Früchte dieser Arbeit sehen. An unser Schreien oder an alle möglichen Geräusche, die wir auf der Matte machen, war er gewöhnt. Und er schien sehr gut für sich zu sorgen. Immer wieder mal schaute er zu mir ins Zimmer und manchmal blieb er für eine Weile. Wenn er wieder genug hatte, ging er wieder zu Christel und schien die Zeit mit ihr zu genießen. Nur als das Baby da war, wollte er es halten und dabei sein. Ich bin sehr glücklich und dankbar, dass alles so gut verlief. BRIGITTE

Wir können Kinder als Prozess respektieren und ihren Prozess respektieren. Wir können das, was wir predigen, leben und praktizieren. Wir können die Idee von Kindern als unseren Besitz und die Illusion von Kontrolle loslassen. Wir können aufhören, unsere Kinder zu formen und sie als Rechtfertigung für unsere Entscheidungen zu missbrauchen.

Wir müssen so intensiv wie möglich an unserem eigenen Lebensprozess teilnehmen und es als Privileg akzeptieren, dass wir als Gäste an den Prozessen unserer Kinder teilnehmen dürfen.

Unsere Eltern erziehen

Prozesshaftes Elternsein verläuft in zwei Richtungen: Eltern haben die Verantwortung, für ihre Kinder zu sorgen und sie zu lehren; Kinder haben die Verantwortung, ihre Eltern zu lehren und für sie zu sorgen.

Im Laufe der Jahre ist mir bewusst geworden, dass es dort draußen in der Welt viele unerzogene Eltern gibt. Das sind Eltern, die ihre erwachsenen Kinder ohne Respekt behandeln und glauben, ihre Kinder seien immer noch „ihre Kinder", die sie dominieren und kontrollieren müssen.

Als Psychotherapeutin habe ich früher unendlich lange einigen meiner Klienten zugehört, die in wahrer Opfermanier klagten: „Meine Eltern haben dies nicht gemacht... Sie haben mir dies oder jenes angetan... Meine Eltern haben mich nicht geliebt..." Heute weiß ich, dass es nicht darum geht, was Eltern getan oder nicht getan haben. Die Frage ist, was jede und jeder einzelne von uns tun muss, um von dem, was auch immer die Eltern getan oder nicht getan haben, zu heilen. Wir können den Eltern die Schuld geben, was leider wenig oder keine Heilung nach sich zieht. Oder wir können unsere Arbeit darum tun, was immer das Leben uns beschert hat, und dabei wissen, dass wir die Möglichkeit haben, von allem zu heilen. So einfach ist das.

In diesem Zusammenhang ist es wichtig zu erwähnen, dass wir die Verantwortung haben, unsere Eltern zu erziehen. Zugegeben, einige von uns hatten ziemlich widerspenstige Eltern und für uns als Kinder waren sie vielleicht ganz schöne Brocken. Dennoch tragen wir als Erwachsene weiterhin eine gewisse Verantwortung.

Ich kenne einen Mann, der sich entschlossen hatte, keinen Kontakt zu seiner Familie haben zu wollen, während er sich darauf konzentrierte, an bestimmten Themen seiner Heilung und Spiritualität zu arbeiten. Er brauchte Zeit für sich. Also rief er seine Familie an, um ihr dies mitzuteilen und sie darum zu bitten, seine Wünsche zu respektieren. Als die Zeit verstrich und die Familie nichts von ihm hörte, war sie ihren eigenen Fantasien überlassen (was immer gefährlich ist). Anstatt ihre eigene Tiefenprozessarbeit zu tun und sich mit den Gefühlen, die in ihnen hochkamen, auseinander zu setzen, machten sie sich gegenseitig verrückt, bis sie fast durchdrehten. Sie waren überzeugt, dass er einer Gehirnwäsche unterzogen wurde und irgendeiner Sekte angehörte.

In diesem dramatischen Zustand riefen sie seine Frau an und drohten indirekt damit, sie würden kommen und „ihren Sohn" entführen. Er war siebenunddreißig Jahre alt! Dies ist offensichtlich ein Fall von nicht erzogenen Eltern, die keinen Respekt vor ihrem Sohn oder seinem Prozess zeigten.

Seine Frau hielt sich aus alldem heraus und sagte, dies seien seine eigenen Angelegenheiten, und wenn seine Eltern ihn entführen wollten, müsse er sich damit auseinandersetzen. Das sei nicht ihre Sache und sie würde ihn in Ruhe lassen. Nicht erzogene Eltern leben oft im Drama.

Als Mutter ist mir bewusst, dass meine Kinder gleich nach ihrer Geburt damit begannen, mich zu erziehen. Sie ließen mich sehr schnell wissen, was sie brauchten und was nicht. Meine Verantwortung war es, das größere Bild zu sehen und ihren Prozess zu schützen und zu unterstützen. Als beispielsweise mein erstes Kind, meine Tochter, feste Nahrung zu essen begann, wollte ich sie langsam mit den verschiedenen Nahrungsmitteln bekannt machen. Sie war eine gute Esserin und es machte Spaß, sie zu füttern. Ich werde jedoch nie den Vorfall mit der Roten Beete vergessen. Sie hatte immer mit Begeisterung neues Essen ausprobiert und diese Versuche fühlten sich für uns beide wie ein Abenteuer an. Bis die Rote Beete kam! Ich liebe die Farbe, den Geschmack, die Konsistenz von

Rote Beete. Ich liebe Rote Beete einfach, und deshalb ging ich davon aus, dass auch sie sie mögen würde. Ich gab ihr einen Löffel davon und sie sah geschockt aus. Als nächstes spuckte sie mich von oben bis unten damit voll. Ich war entsetzt. Ich überprüfte die Temperatur um auszuschließen, dass die Rote Beete weder zu heiß noch zu kalt war, sondern so wie das andere Essen. Ich versuchte es mit einem weiteren Löffel – nur um sicher zu gehen – und wurde wieder vollgespuckt. Für uns beide war das Thema Rote Beete damit beendet. Ihre Botschaft war klar und direkt. Mir war klar: Sollte sie jemals wieder Rote Beete probieren wollen, so würde das am Familientisch sein und zwar dann, wenn sie es von sich aus wollte.

Ich habe auch bemerkt, dass einiges von dem, was meine Kinder mir beigebracht haben, noch heute in mir lebendig ist. Als Babys – heute sind sie siebenunddreißig beziehungsweise einunddreißig Jahre alt – liebten sie es, wenn ich mich bewegte, während ich sie auf dem Arm trug. Weinten sie, so stand ich oft da und wiegte sie von einer Seite zur anderen, und dann wurden sie gleich ruhig. Heute noch beginne ich mich hin und her zu bewegen, wenn ich ein Baby weinen höre. Meine Kinder nahmen die Erziehung ihrer Eltern sehr ernst.

Einige Jahre bevor mein Vater starb, hatte ich ein Erlebnis mit ihm, von dem ich glaube, dass es ein gutes Beispiel für einen gut erzogenen Vater ist. Und ich möchte an dieser Stelle auch sagen, dass ich das Glück hatte, leicht erziehbare Eltern zu haben.

Vor einiger Zeit kaufte ich ein Stück Land. Ich hatte noch nie zuvor so viel für etwas bezahlt. Ich nahm das alleine auf mich und kaufte es aus Vertrauen heraus. Ich hatte einen Zehn-Jahres-Kredit dafür aufgenommen und etwa die Hälfte zurückbezahlt, als eine der „Energiekrisen“ hereinbrach und Angst vor einer Wirtschaftsdepression aufkam.

Mein Vater hatte die Wirtschaftskrise in den Dreißiger Jahren erlebt und wie viele Menschen seiner Zeit hatte er eine immense

Angst vor solchen Wirtschaftsdepressionen. Ohne dass ich es wusste, war er in Sorge, ich könnte mein Land verlieren. Nachdem er eine Weile darüber „gebrütet" hatte, rief er mich an und fragte, ob ich bereit sei, bei ihm vorbeizukommen; er müsse mit mir reden. Er lebte eine Autostunde entfernt. Ich war gespannt darauf, ihn zu sehen und zu hören, was er wollte und fuhr am nächsten Abend hin.

Er begann sehr respektvoll. Er sagte, dass er mir wirklich vertraue und wisse, dass ich kompetent und verantwortungsbewusst sei. Er sagte mir auch, er wolle sich nicht in meine Angelegenheiten einmischen. Ebensowenig wolle er, dass ich glaube, er vertraue mir nicht. Ich konnte mir nicht vorstellen, worauf er hinaus wollte und sagte ihm, dass ich all dies wisse. Dann sagte er, er habe über mein Land und die mögliche Wirtschaftsflaute nachgedacht – er habe Angst, ich würde es verlieren. Dabei übernahm er die Verantwortung für seine Angst. Er fragte sich, ob ich irgendwelche Vorkehrungen getroffen hätte.

Ich war tief berührt von seiner Besorgnis und fühlte mich geehrt von der respektvollen Art und Weise, wie er mich behandelte, und sagte ihm das. Dann sagte ich ihm, dass ich ihm gerne erzählen würde, welche Vorsichtsmaßnahmen ich ergriffen hatte. Und dann machten wir uns an die Arbeit und gingen zusammen alle Einzelheiten durch.

Als wir damit fertig waren, sagte er, er sei erleichtert und sehr stolz auf mich. Und ich fühlte mich respektiert und geliebt. Ich sagte ihm, auch ich sei erleichtert. Es war gut, dass wir alle meine Überlegungen noch einmal durchgegangen waren und ich schätzte seine Besorgnis und seine Weisheit. Wir umarmten einander, plauderten über dies und das, und beendeten das Ganze mit einem wunderbaren Essen. Er war kein unerzogener Vater. Ich war keine unerzogene Tochter. Jeder übernahm die Verantwortung für die eigenen Gefühle und respektierte den eigenen Prozess und den des anderen.

Eltern wie Kinder werden sich alles Mögliche herausnehmen und damit durchkommen, wenn man ihnen nicht beigebracht hat, den Prozess des anderen zu respektieren. Manchmal haben die Kinder eine lebenslange Aufgabe vor sich.

Natürlich können wir alles, was wir als Eltern und als Kinder lernen, auf alle unsere Beziehungen anwenden.

Leben im Prozess lehrt Kinder, dass sie hinsichtlich ihres Lebensprozesses (ihrer Spiritualität) alles in sich tragen, was sie brauchen, um ihr Leben zu leben. Dieses tiefe innere Wissen ist das größte Geschenk, das wir ihnen geben können. Wir werden es ihnen nicht lehren können, wenn wir es nicht selbst kennen und nicht selbst leben können.

Kapitel 11

Gemeinschaft

Das Bewusstsein für Gemeinschaft und die Teilnahme daran wird immer wichtiger, wenn wir lernen im Prozess zu leben. Wie ich bereits sagte: Je mehr wir die Person werden, die wir sind, und je mehr wir unsere Genesungsarbeit tun und unsere Spiritualität leben, desto mehr erlangen wir das Wissen, dass wir im Kontext leben und nur im Kontext wahrhaft leben können. In den fünfziger und sechziger Jahren gab es einen Song, der John Donnes berühmten Satz „Kein Mensch ist eine Insel“ aufgriff und diese Wirklichkeit zum Ausdruck brachte. Die Gefühle, die in diesem Lied ausgedrückt werden, gelten auch heute und sind sehr wichtig, da wir dazu neigen uns zu isolieren.

Gemeinschaften existieren, ob wir an ihnen teilnehmen oder nicht. Tatsache ist, dass es sie gibt. Die meisten von uns gehören verschiedenen Gemeinschaften an, die sich oft überlappen. Wir bilden eine Gemeinschaft mit den Menschen, mit denen wir zusammenleben; wir gehören gesellschaftlichen Gemeinschaften und Gruppen an; wir haben eine Gemeinschaft mit den Menschen, mit denen wir zusammenarbeiten; und wir sind Mitglieder spiritueller Gemeinschaften. In einigen Gemeinschaften treffen wir die gleichen Mitglieder, in anderen gibt es vielleicht Personen, mit denen wir in unserem Leben sonst nicht zusammenkommen. Trotzdem sind es Gemeinschaften.

Benjamin erzählte mir über seine Zeit als Assistent des Herausgebers einer wichtigen Großstadtzeitung. Er hatte die Aufgabe, die Spielergebnisse in der Sportbeilage zu bearbeiten und telefonische Anfragen zu beantworten. Er sagte, er persönlich hatte keine Vorstellung davon, dass sie eine Gemeinschaft bildeten und über ihre jeweilige Arbeitsfunktion und Aufgabe hinaus eine Verantwortung oder eine Verbindung hätten. Seines Wissens die anderen Angestellten auch nicht.

Die Angestellten kamen zur Arbeit und erledigten ihren jeweiligen Job. Sie hinterfragten jedoch nie das Gesamtkonzept oder ihre

Gemeinschaft bei der Zeitung. Benjamin sagte, es war ihnen nicht bewusst, Teil von etwas zu sein, das größer ist als ihr jeweiliger Job. Ihm sei es nie in den Sinn gekommen, sich verantwortlich zu fühlen für die Haltung der Zeitung oder für die Tatsache, dass so viele Bäume zur Zeitungsherstellung verbraucht würden oder für das Wohlergehen der Arbeiter insgesamt.

Er glaubte, solche Fragen lägen „außerhalb seiner Verantwortung". Die Angestellten, die er kannte, lebten alle mit der Illusion, keiner größeren Gemeinschaft anzugehören. Sie erledigten ihre Arbeit und wenn es um Fragen ging, die über ihre spezielle Aufgabe oder ihre jeweilige Abteilung hinausgingen, übernahmen sie keinerlei Verantwortung. Er gehörte zur Gemeinschaft der Zeitungsmacher, doch sah er sich nie an irgendetwas anderem als seinem eigenen begrenzten Arbeitsbereich teilnehmen.

In den modernen Gesellschaften ist es zu einem alarmierenden Zusammenbruch von Gemeinschaften gekommen. Wie bereits erwähnt: Wenn Kolonisatoren in ein Land einfielen, töteten sie nicht nur die Einheimischen durch Krankheit und Gewalt, sondern waren immer auch darauf bedacht, deren Gemeinschaft zu zerbrechen. Die wirksamste Art eine Kultur zu zerstören, besteht darin, die Sprache, die Spiritualität und die Gemeinschaft zu zerstören, was durch die Einführung von Alkohol und Drogen noch unterstützt wird. Diese Taktik der Zerstörung wurde und wird auch heute noch auf der ganzen Welt praktiziert.

Eine wesentliche Störung, die wir heute in der modernen Gesellschaft erleben, ist der fehlende, vermittelnde Prozess zwischen der Kernfamilie und der Gesellschaft. Wenn wir die Tatsache akzeptieren, dass die Kernfamilie unmöglich die Bedürfnisse ihrer Mitglieder erfüllen kann, können wir klarer erkennen, wie wichtig Gemeinschaft ist und die Förderung gesunder Gemeinschaften. Ist die Kernfamilie dysfunktional – was statistisch gesehen zutrifft –, so bedeutet das, dass wir zur Errichtung der

Gesellschaft dysfunktionale Bausteine benutzen, ohne funktionierende vermittelnde Prozesse oder Strukturen dazwischen zu schalten. Aufgrund dieser Realität können wir erkennen, warum wir keine sehr funktionsfähige Gesellschaft geschaffen haben. Wir müssen das Thema Gemeinschaft ernst nehmen.

In den letzten Jahren habe ich ein wachsendes Interesse und ein vertieftes Bewusstsein für die Notwendigkeit funktionierender Gemeinschaften beobachtet. Leider sind viele Versuche nicht mehr als das: Versuche, Gemeinschaften zu strukturieren und aufzubauen. Dieser Ansatz basiert auf den gleichen Annahmen, die bei der mechanistischen Methode angewandt werden, um Leute „wieder in Ordnung zu bringen". Dabei sehen wir die alte Annahme der „Form als Kick" auf das „Problem" angewandt. Wir diagnostizieren das Problem und gehen davon aus, eine mechanistische Anpassung wäre die Lösung. Wie im Falle von Individuen, Beziehungen und Familien ist die Lösung nicht mechanistisch. Die Lösung ist ein Prozess. Was geschieht, wenn wir unser neues Paradigma, unsere Art zu leben, unseren Weg der Seele in unsere Gemeinschaften einbringen?

Alle grundlegenden, in Kapitel 4 beschriebenen Wahrheiten treffen auf Gemeinschaften ebenso zu wie auf Individuen. Wie in Kapitel 7 dargelegt, sind Individuen die wahren Bausteine aller Prozess-Sphären, bis hin zur unendlichen Wahrheit. Außerdem existieren wir als Einzelne ebenso wie in einer Gesamtheit. Wir können wirklich niemanden und nichts ändern außer uns selbst. Wenn wir also uns selbst ändern, durchdringen diese Änderungen alle Sphären unserer Existenz. Wenn wir ehrlich sind mit uns selbst, mit unserer Familie und in unseren Beziehungen, wird sich diese Ehrlichkeit auch in unseren Gemeinschaften zeigen.

Gemeinschaften werden nicht erbaut, sie entstehen.

Wenn wir mehr in Verbindung mit uns selbst und unserer Spiritualität kommen, beginnen wir tief in unserem Innern zu erkennen, dass wir Teil größerer und größerer Einheiten sind. Wir beginnen zu erkennen, dass wir die gleichen grundlegenden Wahrheiten, die wir auf der persönlichen Ebene leben, auch auf der Ebene unserer Gemeinschaften praktizieren müssen.

In Gemeinschaft leben

Wir alle gehören Lebensgemeinschaften an und wir leben in Gemeinschaft.

Vor einigen Jahren hatte Tracy ihren – wie Familie und Freunde es lachend und liebevoll nannten – „Rasenmäher-Kick". Ihre Nachbarn hatten es für nötig befunden, einen ornamentalen Eisenzaun zwischen Tracys und ihrem Grundstück zu errichten, nachdem sich ihr Grundstück durch eine neue Landvermessung um etwa eineinhalb Meter vergrößert hatte. Die Grenze zwischen den beiden Häusern wurde früher durch eine Reihe von Fliederbüschen markiert, die hundert Jahre lang genügt hatten und jetzt als unzureichend und ungenau bemängelt wurden. Da nun ein Zaun die Grenze markierte, stand die eine Hälfte der Betonbefestigungen für den Zaun, den sie nicht einmal mochte, in Tracys Garten. Sie hatte Zäune noch nie gemocht. Jedenfalls ragten zwei der Betonfundamente aus dem Boden und waren immer mit Gras bedeckt. Der Student, der bei ihr wohnte, mähte immer den Rasen und als der zweite Rasenmäher, den sie besaß, wieder an einen Betonfuß stieß und kaputt ging, begann sie sich über die Bedeutung elektrischer Rasenmäher Gedanken zu machen. Kurze Zeit später wurde der Rasenmäher für sie ein Symbol für die Krise der Gemeinschaft in unserer Gesellschaft.

Jeder ihrer Nachbarn besaß einen elektrischen Rasenmäher und außerdem Schubkarren, Schredder und Gartengeräte. Sie benutzte ihre Geräte alle ein oder zwei Wochen für eine Stunde, und ihre

Nachbarn machten es ebenso. „Warum braucht jeder seinen eigenen Rasenmäher?“, fragte sie sich. „Wäre es nicht sinnvoller, einen gemeinsamen Rasenmäher für die ganze Nachbarschaft zu haben? Wir würden alle weniger Ressourcen verbrauchen und könnten das gesparte Geld für etwas Wichtiges ausgeben. Wir kämen mit unseren Nachbarn öfter in Kontakt, weil wir uns miteinander wegen des Rasenmähers absprechen müssten“, so ihre Argumente. „Wir hätten viel mehr Möglichkeiten, unsere grundlegenden Lebenswahrheiten zu praktizieren, beispielsweise auf unserer Straßenseite zu bleiben, ehrlich zu sein, Kontrolle loszulassen, im Kontext zu leben – um nur einige zu nennen. Dies alles wäre möglich, wenn wir uns einen Rasenmäher teilen würden.“ Der Rasenmäher wurde zu ihrem Symbol für Probleme, die wir durch eine Änderung unserer Sichtweise lösen könnten.

Offensichtlich müssten wir nicht so viel Geld verdienen, wenn wir keine Rasenmäher kaufen müssten. Die Vorteile für die Gemeinschaft würden die individuellen Einschränkungen bei weitem überwiegen. Wir müssten uns nicht so viele Sorgen um Arbeitsplätze und die Wirtschaft machen, wenn wir unsere Ressourcen miteinander teilen würden.

Was bedeutet es, in Gemeinschaft zu leben? Zusammenzuleben mit den Menschen, die wir kennen, heißt die Menschen zu kennen, mit denen wir zusammenleben. Die anderen zu kennen und selbst gekannt werden sind zwei unserer größten Bedürfnisse und gleichzeitig zwei der größten Horrorvorstellungen in unserer Gesellschaft. Wir müssen gekannt werden. Wir möchten, dass man uns kennt. Gemeinschaften bieten uns die Möglichkeit, Menschen in einem größeren Ausmaß zu kennen und selbst gekannt zu werden. Wir haben die Fähigkeit denen, die in unserer Nähe leben, nahe zu sein. Wir mögen vielleicht nicht alle Menschen in unserer Lebensgemeinschaft lieben und mit ihnen übereinstimmen, doch können wir lernen sie zu lieben und zu achten, indem wir unsere Unterschiede ehren.

Ich habe schon oft gesagt, dass wir die Probleme des Planeten auf eine Kernfrage reduzieren können, und diese lautet: *Können offene Systeme, die das Existenzrecht geschlossener Systeme bejahen, überleben, wenn die Quintessenz eines geschlossenen Systems darin besteht, Kontrolle auszuüben und alles Andersartige zu zerstören?*

Unsere Lebensgemeinschaften geben uns die Möglichkeit zu üben, aus einem offenen System heraus zu leben. Offene Systeme sind im Grunde prozessorientierte Systeme. Sie heißen Veränderung willkommen, vermeiden Kontrolle und respektieren Unterschiede. Wenn Menschen lernen ihren eigenen Prozess zu leben, werden sie offener und verletzlicher, während sie gleichzeitig stärker werden. Wenn wir unseren Prozess leben, erkennen wir Unterschiede als Möglichkeiten zu wachsen an und heißen sie willkommen. Wenn wir lernen unseren Prozess zu leben, weitet sich unser Verständnis für das Prinzip, dass wir alle gleich und miteinander verbunden sind. Es dehnt sich aus auf unsere persönlichen Beziehungen, Familien, Gemeinschaften und darüber hinaus, weil wir beginnen ein Einssein zu erfahren, dessen Ebenen uns zuvor nie zugänglich waren. Wenn wir unsere Spiritualität leben, weitet sich unsere Welt.

Wenn wir wirklich beginnen in Gemeinschaft zu leben, stellen wir fest, dass unsere Möglichkeiten teilzunehmen und Dienst zu tun sprunghaft ansteigen.

Vor zwei Jahren gab es in unserer Nachbarschaft eine Ausschreibung für ein großes Einkaufszentrum. Das Dorf, in dem wir leben, war vor Jahren sorgfältig geplant worden und wies nur zwei erweiterbare Gewerbegebiete aus. Das übrige Land sollte Wohngebiet bleiben. Das geplante Einkaufszentrum lag mitten in einem Wohngebiet. Ich ging zu einer Bürgerversammlung und stellte fest, dass fast die gesamte Gemeinschaft gegen den Plan war. Die Planer beharrten jedoch darauf, die älteren Mitbürger würden ihn befürworten.

Als ich von dem Vorhaben hörte, war ich sofort dagegen. Doch ich war vorsichtig, denn ich habe die Meinung der Ältesten immer respektiert. In meiner Nachbarschaft leben viele Älteste, und so entschloss ich mich in jedes Haus zu gehen und mir anzuhören, was sie zu sagen hatten. Ich fand mich mitten in einer Täuschungskampagne wieder. Offensichtlich hatte man den Leuten gesagt, ein ganz kleines Einkaufszentrum mit einer Bank solle gebaut werden. Tatsache war, dass ein riesiges Einkaufszentrum geplant war, größer als alle anderen in der Umgebung. Und ob es eine Bank gäbe, stand noch nicht fest. Alle Senioren sagten, sie seien hauptsächlich an einer Bank interessiert. Sie hätten sie am liebsten in der Nähe der Post, da wir keinen Zustelldienst haben. Das Gebiet in der Nähe der Post ist eines der beiden Gewerbegebiete.

Wie es sich herausstellte, unterstützte keine/r der Ältesten den Plan eines Einkaufszentrums. Sie waren sogar sehr dagegen, da viele von ihnen auf der Straße spazieren gingen, auf der ein starker Verkehr von täglich mehr als 150 zusätzlichen Fahrzeugen fließen sollte. Viele Senioren unterschrieben die Petition gegen das Projekt. Einige hatten Angst ihre Meinung zu äußern und sagten mir es sei gefährlich, sich gegen Wirtschaft, Expansion und „Entwicklung“ zu stellen, weil doch nur Geld eine Rolle spiele.

Sie hatten recht. Kurz danach drohte man mir mit einer juristischen Anklage, die einer der Projektentwickler in einer damit scheinbar nicht zusammenhängenden Sache gegen mich erhob. Es war klar, dass die Anklage unhaltbar war, und ich war gezwungen, mir einen Rechtsanwalt zu nehmen und sogar mehr Geld zu meiner Verteidigung auszugeben.

Geschlossene Systeme ziehen oft vor Gericht oder drohen mit einer Klage, um ihre Illusion von Kontrolle aufrechtzuerhalten.

Heute liegt das Einkaufszentrum „auf Eis".

Über die Jahre habe ich gesehen und erlebt, wie das System gegen Gemeinschaften ankämpft und uns oft bestraft für den Versuch, Gemeinschaften aufzubauen oder zu erhalten.

Anfang der neunziger Jahre kaufte eine Gruppe von uns ein altes Hotel mit heißen Quellen in Montana, USA, als Zentrum für die Leben-im-Prozess-Arbeit. Wir wollten einen Ort für eine zeitlich unbegrenzte Lebensgemeinschaft haben, wo Menschen hingehen könnten um zu leben, zu heilen und ihre Genesungsarbeit zu tun. Wir wollten einen Ort ohne professionelle Helfer und Helferinnen in einer natürlichen, heilenden Umgebung. Boulder Hot Springs war der perfekte Ort.

Die Gesellschafter und Gesellschafterinnen entschieden sich für eine juristische und finanzielle Gesellschaftsstruktur auf der Basis von Vertrauen und der Leben-im-Prozess-Prinzipien. Wir luden einen bekannten Rechtsanwalt und einen Finanzberater zu uns ein. Nachdem wir drei Tage miteinander gesprochen hatten, waren sie beeindruckt und mussten auch weinen.

„Die gesetzlichen, steuerrechtlichen und finanziellen Systeme stehen im Widerspruch zu Vertrauen, Wahrhaftigkeit und Gemeinschaftssinn. Gesetzlich ist das, was Sie wollen, unmöglich. Wir werden tun, was wir können <u>und</u> die Möglichkeiten innerhalb der uns zur Verfügung stehenden Grenzen sind sehr begrenzt" – so die übereinstimmende Aussage unseres Finanzexperten und des Rechtsanwalts.

Wir sind immer noch in dem alten Hotel mit den heißen Quellen. Es gibt dort eine starke Lebensgemeinschaft und die Menschen aus der Umgebung suchen es gerne auf. Einige der anfänglichen Eigentümer sind ausgezogen und die verbleibenden engagieren sich immer mehr in der ständig wachsenden weltweiten Gemeinschaft.

Ist es ein Wunder, dass wir auf der Ebene von Gemeinschaft in einer Krise stecken? Uns wird beigebracht, dass wir einander nicht trauen können und auch unsere Gesetze sagen dies. Wir sollen Geld an erste Stelle setzen, uns isolieren und versuchen, unsere eigene kleine Welt zu beherrschen und zu kontrollieren.

Leben im Prozess bietet ein anderes System an, das keine Grenzen kennt.

Wir brauchen Lebensgemeinschaften, die uns als Einzelne, als Eltern, als Menschen unterstützen. Lebensgemeinschaften und unsere Teilnahme daran ergeben sich, wenn wir unseren Prozess wirklich leben.

Soziale Gemeinschaften

Wo vergnügen wir uns? Mit wem vergnügen wir uns? Mit welchen Leuten entscheiden wir uns, unsere Freizeit zu verbringen? Alle diese Bereiche bieten die Möglichkeit gemeinschaftlich zu leben.

Wie vergnügen wir uns heutzutage? Ich denke gleich an Filme, ans Theater, Cocktailparties, Sportveranstaltungen und Fernsehen. Keines davon führt unbedingt zum Entstehen einer Gemeinschaft, obgleich einige dieser Aktivitäten oberflächliche Interaktionen zulassen.

Gemeinschaftliches Tun auf sozialer Ebene ist in den Großstädten – außer bei den oben erwähnten Aktivitäten – so gut wie ausgestorben, doch wie viele Menschen strömen zu Volksfesten, wenn es sie gibt!

Ich machte eine erstaunliche Erfahrung, als ich im Ausland war und die Einladung eines Berufskollegen annahm, der mir anbot, in seinem schönen Haus zu übernachten.

Ich mochte ihn. Da die Zeit miteinander sehr hektisch gewesen war, ging ich davon aus, wir könnten bei dieser Gelegenheit miteinander plaudern und uns austauschen.

Wir kamen kurz vor dem Abendessen an, und da ich wusste, dass mein Gastgeber Zeit mit seiner Frau und seinem Kind verbringen wollte, beschloss ich mich auf mein Zimmer zurückzuziehen und auszuruhen.

> Ich freute mich auf ein gemeinsames Abendessen und ein langes, gemütliches Gespräch. Als ich zum Tisch kam, hatten sich der Mann und seine Tochter gerade zu Tisch gesetzt und aßen. Als seine Frau kam, hatte ich mich gerade gesetzt. Als ich mit dem Essen begann, waren der Mann und seine Tochter mit dem Essen fertig und standen auf. Die Frau aß ebenfalls und ging dann weg, während ich noch nicht fertig war. Ich war bestürzt über ihr Benehmen. Dieses Abendessen war bestimmt nicht das, was ich ein geselliges Beisammensein nennen würde.

Ich habe bemerkt, dass ich langsamer werde, wenn ich in Verbindung mit mir bin, und dass mich Herumhetzen von meinem Prozess abhält.

Für einige von uns ist unsere soziale Gemeinschaft der Lebensmittelhändler, die Verkäuferin in der Boutique, der Apotheker, der Wirt in der örtlichen Kneipe, der Blumenhändler sowie die Empfangsdame, die Kassiererin und die Bedienung unseres Lieblingsrestaurants geworden. Früher hätte ich noch die Verkäufer im Buch- und Schallplattenladen dazugezählt. Diese Läden sind jedoch so groß geworden, dass uns mittlerweile in den meisten dieser Einrichtungen niemand als Kunde mehr kennt. Bistros können uns die Illusion geben, inmitten einer Gemeinschaft zu sitzen, während wir dort tatsächlich die Möglichkeit haben, auf sehr angenehme Weise vor Nähe zu flüchten. Überbeschäftigte Leute versuchen immer, gesellige Aktivitäten mit anstehenden Pflichten zu verbinden. Bauernmärkte, Flohmärkte und Einladungen zum Essen bieten mehr persönlichen Austausch.

Was passiert mit unserem sozialen Leben, wenn wir im Prozess leben? Ganz einfach: Es entwickelt sich.

Als ich selbst klarer wurde, fasste ich den Entschluss, meine Zeit nur mit Menschen zu verbringen, die sich über meine Gesellschaft freuen und in deren Gesellschaft ich mich freue. Ich bin immer wieder erstaunt, wie viele Menschen das sind.

Ich kann natürlich auch um andere Leute herum sein – und wenn ich wirklich Spaß haben möchte, bin ich gerne unter Menschen, die offen und ehrlich sind, Verantwortung für sich übernehmen und mit denen es Spaß macht zusammen zu sein. Ich vergnüge mich gerne und mache das auf alle möglichen Weisen. Ich liebe es, Menschen in meinem Leben zu haben, die mit mir Spaß haben.

Arbeit

Keine Diskussion über Leben im Prozess wäre vollständig ohne eine Erörterung des Themas Arbeit und wie wir unsere persönlichen Erfahrungen, unser Wissen und unsere Weisheit auf unsere Arbeit übertragen können.

Leben im Prozess ist nicht
auf das Persönliche beschränkt. Wir haben
die Möglichkeit, in jedem Aspekt unseres
Lebens prozesshaft zu leben.

In der westlichen Welt habe ich gelernt, mit dem Unwichtigen zu leben und das Wichtige hinter mir zu lassen.

Anonym

Das Praktische sollte immer im Dienst des Wichtigen stehen.

Einige von uns unterscheiden zwischen Arbeit und Berufung und glauben, Arbeit sei die Art und Weise, wie wir unseren Lebensunterhalt verdienen, während Berufung darin bestehe, unser Lebenswerk zu tun. Wenn man im Prozess lebt, macht es wenig oder gar keinen Sinn, uns so zu unterteilen. Ein Prozess ist ein Prozess. Prozesse können nicht unterteilt werden.

Wenn wir im Prozess leben, machen wir die Arbeit, die sich vor uns entfaltet, wenn wir unser Leben leben, und wir bekommen, was wir für ein Leben in spiritueller Fülle brauchen. Materieller Reichtum oder bestimmte Ziele oder Vorhaben sind unwichtig. Leben im Prozess bedeutet, dass wir im Glauben und Vertrauen darauf leben, dass wir alles, was wir brauchen, bekommen werden. Und wir müssen die Verantwortung für unser materielles Wohlbefinden übernehmen und uns nicht von ihm beherrschen lassen.

Vertrauen in unseren Prozess bedeutet nicht, dass wir herumsitzen und darauf warten, dass etwas geschieht. Nein, ganz im Gegenteil. Wenn wir im Prozess leben, arbeiten wir oft sehr intensiv. Wir müssen unsere Fußarbeit machen und uns an unserem Leben beteiligen. Da Leben im Prozess ein Leben des Teilnehmens ist, begrüßen wir die Möglichkeit, an unserem Leben teilzunehmen und es zu leben, was beinhaltet, dass wir unsere persönliche Genesungsarbeit tun und unseren Beitrag leisten.

Ein Freund von mir, der ein indianischer Medizinmann ist, drückte das sehr gut so aus: „Als ich noch trank, machte ich alles nur für mich und das funktionierte nicht gerade gut. Als ich nüchtern wurde, erkannte ich, wer mein Chef ist. Mein Chef ist der große Typ da oben. Und seitdem ich das erkannt habe, tu' ich einfach, was Er will, und jetzt läuft alles bestens."

Viele von uns, die ein inneres Wissen über die Natur unserer Arbeit haben, besitzen diese Weisheit seit ihrer frühen Kindheit. Tatsächlich wussten einige von uns, was unsere Arbeit sein würde, bevor sie Worte hatten, sie zu beschreiben.

Leider erhalten die wenigsten von uns die Art von Erziehung, die uns die Sprache unseres Inneren oder die Sprache des Schöpfers lehrt. Es ist traurig, wenn uns zu Hause und in der Schule beigebracht wurde, das Flüstern unserer Seele zu unterdrücken, es abzuschalten und auszublenden.

Es ist sehr schwer, dem zuzuhören, was wir nicht hören können!

Unsere Intuition, unser inneres Wissen, unsere Ahnungen sind allesamt höchst notwendig um herauszufinden, was unsere Aufgabe ist. Jede und jeder von uns hat eine einmalige Aufgabe; wir müssen sie nur finden.

Materialismus

Auf der Suche nach unserer Lebensaufgabe ist Materialismus eines der größten Hindernisse. Wenn wir in einer Gesellschaft leben, die davon ausgeht, die alleinige Realität sei äußerlich und alles, was erfahren werden könne, sei nur über die Sinne zu erfahren, dann konzentrieren wir uns bei unserer Arbeit ausschließlich auf das Materielle. Wir erwarten die Befriedigung aller unserer Bedürfnisse von der materiellen Welt. Je größer die Leere in uns wird, desto verzweifelter wenden wir uns dem zu, von dem uns gesagt wurde, es würde uns helfen uns besser zu fühlen. Vielleicht hat Jesus das gemeint, als er sagte, es sei schwieriger für einen Reichen ins Himmelreich zu kommen, als für ein Kamel durch ein Nadelöhr zu gehen. Hinsichtlich der Rolle von Geld und Armut herrscht in unserer Kultur eine große Verwirrung.

Eine der am weitesten verbreiteten Süchte in unserer Gesellschaft ist die Geldsucht. Interessanterweise bezieht sich die Sucht im Grunde nicht auf Geld an sich. Das wäre einfacher. Die Kernsucht scheint der Prozess des Geldanhäufens zu sein. Es spielt keine Rolle wie viel wir haben, wir haben nie genug. Einer der Grundpfeiler unserer Kultur, der von Geld vollkommen besessen zu sein scheint, sind unsere religiösen Einrichtungen. Der Dualismus von Reichtum und Armut ist in der westlichen Religion eine Quelle fortwährender Besessenheit und Kontroverse. Die Kirchen behaupten, Kirchen der Armen zu sein und häufen gleichzeitig riesige Vermögen an. Menschen, die für die Kirche arbeiten, scheinen in dem Dualismus gefangen zu sein, entweder Geld zu verachten oder davon besessen zu sein. In der westlichen Kultur gibt es den ungebrochenen Glauben, Gott schätze große Bauwerke.

Geld kann unsere Bedürfnisse niemals befriedigen. Es kann uns eine gewisse Beruhigung verschaffen und das ist eine Befriedigung für das Ego. Doch als Prozess fehlt einer solchen Befriedigung jegliche Spiritualität. Tatsächlich scheint Geld für viele Menschen eine Art spirituelles Schwarzes Loch zu sein, das ihre Spiritualität aufsaugt.

In einer gewissen Phase meines Lebens war ich der Meinung, Geld sei weder gut noch schlecht. Entscheidend sei, was die Menschen damit machen. Doch dann las ich Jerry Manders Buch *In the Absence of the Sacred.* Er gab zu bedenken, dass viele Menschen der Technik gegenüber die gleiche Einstellung hätten wie ich früher Geld gegenüber, und dass viele glaubten, Technik sei weder gut noch schlecht. Wichtig sei nur, was Menschen damit tun. Er führte weiter aus, dass die Technik selbst schädlich sei, zum Beispiel die Herstellung eines Computerchips. Der Herstellungsprozess erzeugt giftige Abfälle, die die Umwelt vergiften und zerstören. Seine These hatte eine große Wirkung auf mich.

Einige Zeit später hatte ich die Gelegenheit, die gleiche These bezüglich Geld am eigenen Leib zu erfahren. Die Büroleiterin und Sekretärin meiner Firma hatte Geld unterschlagen und ich war gezwungen, mich eineinhalb Jahre lang fast täglich mit Geldthemen auseinander zu setzen, um zu versuchen, Steuern, Buchhaltung, Unterlagen und Rechnungen wieder in Ordnung zu bringen. Ich glaube, ich bin mit allem auf eine gesunde, prozesshafte Art und Weise umgegangen. Ich fühlte mich gut, weil ich nicht dem Opfer-Täter-Dualismus verfiel und ich mit der Situation so umging, wie es im Einklang mit meiner Spiritualität war. Die Büromanagerin wird mit ihrer eigenen Spiritualität klarkommen müssen.

Gegen Ende dieser Zeit begann ich jedoch zu erkennen, dass ich mich nach dem so langen und fast täglichen Umgang mit Geldangelegenheiten spirituell erschöpfter fühlte als je zuvor in meinem ganzen Leben!

Ich möchte hinzufügen, dass ich während dieser Zeit sehr gut für mich sorgte. Ich schlief und aß gut, bewegte mich, förderte mein spirituelles Leben und machte meine Genesungsarbeit. Doch ich fühlte mich

trotzdem erschöpft. Nach dieser Erfahrung kam ich zu dem Schluss, dass Geld vom Menschen erfunden wurde, nicht vom Schöpfer, und dass es in sich keinen wirklichen spirituellen Wert besitzt.
Dies ist natürlich nur meine Wahrnehmung. Andere mögen anderer Meinung sein, und ich akzeptiere das. Ich sage dies nur aus meiner Erfahrung mit Geld. Ich bin der Ansicht, dass wir uns die Themen Materialismus und Geld ansehen müssen, wenn wir über das Thema Arbeit sprechen, weil sie in unserer Kultur so unlösbar miteinander verflochten sind.

Nirgends zeigt sich eine Sklavenmentalität augenscheinlicher als in Bezug auf Geld, und Arbeit verliert den ihr innewohnenden Wert, wenn sie mit Geld verbunden ist. Wir müssen das Thema Geld vom Thema Arbeit trennen, um die Bedeutung von Arbeit zu verstehen.

Freude an der Arbeit

Ich habe oft gesagt, dass ich niemals jemandem wirklich traue, der nicht weiß wie man arbeitet. Ein Mensch der weiß, wie man tüchtig zupackt und der sich nicht scheut, seine Hände schmutzig zu machen, hat etwas Vertrauenswürdiges. Ich habe Menschen gekannt, die der Ansicht sind, ihr Ziel im Leben sei es so viel Geld zu verdienen, dass sie für sich selbst nie einen Finger krumm zu machen brauchen. Ich traue ihnen nicht. Es ist, als ob sie durch ihre Unfähigkeit, mit ihrer materiellen Welt umzugehen, keinen Boden unter ihren Füßen haben und ohne Verbindung mit ihrer Spiritualität ziellos herumtreiben.

Menschen, die miteinander arbeiten, beten miteinander.

Gute Arbeit ist ein Gebet. Wenn Menschen gut zusammenarbeiten, fühlen sie sich verbunden und geerdet. Westlich geprägte Menschen scheinen Routinearbeit als eine Art Meditation benutzen zu können, wenn sie sie in einer andächtigen Haltung angehen.

Wenn wir die „richtige" Arbeit im Einklang mit unserer Spiritualität und mit uns selbst tun, sind wir mit allen Dingen eins. Die für uns richtige Arbeit wird zu uns finden, wenn wir es riskieren, prozesshaft zu leben und wenn wir unsere Tiefenprozessarbeit tun. Wenn wir unseren Prozess leben, ist unsere Arbeit in unser Leben integriert. Wir gehen nicht einerseits zur Arbeit und haben andererseits unser Leben. Wir führen kein Arbeitsleben, nach dem wir erschöpft zusammenbrechen. Wir haben ein Leben, das Arbeit einschließt. Unsere Arbeit leistet einen Beitrag zu unserem Leben und unser Leben trägt zu unserer Arbeit bei.

Ich habe bemerkt, dass es mit Ängsten bezüglich ihrer Arbeit zu tun hat, wenn sich viele Menschen am liebsten verdrücken und davonlaufen wollen vor ihrer spirituellen Suche und einem prozesshaften Leben.

Auf dem Weg ihrer Genesung begegnen den Menschen mehrere größere Hindernisse, und dann gibt es nach meiner Beobachtung einen allgemeinen Exodus. Man erinnert sich nicht mehr an die Verpflichtung sich selbst gegenüber, die eigene Heilung so weit zu verfolgen wie es notwendig ist.

Wenn Menschen zum ersten Mal zur Leben-im-Prozess-Arbeit kommen, haben sie meistens jahrelang in dem alten Paradigma gelebt. Viele haben eine gut entwickelte Technokratische, Materialistische, Mechanistische Persönlichkeit (TMMP) und sind dualistisch und kontrollierend. Für einige ist die Leichtigkeit, Offenheit und Ehrlichkeit in den Leben-im-Prozess-Gruppen ziemlich bedrohlich. Andere fühlen sich wie zuhause angekommen. Wieder andere erhoffen sich einen schnellen Seminar-Kick, so dass sie sich für eine Weile besser fühlen und sich nicht wirklich ändern müssen. Jene, die bleiben, stellen bald fest, dass sie die Möglichkeit haben, sich wirklich zu verändern. Einigen erscheint dieses Wachstum und diese Veränderung auf der persönlicher Ebene unüberwindbar und sie verschwinden. Für die, die durchhalten, birgt das nächste Stadium noch größere Schrecken. Sie beginnen die Möglichkeit zu erkennen, dass sie distanzierte, destruktive, unglückliche Beziehungen nicht länger ertragen können, und diese Erkenntnis jagt ihnen eine Heidenangst ein. Da sie immer noch leicht auf alte Denkmuster zurückgreifen, fallen sie leicht in den Dualismus, sie müssten entweder in der Beziehung, so wie sie ist, bleiben oder sie wären ein für alle Mal ganz allein auf sich gestellt. Dualistisches Denken ist fast immer mit Negativität verbunden. In ihrer Angst können sie nicht wirklich glauben, dass sie sich ändern können, dass ihre Partnerin oder ihr Partner sich ändern kann, dass ihre Beziehung sich ändern kann oder dass ihnen nichts passiert, auch wenn die Beziehung auseinanderbrechen sollte. Das Entsetzen davor, sich mit ihren dysfunktionalen Beziehungen auseinander zu setzen und sie zu heilen, ist für einige so groß, dass sie lieber nicht weiter wachsen und zu dem zurückkehren, was sich bisher sicher anfühlte – selbst wenn es destruktiv ist.

Bei denen, die diese beiden Widerstände überwinden, weitet und vertieft sich das Leben. Dann treffen sie auf das nächste Hindernis, das die beiden vorherigen vergleichsweise harmlos erscheinen lässt: *Arbeit*.

Wenn Menschen lernen ihren Prozess zu leben, fühlen sie sich unwohl bei dem Versuch, Menschen und Dinge zu manipulieren. Oft wird der Grad an Unehrlichkeit, der in der Geschäftswelt als gang und gäbe akzeptiert ist, unerträglich. Einige, die sich immer mehr ihren Mitmenschen, allem Lebendigen und dem Planeten verbunden fühlen, beginnen tatsächlich eine Sichtweise zu entwickeln, die die nächsten sieben Generationen berücksichtigt. Sie sehen sich eine neue Ethik entwickeln bezüglich des Planeten, der Natur, anderen Völkern und ihres eigenen Platzes in allem.

Wenn schon die Panik über die Auseinandersetzung mit sich selbst und mit seinen Beziehungen groß erscheint, so ist sie doch nichts verglichen damit, was sie hinsichtlich ihrer Arbeit durchmachen. In unserer Kultur wird ein großer Teil unserer Identität von dem bestimmt, was wir sind und was wir tun. Der Verlust von Identität – in der Weise wie sie sie kennen – erscheint als eine sehr reale Möglichkeit. Wiederum taucht die Versuchung auf, man könne doch davonlaufen und zu alten Verhaltensweisen zurückkehren. Unglücklicherweise – oder glücklicherweise – gibt es kein Umkehren mehr, wenn sie einmal den Weg des vollen Lebendigseins gekostet haben, und es gibt keinen Ort, zu dem man zurückkehren könnte.

Ein großer Teil von Leben im Prozess besteht darin zu lernen, ein Leben des Vertrauens zu leben. Menschen, die diese Ebene ihrer Heilung erreichen, haben oft genug durch praktische Erfahrung gelernt und dabei erlebt, dass sie ihrem Prozess vertrauen können. Sie mögen vielleicht nicht in der Lage sein zu sehen, wie alle Teile zusammenpassen und sie fangen an zu wissen, dass alle Teile sich zusammenfügen werden, wenn sie ihre eigene Genesungsarbeit tun und einen Fuß vor den anderen setzen, bis sich die Lösungen abzeichnen.

Einige geben ihre Arbeitsstelle auf, weil sie feststellen, dass ihr Arbeitsplatz für sie zu krankmachend ist, als dass sie ihn noch ertragen könnten. Meistens gründen diese Leute eigene Firmen oder schaffen sich ihre eigenen Arbeitsplätze, wo sie ihren Lebensunterhalt verdienen und ihre Lebenswahrheiten praktizieren können.

Andere bleiben wo sie sind und versuchen, innerhalb ihrer Unternehmen einen Einfluss auszuüben, damit diese wachsen und sich ändern. Sie konsultieren UnternehmensberaterInnen mit neuen Visionen, wie Margot Cairnes von New York und Sydney, in dem Bestreben, das Klima am Arbeitsplatz zu ändern. Beide Gruppen – jene, die bleiben, und jene, die weggehen – können Modelle für die Zukunft werden.

Ein alter Koori-Mann sagte zu mir: „Weißt du, was mit euch los ist? Ihr arbeitet. Arbeit ist euer Hauptproblem.“ Diese Aussage enthält für mich viele wichtige Wahrheitsebenen.

Organisationen

Organisationen sind sehr wichtig in der gegenwärtigen Gesellschaft. Sie sind das entscheidende, verbindende Element zwischen dem dysfunktionalen Gefüge Individuum – Familie und dem dysfunktionalen Gefüge Gesellschaft – Planet. Viele multinationale Organisationen suchen – da sie sich in einer Krise sehen – nach kreativen Lösungen für das neue Jahrtausend. Sie erkennen deutlich, dass die alten Strukturen, Verfahrensweisen und Annahmen nicht funktionieren werden, wenn wir eine globale Gemeinschaft werden. Sie haben keinen Plan, der ihnen den Weg in die Zukunft weist. Was wir mit unseren Organisationen tun, wird für die Zukunft allen Lebens auf diesem Planeten ausschlaggebend sein.

Die meiste Arbeit wird in Organisationen geleistet. Ich habe viele Jahre als Unternehmensberaterin gearbeitet und war schließlich so entmutigt, dass ich damit aufhörte. Ich konnte keine Organisationen finden, die bereit gewesen wären, den ganzen Weg zu gehen in dem Bestreben, ein gesundes Arbeitsklima zu schaffen, das gesunde Menschen unterstützt. Es ist sogar so, dass Individuen, die ihre eigene innere Arbeit tun und immer gesünder werden, im Laufe der Zeit entdecken, dass sie sich kranken Organisationen nicht mehr anpassen können. Meistens werden diese Leute entlassen oder sie kündigen selbst, um ein eigenes Unternehmen zu gründen oder einfacher zu leben. Auf diese Weise schließen Organisationen oft gerade ihre gesündesten Mitarbeiter aus – genau jene, die fähig gewesen wären, dem Unternehmen zu neuen Arbeitsweisen zu verhelfen, während sich jene Mitarbeiter fest etablieren können, die die Dysfunktionalität des Unternehmens weiter unterstützen. Auch Unternehmen haben eine TMM-Persönlichkeit.

Organisationen konsultieren oft Berater – denen sie meist Unsummen bezahlen! – wenn sie zwar nach außen den Anschein von Veränderung geben möchten, doch gleichzeitig das Systemgleichgewicht innerhalb der Organisation nicht gefährden wollen. Diese Prozesse scheinen für alle Beteiligten ungesund zu sein. Ich wusste, dass sie ungesund für mich waren und meine Gebete legten nahe, meine Kraft in anderen Richtungen einzusetzen.

Organisationen sind ein Schlüsselfaktor im gesamten globalen Veränderungsprozess, wobei einige die Herausforderung innovativ zu sein, annehmen.

Können Organisationen spirituell sein? Das ist eine gute Frage. Möchten sie spirituell sein? Auch eine gute Frage.

Spirituell sein heißt, den eigenen Prozessen zu folgen und sie zu respektieren, die Prozesse der anderen zu respektieren, das Einssein aller Dinge anzuerkennen und daran teilzunehmen, und dies wiederum bedeutet am Ende, den Planeten nicht zu zerstören und nicht auszubeuten. Dies ist für die meisten Organisationen eine große Herausforderung. Es ist ebenfalls eine große Herausforderung, wenn es bedeutet, dass die Individuen in der betreffenden Organisation ihren eigenen spirituellen Weg gehen müssen und den Weg der anderen respektieren müssen.

Doch habe ich Menschen durch die Leben-im-Prozess-Arbeit heilen sehen, bei denen mir meine Berufsausbildung sagte, das könne niemals geschehen. Welche Wunder wären da in Organisationen möglich?

In den vergangenen Jahren habe ich mit einigen wenigen Organisationen zusammengearbeitet, die große Fortschritte hin zu einer neuen Organisations- und Unternehmenskultur gemacht haben. Ich bin dankbar für diese Erfahrungen.

Weiter oben hatte ich mir vorgestellt, wie es wohl wäre, wenn jedes Heim mit einem Raum für Tiefenprozesse ausgestattet wäre. Ich habe diese Vorstellung weitergesponnen und mir einen solchen Raum, komplett ausgestattet mit Matten, in der Nähe jedes Vorstandszimmers vorgestellt. Immer wenn die Vorstände wütend und verwirrt wären oder wenn sie sich unwohl fühlten (wobei sie sich natürlich dieser Gefühle bewusst sein müssten) oder wenn die Gespräche in eine Sackgasse gerieten oder das Gefühl aufkäme, dass etwas falsch läuft, würden sie auf die Matten gehen. Stellen Sie sich, wenn Sie können, Vorstandsmitglieder vor, die auf die Matte gehen und ihre Tiefenprozesse durcharbeiten würden, bis sie sich klar und bereit fühlten Entscheidungen zu treffen, die mit ihrer Spiritualität übereinstimmten.

Neben Mattenzimmern für die Vorstände könnten wir der gesamten Belegschaft Tiefenprozessräume zugänglich machen. Wie anders wäre unsere Gesellschaft, wenn jeder Mensch, der seine Tiefenprozesse durcharbeiten oder andere in ihrer Tiefenprozessarbeit unterstützen möchte, einen solchen Raum zur Verfügung hätte.

Es ist möglich, dass eine Gesellschaft auf die spirituellen Bedürfnisse der Einzelnen und der Kultur ausgerichtet ist und nicht auf Geld oder der Wirtschaft.

Spirituelle Gemeinschaften

Bevor ich mit dem Thema Gemeinschaften schließe, möchte ich noch ein Wort über die spirituellen Gemeinschaften sagen, denen wir angehören. Für einige Menschen sind dies die verwirrendsten Gemeinschaften überhaupt. Wir erwarten, dass gerade spirituelle Gemeinschaften sich mit dem Spirituellen befassen und unser spirituelles Leben unterstützen. Diese Unterstützung erhalten wir oft nicht.

Die technokratische, materialistische, mechanistische Kultur hat Religion und Spiritualität organisatorisch und institutionell stark beeinflusst. Der durch diese Weltsicht hervorgebrachte Typus von Institution entwickelte einige der Charakteristika, die wir in Einzelpersonen mit einer TMM-Persönlichkeitsstruktur sehen. Eine Reihe religiöser Einrichtungen ist habgierig und materialistisch geworden; sie unterstützen die Zerstörung der Umwelt oder stehen Umweltproblemen distanziert gegenüber. Diese Haltung weist auf eine dualistische Denkweise hin (wir oder sie) und auf einen Stil, der kontrollierend und unehrlich ist. In vielerlei Hinsicht scheinen diese Eckpfeiler der Gesellschaft mehr darum bemüht, ihren Fortbestand zu sichern als Spiritualität zu nähren und zu unterstützen. Oft haben sie das Bewusstsein für Einheit verloren; stattdessen schaffen sie Uneinigkeit und schlagen Kapital daraus.

Doch da wir spirituelle Wesen sind, haben wir alle spirituelle Bedürfnisse, und viele von uns schauen sehnsüchtig auf die organisierte

Religion, um diese Bedürfnisse zu erfüllen. Wir spüren, dass es da etwas gibt, doch manchmal ist es – was auch immer es ist – schwer zu finden.

Vielleicht ist der größte Fehler, den wir und die organisierte Religion machen, unser Versuch, Spiritualität von unserem übrigen Leben abzutrennen und sie in die Hände der religiösen Institutionen zu legen. Geschichtlich gesehen war es die christliche Kirche, die mit dem Aufkommen der mechanistischen Wissenschaft und des Materialismus diese Aufspaltung förderte. Die Kirche unterstützte den säkularen Glauben und das Festhalten an der mechanistischen Wissenschaft, während sie sich den Bereich des Spirituellen vorbehielt. Diese Spaltung gab der organisierten Kirche eine gewaltige Macht in der westlichen Kultur.

Für die meisten von uns ist die Abspaltung unserer Spiritualität von uns selbst eine Katastrophe. Wenn wir unsere Spiritualität einer bestimmten Zeit und einem bestimmten Ort zuordnen, verlieren wir unser Bewusstsein dafür, dass wir ein spiritueller Prozess sind. Unsere Spiritualität kann nicht von unserem täglichen Leben abgetrennt werden. Alles was wir tun, ist spirituell – gleichgültig, ob wir es wissen oder gutheißen.

Wenn wir unsere Spiritualität von unserem übrigen Sein abtrennen, zerstückeln wir unseren Prozess, werden machtlos und abgetrennt von der Einheit mit dem Großen Mysterium. Wir brauchen keine Mittler, um uns mit unserem Gott zu verbinden. Wir sind verbunden. Diese Verbindung ist unser Geburtsrecht.

Viele Kirchen und organisierte Religionen versuchen, diese Verbindung zu fördern. Einigen gelingt es, anderen nicht. Außerdem versuchen viele organisierte Religionen, spirituelle Gemeinschaften zu ermutigen. Einigen gelingt es, anderen nicht. Es gelingt jenen, die fähig sind, ihr dualistisches Denken hinter sich zu lassen und über den Wir-Sie-Dualismus hinauswachsen. Jede Gemeinschaft, die sich über oder gegen etwas stellt, ist keine wahre Gemeinschaft.

Die Quintessenz eines geschlossenen Systems besteht darin, Kontrolle auszuüben und alles Andersartige zu zerstören. Können offene Systeme überleben, wenn sie das Existenzrecht geschlossener Systeme befürworten?

Ein sehr weiser amerikanischer Stammesältester sagte einmal zu mir: „Wir achten nicht darauf, *wie* ein Mensch betet. Uns kommt es darauf an, *dass* er betet. Das Große Mysterium kann alle Arten von Gebeten hören. Wann immer eine Person betet, kann ich neben ihr stehen."

In der organisierten Religion gibt es fast keine offenen Systeme. Doch besteht die Hoffnung, dass Individuen, die lernen im Prozess zu leben und dadurch selbst offene Systeme werden, einen positiven Einfluss innerhalb ihrer spirituellen Einrichtungen ausüben können.

Wenn wir lernen im Prozess zu leben erkennen wir, dass keine und keiner von uns das ganze Bild sieht. Wir können von jeder Art von Spiritualität lernen, weil wir alle spirituelle Wesen sind.

Da jedoch jede Person ihren eigenen Prozess hat, wird keine und keiner von uns in seinem Bemühen, prozesshaft zu leben, zur gleichen Zeit am gleichen Ort stehen. Indem wir zu lernen versuchen, unseren Prozess zu leben, werden wir immer offener.

Kapitel 12

Gesellschaften und Nationen

Wenn sich unsere Grenzen weiten, kommt unser Prozess mehr in Kontakt mit der Sphäre der Gesellschaft.

Gesellschaften und Nationen werden von Individuen geschaffen. Manchmal geben wir unsere Macht an andere ab und lassen sie die Verantwortung für den Aufbau und die Gestaltung der Gesellschaft übernehmen. Wenn wir das tun, haben wir das *Gefühl*, in größeren Zusammenhängen hilflos und machtlos zu sein. Wir können die Gesellschaft nicht kontrollieren. Wir können an ihr teilnehmen. Allzu oft geben wir unsere Macht ab an Menschen, die nicht klar sind, die ihre Spiritualität zerstückelt haben und im Grunde ihres Herzens nicht am Wohlergehen aller Mitglieder dieser Gesellschaft interessiert sind.

Kontrolle und Bestrafung

In seinem bedeutsamen Buch *Ismaels Geheimnis* geht Daniel Quinn der Tatsache nach, dass die gegenwärtige TMM-Gesellschaft nur einen nahezu winzigen Zeitabschnitt einnimmt, wenn man die gesamte Menschheitsgeschichte auf diesem Planeten betrachtet. Er weist darauf hin, dass unsere Gesellschaft keine sehr handlungsfähige Art zu funktionieren entwickelt hat. Ich war fasziniert von Quinns Ansicht, die „Du-sollst-Gebote" bzw. die „Du-sollst-nicht-Gebote" seien eines der Hauptthemen in einer dysfunktionalen Gesellschaft. In Gesellschaften auf Gemeinschaftsbasis gäbe es keine Betonung der „Du-sollst-Gebote" und man ginge von der Annahme aus, dass Irren in der Natur des Menschen liege. Der Fokus liege auf einer Wiederherstellung des Gleichgewichts und nicht auf Kontrollen und Strafen. Eine „Du-sollst-Gesellschaft" hingegen ziele darauf ab, die Gesellschaft durch Kontrollen und Strafen aufrechtzuerhalten. Nach Quinns Auffassung sind Kontrolle und Bestrafung nicht wirksam, sind es nie gewesen. Das System von Kontrolle und Strafe hat uns vielmehr von der Wiederherstellung des gesellschaftlichen Gleichgewichts abgebracht. Außerdem wird durch Kontrolle und Strafe ein folgenreicher Dualismus von gut und böse errichtet, was dazu führt, dass wir uns von uns selbst abspalten. Wenn wir unsere Fehler als böse und nicht als Chancen zum Lernen ansehen, führt eine solche Haltung zu einer Lawine von Selbsthass, der nur sehr schwer überwunden werden kann. Auf gesellschaftlicher Ebene haben das System von Kontrolle und Strafe sowie der Selbsthass verheerende Auswirkungen. In meinem Buch *Im Zeitalter der Sucht* lege ich dar, dass jede auf der Illusion von Kontrolle aufgebaute Gesellschaft süchtig ist und als Konsequenz TMM-Persönlichkeiten hervorbringt.

Als Elizabeths Sohn klein war, hatte er einen besten Freund, der nach fünfundzwanzig Jahren immer noch sein bester Freund ist.

Als die beiden Jungen aufwuchsen, verbot Mary, die Mutter des besten Freundes, ihrem Sohn immer wieder willkürlich das Spielen mit Elizabeths Sohn, was für beide Kinder traumatisch war. Nach dem die beiden einige Male voneinander getrennt worden waren und Elizabeth sehen konnte, wie schmerzhaft dies für ihren Sohn war, bat sie Mary um ein Gespräch, um herauszufinden, wo das Problem lag. Elizabeth fragte, ob ihr Sohn etwas falsch gemacht habe oder ob es irgendein Problem mit seinem Verhalten gäbe.

„Nein“, antwortete Mary. „Er benimmt sich immer gut.“

„Magst du meinen Sohn nicht?“, fragte Elizabeth.

„Nein“, war die Antwort. „Wir mögen ihn alle sehr.“

„Wo liegt dann das Problem?“, fragte Elizabeth.

„Wir sind der Ansicht, er wird nicht genug bestraft“, war die Antwort.

Elizabeth war sprachlos. Sie hatte ihren Sohn auf prozesshafte Weise aufgezogen und Mary hatte recht mit ihrem Vorwurf. Er wurde selten, wenn überhaupt, bestraft. Er brauchte gar nicht bestraft zu werden. Ein Blick, ein Wort oder ein Gespräch waren normalerweise mehr als genug. Er war ein sehr empfindsamer Junge und eng in Verbindung mit seinen Gefühlen.

„Glaubt ihr, dass er Bestrafung braucht?“ fragte Elizabeth.

„Ja. Wir glauben, dass Kinder Strafen brauchen“, schoss sie zurück.

Marys Sohn ist zu einem guten Menschen herangewachsen, der das Richtige tut. Doch ist er nicht sehr glücklich und sicherlich nicht in Verbindung mit seinem Prozess. Er wurde jedoch ein gut funktionierendes Rädchen im Radwerk einer TMM-Gesellschaft.

Elizabeths Sohn hingegen ist glücklich, selbstsicher, umgänglich und freut sich seines Lebens. Er passt nicht in eine TMM-Arbeit von neun bis fünf Uhr und hat eine kreative Arbeit gewählt, bei der er er selbst sein kann.

Wenn in der samoanischen Gesellschaft ein Mensch krank wird und zu einem Heiler geht, konzentriert sich dieser nicht nur auf das Individuum. Er geht davon aus, dass ein Mensch normalerweise gesund ist, und wenn jemand krank ist, so muss es im näheren oder weiteren Umfeld des Betreffenden etwas geben, das die Krankheit verursacht. Der Heiler schaut sich die Person, die Familie, das Dorf und die Gesellschaft des Patienten an um zu sehen, wo das Problem liegt und wie die Balance wieder hergestellt werden kann.

In unserer TMM-Gesellschaft wächst das Bewusstsein dafür, dass ein sehr hoher Prozentsatz der medizinischen Probleme durch langes und intensives Ausleben von Süchten verursacht wird. Ein hoher Prozentsatz unserer Pharma-*Industrie* lebt von den Auswirkungen von übermäßigem Essen, Alkohol, Nikotin, Zucker, Fett, Koffein, übermäßigem Arbeiten und Sex sowie süchtigem Ausagieren. Würden wir uns mit unseren persönlichen und gesellschaftlichen Süchten und Abhängigkeiten auseinandersetzen und die Verantwortung für unser Leben übernehmen, ließe sich diese Zahl erheblich reduzieren.

Wenn wir den von Süchten verursachten Krankheiten noch jene hinzufügen, die durch die Luft- und Wasserverschmutzung, durch giftige Abfälle und krebserzeugende Nahrungsmittel verursacht werden, können wir ganz klar erkennen, dass der Krankheitsstand, den wir in einer TMM-Gesellschaft haben, von eben dieser Gesellschaft verursacht wird. Wir haben eine Gesellschaft geschaffen, die unserer Gesundheit nicht zuträglich ist, und wir akzeptieren dies als Realität. Doch sind die von uns geschaffenen Realitäten nicht die Realität. Sie sind die Realitäten unseres Lebens zum jetzigen Zeitpunkt, und sie können verändert werden. Wenn wir aus unserer gegenwärtigen Realität heraustreten, erlangen wir eine größere Perspektive. Doch wenn wir uns auch nur einen kleinen Schritt aus unserer gegenwärtigen TMM-Realität lösen, können wir die Weisheit des samoanischen Heilers erkennen. Sind wir jedoch nicht gewillt, Krankheiten vor einem gesellschaftlichen und sogar vor einem globalen Hintergrund zu sehen, wird es uns nicht möglich sein, für den Einzelnen zu sorgen. Die Gesellschaft, in der wir leben, gehört immer zu unserem Kontext.

Wenn wir unsere Tiefenprozessarbeit tun und lernen, unseren spirituellen Prozess zu leben, werden wir empfänglicher für eine Erweiterung unserer Perspektive.

Wie zuvor gesagt ist jede Gesellschaft, die auf der Illusion von Kontrolle basiert, eine TMM-Gesellschaft – eine Gesellschaft, die süchtige Verhaltensweisen unterstützt und erfordert. Eine auf Kontrolle gegründete Gesellschaft kann die spirituelle Entfaltung ihrer Mitglieder nicht fördern. Tatsächlich ist es so, dass eine wahre Verbindung mit dem Schöpfer nicht dem Geplanten, sondern dem Unerwarteten entspringt.

> Gestern Abend habe ich in den Nachrichten gehört, dass Fettleibigkeit ein zunehmendes Problem in der amerikanischen Gesellschaft darstellt. Der Sprecher stellte sogar fest, das Problem der Fettleibigkeit sei epidemisch und immer mehr Menschen seien überzeugt, *die Regierung müsse eingreifen, um das Problem in den Griff zu bekommen.*

Wir haben eine Kultur geschaffen, in welcher der Sinn und Zweck einer Regierung das Regulieren und Kontrollieren ist und man unterschwellig glaubt, die beste Kontrolle sei die Androhung von Strafen. Können Sie sich vorstellen, wie eine Gesellschaft aussehen würde, deren Aufgabe nicht im Regulieren und Kontrollieren liegt? Es gibt auf diesem Planeten auch heute noch Gesellschaften, deren Hauptzweck darin besteht, es den Menschen zu erleichtern, mit sich selbst, miteinander, mit der Natur und mit Allem-was-ist im Einklang zu leben. Wir können viel von diesen Gesellschaften lernen – wenn wir nur zuhören.

Eine illusionäre Gesellschaft

Wir leben in einer illusionären Gesellschaft. Sie entstand dadurch, dass man unsere spirituelle Realität abgespalten hat, und sie bedient sich mentaler Konzepte, die von unserem Körper abgetrennt sind. Unser Denken ist unsere Realität geworden und wurzelt oft nicht in unserer Erfahrung von Realität. Häufig leben wir aus unseren vom Körper abgetrennten, nicht auf Erfahrung basierenden Interpretationen von unserer Welt heraus. Leichtfertig akzeptieren wir „Experten", die solche Informationen propagieren und eine Kausalität vorgeben: „Dies folgt aus jenem" und „Dies bedeutet das". Wir halten nie inne um für uns herauszufinden, was für uns real ist und ob das, was die Experten sagen, wahr klingt. Solche Interpretationen sind oft logisch und rational. Sie machen nur keinen Sinn. Die Erkenntnisse, auf die wir in unseren Tiefenprozessen stoßen, wurzeln in der seelischen Ebene und befreien uns von der virtuellen Realität um uns herum.

Wir haben eine TMM-Gesellschaft geschaffen, die auf der Illusion von Kontrolle beruht, auf imaginären Dualismen, auf der Illusion von Perfektion, auf Unehrlichkeit und verrücktem Denken, das nicht in unserer wahren Einheit und Verbundenheit mit Allem-was-ist gründet. Ist es da ein Wunder, dass Wirtschaft und Geld (beides Abstraktionen) unsere Götter geworden sind?

Wenn wir im Prozess leben, bewegen wir uns über unsere Illusionen hinaus und erhalten die Chance, uns unserer Realität bewusst zu werden und uns mit ihr zu befassen.

Wirtschaft und Geld

Jede auf Wirtschaft und Geld aufgebaute Gesellschaft wird die Bedürfnisse ihrer Mitglieder nicht befriedigen können.

Viele Menschen in unserer heutigen Gesellschaft werden sich bewusst, dass politische Entscheidungen – und selbst solche Entscheidungen, die als ethisch begründet gelten –, auf wirtschaftlichen und finanziellen Erwägungen beruhen. Wir orientieren uns immer am Geld. Allmählich begreifen wir, dass unsere politischen Führer Geschäftsleute sind und dass ihr Erfolg darauf beruht, wie gut wir wirtschaftlich als Nation dastehen und wie effektiv es ihnen gelingt, die Großindustrie bei Laune zu halten. Politiker, die mit spirituellen oder ethischen Grundsätzen zu führen versuchen, werden ausgelacht – zum Beispiel Jimmy Carter oder Al Gore zu Beginn seiner politischen Karriere. Wir haben tatsächlich unser tagtägliches Handeln immer mehr von unserer Spiritualität abgespalten.

Wie schon gesagt ist Geld im Grunde unmoralisch. Es kann und wird unsere Seele niemals nähren. Es ist ein vom Menschen geschaffenes Produkt, das die Fähigkeit zu besitzen scheint, uns von unserer Seele abzutrennen.

Bernard Lietaer, der internationale Finanzberater, legt in seinem Buch *Die Zukunft des Geldes* dar, wie unser gegenwärtiges Geldsystem strukturiert ist und funktioniert. Nach seiner – sehr großen! – Erfahrung mit monetären Systemen basiert das heutige Geldsystem auf Mangel und Habgier und setzt Armut voraus.

Um diese Tatsache zu illustrieren, benutzt er eine einfache Geschichte, die ich hier in meinen Worten erzählen möchte.

Lietaer schlägt vor, wir sollten uns ein entlegenes Dorf vorstellen, wo alle Geschäfte per Tauschhandel erfolgen. Das Leben der Dorfbewohner dreht sich nicht um Arbeit und nicht darum, Geld zu machen. Sie führen ein gutes Leben mit viel Freizeit. Erinnern Sie sich daran, was der alte Koori-Mann im vorhergehenden Kapitel über Arbeit sagte!

Dann kommt ein Fremder ins Dorf. Er sagt: „Ich kenne eine einfachere Methode. Ich kann das Leben für euch leichter machen. Warum machen wir nicht ein kleines Experiment?"

Er nimmt eine Rinderhaut und schneidet daraus einhundert runde Scheiben. Zehn für jede Familie im Dorf. Dann zeigt er den Leuten, wie sie diese Lederstücke als Gegenwert für ein Huhn, ein Haus oder eine Arbeit, die getan werden muss, verwenden können. Diese „Währung" werde das Leben einfacher und leichter machen.

Die Dorfbewohner sind von der Idee fasziniert und willigen in das Experiment ein. Der Fremde sagt, er würde in einem Jahr wiederkommen, und dann wolle er von jeder Familie elf Lederstücke. Das bedeutet natürlich, dass eine Familie alle ihre Lederstücke verlieren muss, damit die anderen ihre elf Stücke beisammen haben.

Durch dieses Experiment verändert sich natürlich die Stimmung im Dorf vollständig. Die Familien beginnen härter zu arbeiten, denn sie fühlen sich unter Druck. Konkurrenzdenken setzt ein, es entsteht Misstrauen zwischen den Leuten und die Gemeinschaft bricht zusammen, denn alle erkennen, dass eine Familie alle ihre Stücke verlieren muss, wenn sie ihren Verpflichtungen nachkommen wollen. Geld wird zum Mittelpunkt ihres Lebens. Ihre Lebensqualität verschlechtert sich.

Diese Geschichte ist natürlich nur ein Gleichnis. Doch zeigt sie ein zutreffendes Bild davon, wie das gegenwärtige Geldsystem funktioniert und welche Annahmen ihm zugrunde liegen.

Geld ist ein integraler Bestandteil des Materialismus.
Geld unterstützt die Weiterentwicklung des Materialismus.

Gesellschaftlicher Kolonialismus

Im Grunde liegen die „großen" Jahre des Kolonialismus und der großen Weltreiche unserer Zivilisation hinter uns, doch nicht ganz. Wir sind in die Ära eines ideologischen, gesellschaftlichen Kolonialismus eingetreten.

> Arthur lebt auf einem Segelboot im Südpazifik. Seit Jahren umsegelt er die kleineren Inseln des Pazifik, lebt bei den Inselbewohnern und genießt mit ihnen zusammen das Leben. Als er vor sechs Jahren auf einer dieser Inseln lebte, wurde dort das Fernsehen eingeführt. Er machte die schmerzhafte Erfahrung, dass die Kultur der Inselbewohner in weniger als zwei Wochen zerstört wurde.

Wir sind in eine Ära des gesellschaftlichen Kolonialismus eingetreten, was man für wirtschaftlich gut hält. Die Frage ist nur, ob dies für den Planeten Erde und seine Bewohner besser ist. Durch den von der TMM-Kultur ausgeübten gesellschaftlichen Kolonialismus sind die anderen Kulturen auf dieser Erde vom Aussterben bedroht. Wer eine breitere Sicht von den Bedürfnissen dieses Planeten als Ganzes hat, erkennt, dass die gefährdeten Arten und Pflanzen für das Gleichgewicht und das Überleben des Planeten wichtig sind. Wir sind in diesem Punkt dysfunktional. Unsere Kultur weist heute fast alle Merkmale des alten Griechenlands und des Römischen Reiches kurz vor ihrem Zusammenbruch auf. Wie können wir glauben, unsere Dysfunktionalität müsse mit anderen geteilt werden?

Die TMM-Kultur ist wie eine Kolonne Termiten
auf der Suche nach etwas Fressbarem – und wenn es nur die Luft ist,
die wir zum Atmen brauchen.

Jenseits der TMM-Gesellschaft

Wir brauchen visionäre Führer, die aus ihrer Spiritualität heraus leben und wirken.

Das Schöne an Leben im Prozess und unserer Tiefenprozessarbeit besteht darin, dass wir uns nicht mit allem gleichzeitig konfrontieren müssen. Wir brauchen nicht einmal nach einem Zeitplan vorzugehen, der künstlich erstellt wurde. Wenn wir im Prozess leben, brauchen wir nur einen Schritt vor den anderen zu setzen und den nächsten „richtigen" Schritt in unserem Prozess tun. Das Leben mit all seinen Chancen, Hindernissen und Möglichkeiten wird sich nur in dem Maße entfalten, wie wir dazu fähig und reif sind.

Hätte man mir vor Jahren – zu einer Zeit, als ich zaghaft daran ging, mich mit meinen persönlichen Problemen zu befassen – gesagt, ich würde mich eines Tages derart mit Problemen der Gesellschaft, des Planeten und des Universums auseinander setzen – ich hätte die Hände über dem Kopf zusammengeschlagen und mich aus dem Staub gemacht. Lernen im Prozess zu leben ist schön, weil wir dadurch lernen, unserem Prozess zu vertrauen. Wäre die Einladung, mich mit den alten Stammesältesten der Aborigines zu treffen, zwanzig Jahre früher gekommen, hätte ich sie vielleicht angenommen, obwohl ich damals in meiner persönlichen Entwicklung noch nicht so weit war, um die volle Bedeutung dessen, was sie mir mitteilten, zu verstehen. Oder, genauer gesagt, hätte das, was ich gelernt hätte, dem entsprochen, was ich damals hätte aufnehmen können. Als ich schließlich mit den Ältesten zusammensaß, war ich in der Lage, die gesellschaftlichen, globalen und universalen Probleme zu hören und darauf einzugehen.

Einige von Ihnen haben vielleicht kein Interesse an den gesellschaftlichen Auswirkungen des Lebens im Prozess. Das ist in Ordnung. Sollten Sie jedoch eines Tages daran interessiert sein, so werden diese Kapitel für Sie hier sein – und wenn Sie sie vorher lesen, hilft es vielleicht, Ihre Perspektive zu weiten. Wer weiß?

EINE LEBEN-IM-PROZESS-GELLSCHAFT

Wie würde eine Leben-im-Prozess-Gesellschaft aussehen? Ehrlich gesagt weiß ich es nicht. Ich habe jedoch einige Ideen, wie sie aussehen könnte. Wenn ich mit Stammesältesten aus der ganzen Welt Zeit verbrachte, habe ich verschiedene Möglichkeiten gesehen. Ich bin mir ganz klar darüber, dass wir alle uns zur Verfügung stehende Weisheit brauchen, um uns zu einer globalen Gesellschaft zu entwickeln, die für alle Völker, für den Planeten Erde und das Weltall gut ist und die auf eine spirituelle Art teilnehmend ist. Wir sehen Funken von Weisheit in verschiedenen Teilen der Welt. Keine Gruppe verfügt über die ganze Weisheit und wir brauchen alte ebenso wie moderne Weisheiten. Doch über eines bin ich mir im Klaren. Was immer sich in Zukunft als funktionierend erweist – es wird eine Gesellschaft sein, die um Prozesse weiß, Prozesse respektiert und prozesshaft lebt. Prozess ist die Grundlage allen Lebens, allen Lebendigens.

Manchmal denke ich, ich könnte das neue Paradigma – die neue Art in der Welt zu sein und an ihr teilzunehmen – leichter beschreiben durch das, was es nicht ist – anstatt zu beschreiben, wie das neue Paradigma sein wird oder sein kann. Wenn ich in diese Versuchung gerate, kann ich nur traurig den Kopf schütteln und einsehen, dass ich mit meinen Füßen immer noch im Sumpf von Negativität und Dualismus stehe.

Ich möchte Ihnen gerne etwas davon erzählen, was ich auf der gesellschaftlichen Ebene in einer anderen Kultur, die ich liebe und schätze, erlebt habe. Dazu möchte ich einige meiner Erfahrungen von Hawaii als Beispiel anführen.

Einen Teil des Jahres lebe ich auf Hawaii, und ich habe die hawaiische Kultur respektieren und schätzen gelernt. In der Kultur

Hawaiis ist der Geist von *aloha* lebendig. Ich habe bereits erwähnt, dass die meisten Hawaiianer glauben, ihre Aufgabe auf diesem Planeten liege darin, *aloha* – den lebendigen Atem Gottes – dem Planeten und all jenen weiterzugeben, mit denen sie in Kontakt kommen. Die Hawaiianer akzeptieren eine Kultur, die auf Geld basiert <u>und</u> der Kern ihrer Kultur liegt nicht darin. Ich finde das tröstlich.

Meiner Erfahrung nach wissen die Hawaiianer und die meisten indigenen Völker, dass wir alle einer Familie angehören, und wenn jemand dafür empfänglich ist, heißen sie ihn als *ohana* willkommen. Ich gehöre den Familien mehrerer hawaiischer Sippen an. Zu Luaus (einem besonderen hawaiianischen Essen), an Feiertagen und zu besonderen Gelegenheiten kommt man bei Essen und Musik zusammen und besucht einander. Musik und Tanz gibt es immer. Spiritualität liegt im Leben selbst. Niemand hat viel Geld und das, was wir haben, wird geteilt. Meine *ohana* braucht am Memorial Day eine Menge Blumen, um die Gräber zu schmücken. Ich habe viele Blumen in meinem Garten und kann ihnen deshalb körbeweise Blumen bringen. Sie rufen mich an um zu sagen, dass sie gerade Fische gefangen haben – ob ich etwas abhaben wolle? Der Nachbar hat uns gerade einige Fische geschenkt, die sein Sohn gefangen hat, und außerdem bringt er Grapefruit aus seinem Garten. Wir haben ihm gerade gesagt, er könne unser leerstehendes Grundstück neben unserem Haus gerne als Garten benutzen. Keiner von uns ist in der letzten Zeit einkaufen gegangen, da wir alles in Fülle haben.

Lassen Sie mich hier kurz einfügen, dass ich weiß, dass nicht jeder diese Erfahrung machen kann. Dies ist eine Erfahrung, zu der mich mein Prozess geführt hat, und sie entspricht ganz meiner Art. Andere Menschen haben andere Prozesse, andere Bedürfnisse, andere Leben. Ich vertraue darauf, dass ihre Lebensprozesse mit ihnen weise umgehen werden.

Ich mag es auf Hawaii zu leben, zum Teil weil das *'aina* (das Land), die Kultur, die Natur, das Wetter und die Menschen mich dabei unterstützen zu lernen, meinen Prozess zu leben. Als ich das erste Mal vom amerikanischen Festland herüberkam, hatte ich die Erwartung, einfach hier zu sein. Ich hatte nicht vor, meine Lebensweise zu ändern (TMMP). Ich ging davon aus, meine Tage planen zu können. Ich plante, wann ich zum Strand gehen würde – Mittwoch wäre ein guter Tag. Ich glaubte, montags und dienstags arbeiten zu können und wollte mich dann mit einem fünfminütigen Abstecher zum Strand belohnen. Als ich anfing auf Hawaii zu leben, hielt ich an meiner Zeitplanung für Montag und Dienstag fest, selbst wenn es strahlende Sonnentage waren. Dann kam es vor, dass es am Mittwoch, wenn ich meine Arbeit beendet hatte, in Strömen regnete. Wir können Menschen, Orte oder Dinge nicht kontrollieren. Ich ärgerte mich über das Wetter und wurde wütend auf Hawaii. Allmählich begann ich zu sehen, dass sich die Einheimischen bei gutem Wetter zum Strand aufmachten und bei Regen zuhause arbeiteten. Was für eine Sichtweise! Sie lebten *mit* dem Prozess des *'aina* und des Wetters. Ich hatte die Vorstellung in mir gehabt, ich würde nichts zuwege bringen, wenn ich nicht diszipliniert und strukturiert bin. In Wirklichkeit bin ich umso produktiver, je mehr ich meinem Prozess vertraue.

Das Leben auf Hawaii hat mich gezwungen, mich auf das einzustellen, was ich brauche und möchte – und nicht auf das, von dem ich *denke*, es sei gut und richtig für mich. Ich arbeite besser, wenn ich einen Spaziergang am Strand mache. Ich arbeite besser, wenn der Duft einer Gardenie mein Zimmer erfüllt. Indem ich meinen eigenen Prozess achte, achte ich den Prozess der anderen, den Prozess des *'aina*, den größeren Prozess.

Für mich ist die hawaiische Kultur eine wichtige Lehrerin für das Lernen, meinen Prozess zu leben. Ich stelle fest, dass meine Spiritualität dann wirksam in mein Leben und meine Entscheidungen integriert ist.

Wie sähe eine Gesellschaft aus, die im Prozess lebt?

Jene von uns, die lernen im Prozess zu leben, müssen sich weiterentwickeln, um dies herauszufinden.

Kann es Gesellschaften geben, die im Prozess leben?

Ja, es gab und gibt sie auf diesem Planeten.

Kann es Gesellschaften geben, die im Prozess leben und sich doch unterscheiden?

Natürlich, denn wenn wir im Prozess leben, entwickeln wir uns unterschiedlich. Wir respektieren und begrüßen Unterschiede – und wir sind offene Systeme.

Können offene Systeme in einer Welt existieren, die sich schnell hin zu einem geschlossenen (TMM-)System entwickelt?

Sie müssen es! Darin liegt unsere Herausforderung.

Können wir es schaffen, bevor die TMM-Gesellschaften diesen Planeten unbewohnbar machen und uns dadurch unsere Entscheidungsmöglichkeiten nehmen?

Wenn mehr von uns im Einklang mit dem Schöpfer sind, werden neue Möglichkeiten auftauchen.

Kapitel 13

Der Planet

Für viele von uns ist der Planet Erde zu unserem Hinterhof geworden. Wir beginnen zu erkennen, dass unser Planet nicht ein im Weltraum frei schwebender Ball ist, der aus einzelnen, zusammenhanglosen Nationen besteht. Der Planet ist ein Ganzes. Er ist ein Ökosystem. Er ist ein Prozess.

Wir haben uns bereits mit der Sphäre des Planeten befasst und erörtert, wie Individuen, Familien, Gemeinschaften und Gesellschaften den Planeten beeinflussen und von ihm beeinflusst werden. Lassen Sie uns nun diese Realität eingehender betrachten.

Manche sagen, die Erde werde kleiner wegen der schnelleren und billigeren Flugmöglichkeiten. Vielen Menschen ist es möglich, die entferntesten Orte dieses Planeten, den wir Erde nennen, zu erkunden. Andere sagen, der Planet werde kleiner aufgrund der elektronischen Technologie. Radio, Fernsehen, das Internet und der Computer haben die Welt vor unsere Haustür gebracht. Wieder andere glauben, dass die Umweltkrise und die weltweiten Themen der Vergiftung, Verschmutzung und Zerstörung des Welt-Ökosystems die eigentlichen Probleme seien. Andere wiederum argumentieren, das internationale Geldsystem, die multinationalen Konzerne und die Weltwirtschaft seien die Kräfte, die in diesem Zusammenhang von ausschlaggebender Bedeutung sind.

Natürlich spielen und spielten all diese Kräfte und Einflüsse eine Rolle. Wenn wir in der Lage sind, größere Prozess-Zusammenhänge zu betrachten und den Planeten aus der Perspektive eines Adlers zu sehen, ist es im Grunde gleichgültig, was die Ursachen sind. Wir müssen Lösungen finden. Die TMM-Persönlichkeit glaubt, dass ein Verständnis der Ursachen die Vorgehensweise vorgeben wird. Bis jetzt hat dies bei einem lebenden Organismus noch nie funktioniert und der Planet Erde ist ein lebendiger Organismus. Wir müssen ihn als einen solchen behandeln und entsprechend reagieren.

Alle oben erwähnten Kräfte sind ein integraler Bestandteil des globalen „Schrumpfprozesses". Wir müssen diese Kräfte erforschen und ihre Auswirkungen von einer größeren Perspektive aus ansehen. Obgleich uns vielleicht diese Prozesse – als Einzelfaktoren wie auch in ihrer Gesamtheit – an den Rand der Zerstörung bringen, können solche Kräfte auf lange Sicht auch positiv sein. Vielleicht ist gerade dieser Prozess, der uns an den Rand drängt, notwendig, damit wir unsere Weltsicht ändern, eine tiefere spirituelle Verbindung eingehen und immer mehr in großen Zusammenhängen leben und teilnehmen.

In den vielen Jahren, in denen ich mit Süchtigen gearbeitet habe, war ich beispielsweise immer wieder erstaunt über die Macht der Suchtkrankheit. Eine bekannte Aussage des Zwölf-Schritte-Programms bezeichnet die Krankheit Sucht als verschlagen, trügerisch, mächtig und geduldig. Ich habe gesehen, wie Menschen, die zwanzig Jahre nüchtern waren, einfach losgezogen sind und wieder tranken. Ich habe Menschen gesehen, bei denen alles bestens lief und die ihr Leben durch Sucht ruinierten. Was mich jedoch immer wieder beeindruckt ist die Tatsache, dass die meisten Süchtigen, die ihre Genesung ernst nehmen, diejenigen sind, die auf die Knie gezwungen wurden und kein anderes Ziel mehr kennen als Nüchternheit. Sie sind wie die in Kapitel 2 erwähnten Menschen, die eine schwere Krankheit durchmachen oder einen Unfall erleben mussten, um eine Änderung ihrer Weltsicht zu vollziehen. Erst dann konnten sie die Realität annehmen, dass das Leben ein Prozess ist, der gelebt werden will, und dass Prozess unsere Realität ist.

Vielleicht werden wir menschliche Wesen auf diesem Planeten durch die Auswirkungen der TMM-Persönlichkeit und der TMM-Gesellschaft auf die Knie gezwungen. Vielleicht haben wir unserem Planeten gerade so viel abverlangt, wie wir nur können. Es ist Zeit, dass wir unsere Scheuklappen abnehmen und die Wirklichkeit erkennen: Wir sind auf dieser Erde voneinander abhängig und im Begriff, den gesamten Planeten zu zerstören.

Die Worte von Reuben Kelly klingen nun noch wahrer:

> Es ist nicht so, dass die Wissenschaft an sich schlecht ist. Ihr wart spirituell nur nicht weit genug fortgeschritten, um eine Wissenschaft

> und Technik auf spiritueller Basis entwickeln zu können. Ihr habt Wissenschaft und Technik aus einer spirituellen Leere heraus entwickelt. Deshalb kann eine solche Wissenschaft oder Technik euch oder die Erde nicht heilen.
>
> Reuben Kelly, Koori Ältester, Australien

Vielleicht wird unsere Entscheidung für eine Wissenschaft und Technik, die nicht auf Spiritualität basiert, den Planeten zerstören. Wir haben die Möglichkeit, die Auswirkungen der von uns getroffenen Entscheidungen rückgängig zu machen.

Technologie, Geld und Materialismus

Es gibt Zeiten, in denen wir eine Erfahrung machen, die uns auf der Seelenebene verändert – danach ist unser Leben nicht mehr dasselbe.

Eine solche Erfahrung reiner Bewusstheit und inneren Wissens machte ich an einem Tag, als ich durch Norditalien nicht weit von der österreichischen Grenze fuhr. Ich liebe diesen Teil Italiens, da ich mich in diesen beiden Ländern so wohl fühle. Ganz besonders mag ich jenen Landstrich, wo die beiden Nationen aneinander stoßen. Die Autobahn führt hinauf durch ein großes, schönes Tal. Ein schnell fließender Fluss stürzt das grüne Tal hinab und auf den sanften Hügeln, die sich am Fluss entlangziehen, stehen Weinberge und alte Villen. Hinter diesen Hügeln ragen die schneebedeckten Granitgipfel in den Himmel. Die Fahrt ist atemberaubend und erinnert uns daran, dass wir nur Menschen sind.

Auf einer meiner Fahrten durch dieses Tal beschloss ich, eine Seitenstraße zu erkunden, die laut Landkarte zu einem schönen, von Bergen umgebenen See führte. Es war kurz vor der Abenddämmerung. Da ich nicht in Eile war, hatte ich mich entschlossen, mir selber ein Geschenk zu machen und in dieser Gegend, die ich so genoss, zu übernachten.

Als ich auf der engen Bergstraße um eine scharfe Kurve fuhr, sah ich den See. Ich hörte den Lärm und sah die Zerstörung. Diese Seite des Seeufers war schmutzig und hässlich. Große Lastwagen und schwere Maschinen mit grellen Scheinwerfern arbeiteten hier bis spät in den Abend hinein und zerstörten den Berg.

Ich war so erfüllt von intensiven Gefühlen, dass ich den Wagen so bald ich konnte wendete und schnell zurückfuhr. Auf keinen Fall wollte ich meine letzte Nacht in Italien dort verbringen! Später erfuhr ich, dass dort irgendwelche Metalle oder Mineralien abgebaut werden. Dabei wurde der Berg zerstört.

Zu jenem Zeitpunkt hatte ich schon länger Prozessarbeit gemacht und einen Grad von Klarheit und Ehrlichkeit erreicht, an dem mein Verleugnungssystem nicht mehr so gut funktionierte wie früher. In den Jahren zuvor hatte ich verschiedene Tiefenprozesse über den tatsächlichen physischen Schmerz durchgemacht, den ich fühle, wenn ich die Zerstörung der Erde sehe. Durch das Vertrauen in meinen Prozess, durch meine Genesungsarbeit und durch den Zuwachs an Kraft war ich in meinem Wachstum an einen Punkt angelangt, an dem ich bereit war „zu sehen, was ich sehe und zu wissen, was ich weiß". Ich hatte einen Punkt erreicht, an dem ich darauf vertraute, dass ich mich allem stellen konnte, was in meinem Tiefenprozess für mich hochkommen würde, und dass ich damit umgehen konnte. Ich vertraute darauf, dass ich dafür bereit war – egal, wie groß oder schmerzhaft das Lernen sein würde. Ich nahm ein Hotelzimmer auf der dem Bergwerk abgewandten Seite des Berges, streckte mich auf dem Bett aus und ließ meinen Tiefenprozess zu. Meine Tränen, meine Wut und mein tiefes Schluchzen wurden von dem dicken Daunenkissen in meinem kleinen Dachzimmer aufgenommen.

Als mein Tiefenprozess schließlich abebbte, war ich mir bewusst, dass es Zusammenhänge gab, die ich zuvor niemals hergestellt hatte. Ich fühlte mich so klar wie selten.

Ich konnte die Verbindung zwischen dem Mythos von Objektivität, mechanistischer Wissenschaft und Materialismus *sehen* und *fühlen*. Ich konnte diese Verbindung sehen. Ich kannte sie. Meine Welt hatte sich verändert.

Ich wusste, dass die mechanistische Wissenschaft glaubt, die höchste Funktionsebene bestünde darin, objektiv zu sein und dazu müssten wir uns von uns selbst abspalten. Das bedeutet, dass alle unsere Informationen von außen über unsere Sinne hereinkommen müssen, weil sie durch andere nachvollziehbar und nachprüfbar sein müssen, um gültig zu sein. Deshalb wird das, was von außen zu uns kommt, geschätzt und anerkannt. Unsere Gefühle, unsere Intuition, unser inneres Wissen und unsere Spiritualität lassen sich nicht nachvollziehen, von außen bestätigen oder messen. Deshalb sind sie nicht nur nichts wert, sondern existieren überhaupt nicht.

Wir haben uns in eine Situation hineinmanövriert, in der die wichtigsten Aspekte unseres Lebens nicht existieren. Die belanglosen Elemente unseres Lebens sind unsere Realität geworden. Für die TMM-Gesellschaft existiert allein unsere virtuelle Realität. Wenn es nur das Materielle gibt, dann ist dort auch unser Herz – in eben jener Technologie und dem Materialismus, der die Technologie unterstützt. Kein Wunder, dass wir inzwischen glauben, unser Heil liege in materiellen Gütern. Wir hinterfragen weder die Grundsätze, die diesem Glaubenssystem zugrunde liegen, noch das Glaubenssystem selbst. Wir stellen uns selbst in Frage und wundern uns, warum wir nicht zufrieden sind, während wir gleichzeitig noch mehr materielle Güter begehren. Eine wissenschaftliche Weltsicht, die sich auf dem Mythos von Objektivität und Materialismus gründet, wird unsere Bedürfnisse niemals erfüllen. Sie wird nur noch zu mehr Materialismus führen. Wenn wir die Spiritualität von unserem Alltagsleben abspalten, öffnen wir uns für eine verzerrte Wahrnehmung der Wirklichkeit und machen uns falsche Vorstellungen von ihr. Mein Tiefenprozess hatte mir gezeigt, dass die wissenschaftliche Methode, unsere Welt zu verstehen und mit ihr zu leben, unweigerlich in die Irre führt. Er hatte mir gezeigt, wie und warum wir die Zerstörung, die wir anrichten, rechtfertigen können.

Die von der TMM-Gesellschaft entwickelte Technologie erfordert diese Art von Zerstörung. Die von der TMM-Gesellschaft entwickelte Technologie ermöglicht diese Art von Zerstörung.

Wie schon gesagt, führte jede Kolonialmacht, die in ein Kulturvolk eingefallen ist, ein Geldsystem ein. Was sind die Alternativen zu einem Geldsystem? Einige Menschen, wie z.B. Bernard Lietaer, beginnen andere Möglichkeiten zu erforschen.

Wenn wir ein globales Bewusstsein haben sollen, müssen wir uns mit den Themen Technologie, Geld, Materialismus und Bevölkerung befassen.

An diesem Punkt unseres Prozesses können wir uns vielleicht nicht einmal eine Vorstellung davon machen, wie eine auf Spiritualität gegründete Technologie aussehen würde. Ich weiß, ich kann es nicht.

Doch ich weiß, dass wenn ich und andere den grundlegenden Wahrheiten eines Lebens im Prozess folgen und wir weiter unsere Tiefenprozessarbeit tun, sich Möglichkeiten ergeben werden, die auf einer spirituellen Grundlage beruhen. Wir werden die Wahrheiten, die wir brauchen, erst erkennen können, wenn wir dazu bereit sind. Und wir werden nur bereit, indem wir durch unsere Tiefenprozesse gehen und einen Schritt nach dem anderen tun, um unseren Prozess zu leben.

Wir leben so wenig von unserem Potential.

Die Umwelt

Mit der Veröffentlichung von Rachel Carsons Buch *Der stumme Frühling* wurde die TMM-Gesellschaft mit einem populären Buch bekannt gemacht, das die Sorge für die Umwelt thematisierte und begann, Umweltthemen in den Vordergrund zu rücken. Viele indigene Kulturen basieren auf der Fürsorge für die Umwelt und auf einem Leben mit der Natur. Fälschlicherweise werden und wurden sie als primitiv und als „Anbeter der Erde" abgetan. Doch ist die Spiritualität dieser Völker oft äußerst komplex, hochentwickelt, ganzheitlich und in ihre Lebensweise integriert.

Inzwischen ist die Sorge um die Umwelt in den Mittelpunkt des Interesses gerückt. Doch habe ich festgestellt, dass die Verleugnung um den Zustand unseres Planeten trotz unseres weltweit hohen technischen Entwicklungsstandes die gesamte Erde durchdringt. In der Tat kann ich die Orte, an denen ich war, gar nicht auflisten, an denen die Bewohner stolz erklärten, ihre Gegend hätte die höchste Umweltbelastung in der ganzen Welt. Ich habe festgestellt, dass die meisten Bewohner dieser Welt keine Welt-Bürger sind. Außerdem habe ich bemerkt, dass die Sorge um die Umwelt eines der Hauptthemen ist, das die Menschen auf einer globalen Basis zusammenzuführen scheint.

Die christliche Kirche und die Umwelt

Das organisierte Christentum hat sich im Laufe der Geschichte der TMM-Kultur energisch gegen das Thema Umwelt gewehrt. Die jüdisch-christliche Tradition hat den Glauben, die Natur und Erde existierten nur, um vom Menschen unterjocht und zerstört zu werden, sehr ernst genommen. Vor allem die westliche Theologie hat dafür gesorgt, den Menschen von der Natur zu entfremden und ihn über die Natur zu stellen. Nach ihrer Auffassung ist die Natur für den Menschen da und darf willkürlich ausgebeutet werden. In diesem Glaubenssystem wurde die Erde mit dem Weiblichen gleichgesetzt. Institutionen, die in solchen Überzeugungen wurzeln, neigen zu notorischem Sexismus.

In den vergangenen Jahren habe ich mich gefragt, ob das Christentum, so wie wir es kennen, und die Sorge um die Umwelt nicht in völligem Widerspruch zueinander stehen. Zwei bedeutende katholische Stimmen, Matthew Fox und Paul Collins, ein australischer Priester, haben die gleichen Bedenken geäußert. Fox versuchte darzustellen, dass die katholische Kirche im Laufe ihrer Geschichte Umweltbelange als Teil ihrer Tradition betont hat, es jedoch versäumte, dieses Thema in der Neuzeit beizubehalten. Es erübrigt sich zu erwähnen, dass Fox von der Kirche zum Schweigen gebracht und unter Druck gesetzt wurde, die Kirche zu verlassen. Paul Collins wird wegen seiner Überzeugungen der Ketzerei beschuldigt. Natürlich sind das nicht die einzigen Themen, die diese Männer aufgegriffen haben, und ich finde es in der Tat merkwürdig, dass beide im Rahmen ihrer anderen Anliegen so starke Umweltsorgen äußern.

Die wirkliche Ketzerei ist vielleicht die, dass beide Männer begannen, sich in ihrer Sichtweise und Weltsicht von der alten TMM-Gesellschaft abzuwenden. Meiner Meinung nach haben sich beide sehr darum bemüht, dass das Thema Umwelt Teil der christlichen Tradition bleibt.

Paul Collins sagt im Grunde, dass wir die Natur brauchen, um das Unendliche voll zu erfahren und dass wir, wenn wir die Natur zerstören, unseren Zugang zum Unendlichen ein für alle Mal zerstören. Collins gibt Martin Heidegger wieder, den deutschen existentialistischen Philosophen, wenn er sagt, dass „wir uns so sehr auf Technologie und ihre speziellen Anwendungen konzentriert haben und so sehr darin verwickelt sind, dass wir unseren Sinn für die Realität der Welt, die dahinter liegt, verloren haben." Collins sagt weiter: „Unsere Konzentration auf Technologie ist so umfassend, dass wir nicht mehr erkennen können, was es heißt, wirklich in der Welt zu sein, oder dass wir nicht mehr damit in Berührung kommen können."

Collins zitiert Heideggers Auffassung, dass „die ökologische Krise, die eine Folge der Technologie ist, eher metaphysisch als ethisch ist.“ Collins kommt in seiner Untersuchung der ökologischen Frage zu dem Schluss, die Umweltkrise sei im Grunde eine theologische Frage. In diesem Punkt stimme ich nicht mit ihm überein. Theologie ist Denken über Gott. Wir haben genug gedacht, ohne dabei in unserem Körper zu sein.

Wir müssen unsere Spiritualität wieder mit allem Leben verbinden, unseren Prozess leben und zulassen, dass wir uns mit jenem Prozess in uns verbinden, der das Große Mysterium ist. Wenn wir unser Einssein mit Allem-was-ist erfahren und darum wissen, wird der Umgang mit der Umwelt zum Umgang mit uns selbst.

In den Lehren Jesu finde ich nichts, das sagt, es sei in Ordnung, die uns geschenkte Welt zu zerstören. Hingegen finde ich in ihnen Ehrfurcht vor der gesamten Schöpfung. Jesus sprach über die Probleme seiner Zeit, um das Göttliche in allen Menschen anzusprechen und zu aktivieren. Ich bin sicher, seine Gleichnisse und Geschichten würden das Thema Umwelt einschließen, würde er heute predigen.

Grossunternehmen und die Umwelt

Ganz einfach gesagt sind die meisten Unternehmen mit Ausnahme der Dienstleistungsunternehmen davon abhängig, die Umwelt auszubeuten und zu zerstören. Firmen im produzierenden und verarbeitenden Gewerbe sowie Baufirmen sind auf den Verbrauch nicht erneuerbarer Ressourcen angewiesen. Wenn wir Menschen vor der Wahl standen, erneuerbare Ressourcen zu entwickeln, haben wir uns oft dafür entschieden, die Erde auszubeuten. Wir scheinen vergessen zu haben, dass die Erde uns nicht nur einen Ort zu leben, Wasser zu trinken und Luft zum Atmen gibt, sondern genau gesagt auch Nahrung und Kleidung.

Geld und Arbeitsplätze stehen an erster Stelle. Muss bei einem Problem zwischen Wirtschaftlichkeit und Umwelt entschieden werden, entscheiden wir uns in der von uns geschaffenen TMM-Gesellschaft immer zugunsten der Wirtschaft. Ich glaube, dass wir diese Entscheidungen gegen die Umwelt sehr auf Kosten unserer Seele und unseres Einsseins mit dem Schöpfer treffen. Indem wir lernen, unsere Tiefenprozessarbeit zu machen und unseren Prozess umfassender zu leben, sind wir mehr verbunden mit Allem-was-ist und unsere Entscheidungen verändern sich. Tief in unserer Seele wissen wir dann, dass wir die Umwelt *sind*. Zumindest ist das meine Erfahrung.

Wenn wir in unserer Leben-im-Prozess-Arbeit klarer werden, entdecken wir, dass wir unsere Entscheidungen nicht mehr nur mit dem Kopf treffen können. Wir müssen unser ganzes Wesen einbeziehen.

Als der Stammesälteste sagte, wir wären spirituell noch nicht so weit gereift, um eine Technologie zu entwickeln, die eine spirituelle Basis habe, hörte ich seine Worte und wusste, sie waren wichtig. Doch konnte ich mir nicht vorstellen, was er meinte. Nun, da ich mit Menschen aus der ganzen Welt arbeite, die lernen ihren Prozess zu leben, beginne ich die Bedeutung seiner Worte zu verstehen. Offensichtlich bewegen wir uns auf eine Zeit globaler Veränderung zu.

In Kapitel 1 erzählte ich, dass ich in meinem Leben an einen Punkt kam, wo ich das Bedürfnis hatte, für meine eigene Heilung indigenen Ältesten zuzuhören. Sie geben mir viel mehr als ich je erhofft hatte. Sie ermöglichen mir, die Dinge sozusagen aus der Adler-Perspektive zu sehen und geben mir eine globale und spirituelle Sichtweise. Von dieser Perspektive möchte ich Ihnen mehr erzählen.

Leben im Prozess und Weisheit der Urvölker

Unsere Mythen und Legenden erzählten uns, dass wir das alte Wissen bewahren und versteckt halten müssten, damit es uns nicht weggenommen oder vernichtet würde. Es wurde uns gesagt, es käme

> eine Zeit, in der unser Wissen und unsere Weisheit gebraucht würden, um den Planeten zu retten. Diese Zeit ist jetzt. Jetzt müssen wir sprechen und die Weisheit unserer Ahnen mitteilen.
>
> ÄLTESTE DER STÄMME HOPI, LAKOTA, CHEROKEE, MOHICAN, PAPAGO SOWIE DER MAORI, HAWAIIANER, SAMOANER, DER AUSTRALISCHEN UREINWOHNER, DER KANADISCHEN INDIANER, DER INUIT, ATHABASKA-STÄMME ... UND EINGEBORENE ÄLTESTE WELTWEIT

Leben im Prozess ist uralte Weisheit für moderne Zeiten. In ihrer aufrichtigen und einfachen Suche nach Wachstum und Heilung haben Menschen gleichzeitig versucht, den einfachen Weg der Seele zu gehen. Dabei haben sie in sich diese tiefen Wahrheiten entdeckt und sich mit dem uralten Wissen der ganzen Welt verbunden.

> Wir wussten, dies ist der reichste Teil des Kontinents, weil der Große Geist hier lebt. Wir wussten, der weiße Mann würde nach den Dingen suchen, die er für gut hält, und er würde viele gute Ideen benutzen, um das Begehren seines Herzens zu stillen. Und wir wussten, wenn er sich vom Großen Geist abgewendet hat, würde ihm jedes Mittel recht sein, um zu bekommen, was er will. Vor diesen Dingen wurden wir gewarnt. Heute wissen wir, dass diese Prophezeiungen wahr sind, denn wir können sehen, wie viele neue und egoistische Ideen und Pläne uns heute vorgelegt werden. Wir wissen, wenn wir diese Dinge akzeptieren, verlieren wir unser Land und geben unser Leben selbst auf.
>
> DAN KATCHONGVA, HOPI

Es gibt so viel zu lernen und wir haben die Möglichkeit zu lernen. *Jedoch werden wir nichts lernen, wenn wir weiterhin versuchen, alles zu zerstören, was wir nicht verstehen.* Die Wahrheit in uns und die Wahrheit außerhalb von uns sind ein und dasselbe.

Es gibt viele Wahrheiten. Das Große Mysterium würde uns nie nur *eine* Art von Spiritualität geben. Wir alle versuchen, den Weg zurück zu unserem Einssein, unserer Ganzheit, unserem Lebensprozess zu finden. Wir werden niemals lernen können, wenn wir meinen, wir hätten nichts zu lernen oder wenn wir uns denen, die weise sind, überlegen fühlen.

Wir müssen lernen, unseren Ältesten zuzuhören. Wir müssen lernen, der Erde zuzuhören. Wir müssen lernen, den Bäumen, den Tieren, den Steinen zuzuhören. Wir sind die Jüngsten hier. Wir haben viel zu lernen.

Nachstehend einige Auszüge aus einem Interview mit einer australischen Ureinwohnerin, Mary Graham, welches in der Zeitschrift *HoriZon* der Community Aid Abroad veröffentlicht wurde. In diesem Interview erzählt sie uns ihre Wahrheit. Ihre Beobachtungen unterstreichen, was wir hier erörtern.

> Für uns bedeutete die Ankunft der Weißen in diesem Land das Ende des Lebens und der Anfang des Überlebens. Es war – und es ist noch immer – ein großes Unglück für uns, und erst jetzt beginnen wir langsam, mit diesem schweren Trauma klarzukommen. Aber wir verloren nicht unsere Kultur. Kultur hat zwei Seiten: eine äußere Seite, wie zum Beispiel Nahrung, Kleidung und Tanzen, und eine innere, die unsere Art des Denkens, Fühlens, Verhaltens beinhaltet. Die innere Seite ist immer noch so fest wie Granit. Die Tatsache, dass die Aborigines weiterhin darauf bestehen, Aborigines zu sein, ist genau das, was so viele Weiße verärgert.
>
> Nur indem wir für das Land Sorge tragen – aktiv Sorge tragen und nicht nur darüber nachdenken –, wird unsere Menschlichkeit bestätigt. Indem wir für das Land Sorge tragen, lernen wir für einander da zu sein. Darin liegt für uns die Bedeutung des Lebens; darin liegt unser gemeinsames spirituelles Ziel.

In der Kultur der australischen Ureinwohner steht die Gruppe – nicht das Individuum – im Mittelpunkt.

Aborigines machen aus einem Konflikt oder dem Leben selbst keine Ideologie.

Selbst das Ziel, etwas in unserem Leben zu erreichen, kennen wir nicht. Wir sind nicht auf dem Weg irgendwohin; von einem Himmel und einer Hölle haben wir keine Vorstellung. Aus diesem Grund brauchen wir keine Führer oder Hierarchien westlicher Art. Was bei uns einer Hierarchie am nächsten kommt, ist eine Hierarchie des Wissens. Für uns ist die Frage „Warum leben wir?" bereits beantwortet. Das ist alles, was zählt.

Wir haben die Europäer im Laufe der letzten beiden Jahrhunderte beobachtet. Sie tragen eine enorme Last auf ihren Schultern. Sie sind voller Ideale, voller Pläne und wollen immer noch mehr erreichen. Sie schleppen ständig eine lange Einkaufsliste mit sich herum: Sie sollen alles Mögliche sein, sie sollen das Gesetz achten und wenn sie religiös sind, müssen sie auf eine ganz bestimmte Weise an einen ganz bestimmten Gott glauben usw. Sie arbeiten mit festen Vorstellungen darüber, wie die Gesellschaft aussehen und wie Dinge erreicht werden sollten. Sie versuchen ständig, einem Ideal zu entsprechen. Dies übt offenbar einen enormen Druck auf die Menschen und auf ihre Beziehungen aus. Wir sagen, der Mensch ist nicht ideal. Wir sind „arme Kerle" und sehr verletzlich. Wir sind weder gut noch schlecht. Menschlich zu sein – so weit wie möglich – das ist schon mehr als genug!

Beziehungen zu schaffen steht im Mittelpunkt.
Friede kann nur wachsen, man kann ihn nicht „machen".

> Für mich gibt es zwei Arten von Spielen auf der Welt: die endlichen und die unendlichen Spiele. Schach, Krieg, Auseinandersetzungen vor Gericht, Demokratie – das sind endliche Spiele. Bei ihnen gibt es jedes Mal Gewinner und Verlierer. Im unendlichen Spiel geht es nicht um Gewinnen oder Verlieren: Man fängt an zu spielen und kann ewig damit fortfahren. Innerhalb des unendlichen Spiels kann man endliche Spiele spielen, aber nicht andersherum.
>
> Sorge tragen für das Land ist das unendliche Spiel. Aber wir spielen auch endliche Spiele und wir spielen auch die endlichen Spiele der Weißen; wir nehmen eine Weile daran teil und dann ziehen wir uns wieder zurück. Es ist nicht erlaubt, eines dieser Spiele als Ideologie oder als einen „Ismus" zu bezeichnen, denn das wäre als Zeichen von Unreife anzusehen. Man kann endliche Spiele nicht allzu ernst nehmen. Wirkliche Bedeutung hat nur das unendliche Spiel.
>
> Für uns hat es den Anschein, dass die westliche Kultur diese endlichen Spiele als „Realität" sieht. Sie nimmt Ideologien, „Ismen" unglaublich ernst. Die Weißen in diesem Land warten darauf, dass wir beginnen ihre Spiele ernst zu nehmen, aber da werden sie lange warten müssen. Bei uns hat das unendliche Spiel Vorrang.
>
> Mary Graham

Leben im Prozess ist das unendliche Spiel.

Mary Graham setzt die Weißen mit einer TMM-Gesellschaft gleich, weil das ihre Erfahrung ist. Doch wenn wir eine globale Sichtweise entwickeln, erkennen wir, dass die TMM-Gesellschaft nicht auf nur eine Kultur oder Rasse beschränkt ist. Die TMM-Lehrsätze und Annahmen sind eine globale Frage, die alle Menschen angeht. Wir alle haben eigene Erfahrungen mit diesen Lehrsätzen gemacht, und jeder von uns hat sein

Stück Wahrheit, das er beitragen kann. Einige Menschen sind jedoch so sehr in der TMM-Gesellschaft verfangen, dass sie nicht in der Lage sind, aus ihr herauszutreten und eine klare Perspektive von ihr zu bekommen. Viel zu oft sehen Personen, die in eine bestimmt Gesellschaftsordnung oder Weltsicht verstrickt sind, diese als Realität. Sie haben die Fähigkeit verloren, aus ihr herauszutreten und sie von außen zu betrachten.

Wir brauchen die Sicht von Menschen wie Mary Graham um zu erkennen, was wir nicht sehen können oder nicht sehen wollen. Gleichzeitig müssen wir erkennen, dass ihre Wahrnehmungen ihrer Sichtweise entspringen, nicht mehr und nicht weniger.

Wir haben die Chance von Menschen zu lernen, die die Weisheit haben, uns eine neue alte Lebensart zu lehren. Indem wir unsere Tiefenprozessarbeit tun, Heilung erfahren und versuchen im Prozess zu leben, scheinen wir Wahrheiten zu entdecken, die über unser individuelles Selbst hinausgehen und doch mit Allem-was-ist verbunden sind.

Nachstehend eine kraftvolle Geschichte, die mir eine Cherokee-Frau erzählte. Ihre Vorfahren hatten sie an sie weitergegeben.

> Ich war wütend und fragte die Großmütter: „Warum habt ihr euer Erbe – unser Erbe – verleugnet? Wie konntet ihr die Lebensweise des Weißen Mannes, des Eroberers, annehmen – die Lebensweise von Menschen, die Mutter Erde nicht achten? Wie konntet ihr zukünftigen Generationen ihre Identität vorenthalten und selbst euren Kindern verheimlichen, dass ihr Cherokee seid und sie auch? Wie konntet ihr so etwas tun?“ Ich fühlte mich von meinen eigenen Ahnen verraten.
>
> Das Lächeln war sanft und weise, doch die Stimme war fest. Sie strahlte Stärke aus. Kraft. „Standing Feather, du hast viel zu lernen. Du wirst die Medizin von Mutter Mais studieren und dann wirst du verstehen. Wir wählten unseren Weg aus unserem Wissen heraus – aus dem wahren und ewigen Wissen darüber, wer und

was wir als Volk sind, aus den Lehren des Großen Mysteriums und der Mutter Erde, und aus der Weisheit der Selu. Urteile nicht so schnell. Du kennst nicht die ganze Wahrheit, verstehst nicht unsere Gründe."

Ich zitterte, aber das Feuer in mir brannte noch. Ich musste es wissen. „Wie konntet ihr nur?" Vor meinem inneren Auge sah ich vertane Gelegenheiten – vergessene Traditionen, kostbare Weisheiten, die verloren gegangen waren, und eine Welt, die so sehr das Wissen brauchte, das es nun nicht mehr gab und die es nie mehr geben würde. Tränen schossen mir in die Augen.

Lachen, sanftes Necken. „Standing Feather, du bist wie ein Kind. Deine Tränen sind umsonst. Du jammerst so töricht wie ein kleines Kind, das nur an sich denkt und das die Weisheit, die zum Verstehen erforderlich ist, nicht besitzt. Hör' mit diesem Unsinn auf und erkenne deine wahre Aufgabe. Dein Lebensweg hat ein Ziel. Verschwende nicht deine Tränen. Unser Erbe ist lebendig und wohlauf. Es wird mit jedem Sonnenaufgang stärker. Helfe unserem Volk, beweine es nicht. Achte unsere Lebensweise und denke nicht, sie sei verkümmert oder verloren. Ehre unsere Weisheit. Gebrauche dein Erbe mit Stolz. Alles, was wir hatten – alles, was wir deiner Meinung nach verleugneten – alles, was du verloren glaubst – ist unversehrt und stark und existiert in deiner Welt. Es wartet auf dich jetzt. Du musst es nur in Besitz nehmen."

Ich konnte mir das nicht vorstellen. So vieles war verloren gegangen, so vieles war vergessen, so viel war hinweggefegt worden, weil es verleugnet worden war. Verloren. Sicher verstanden sie es nicht.

„Aber Großmuter, so viele Jahre habe ich nicht einmal gewusst, dass es mein Erbe ist. Ich habe nicht die Geschichten gehört, nichts über das Heilen gelernt, nicht von der Schönheit des Großen Mysteriums gewusst. Ich bewunderte unser Volk aus der Ferne und wusste nicht, dass ich eine von ihnen war. Mein Herz brach, als ich ihr Leid sah, und trauerte um das, was verloren ging ..."

„Hast du nichts gelernt? Du fühltest dich einem Volk verwandt, das du aus der Ferne beobachtet hast, selbst ohne es zu verstehen. Du trägst unsere Art und unsere Weisheit in dir. Beide sind so vollständig in dir wie dein göttlicher Geist und sie stehen dir zur Verfügung wie dein Herz, und doch weinst du um sie. Du brauchst eine Grundausbildung. Strecke deine Hand aus. Berühre, was du suchst. Es ist alles da und wartet auf dich. Es ist immer da gewesen."

„Aber du sagtest, du seiest holländischer Herkunft, in einem fremden Land geboren. Du leugnetest ..."

„Die allererste Lektion. Was hängt an der Wand in deinem Heim? Was liegt auf dem Tisch, was steht auf dem Herd? Was befindet sich neben der Tür?"

„Großmutter, ich verstehe dich nicht."

„Antworte."

„An der Wand hängen Bilder meiner Kinder und Enkel, eine geschnitzte Kette aus einem einzigen Zedernstück, getrocknete indianische Maiskolben, ein Bild der Berge und Bäume im Winter, ein Stab mit Gebetsbändern, ein ungeschliffener Kristall, ein mit den Fingern gewebtes Lederband, eine Quiltdecke und ein Teppich, den einige von euch machten, eine Vase mit Pfauenfedern, eine Holzschnitzerei von Chief Dragging Canoe und ein handgewobener Korb ..."

„Wir haben unseren Weg bewusst gewählt. Die Zeiten waren schwer. Unser Volk, unsere Lebensweise waren in Gefahr, vernichtet zu werden. Wir wurden wie das Wild gejagt. Es gab keinen sicheren Ort, wohin wir hätten gehen können. Unser Land und unser Besitz wurden uns geraubt. Unsere Häuser verbrannt, die Menschen getötet. Viele starben. Unsere Kinder wurden weggenommen und in Internate gesteckt, wo ihnen verboten wurde, unsere Sprache zu sprechen. Manchmal sahen wir sie nie wieder. Unsere Zeremonien wurden gesetzlich verboten. Unser Glaube geächtet. Der Geist unseres Volkes lag im Sterben. Wir mussten einen Weg finden, um diese Dinge zu erhalten."

Sie machte eine Pause und ich fühlte ihre Augen auf mir. Sie brannten durch mich hindurch bis in meine Seele.

„Wir wandten uns um Hilfe an Großmutter Mais, und sie lehrte uns zu überleben. Wir studierten ihre Lehren und praktizierten sie. Ein einziges winziges Maiskorn trägt in sich alles, was erforderlich ist, um unser Volk für alle Zeit körperlich und spirituell zu nähren, und hat dann noch genug übrig, um das gleiche einer ganzen Welt zu geben. Dieses eine Maiskorn, dieser Same kann uns nähren, Brennmaterial geben und Material, um Häuser zu bauen. Es unterstützt uns bei unseren Zeremonien und Lehren und ist geistige Nahrung und Weisheit – es liefert die überwiegende Mehrheit dessen, was für das Überleben eines Volkes gebraucht wird. So wie der Samen überlebt hat, hat auch Großmutter Mais überlebt, über Tausende, vielleicht sogar Millionen Jahreszeiten. Das Maiskorn, der einzelne Same, trägt das Herz und den Geist der Mutter. Wenn es in die süße Erde gepflanzt wird, ruht es, und dann, wenn die Zeit reif ist, kommt es hervor. Es wächst. Zuerst der Keim, dann das Blatt, dann der Maisstängel und die Kolben. Es ist die wiedergeborene Mutter, mit unversehrtem Herzen und Geist. Da wussten wir, dass wir es wie Großmutter Mais machen mussten. Wir nahmen alles, was uns wichtig war, und zogen es tief in uns hinein. Die Außenwelt konnte es nicht sehen, so wie der Geist von Großmutter Mais im Samen nicht sichtbar ist. Manchmal trügt der Schein. Wir hielten die Samen versteckt und geschützt und wussten, wenn die Zeit reif war, würden sie hervorkommen und Frucht tragen. Wir vertrauten den Wegen des Schöpfers, der Mutter Erde, und der Großmutter Mais. Unser Samen, unser göttlicher Geist, würde schlafen, doch in zukünftigen Generationen unversehrt weiterleben. Unter günstigen Bedingungen würde die Lebensweise unseres Volkes wieder lebendig. Nichts würde verloren sein. Nur so konnten wir überleben."

„Der weiße Mann verstand die Idee des Samens nicht. Er wusste nicht, wie Mutter Erde den Samen dazu ermutigen kann, die reife Pflanze und den Maiskolben hervorzubringen. Er glaubte, er könne uns zwingen, seine Sprache zu sprechen, seine Kleidung zu tragen, seinem Glauben zu folgen. Er glaubte, dass unsere Lebensweise sterben würde. Der weiße Mann wollte unser Volk vereinnahmen, es zu einem Teil seiner selbst machen, und wir würden nicht mehr sein. Wir ließen ihn in diesem Glauben und sein eigener Glaube brachte sein Vorhaben zu Fall. Wir trugen seine Kleidung, sprachen seine Sprache und schienen seinen Glauben anzunehmen. Wir zogen unsere Kinder nach seiner Weise auf und erzählten ihnen nichts von ihrem Erbe. Aber wir hatten unseren göttlichen Geist und alles, was uns wichtig war, in unseren Samen gesteckt. Kinder, Enkelkinder und Urenkel trugen ihn in sich, unerkannt und sicher. Der weiße Mann konnte ihn uns nicht wegnehmen. Nichts konnte ihn zerstören. Wir blickten in die wirbelnden Nebel der Zukunft und wir sahen, wie sich unsere Nation aus den vielen Samen, die wir gepflanzt hatten, wieder erhob. Wir sahen wieder die Zeremonien und die Traditionen. Wir hörten die Geschichten, fanden die Weisheit, die von Generation zu Generation weitergegeben worden war. Wir sahen unsere Körbe, von anderen Händen gewoben, unsere Kleidung, andere Körper bedeckend, hörten unsere Lieder, von anderen Stimmen gesungen. Aber sie waren wir und wir waren sie. Wir lebten wieder und alles, was uns wichtig war, blühte. Es ist die Art des Mais."

„Der weiße Mann ist nicht der Eroberer. Er war es nie. Er wurde vor langer Zeit besiegt und er beteiligte sich an seiner eigenen

> Niederlage. Der weiße Mann hat immer in der Außenwelt gelebt, hat immer seine materiellen Dinge am meisten geschätzt – Geld, Häuser, Status. Deshalb kann seine Lebensweise nicht überdauern. Solche Dinge waren für uns nie von Bedeutung. Wir haben vor langer Zeit die Lektion des Mais gelernt. Wir tragen das, was wichtig ist, in uns: Unseren göttlichen Geist. Und er wird nie sterben, wird nie geschwächt. Unser Blut strömt durch deinen Körper, unser Herz schlägt in deiner Brust und unsere Gedanken erfüllen deine Gedanken. Du bist unser Samen. Du bist Cherokee. Was du sonst auch bist oder sein magst, du bist eine von unserem Volk. Du trägst den göttlichen Geist und die Hoffnung unserer Nation. Ehre uns. Erlaube uns, durch dich wieder zu leben. Bringe unsere Traditionen, unsere Geschichten und Zeremonien, unser Wissen und unseren Glauben und unsere Weisheit wieder hervor. Sie werden dir gute Dienste leisten. Vergesse nie die Lehren der Großmutter Mais. Und wisse, dass durch die Jahrhunderte, wenn Männer und Frauen sich weit weg von Mutter Erde bewegen, wenn sie Dinge tun, von denen du jetzt nicht einmal träumen kannst, sie – deine Kinder, deine Enkel – den Samen mit sich tragen werden, den sie pflanzten. Und den Samen der Großmutter Mais. Sie werden Mais an vielen Orten pflanzen. Und die Cherokee-Nation wird blühen, wird überleben, um wieder und wieder geboren zu werden in den Herzen, in den Gedanken und im Geist ihrer Kinder.“
>
> STANDING FEATHER

Standing Feathers Geschichte ist meine Geschichte. Sie ist unser aller Geschichte. Wir sind alle aus Volksstämmen hervorgegangen. Wir können eine Welt erschaffen, von der wir noch keine Bilder, noch keine Träume haben, doch die wir erahnen. Wir sind wie der Mais. Geheimnisvoll in jedem von uns sind die Samen verborgen, die keimen und eine neue Gesellschaft, einen neuen Planeten hervorbringen können.

Wie der Mais haben wir tief in unserem Lebensprozess eine Weisheit verborgen, die zu dem gesamten Wissen zurückgeht und dorthin reicht, wo alles möglich wird. Schon allein unsere Existenz ist ein Potential. Möglich ist immer das, was bislang noch nicht zum Ausdruck gebracht wurde. Wir tragen die Weisheit der Ahnen, die zu der mächtigen Kraft aller Schöpfung zurückreicht, in uns.

Könnte es nicht sein, dass wir gar nicht von der TMM-Kultur vereinnahmt und „abgetrennt“ werden, sondern etwas ganz anderes passiert? Wir leben auf dieser Erde, wir essen die Nahrung und trinken das Wasser, das vom Blut und den Knochen der Ahnen genährt wurde – könnte es da nicht möglich sein, dass wir die Weisheit unserer Ahnen in unserer DNA tragen und auf diese Weisheit zurückkommen können, wenn wir sie brauchen? Könnte es nicht sein, dass durch Mischehen die Urvölker nicht „aufgesogen“, sondern in uns alle eingedrungen sind, und dass die zunehmende Vermischung von Rassen einen Nährboden bildet, in dem die Weisheit der Ahnen lebt und nur darauf wartet, hervorzukommen und den Planeten zu retten? Das ist sehr gut möglich.

Wir haben große Möglichkeiten zu heilen und ganz zu werden. Wir können den Pfad des göttlichen Geistes beschreiten. Unsere Tiefenprozesse können uns zurück zur Weisheit unserer Ahnen und zu unserer unmittelbaren Verbindung mit dem Großen Mysterium bringen.

Wenn wir die Dinge aus der Sicht eines Adlers sehen, können wir vielleicht erkennen, dass wir der Planet sind, und vielleicht auch verstehen, dass das Wissen, das in unserer DNA verborgen ist, genau das Wissen ist, das wir brauchen, um uns einer neuen Vision zu nähern.

Jede indigene Person weiß, dass jedes Teil eines Puzzles wichtig ist. Wenn die gesamte Schöpfung lebendig und wichtig ist, steuern jeder Ort *('aina)* und jede Zivilisation die notwendigen Teilstücke bei. Wenn wir dies wissen, erkennen wir, dass jede Kultur und Zivilisation tatsächlich wie eine bedrohte Art sind – sie werden gebraucht, um Gleichgewicht und Ganzheit auf dem Planeten zu schaffen.

Leben im Prozess braucht Zeit. Es braucht Geduld. Es braucht Mut. Es braucht Vertrauen. Und: Es erlaubt uns einen Zugang zu der Weisheit und Ganzheit in uns.

> Das Zentrum des Universums ist überall.
>
> BLACK ELK

Kapitel 14

Das Universum und darüber hinaus

Eines Nachts stand ich ganz still und blickte zu den Sternen hinauf. Ich wusste um das Einssein. Ich erfuhr Unendlichkeit. Ich war eins mit der unendlichen Einheit.

Wir können solche Erfahrungen nicht herbeiführen. Sie sind Teil unseres Erbes als spirituelle Wesen.

Brian Swimme sagt in seinem wundervollen Buch *Das verborgene Herz des Kosmos:* „Die wirklich erstaunliche Sache ist die, dass das Wissen um den Geburtsort des Universums schon immer hier war. Ich möchte sagen, dass wir, seit es Menschen auf der Erde gibt, Tag und Nacht förmlich überschüttet werden mit der Nachricht über den Geburtsort des Universums. Dies muss ein zentraler Aspekt der menschlichen Existenz sein: die Wahrheit direkt vor Augen zu haben und doch unfähig zu sein, sie zu sehen oder zu erkennen."

Wir haben in uns und um uns herum die Geschichte von der Geburt des Universums. Tatsächlich ist die Geburt des Universums die Geschichte unserer eigenen Geburt. Laut Swimme sind wir ständig von den Partikeln des Lichts – den Photonen – umgeben, die die Botschaft vom Geburtsort des Universums – unseres Geburtsorts – mit sich tragen, und wir baden förmlich in ihnen und ihrer Information unserer Unermesslichkeit.

Unsere DNA reicht viel weiter zurück als nur zu unseren Ahninnen und Ahnen. Wir gehören den Sternen an. Wir teilen die gesamte Schöpfung mit der gesamten Schöpfung.

Wenn wir – indem wir über unsere Tiefenprozesse in unser unendliches Unbekanntes eintauchen – den Mantel der Unkenntnis ablegen, den generationenlanges Nicht-Sehen über uns ausgebreitet hat, dann beginnen wir zu erfahren, dass wir das Unermessliche sind, das jenseits von uns selbst liegt. Unser Sein beginnt den Mut aufzubringen, das Nichts zu kennen, und zwar nicht als eine Leere, sondern als das Unbekannte, das erfüllt ist von der Fülle der Schöpfung.

Die Sterne und Galaxien nehmen uns in sich auf in die Einheit der Schöpfung, und wir bewegen uns tief in uns zu der Verbundenheit von allem. Es gibt nichts anderes. Es gibt nur das Eins-Sein. Und doch sind wir einzigartig. Nichts hat je existiert und wird je existieren, das unserem individuellen Selbst entspricht. Und wir sind ein Teil des Ganzen. Wir sind ein notwendiger Teil des Puzzles, das existiert, ob wir es erkennen oder nicht.

Indem wir uns in die Tiefen unseres Tiefenprozesses hineinbegeben und lernen, unseren Prozess zu leben, werden wir unsere Verbundenheit auf einer zellulären Ebene erfahren. Wir denken nicht darüber nach und stellen keine Theorien darüber auf. Wir wissen um diese Unermesslichkeit von Allem-was-ist und erfahren sie. Wir sind sie selbst. Manchmal fragen wir uns vielleicht, ob unser Wesen die Unermesslichkeit dieser Erfahrung von der Einheit von Allem-was-ist zulassen kann. Können sich unsere Zellen an die Geburt des sich ausdehnenden Universums als unsere ewige Geburt erinnern und diese Intensität überleben? Ja, wir müssen nur durch die Tiefenprozesse gehen, die in uns aufsteigen. Wenn wir unser Leben als einen Prozess leben und langsam und vertrauensvoll in unsere Tiefenprozesse eintauchen, so wie sie für uns zugänglich werden, sind wir immer bereit für das, was als nächstes kommt.

Die Geburt des Universums und unsere eigene Geburt darin zu kennen, löst vielleicht Angst bei uns aus, jedoch ist das Wissen darum bereits tief in den Zellen unseres Wesens verborgen. Aus Furcht streben wir vielleicht danach, unsere Welten klein und kontrollierbar zu halten. Jedoch trägt jede und jeder von uns die Weisheit des Universums in sich.

Wenn wir uns dem Universum in uns selbst und dem Universum jenseits von uns öffnen, ist einer der Schätze, der dort verborgen liegt, bedingungslose Liebe. Bedingungslose Liebe hat wenig mit dem zu tun, was wir als menschliche Liebe kennen. Tatsächlich kann es uns in die Irre führen, wenn wir versuchen, bedingungslose Liebe mit Begriffen zu erklären oder zu verstehen, die wir von der menschlichen Liebe her kennen. Bedingungslose Liebe kann nicht beschrieben werden. Sie kann nur erfahren werden, indem wir uns für das öffnen, was jenseits dessen liegt, was wir für möglich hielten.

Mir liegt nichts daran, die menschliche Liebe schlecht zu reden. Sie ist wundervoll. Die Fähigkeit zu lieben ist ein Geschenk, und die Fähigkeit sie zu empfangen ist ein Geschenk. Wir erschaffen Liebe nicht. Wir können auch nicht geschehen machen, dass sie geschieht. Liebe ist eine Energie, die vom Prozess abhängig ist. Wir können auch Spiritualität nur im Kontext von Prozess erleben. Wenn ich völlig eins bin mit dem Prozess, fühle ich, dass ich eins bin mit dem Universum und ich verbinde mich und nehme teil an Allem-was-ist.

Irgendwann einmal erlebte ich einen ganz kleinen Vorgeschmack von der Kraft bedingungsloser Liebe. In diesen Augenblicken war ich umhüllt von einer so machtvollen Liebe, dass ich wusste, was Unendlichkeit bedeutet. Die Erfahrung mit dem Großen Mysterium war so intensiv, dass ich fürchtete zu explodieren. Ich fragte mich, ob der menschliche Körper ein solch intensives Lieben überhaupt ertragen kann. Dennoch wollte ich nicht davon lassen. Und ich ließ es und überlebte. Und ich wusste, dass diese Ebene bedingungsloser Liebe immer für mich zugänglich war, wenn ich den Mut und die Offenheit aufbrachte, in sie einzutauchen.

Ich war mir darüber klar, dass ich diese Erfahrung nicht ertragen hätte, wenn ich sie fünf Jahre oder auch nur ein Jahr früher gemacht hätte. Als sie kam, war ich dafür bereit und es war großartig!

Indem wir lernen, unseren Prozess zu leben, entwickeln wir das Vertrauen zu wissen, dass wir erfahren werden, was wir brauchen, und zwar dann, wann wir es brauchen. Wir brauchen es nicht zu kontrollieren oder selbst herbeizuzwingen. Wir müssen nur einen Fuß vor den anderen setzen und, so gut wir können, an dem teilnehmen, was vor uns liegt, im Vertrauen darauf, dass das Leben sich so entfalten wird wie es soll. Wenn wir voll und ganz teilnehmen, haben wir damit genug zu tun.

Ich war immer neugierig, was das Universum in uns und außerhalb von uns und sein Einssein anbelangt. Ich kenne einige indigene Schamanen, die nach Belieben darin umherwandern können. Manchmal nehmen sie mich mit. Die wirklichen Schamanen, die ich kenne, benötigen keine Chemikalien oder Techniken, um dorthin zu gelangen. Ich glaube, dass das Universum bereit steht, mich willkommen zu heißen. Ich bin diejenige, die sich sträubt.

Was das Jenseits des Universums anbetrifft, so bin ich dem Großen Mysterium jenseits des Universums gelegentlich begegnet. Der Teil des Großen Mysteriums, den ich persönlich kenne, ist wundervoll. Ich heiße diejenigen in meinem Leben willkommen, die andere Sichtweisen und Erfahrungen des Großen Mysteriums mit mir teilen wollen. Und ich vertraue darauf, dass wir alle mehr erfahren und wissen werden, wenn wir offen füreinander sind.

Ich bin offen dafür, dass meine Freunde, die Tiere, die Bäume, die Pflanzen, das Wasser, die Steine und die Erde, die Luft, die Sonne und der Mond mich das lehren, was sie wissen. Mein Lebensprozess hilft mir, eine viel bessere Schülerin zu sein, und mein Tiefenprozess ist die Tür zum Universum und dem, was jenseits davon liegt.

Es gibt grundlegende Wahrheiten, die von den älteren spirituellen Lehren auf der ganzen Welt verkündet werden. Sie werden durch jene Wahrheiten, die tief in uns selbst verborgen sind, bestärkt und bestätigt.

Zusammenfassung

Seit mehreren Jahren nun habe ich andere Menschen ermutigt, an einer Übung teilzunehmen, die immer ein Teil meines Lebens gewesen ist. Ich halte oft inne, spüre meine Dankbarkeit und formuliere sie so präzise und klar wie möglich.

Ich möchte Ihnen vorschlagen, täglich eine kurze Dankbarkeitsliste zu machen – mit vielleicht nur drei Dingen in einer jeden Kategorie.

Wofür bist du dankbar –
In dir selbst?
In deinen Beziehungen?
In deiner Familie?
In deiner Gemeinschaft?
In der Gesellschaft, in der du lebst?
Auf dem Planeten?
Im Universum?
Für das, was jenseits des Universums ist?

Wofür bist du außerdem dankbar –
Gegenüber der Erde?
Gegenüber der Luft?
Gegenüber der Sonne?
Gegenüber dem Wasser?
Gegenüber deinen Vorfahren?

Vielleicht wird Ihnen diese Übung eine andere Sichtweise eröffnen. Bei mir war es so.

Ich habe versucht, Ihnen einen spirituellen, heilenden Weg aufzuzeigen, den ich mit anderen gegangen bin und wie er sich uns im Laufe der vergangenen vierzig Jahre aufgetan hat. Hierbei geht es nicht um einen schnellen Kick oder einen Weg der Anpassung. Ich und andere haben ihn erfahren als einen Weg tiefer Heilung, inneren Friedens und des Teilnehmens an dem Einssein, das unser Geburtsrecht ist.

Wenn das, was Sie gelesen haben, Sie anspricht, lade ich Sie ein daran teilzunehmen. Wenn nicht, wünsche ich Ihnen alles Gute auf den Wegen, die Sie gewählt haben, und danke Ihnen dafür, dass Sie dieses Buch und diese Wirklichkeiten erkundet haben.

Anhang

Ich möchte ein paar Worte über die Trainingsgruppen sagen, auf die ich immer wieder im Buch hinweise. Menschen aus der ganzen Welt kommen in Gruppen zusammen, um zu lernen ihren Prozess zu leben. Sie treffen sich mindestens drei Wochen pro Jahr zum Training und gewöhnlich einmal im Monat als Regionalgruppe. Der Großteil dieser Arbeit geschieht direkt in der jeweiligen Gemeinschaft, der sie angehören. Diese Gruppen kommen zusammen, um mehr über Leben im Prozess zu lernen, während sie sich gegenseitig unterstützen. Wir haben fortlaufende Trainingsgruppen in den Vereinigten Staaten, in Europa und Australien. Wir sind eingeladen worden, Trainingsgruppen in zwei afrikanischen Staaten, in Irland, England und China anzubieten.

Nachfolgend ein Rundbrief, den ich 1996 über das Training geschrieben habe.

Heute war ich mir bewusst, dass dies im Grunde ein gewöhnlicher Tag war. Was für ein Geschenk ein gewöhnlicher Tag ist. Wenn wir einmal keinen haben, vergessen wir das manchmal, und wir vergessen ihn zu feiern. Ich feiere die Alltäglichkeit des heutigen Tages.

Das ist es, worum es im Training teilweise geht – um Alltäglichkeit. Ein ganz gewöhnliches Leben zu leben – was immer das sein mag. Wir feiern die Alltäglichkeit der Freiheit, aller Arten von Freiheit. Die Freiheit, wir selbst zu sein. Die Freiheit, unseren Prozess zu leben. Die Freiheit, eins zu sein mit der gesamten Schöpfung. Die Freiheit, Verantwortung für unser Leben zu übernehmen, für unsere Entscheidungen und für unser Verhalten. Diese Freiheit bedeutet außerdem, die Opferrolle abzulegen und gleichzeitig nicht in die Täterrolle zu schlüpfen. Freiheit bedeutet auch, unsere persönliche Kraft zurückzufordern, indem wir für uns selbst Verantwortung übernehmen. Das Training lehrt uns viel über Freiheit und darüber, sie wiederzuerlangen.

Im Training geht es auch ums Heilen. Wir nehmen aktiv an unserer eigenen Heilung teil und tragen so zu den Wellen von Heilung auf dem Planeten bei. Unsere Heilung strahlt hinaus in die Welt. Unsere Heilung wirkt sich auf andere aus – so wie auch unsere Dysfunktion sich auf andere auswirkt – und meist auf jene, die wir am meisten lieben. Es ist ausgeschlossen, dass wir unsere Heilung ausschließlich für uns behalten können.

In dieser Arbeit geht es um Spiritualität, nicht um Religion oder Kult. In dieser Arbeit geht es darum, unsere eigene Spiritualität zu suchen und zu finden – und dabei beginnen wir auch die Spiritualität anderer zu respektieren.

In dieser Arbeit geht es um einen Paradigmen-Wechsel – darum, sich neue und gleichzeitig alte Seinsweisen anzueignen. Tief in uns wissen wir, dass der Prozess des Lebens unter Schichten virtueller Wirklichkeit vergraben wurde. Wir müssen durch diese Schichten hindurchdringen, um Realität zu finden. Manchmal fühlt sich dieser Prozess beinahe wie das Herunterziehen von Masken an, die mit einem Superklebstoff an uns befestigt waren.

In dieser Arbeit geht es um Gemeinschaft. Wir haben die Möglichkeit, über Nähe zu lernen und an ihr teilzunehmen, und zwar Nähe zu uns selbst, zu anderen, zur Gemeinschaft, zur Gesellschaft und zum Planeten. Wir müssen bei uns selbst beginnen, und wir brauchen uns nicht nur mit uns zu befassen.

Möglicherweise geht es bei dieser Arbeit in erster Linie um das Nebenprodukt von allem, was oben erwähnt wurde – um Liebe und Lieben. Wenn wir unseren Fokus auf die Liebe oder das Lieben richten und versuchen, Liebe machbar zu machen, werden wir scheitern. Wenn wir unsere Arbeit tun und andere in ihrer Arbeit unterstützen, ist Liebe ein garantiertes Nebenprodukt. Liebe ist, so glaube ich, immer ein Nebenprodukt. Wir können sie nicht erzwingen. Wir können sie nicht herbeiführen. Und sie wird immer da sein, wenn wir unsere Arbeit tun und ihr nicht im Weg stehen.

Im Training geht es auch um Partizipieren – Teilnehmen am Augenblick. Spiritualität ist nichts anderes als Teilnahme, völlig präsent zu sein im Augenblick und an ihm teilzunehmen. Schließlich ist der Augenblick alles, was wir haben. Wir haben gelernt, uns aus dem Augenblick herauszunehmen, ihn zu beobachten oder zu analysieren. Wir haben gelernt, den Augenblick zu verlassen und in die Vergangenheit oder die Zukunft zu gehen. Im Augenblick zu bleiben und daran teilzunehmen ist für viele von uns erst einmal ein großes Rätsel, und im Training geht es um beides.

Im Training geht es um Ehrlichkeit. Es geht darum, zu uns selbst ehrlich zu sein, zu anderen und zu unserer Höheren Macht. Wir haben Ehrlichkeit verlernt und müssen sie wieder erlernen. Das Training ist ein guter Ort dafür. Nach meiner Erfahrung kann man nicht einfach „ehrlich werden“ oder über Nacht zur Ehrlichkeit zurückkehren. Wir tragen Schichten von Unehrlichkeit in uns, und wir brauchen Zeit, uns ihrer bewusst zu werden. Das Training bietet eine sichere Atmosphäre, um all dies herauszufinden.

Also, das ist es, worum es im Training geht – um das oben Erwähnte – und noch viel mehr.

Ich empfinde große Freude zusammen mit allen, mit denen ich diesen Weg gehen kann.

Für nähere Informationen über Leben-im-Prozess-Workshops und das Training kontaktieren Sie bitte:

In Europa:
Michaela Bögner
Am Langenfeldsbusch 49
D-40627 Düsseldorf
Tel. (0211) 92 52 475
e-mail: michaela.boegner@web.de

Unsere deutsche Webseite lautet:
www.leben-im-prozess.de

In den USA:
Wilson Schaef Associates
P.O. Box 1068
Boulder, MT 59632-1068
Fax 406-225-9180
e-mail: wsa@gte.net

Die amerikanische Webseite lautet:
www.livinginprocess.com

Anne Wilson Schaefs deutschsprachige Bücher:

Weibliche Wirklichkeit, Heyne Verlag

Co-Abhängigkeit, Heyne Verlag

Im Zeitalter der Sucht, Hoffmann & Campe

Suchtsystem Arbeitsplatz, dtv
(zusammen mit Diane Fassel)

Die Flucht vor der Nähe, dtv

Nimm Dir Zeit für Dich selbst, Heyne

Mein Weg zur Heilung, Hoffmann & Campe

Botschaften der Urvölker, Ikarus Verlag

Denk Dich frei, Heyne

Jeden Tag ein bisschen Zeit für Dich, Knaur

Weisheit der Urvölker, Vollenweider Verlag

Über die Autorin

Dr. Anne Wilson Schaef wurde mit ihren Büchern über die weibliche Sichtweise, über Psychologie und über die Genesung von Abhängigkeiten international berühmt. In den frühen achtziger Jahren gab sie ihre Tätigkeit als traditionell arbeitende Psychotherapeutin auf und entdeckte den neuen Heilungsansatz Leben im Prozess. Sie begann, sich mit spirituellen LehrerInnen von Naturvölkern der ganzen Welt zu treffen. Diese anerkennen und ehren sie als spirituelle Lehrerin und Heilerin, und sie teilen ihre Weisheit mit ihr. Neben ihrer Arbeit als Autorin und vielen anderen Tätigkeiten lehrt sie weltweit Leben im Prozess. Das Zentrum der Leben-im-Prozess-Arbeit befindet sich in Boulder, Montana, USA.

Titel der amerikanischen Originalausgabe:
Living in Process · Basic Truths for Living the Path of the Soul

Erstausgabe November 1998
The Ballantine Publishing Group, New York
ISBN 0-345-39407-0

Dritte Ausgabe, Oktober 2009
Vollenweider Verlag, Adelberg bei Stuttgart

Umschlaggestaltung und Satz: schuffelen & gertz
grafik-design à la ART, Pulheim bei Köln

Übersetzung: Ilserose Vollenweider und
die europäische Leben-im-Prozess-Gemeinschaft

Lektorat: Kerstin Schlager, Ilserose Vollenweider

Druck: Rung-Druck GmbH & Co., Göppingen

Bestellung direkt beim Verlag:
Vollenweider Verlag
Friedhofstr. 22 · 73099 Adelberg
Fax 07166-913231
IRVollenweider@aol.com

Im Internet:
www.leben-im-prozess.de

ISBN 978-3-9809719-2-8